마을인문학

정용교

현재 영남대학교 사회학과 교수로 재직하고 있으며,
다문화현상과 국제교류협력을 세계 시민 교육의 차원에서
바라보고 풀어내는 데 관심이 많다.
『마을에서 희망을 찾다』, 『세계의 학교교육』,
『사회윤리와 국가윤리』, 『세계시민교육』,
『베트남 사회문화 교육과 이해』,
『학교 현장에서 바라본 우리 교육현실과 청소년 문화』가 있다.

마을인문학

초판 1쇄　2023년 11월 28일
지은이　정용교
펴낸이　최외출
펴낸곳　영남대학교 출판부
출판등록　1975년 9월 5일 경산 제16-1호
주소　경북 경산시 대학로 280
전화　053-810-1801~3
팩스　053-810-4722
홈페이지　book.yu.ac.kr

ISBN　978-89-7581-879-0 93330

*잘못된 책은 바꾸어 드립니다.

마을 인문학

정용교 지음

영남대학교출판부

서문

우리가 살아가는 삶의 공간이 개인화·개체화될수록 수많은 경제사회적 문제들이 드러나고 있으며, 이런 여건에서 마을성(동네성)을 되살리려는 움직임도 한층 활성화하는 추세를 보인다. 나홀로 상황을 배경으로 각종 경제사회적 위기현상이 제기되는 시대적 환경에서 마을과 동네의 의미, 마을공동체, 도시재생, 나아가 마을학 등장 등이 우리 시대 현안의 과제로 부상하고 있다. 마을을 둘러싼 사회적 관심의 증대는 자연스레 마을(동네) 단위 공동체성의 재조명과 그 맥을 같이 한다. 마을 단위 공동체를 둘러싼 관심은 주민 간의 상호부조와 친밀성을 현실의 삶의 공간으로 이동하여 주민 간의 관계성을 높이려는 것과 관련된다. 이런 시대적 관심이 '마을성의 재발견', 곧 '마을학' 등장의 중요한 배경으로 볼 수 있다.

마을학의 핵심은 마을 단위 공동체성을 회복하여 마을성을 일상 삶의 영역으로 담아낼 수 있느냐에 모아진다. 마을학은 동네(고장) 마다 서려 있는 다양한 지역문화의 의미를 찾아야 하고, 그렇게 찾아진 의미를 현대적 차원으로 의미를 복원할 수 있어야 한다. 아울러 산업화와 도시화 과정에서 잃어버린 주민 간의 연대성을 회복하여 주민 간 친밀공동체성을 맺도록 하는 데 있다. 이런 점에서 마을학은 마을에 담겨있는 관습과 민속, 그리고 전통과 문화를 발굴하여 그 의미를 현대화할 수 있어야 하고, 동시에 주민 간의 인문정신으로 무장했던 공동체성을 되찾는 데 역할을 할 수 있어야 한다. 무엇보다 마을학은 마을구성원인 주민들의 생각, 욕구, 현재의 관심사, 그리고 주민 스스로가 미래의 삶을 기획·설계하는 데 새로운 가능성과 전망까지 열어줄 수 있어야 한다. 이런 능력은 마을의 각종 현안을 민주적 방식인 토론·대화를 통해 합리적 의사결정을 내릴 수 있는 '마을시민' 육성과도 불가분의 관련을 맺는다.

한편, 오늘 우리 사회가 당면한 절박한 과제는 수도권을 제외한 대부분의 지방이 소멸 내지 한계 위기에 내몰리고 있다는 사실이며, 이런 절박한 현안에 우리가 어떤 대응력을 발휘하느냐에 있을 것이다. 이런 긴급하면서도 긴박한 위기상황에서 지역에 어떻게 활력을 불어넣을 수 있느냐는 현재 국가가 당면한 최대의 과제이자 현안이다. 점점 가속화되는 초저출산과 초고령화 흐름 속에서 한국 사회는 지금까지 경험해보지 않은 지방 붕괴라는 초유의 현상에 직면하고 있다. 이런 지방몰락 내지 붕괴 상황을 목도하면서 마을성의 재발견 내지 재조명은 지방부활의 신호탄으로도 읽힐 수 있다. 지역부활은 말과 슬로건으로 가능하지 않을 것이며, 대신 분명한 행위와 실천이 뒷받침되면서 그 어떤 실천적 조치가 따를 때 가능하다. 우리는 이런 지방부활의 신호탄을 잃어버린 마을성의 재조명 내지 재발견에서 찾으려 시도하였다. 이런 마을성의 재발견은 마을학 정립과도 불가분의 관련이 되어있다.

이 지점에서 우리는 다음 사실에 유의할 필요가 있다. 그동안 우리는 과학성과 합리성 차원에서 마을을 바라보고 접근함으로써 현지마을 주민의 삶에 내재되어 있는 전통과 토속의 의미를 살려낼 수 없었으며, 또한 마을기업, 마을관광, 농촌창업과 농촌 산업단지 등의 이름으로 경제적, 효율적 차원에 초점을 둠으로써 이윤창출 측면에서 마을을 바라보려 하였다. 다시 말해, 우리는 마을 단위로 효율성을 높임으로써 소득수준을 높이고 살기 좋은 풍요의 고장을 만드는 데 총력을 기울이려 하였다. 이런 경제적 효율성에 주목하여 마을에 접근하는 과정에서 우리는 마을성에 들어 있는 함께 하며 공존하는 삶의 공간으로서 '마을살이'의 의미를 잘 찾을 수 없었다. 또 그런 과정에서 마을의 쇠퇴와 몰락을 바로 우리의 목전에 두게 될 수밖에 없게 되었다. 이 책은 이 점에 특별히 유념하면서 한국마을에 내재해 있는 독특한 개성과 의미를 살리려 했다. 이런 과정을 거쳐 문화와 풍류가 살아 있는 마을성을 마을인의 입장에서 재해석·재조명하였다. 우리 고유문화로서 마을성의 의미를 살려낼 수 있을 때 '떠나는' 마을에서 '찾아오는' 마을로의 전환이 가능할 것으로 보았다. 덧붙여 우리는 '찾아오는' 마을에서 한발 더 나아가 글로벌 차원에서 의미를 던질 수 있는 '글로벌 빌리지' 구축이란 어떤 모습으로 어떻게 다듬어가야 할 것인지에 대해서도 논의를 확장하려 하였다.

이 책을 통해 우리는 인간이 당면한 공동체성의 위기와 극복을 마을학 차원에서 다각도로 살펴보고자 하였으며, 여기에 더해 함께하는 삶인 마을 단위 공동체성의 의미를 새롭게 재해석하려 하였다. 마을이 갖는 공동체성의 의미를 오늘의 삶으로 살려낼 수 있다면 현대문명에 내재한 나홀로의 고립성에서 벗어날 수 있는 중요한 계기를 마련할 수 있으며, 그것은 향후 건강한 인간사회 공동체를 형성하는데도 시사하는 바가 클 것으로 보기 때문이다.

이 책은 다음의 의도에서 기획·편찬되었음을 밝힌다. 저자는 한국마을이 갖는 특성을 파악하기 위해 몇몇 마을을 대상으로 여러 차례의 현지 방문을 하였으며, 이런 현지 방문을 거치며 마을, 마을주민과 관련된 다양한 이야기를 들을 수 있었다. 이 과정에서 한국마을은 마을마다 고유성을 갖고 있으며, 마을마다 독특한 이야깃거리를 담고 있었고, 그리고 마을마다 공동체를 이루며 상호 유기적으로 긴밀하게 살아가는 모습을 관찰할 수 있었다. 한국마을은 마을마다 오랜 역사성을 토대로 나름의 멋과 자긍심을 갖고 찾아오는 손님을 맞이하였으며, 주민이 상부상조의 정신으로 사귐의 공동체성을 실천하는 것을 볼 수 있었다. 이에 더해 최근의 시대적 흐름을 반영하여 새로운 형태로의 탈바꿈을 시도하는 역동적 마을을 관찰할 수 있었다. 산 중턱 외딴 곳의 오지마을이었지만, 멋진 경관을 배경으로 생태마을로 탈바꿈하려는 모습이 인상적이었으다. 그리고 새로운 마을사업을 전개하여 젊은이에게 친화적인 마을환경을 만들어 내려 함을 목격할 수 있었다. 이른바 어렵고 힘든 여건으로 볼 수 있었지만, 마을은 여전히 살아 있으며 새로운 활로 모색을 통해 진화를 거듭하는 모습이 인상적으로 다가왔다. 이 지점에서 아무리 지방소멸이 회자되는 시대적 상황이지만, 마을은 사라지지 않을 것이며, 더 나아가 새로운 형태로 거듭날 수 있음을 확인할 수 있었다. 한마디로, '마을이 살아야 인간 삶도 지속가능할 것이다.'라는 사실을 관찰할 수 있었고, 바로 이 책의 곳곳에서 이 점을 자세히 드러내려 하였다.

이 책은 크게 4부의 총 11장으로 구성하였다. 구체적 내용은 다음과 같다.

제1부는 **"현대성과 마을학"**이란 주제로 현대사회에 즈음하여 마을성이 어떤 의미를 띨 수 있는지를 살피고 있다. **1장 'AI시대와 마을공동**

체'에서는 AI 로봇시대의 도래 상황을 맞이하면서 마을 단위 공동체성에서 어떤 변화가 있었는가를 이론적 차원에서 살피려 하였다. 이에 근거하여 인공지능시대에 부합하는 책임윤리(레비나스)의 의미가 무엇이며, 또 그런 책임윤리성을 반영할 수 있는 마을공동체란 어떤 모습이어야 할 것인지를 논의하려 하였다. 이런 논의에 토대하여 마을 단위 공동체성의 실제를 경북 청도 금천 섶마리마을을 대상으로 마을주민이 맺는 관계에 초점을 두어 현장 차원에서 드러내려 하였다. 이를 통해 마을성의 의미를 현대적 차원에서 한층 실감 나게 밝혀보고자 하였다. **2장 'IoT 기반 마을공동체'**에서는 초고령화 상황에 당면한 농촌 마을 주민(고령층)을 대상으로 IoT 기반의 안심마을 공동체 구축이 갖는 의미를 다루려 했다. 그런 안심마을 공동체를 실제로 어떻게 현장마을 여건에서 실현할 수 있느냐를 경북 고령과 경북 의성에 위치한 두 마을 사례를 중심으로 현실적합성을 타진하였다.

3장 '학습기반 마을공동체'에서는 한국형 농촌마을에 적합한 학습기반 마을공동체는 어떤 의미를 띠며, 이런 마을공동체를 어떻게 구축할 수 있을 것인지를 살피고자 하였다. 이에 기반하여 학습 매개의 마을공동체 구축이 고령층인 노년기 삶에 어떤 긍정적/부정적 영향을 미칠 수 있는지를 농촌 거주 노년층 입장에서 타진하였다. 향후 노년층이 주로 살아갈 농촌마을에서 학습을 매개로 하는 마을공동체 형성 여부는 미래 지향적 한국형의 농촌마을 모델로서 어떤 의미를 던질 수 있을 것인지에 대해서도 논의를 덧붙였다. **4장 '마을학과 마을학교'**에서는 마을학이 학습 측면에서 어떤 의미를 띨 것이며, 어떤 내용을 담아내야 하는지를 다루려 하였고, 그런 마을학 성립을 위한 핵심 기반으로서 마을교육이란 어떤 모습으로 무슨 내용을 담아야 할 것인지를 실제 운영 중인 마을학교의 사례를 통해 살펴보았다. 이를 통해 마을학 성립의 근거를 찾으려 하였고, 동시에 미래 교육에 어떤 대안적 의미를 던질 수 있는지를 검토하였다.

제2부는 "마을학의 전개: 적정기술 중심으로"를 주제로 마을학의 적용과 확장은 어떤 모습이어야 할 것인지를 적정기술과의 연계를 통해 살펴보고 있다. 인간친화형 기술형태인 적정기술이 어떤 의미를 띠며, 무엇보다 제3세계 대상의 마을공동체 활성화에 어떤 영향을 미칠 수 있는지를 현지여건에서 적용하였다. **1장 '적정기술과 베트남 적용'** 편에서는 LINC 사업단 후원으로 진행된 캡스톤디자인 수업 때 학생들이 베트남 사회를 대상으로 개발하였던 적정기술을 베트남 북부의 오지지역인 라오까이의 어느 마을주민에게 적용하였다. 이때 학생들은 공학영역과 인문사회 영역에서 베트남 현지사회의 여건을 고려해 적정기술을 개발하였고, 이를 현지사회에 적용함으로써 현지인으로부터 호평을 받을 수 있었음에 대해 논의하였다. 이는 대학과 지역사회 연계형 교육의 실천사례이면서 동시에 대학생의 글로벌 영역으로 진출역량을 키울 수 있음과 밀접히 관련된다. **2장 '적정기술과 라오스 적용'** 편에서는 우리에게 잘 알려지지 않았으며 저개발 상태에 있는 라오스 사회와 관련한 여러 특징을 살펴보고 있다. 이어 라오스 친화형 적정기술 개발을 통해 현지인의 삶을 개선할 수 있었음을 다루었다. 캡스톤디자인 강좌를 통해 학생들이 주도하여 개발한 적정기술이 현지인의 삶의 질을 향상하는 데 어떤 실천적 영향을 줄 수 있었으며, 덧붙여 그들이 개발한 적정기술이 현지 사회에 어느 정도로 적합할 것인지를 타진하려 했다. 이런 적정기술 적용은 현지

사회 밀착형 교류를 증진하는 데도 의미를 던질 수 있음에 대해서도 검토하였다.

3장 '**적정기술과 대학교육**' 편에서는 한국 도시지역 대상으로 동네공동체의 의미를 살리면서 주민공동체의 활성화가 어떻게 가능할 것인지를 대학생 참여프로그램을 통해 밝히려 하였다. 지역사회캡스톤디자인 강좌에 참여한 학생들이 조별활동을 통해 '살아 있는' 지역공동체 활동의 실제 사례를 찾으려 했고, 이를 더욱 활성화할 수 있는 몇몇 활동을 수행하였다. 학생들은 팀별 활동을 통해 지역사회에 도움을 주면서 주민 삶에 긍정적 영향을 줄 수 있는 몇몇 활동을 전개함으로써 지역사회의 깊숙한 곳까지 이해할 수 있었고, 이를 지역공동체 활성화의 역량으로 모아낼 수 있었다. 이른바 지역사회 대상 적정기술 적용을 통해 대학-지역사회 간 연계형 교육을 실천으로 어떻게 연결할 수 있느냐를 검토하였다. 4장 '**공감교육과 마을시민**' 편에서는 이성 중심으로 진행되는 현행 대학교육의 문제점을 지적하고 감성 내지 공감 역량을 대학교육의 핵심영역으로 부각할 필요성을 밝히고 있다. 덧붙여 공감력 신장은 마을밀착형 마을시민 역량과 불가분하게 관련됨에 대해서도 타진하였다. 현행 국가주의 교육환경에서는 마을적합형 내지 마을친화형의 시민육성이란 근본적으로 불가능하였고, 대신 성과(점수) 위주로 소수의 우수학생과 대부분의 낙오 학생을 기술적 차원에서 이분법으로 양산할 수밖에 없었다. 새로운 시대적 전환기에 즈음하여, 우수학생/낙오학생으로 구분되는 이분법적 교육구도를 극복할 수 있는 대안을 공감력을 갖춘 마을시민 육성에서 찾으려 하였다.

제3부 “**글로벌 빌리지 모색**”이란 주제로 글로벌 빌리지의 의미를 타진해보고 이에 근거하여 한국마을의 세계화란 어떤 과정을 통해 어떤 형태로 가능할 것인지를 현장 차원에서 밝혀보려 하였다. 1장 ‘**한국형 글로벌 빌리지와 세계시민 교육**’ 편에서는 한국농촌 지역 대상으로 글로벌 빌리지 구축이 현지 여건에서 어떻게 실천 가능할 것인지를 탐색하였다. 이런 글로벌 빌리지 구축의 예비조건을 위해서는 농촌마을 노년층 대상 세계시민적 자세를 갖추도록 할 수 있어야 가능 할 것이다. 마을어르신인 선주민부터 여러 차원의 이주민이 현지마을에 들어올 때 세계시민적 자세로 그들을 수용하여 공존적 삶을 살아갈 수 있어야 하기 때문이다. 이런 점을 염두에 두면서 농촌 마을 노년층 대상 세계시민 교육의 구체적 적용과 실천사례를 살피려 하였다. 이는 바로 선주민/이주민이 공존하는 글로벌 빌리지를 구축하는 것과 밀접히 관련될 수 있기 때문이다. 2장 ‘**이주노동자의 농촌사회 유입과 적응**’ 편에서는 외국인 이주노동자의 한국농촌 마을 유입이 구체적으로 어떤 과정과 절차를 거쳐 이루어지며, 그들의 농촌마을 적응은 어떤 특징을 보이는지를 현지마을 차원으로 자세히 드러내려 하였다. 이런 논의를 통해 농촌마을 상황에서 이주노동자의 위치를 어떻게 설정해야 하며, 그런 상황에 어떻게 대처해야 하는지를 타진하려 하였다. 무엇보다 이런 논의를 거치며 한국농촌의 미래를 어떤 식으로 설계하여 어떻게 지속가능사회 조건을 갖추도록 할 것인지에 대해서도 다루었다.

3장 ‘**문화마을 공동체의 의의와 실제**’에서는 중국 하남성 당하현 흑룡진의 3곳 농촌마을 대상으로 문화를 매개한 마을공동체의 의의와 그 구체적 실제 모습을 다루었다. 농업지역에 해당하는 흑룡진 지역은 풍부한 전통문화 자산을 갖고 있었지만, 이런 풍부한 문화자산에도 불구하고 근대화와 공산화 과정에서 그런 문화자산의 의미를 잘 살릴 수 없었다. 이런 여건에서 젊은이들이 마을을 떠나고 노년층만 거주하는 늙고 쇠락한 지역으로 전락하였다. 이에 뜻있는 몇몇 분의 노력이 곁들여지면서 마을이 보유한 전통문화 자산에 관심을 기울였고, 이의 활용을 통해 '떠나는' 마을에서 '찾아오는' 마을로의 변신을 시도할 수 있었다. 무엇보다, 농촌지역에 남아 있는 전통문화 자산 활용이 글로벌 상황에서 마을 활력 증진에 어떤 의미를 띨 수 있는지를 중국의 마을 사례를 통해 밝히려 하였으며, 나아가 그런 문화자산 활용이 마을 단위 공동체성을 형성하는 데 핵심 요인임을 드러내려 하였다.

이 책은 다음의 두 가지 차원에 특별히 유념하여 기획하였음을 밝힌다. 먼저, 우리 삶의 근거였던 마을성의 재조명이야말로 AI 로봇시대 도래 상황에서도 여전히 현대인의 삶에 시사하는 바가 지대할 수 있음을 밝히려 했다. 혼자살이에 익숙한 현대인에게 더불어 함께하는 삶으로 대변되는 마을살이가 왜 의미를 띠며, 또 그것이 사회적 존재로서 인간화의 길을 걷도록 하는 것과 밀접히 맞물릴 수 있음을 밝히려 하였다. 다음으로, 지방소멸과 쇠퇴 상황에 직면한 오늘의 시대 상황에서 마을성의 의미를 되살려 현재화하는 것이야말로 현대문명에 내재한 지역 간 심각한 불균형 문제를 극복하여 조화롭게 살아가는 데도 일정한 지침을 던질 수 있음에 대해 탐색하려 하였다.

이 책은 여러 가지 측면에서 부족한 점이 한 두 가지가 아닐 것이다. 내용 면에서 일정한 시간적 간격을 두고 기획·작성되었던 관계로 체계적이지 않으며, 형식 면에서도 지금까지 쟁점화되지 않은 영역을 다루었기에 일목요연하지 않고 다소 흩어진 모습을 보일 수 있다. 그렇지만, 이 책을 계기로 불모지에 가까운 우리의 여건에서 마을학 관련의 다양한 논의들이 더욱 활성화할 수 있기를 기대하며, 나아가 한국 마을의 매력성을 더욱 잘 드러낼 수 있는 계기가 되기를 바라마지 않는다. 한국 마을의 매력을 찾아낼 수 있다면 '떠나는' 마을에서 '찾아오는' 마을로의 전환을 가능케 할 것이며, 그것은 바로 지역 부활의 신호탄이 될 수 있기 때문이다. 이에 더하여, 세계화 흐름의 가속화 상황 속에서 '선주민과 이주민의 공존형 글로벌 빌리지' 구축이란 어떤 모습으로 어떻게 그 지향점을 잡아야 할 것이냐에 대해서도 더 많은 다양한 논의들이 이어질 수 있기를 기대한다. 이런 공존형 글로벌 빌리지를 구축할 수 있느냐의 여부는 한국 농촌의 미래 전망에도 시사하는 바가 클 것이기 때문이다. 독자 여러분의 애정 어린 질정을 기대하는 바이다.

2023년 11월 저자 정용교

차례

2부 마을학 전개 : 적정기술 중심으로

1부 현대성과 마을학

1장 AI시대와 마을공동체

2장 IoT기반 농촌 마을공동체

3장 학습기반 마을공동체

4장 마을학과 마을학교

1장

AI시대와 마을공동체

인공지능의 발달에 따른 초연결성과 초개인성은 중요한 사회적 특징으로 부각한다. 시공을 초월해 인터넷이 있는 곳이면 실시간의 연결, 곧 초연결성이 가능할 것이며, 이는 인간 삶의 방식을 근본에서부터 바꾸어놓고 있다 해도 과언이 아니다. 이에 동반하여 얼굴 매개의 대면성에 기반한 기존의 관계성에서도 근본적 변화가 불가피할 것이다. 다시 말해, 시공을 넘어선 연계망은 초개인성에 근거하여 성립하는 관계망 형성을 가능케 할 수 있다. 이처럼 초개인성이 심화하면서 이미 칼 맑스가 제기한 바 있는 인간소외도 한층 극대화될 상황에 처하고 있다. 인공지능은 인간영역의 일을 상당 부분까지 대신할 수 있으며, 심지어 인간 능력을 넘어서는 영역으로까지 그 영역을 급속도로 확장해가고 있다.[1]

인공지능이 인류 생산활동의 대부분을 차지할 것이라 가정할 때 소외되지 않은 주체적 존재로서의 인간 삶이 가능할 것인지에 대한 근본

1 세계경제포럼(WEF, World Economic Forum)의 '직업의 미래(The Future of Jobs)' 보고서에 따르면, 2022년까지 약 7,500만여 개의 일자리가 사라질 것이며, 2025년경 AI가 전체 업무의 52% 이상을 맡을 것으로 전망하고 있다(세계경제포럼, 2021).

적 물음을 제기할 수 있다. 이런 근본적 물음에의 대안을 찾는 것을 어디에서 어떤 방식으로 모색해야 할 것인지는 인류가 당면한 거대한 숙제일 것이다. 이런 점에 유의하면서 이 글은 인공지능 시대의 도래에 즈음하여 주체적 존재로서의 인간 삶의 가능성을 공동체성의 되찾음(모둠살이)에서 찾고자 하는 데 중요한 목적을 둔다.[2]

최근 인공지능 기술의 비약적 발전으로 말미암아 가상세계의 힘이 한층 커지고 있다. 가상현실이 점점 진전될수록 몸(육체)의 모습을 하지 않은 아바타들, 곧 기호들의 영향이 한층 커질 것이다. 이런 가상현실 영역이 확장될수록 인간 삶의 무대도 가상세계로 이동하면서 추상세계가 열릴 것이며 그에 따른 고립성과 외로움도 덩달아 증가할 것이다. 고립성과 외로움에 빠질수록 인간 삶은 불확실성과 불안감에 휩싸인 채 뿌리 없는 유동적 모습을 할 것이며, 아울러 우리는 한 치 앞을 예측할 수 없을 정도의 임시성에 직면할 것이다.[3] 이런 고립성 상황에서 몸을 통한 감각적 체험 내지 감정적 교류는 더욱 축소될 것이며, 대신 각종 아바타들과 연관하여 뿌리 없는 우리의 존재성을 드러낼 것이다.

이 글은 인공지능의 비약적 발전에 따른 초연결성과 초개인성에 주

---

2 마을단위 공동체성이 인간 삶의 행복에 미치는 영향이 어떠하냐는 덴마크 스반홀름 공동체 사례에서 잘 찾을 수 있다. 스반홀름 공동체는 공동체적 존재로서의 인간실존을 엿볼 수 있는 중요한 사례로 볼 수 있다. 이에 대한 자세한 내용은 김기현(2020.6), 「함께하는 삶의 가능성을 꿈꾸다: 덴마크 마을공동체를 경험하며」, 『오늘의 문예비평』 173~188쪽 참조할 것.

3 대표적 포스트모더니스트인 바우만에 의하면, 탈근대시대 상황에서 행위자의 존재양식은 비결정적, 유동적이며 뿌리 없는 모습을 띨 수밖에 없고, 따라서 그들의 정체성은 주어진 것이 아닌 시행착오를 겪으며 임시적으로 구성된다고 하였다. 자세한 내용은 Bauman, Z.(1992), Intimations of Postmodernity, Routldge, 193~195쪽 참조할 것.

목하면서 고립성과 외로움에 빠져 주체성을 상실한 인간 삶의 대안적 가능성을 마을단위 공동체성에서 찾는 데 목적이 있다. 인간이란 한편에서 개체적 존재로서 자기결정을 해야 할 주체적 존재의 측면을 띠지만, 다른 한편에서 타자와 함께하며 타자를 통해 자기다움을 실현해야 할 공동체적 존재이기도 하기 때문이다. 다시 말해, 이 글을 통해 인공지능의 일상화가 인간의 관계성과 공동체성에 어떤 함의를 던지는지를 마을공동체 차원에서 드러내고자 한다. 이를 위해 이 글은 다음 형태로 논의를 전개할 것이다. 먼저, 인공지능사회와 마을공동체의 의미를 관계성의 변화, 연대공동체의 의미, 책임윤리 차원에서 살필 것이다. 이를 통해 인공지능 시대에 적합한 책임윤리가 마을단위 공동체성과 밀접히 관련됨을 드러낼 것이다. 다음으로, 그런 책임윤리 실천으로서 마을단위 공동체성은 섶마리 마을(경북 청도군 금천면) 사례를 통해 검증함으로써 현장성을 확보할 것이다. 마지막으로, 섶마리 마을 사례를 통해 인공지능 시대 도래에 즈음하여 마을단위 공동체성이 갖는 사회문화적 차원의 함의하는 바를 타진할 것이다.

Ⅰ. 인공지능사회와 마을공동체의 의미

1. 로봇인공지능의 등장과 관계성의 변화

인간 삶의 역사는 육체노동에서 두뇌를 이용한 정신노동으로의 진전이라 해도 틀린 말이 아닐 것이다. 최근 두뇌를 활용한 지식노동 영역이 확대되면서 첨단기술을 가미한 가상세계까지 열 수 있는 단계에 이르고 있다. 소위 말하는 메타버스의 영역이 열리면서 인공적 전자기호와 부호에 근거한 가상적 삶의 영역이 본격화하고 있다. 가상세계에서는 기호인 아바타가 우리의 몸적(육체적) 삶을 대신하며, 몸의 세계를 쉽게 넘어설 수 있다. 우리는 아바타끼리의 연결을 통해서 마을에서 도시로, 그리고 도시에서 가상영역으로 삶의 영역을 확장할 수 있다. 이런 가상영역에서는 추상의 세계가 열릴 수 있는데, 그에 따른 고립성과 혼자성도 한층 심화할 수 있다. 우리 삶의 영역에서 고립성 내지 혼자성이 커질수록 인간의 삶은 놀이와 유희처럼 가벼워질 수 있으며, 무엇보다 친밀성에 토대한 관계성이라기보다 아바타끼리의 연결을 통한 가상성에 기반할 가능성이 커질 것이다.[4]

아바타들의 위력이 커갈수록 친밀성에 근거한 관계성 형성에 어려움을 느끼며, 심하면 타자불인정 내지 타자부정을 통해 자신의 존재성(혼자성)을 극대로 부각할 것이다. 내 옆에 몸적 존재로서 누군가의 타자성이 있음을 불편해하며 혼자성 상태로 살아가려 한다. 이런 혼자성의 여건에서는 고립감이 더욱 깊어질 것이며, 심하면 그것은 우울과 망상 현상으로 이어질 수 있을 것이다.[5] 현대인이 경험하는 타자와의 관계성 형성의 어려움은 함께함에 따르는 '융합불안'과 혼자 있음에 따르는 '분리불안' 현

---

4 김석수(2019), 「인간, 인공지능 시대 응답하다: 몸, 감성, 지성을 중심으로」, 『새한영어영문학회 학술발표회 논문집』, 157쪽.

5 혼자성과 우울과 망상현상과의 관계성은 실증연구를 통해 잘 드러난다. 특히 노년층이 사회적 고립과 외로움에 노출될수록 삶의 만족도가 떨어지며 우울감도 커지는 것으로 나타났다. 자세한 내용은 이현지(2012), 「재가노인이 경험하는 고립과 외로움이 삶의 만족도와 우울에 미치는 영향」, 『한국지역사회복지학』 42호 참조할 것.

상으로 나타날 수 있다. 다시 말해, 현대인은 한편에서 누군가와의 관계 맺음을 걱정하며 그저 바라보기만 하는 '융합불안'을 경험하며, 다른 한 편에서 자기 속에서 자기가 좋아하는 또 다른 자기와 분리됨을 걱정하는 '분리불안'을 느끼며 살아간다. 관계성 결여 내지 부재에서 오는 이런 고립사회 현상은 포기사회, 싱글 사회, 혐오 사회의 모습으로 그 형태를 드러낼 수 있다.[6]

로봇 인공지능의 등장은 사회질서 차원의 근본적 대전환과 맞물린다. Pepper와 Nao와 같은 로봇과 인공지능의 결합은 특정 대상 관련의 지식과 정보학습을 넘어서 상대방 감정인지를 포함하여 미세한 감정 파악을 가능케 하며, 그에 상응한 대화까지도 포착할 수 있도록 한다. 로봇 기계이지만, 의사소통이 가능하며 친밀성 매개의 상호작용까지도 가능하다. 빅데이터에 기반한 인공두뇌(전자두뇌)는 인간 두뇌를 능가해 진화를 거듭하며, 이는 더 큰 빅데이터를 바탕으로 고도의 인공두뇌로 발전해간다.

점점 더 큰 빅데이터를 요청하는 시대 상황에서 현대인이 겪어야 할 외로움과 고립성도 점증할 수밖에 없다. 외로움과 고립성이 더 깊어질수록 나를 둘러싼 타자에 대한 감각 갖기와 감정 나누기도 역설적이지만 더 크게 부각할 수 있다. 그런 감정 나누기의 중요성은 감성로봇의 등장에서 잘 찾을 수 있다. 반려로봇의 등장은 감성 나누기를 통해 새로운 관계성을 맺어야 할 인간 존재성의 부정할 수 없는 모습을 잘 반영한다. 감성로봇의 등장에서 관계성에 기반하여 살아갈 수밖에 없는 공동체적 존재로서의 인간 모습을 잘 찾을 수 있다. 타자와의 친밀성에 바탕한 공동

---

6 김석수(2019), 「고립사회와 인공지능」, 『선비문학』 35호(남명학연구원), 3쪽.

체성은 인간존재성의 본질적 측면과 밀접히 관련될 수 있기 때문이다.[7]

2. 인공지능 시대와 연대공동체의 의미

민주주의를 살아야 할 시민은 사회공동체에서 일반화된 목표와 가치를 달성하는 데 관심을 갖고 사회적 공동선 실현을 위한 자질과 태도를 갖추어야 하며, 이를 토대로 각종 사회현상에 내재한 모순구조를 지적·개선할 수 있는 비판적 역량을 행사할 수 있어야 한다.[8] 이런 비판적 결정력을 갖는다는 것은 수많은 가짜정보를 걸러 낼 수 있으면서 동시에 그에 상응하여 사회적 차원의 공동선을 실천할 수 있어야 함을 의미한다. 이 지점에서 AI 시대 가짜정보를 비판적으로 바라보면서 공익가치를 실현할 수 있는 시민적 자질의 발휘는 무엇보다 중요한 시대적 가치이면서 동시에 건전한 공동체 형성과도 직결될 핵심사안이 될 것이다.

로봇의 등장은 지식정보를 단순하게 알려주는 것을 넘어서 인간적인 정서와 감정까지 반영한 소통영역을 열 수 있다. 또 로봇은 인간이 당면하는 각종 상황적 조건에 적합한 감정인지를 가능케 할 수 있으며, 그리고 이를 통해 인간처럼 느끼면서 반응할 수 있는 휴먼로봇의 등장을 가능케 할 수 있다. 심지어 각종 제약으로 고통 속에 있는 노약자와 장애

---

7 이런 인간존재의 이중적 차원은 인간이해에 필수불가결하면서 서양 사회윤리의 핵심이기 때문이다. 인간은 개체적 존재로서 자신의 모습을 드러내야 할 주체적 존재이면서 타자와 함께 타자를 통해 자기실현에 이를 수 있는 이원적 존재에서 벗어날 수 없다. 자세한 논의는 정용교(2021), 『사회윤리와 국가윤리』, 영남대학교출판부. 특히 "1장 인간존재의 이중주: 개체성과 공동체성(17~49쪽)" 참조할 것.

8 송선영(2017), 「로봇과 인공지능 시대의 시민윤리와 도덕교육적 함의: 인공지능형 로봇의 활용을 중심으로」, 『윤리연구』 115, 141쪽.

인의 삶을 획기적으로 개선할 수 있는 사회로봇(social robots) 시대를 앞당길 수 있다. 이런 로봇의 인간화는 표준인간과 표준사회의 의미에서의 근본적 대전환을 가져올 수 있다.[9]

인공지능의 고도화에 따른 감정 및 상상력 변화의 측면에서 인류는 새로운 전환에 당면하고 있다. 과거 몸의 초월과 몸의 도구화가 우리에게 고통을 주었다면 몸의 로봇화에 따른 몸의 놀이화 현상을 맞이하고 있다. 이런 상황에서 가상공간을 배경으로 한 빅데이터는 자연감각에 토대해 만들어졌던 데이터를 대신할 수 있다. 다시 말해, 인간은 가상의 빅데이터에 우리의 몸과 감각을 예속시킬 상황을 마주하게 되었다. 데이터이즘(Dataism)이 점점 강력해질수록 몸의 자본화와 몸의 물화현상도 불가피해지고 있다. 이처럼 빅데이터에 의한 몸의 자본화가 심화할수록 우리는 다음의 근본적 물음에 부딪히게 된다.[10] 개체로서의 존엄성을 보장받으면서 동시에 공동체적 존재로서의 이웃성을 나누는 것이 가능할 것인가의 물음이 그것이다. 빅데이터의 힘이 점증할 시대적 상황에서 얼굴을 마주한 타자성의 실현이란 가능할 것인가의 물음에 직면하게 된다. 이런 대면성 매개의 관계성 부족 내지 결여현상은 최근 부각하는 장소회복 운동, 마을

9 AI가 죽은 자도 살리는 시대다. AI를 통해 '진짜 같은 가짜'를 만들 수 있다. AI를 통해 사별한 자식이나 가족, 애인과 재회할 수 있는 시대가 열리고 있다. AI를 통한 이런 만남은 트라우마를 겪는 사람들의 스트레스를 낮추고, 증상을 완화한다는 연구 결과도 나오고 있다(조선일보, 2021.8.3).

10 이런 우려에도 다른 한편에서 초거대 AI(하이퍼스케일 AI) 등장은 사회로봇의 영향력을 한층 강화할 것이다. 한 단계 진화한 초거대 AI 등장은 여러 상황과 인격을 가정하여 스스로 학습하며 종합적 추론까지 할 수 있다. 이런 점에서 초거대 AI는 일종의 만능 AI로서 사람의 감정을 읽으면서 인간처럼 대화할 수 있는 인간화를 앞당길 수 있다(조선일보, 2021.11.30).

만들기 운동, 자율주의 운동 등과도 자연스럽게 맞물리는 현상으로 볼 수 있다.

인간은 본능적·이성적 측면에서 공동체성에서 벗어날 수 없는 존재론적 특성을 갖는다. 인간은 그 자체로 완전하지 않기 때문에 공동체성으로 그 불완전함을 보완할 수 있어야 한다. 인간본질은 자유롭고 주체적이면서 동시에 타자에 대한 배려와 책임의식을 질 수밖에 없기 때문이다. 특별히 노르베리 호지가 공공성의 시원을 로컬(지역성)에서 찾고자 했음에 유의할 필요가 있다. 이 지점에서 AI시대 마을성(연대공동체성)을 어떻게 되찾을 것인지에 주목하게 된다. 지금처럼 대면성을 상실한 채 데이터들이 보내는 기계적 신호들에 우리의 운명을 맡길 것인지 아니면 공동체적 존재로서의 인간성을 회복해야 할 것인지를 결정해야 할 것이다. 로봇 인공지능 시대 '인간의 얼굴을 한' 공동체성을 어떻게 구축하여 실천적 삶으로 드러낼 것이냐는 미래 인류생존이 걸린 중차대한 과제라 할 수 있기 때문이다.[11]

AI시대 마을성(연대공동체성)의 회복이 어떻게 구체적으로 가능할 것인지는 우리시대 인류의 당면과제일 것이다. 그것은 지금처럼 대면성이 상실된 데이터들에 의존하는 삶을 살아간다는 것이 어떤 의미인지를 비판적으로 따져보는 성찰적 역량으로도 볼 수 있다. 로봇 인공지능 시대 인간의 얼굴을 매개한 공동체성이란 미래 인류의 생존이 걸린 중차대한 과제와 불가피하게 연결될 것이기 때문이다.

---

11 심상우(2019), 「'공동체를 넘어선 공동체'로서의 마을공동체: 레비나스의 책임윤리를 중심으로」, 『현대유럽철학연구』 53, 370쪽.

3. 책임윤리와 마을공동체

공동체적 자아는 타자 존재에 대한 공감을 토대로 그런 타자 가치를 인정·수용하는 것과 밀접히 관련된다. 이런 타자 존재와 타자 가치의 인정·수용은 나를 둘러싼 이웃에 대한 책임을 전제한다. 철학자 레비나스에게 있어서 "공동체는 나에게 말을 건네는 타자의 소리를 듣는 동시에 그런 타자 목소리를 통해 나 자신의 귀와 더불어 타자의 귀에까지 대답이 전해지는 특별한 관계임을 의미하였다."[12] 이런 점에서 타자에 대한 책임윤리는 공동체성 형성에 관건으로 등장한다. 덧붙여 인간은 누구나 죽을 수밖에 없는 유한성에서 벗어날 수 없는 운명을 안고 살아간다. 따라서 인간존재의 공동체성은 그런 유한성에 근거하여 바라볼 수 있어야 한다. 다시 말해, 죽을 수밖에 없는 인간존재성을 나의 것으로 떠안으며 타인과 나눌 수 있을 때 공동체는 비로소 죽음의 고통까지도 같이하는 '함께-있음'의 존재성을 공유할 수 있다. 이 지점에서 인간은 나를 넘어서 타자에 대한 책임을 다해야 하며, 그런 점에서 공동체성, 곧 타자성은 유한성을 지닌 인간이 인간으로서 책임져야 할 숙명이라 할 수 있다.[13]

'함께-있음', 곧 타자성의 실현은 마을 단위 연대 공동체성의 구축과도 밀접히 연계된다. 함께함의 실천인 연대 공동체성은 구성원들에게

---

12 E. Levinas(1993), Dieu la mort et le temps, Livre poche ; 심상우(2019), 위의 논문, 373쪽.

13 반면에 나르시시즘적 주체는 스스로 자기고유의 동일성과 결정력을 갖고 있으며, 스스로 정립가능하다고 여긴다. 즉, 타자에 의존되어 있으면서 타자로부터 분리된 유일한 존재로 여겨질 수 있다. 이런 사회는 늘 불안하고 그 안에서 인간으로서 누리는 안녕과 행복이 제한적일 수밖에 없을 것이다. 심상우(2019), 앞의 논문, 374쪽.

돌아갈 몫을 고루 나누는 법적 정의 차원이라기보다 타자책임에 대한 이웃성의 실천에서 출발한다. 레비나스에게 타자 얼굴은 벗어날 수 없는 공동체의 얼굴로서 나에게 책임질 것을 요청한다. 공동체 형성행위는 나의 주체성 회복과 불가분의 관계를 갖기 때문이다. 그에게 있어 타자 얼굴은 윤리에 선행하는 명령으로서의 성격을 띤다. 이런 점에서 공동체 구성원들은 타자들에 대해 책임져야 할 존재임을 자각해야 하며, 또 상호연관성을 지닌 존재로서 자신을 인식하여야 한다.

레비나스는 타자에 대한 책임을 공동체와의 관계 측면에서 파악하였다. 그는 개별차원의 윤리를 넘어서 제삼자의 등장에 의한 공동체성의 조건인 평등과 공평에 주목하였다. 이 지점에서 공동체는 사회정치적 공존체계로서의 의미를 띠게 되며, 또 타자성은 책임윤리의 입장에서 이해될 필요가 있다. 레비나스에 있어 이상적 공동체는 타자 얼굴을 마주하며 상호책임을 전제한 공존에 토대하여 성립될 수 있다. 다시 말해, 타자에 대한 책임 속에서 '나'는 이미 이웃에 사로잡힌 존재일 수밖에 없다.[14] 타자와 만날 때 관건은 그의 얼굴을 둘러싼 윤리적 수용여부이다. 이런 수용이 가능할 때 그를 둘러싼 각종 차별에 맞설 수 있기 때문이다.

타자 인정과 그에 대한 책임성은 공동체에 대한 새로운 인식을 가능케 할 수 있다. 레비나스는 공동체에 대한 책임윤리를 강조하는 것에서 자아정체성을 찾으려 했고, 특히 그런 책임윤리를 통해 이방인으로 분류되는 존재까지도 포용하려 했다. 타자가 당하는 고통에 귀 기울이고 그에게 호의를 베풀 수 있을 때 자기성을 회복할 수 있다고 보았다.[15] 레비

14 Levinas, E.(1993), ibid., 205 ; 심상우(2019), 앞의 논문, 384쪽.

15 이 지점에서 레비나스가 말하는 '근본악'에 대해 되새길 필요가 있다. 그에 의하면 근본악

나스는 공동체를 단순히 주는 만큼 받는 혹은 받은 만큼 주는 형태의 효용성 차원으로 바라보지 않았다. 그에게 공동체는 다음의 세 가지 차원을 함의한다. 첫째, 공동체에 속한 구성원들은 윤리적 책임에 바탕하여 마을 타자들을 돌볼 수 있어야 한다. 둘째, 공동체는 개인의 이질적, 외재적 특징을 수용·인정할 수 있어야 한다. 셋째, 공동체는 관료주의적 형태를 벗어나 자발적 의지로 이웃을 돌볼 수 있어야 한다. 이웃이 이웃을 돌보고 보살피며 공감으로 어루만질 수 있을 때 마을성(이웃성)의 성립이 가능하다고 보았다.[16]

이 지점에서 책임윤리에 근거한 연대공동체성 구축은 마을 단위 이웃성에 지대한 영향을 미칠 수 있다. 특히 농촌에서 마을 단위의 연대공동체성을 구축할 수 있느냐의 여부는 레비나스가 주장한 책임윤리의 실천과 밀접히 관련될 수 있다. 초연결성과 초개인성을 띤 로봇 인공지능 시대의 도래에 즈음하여 책임윤리의 실천은 마을 단위 연대공동체성 실현의 핵심 관건으로 볼 수 있기 때문이다.

이란 나와 다른 타자를 이방인으로 보고 배제와 말살하는 상태를 가리키며, 반면 그런 근본악에서 벗어나려 하면 나와 다른 타자를 인정하여 수용하는 것이라 했음에 유의할 필요가 있다. 자세한 내용은 김연숙(2001), 『레비나스의 타자윤리학』, 인간사랑 참조할 것.

16 심상우(2019), 앞의 논문, 386쪽.

II. 섶마리 마을의 특징과 자료수집

1. 섶마리 마을

섶마리는 청도군 금천면 신지1리의 농촌 마을이다. 산으로 둘러싸인 분지형의 비교적 넓은 평야를 배경으로 운문사 계곡에서 흐르는 동창천을 낀 곳에 위치해 있다. 이런 지형적 위치에 영향을 받아 예부터 벼농사에 유리한 조건을 갖추었으며, 따라서 양반문화 발전에 필요한 자연적 조건을 충족시키는 곳으로도 볼 수 있다. 마을 관련의 기록에 의하면, 청도 이서면에 거주했던 소요당 박하담(1479~1560)이 이 마을을 다녀간 뒤 마을 풍광에 감탄하였고, 곧이어 이곳에 별서를 짓게 되었다고 한다. 이후 그의 후손들(밀양박씨)은 이 마을에 본격 정착하게 되어 터전을 이루게 되었다.[17]

유서 깊은 전통과 역사를 품은 섶마리 마을은 중요 민속문화재 제106호인 운강고택과 그 별채인 만화정을 비롯하여 선암고택, 도일고택, 명중고택, 운남고택 등의 10여채 고택이 나란히 위치해 있다. 특히 지역 유림들은 400여 년 전 지역학의 전당 구실을 했던 선암서원을 설립하였으며, 이곳을 중심으로 지역성을 반영한 '해동속소학(海東續小學)'을 탄생케 할 수 있었다.[18] 선암서원 유림들은 전통으로 내려오는 유학에 대한 관

---

17 박홍갑, 김성우, 신병주, 김대웅, 권오영, 박인호(2019), 『청도 밀양박씨 소고공파와 박시묵·박재형』, 경인문화사, 특히 "제1장, 청도 밀양박시 소고공파 가문내력(3~34쪽)" 참조할 것.

18 해동속소학 관련의 자세한 내용은 김종권(1987), 『해동속고학』, 명문당 및 박문형 옮김(2017), 박재형 저, 『해동속고학』, 박문현 등을 참조할 것.

심을 바탕으로 지역성을 반영함으로써 기존 유학에 새로운 색을 입힐 수 있었다. 지역 유림들의 이런 학문적 관심은 19세기의 시대적 전환상황에서 신학문의 도입에도 앞장섰던 것으로 볼 수 있다. 이런 신학문 도입에의 노력은 근대학교인 '신명학교'를 설립하는 것으로 나타났다. 선암서원 구성원 중심으로 '문강계'를 조직하였고 이렇게 마련된 기금을 통해 1906년 신명학교를 설립할 수 있었고, 이 학교는 몇 번의 교명 변경을 거친 뒤 현재의 금천초등학교로 이어지고 있다.

이 지역은 신지1리(섶마리), 신지2리(길부), 신지3리(세재), 신지4리(어성)의 행정구역으로 나뉘는데, 지역 이름 찾기의 영향을 받아 옛 이름인 섶마리(신지1리)의 이름을 되찾을 수 있었다. 섶마리의 '섶'은 나무 이름을 뜻하며, '마리'는 높음을 의미한다. 다시 말해, 높은 곳의 섶이 많은 마을, 곧 존경과 우대를 받을만한 분들이 살아가는 마을임을 뜻한다는 것이었다. 이 마을은 밀양박씨들이 세거했던 곳으로써 인근의 타지역 주민들이 존경의 마음을 담아 이 마을 양반을 우대하여 부르는 것에서 유래되었음을 알 수 있다.[19]

현재 신지1리의 섶마리 마을은 2021년 9월 기준 102가구의 120여 명 주민이 거주하고 있으며, 고령화와 저출산의 영향으로 65세 이상의 고령층이 대부분을 차지한다. 최근 이 마을을 둘러싼 자연적 및 인문적 조건으로 귀농 귀촌인이 늘어나고 있으며, 마을 인근에 그들의 집단거주

19 마을활동가인 박○○(2021.4.21.)는 마을주민의 자부심 관련 내용을 다음과 같이 알려주었다. "이 마을이 갖는 도덕적 우월성은 지금까지도 이어지고 있다. 지금도 이 마을에 빈집이 생기면 금방 매매가 이루어질 정도이다. 이 마을에 거주한다는 것만으로도 주변 마을에서 인정과 우대를 받는다. 외부에서도 귀농귀촌 형태로 마을로 이사 오기도 하지만 인근 주민에게 이 마을이 갖는 도덕적 권위를 엿볼 수 있다."

지가 형성될 정도라 하였다. 어성산성과 주산(뚝뫼), 용두소 등의 마을을 둘러싼 수려한 자연적 조건을 배경으로 민관이 힘을 합쳐 생태 마을 공원을 조성하였고, 이런 몇몇 사업을 통해 '찾아오는' 마을만들기에도 역량을 기울이고 있었다. 덧붙여 선암서원, 운강고택(만화정) 등 마을에 위치한 전통적 문화자원을 적극 활용하고 있었으며, 그 밖에도 체험관광과 숙박시설 운영을 통해 생태문화 마을로의 탈바꿈을 시도하고 있었다.

2. 현지마을 대상 자료수집

현지 마을 관련의 조사는 여러 차례의 마을 답사와 세 차례에 걸친 주민 집중 면담으로 진행되었다. 1차면담은 마을의 카페에서 마을활동가인 박○○을 대상으로 2021년 4월 21일 1시간(17:30-18:30) 동안 이루어졌다. 그는 섶마리 관련의 전반적 이야기를 자신이 알고 경험한 바를 중심으로 소상하게 들려주었다. 마을의 전반적 역사적 내력과 자연적 환경, 그리고 자신이 참여한 마을사업 등을 중심으로 자세히 설명해주었다. 인터뷰 때는 이○○, 배○○, 성○○(영남대 박사과정 재학) 등이 함께 자리했고, 질의응답은 물론이며 인터뷰에서 나왔던 내용을 빠짐없이 기록했다. 1차면담을 통해 섶마리 마을관련의 기본적 내용의 개요를 수집·파악할 수 있었다. 섶마리 마을에 얽혀 있는 자연환경적 및 역사문화적 특성을 둘러싼 개괄적 설명을 들을 수 있었고, 앞으로의 연구 진행을 위한 큰 흐름을 잡을 수 있었다.

2차면담은 2021년 7월 21일 16:00~20:00까지 진행되었다. 1차조사 때 마을관련 설명을 해주었던 박○○주선으로 마을과 관련된 좀 더 심층적 설명을 해줄 수 있는 두 분을 소개받을 수 있었다. 이 마을의 어르신인 박○○ A(38년생, 83세)를 만났고, 마을 카페에서 1시간여에 걸쳐 6.25 이후 마을에서 일어났던 큰 사건들에 대해 자세히 들을 수 있었다. 이어 현재 선암서원 총무일을 담당하면서 마을 행정을 맡고 있는 박○○ B(1955년생, 66세)를 소개받았으며, 그로부터 선암서원과 마을공동체, 학교 설립 관련의 이야기를 들을 수 있었다. 박○○ A 어르신은 동네에서 오랜 기간 이발소를 경영했던 관계로 마을 현안들을 소상하게 기억하고 있었으며, 마을 관련 사건들을 있는 그대로의 모습으로 그림을 그려내듯 들려주었다. 그는 6.25 때 마을에 피난민이 몰려들었고, 피난 생활 과정을 비롯하여 극복을 어떻게 하였는지부터 섶마리의 오늘에 이르는 마을을 둘러싼 사안들을 사건 중심으로 들려주었다.

3차 면담은 2021년 8월 9일 1시간 30분여분(10:30~12:00) 간 운강고택(밀양박씨 종택)에서 실시하였다. 1, 2차 때 면접에 토대한 내용을 보완하는 형식으로써 운강고택의 종손인 박○○(83세)로부터 선암서원과 서원에서 집대성한 해동속소학 관련 설명을 들을 수 있었다. 3차 면담에서 핵심 내용은 지역사회에서 선암서원의 역할 및 서원의 학문적 성취물인 해동속소학 관련이었다. 해동속소학이 어떤 배경에서 집필되었고 또 어떤 내용으로 구성되었는지를 파악할 수 있었다. 선암서원이 중심이 되어 몇몇 목적성의 '계'를 조직하였는데, 이런 계 활동을 통해 마을주민들의 뜻을 결집할 수 있었다고 했다. 선암서원 유림들은 마을주민의 삶을 실천 차원에서 어떻게 향상할 수 있느냐에 관심을 부여했는데, 그 구체적 학문적 결과가 해동속소학으로 등장할 수 있었고, 그런 정신은 이후 근대시대 전개에 따른 신학문의 도입으로 이어질 수 있었다.

Ⅲ. 섶마리 마을의 공동체성 형성과 실천[20]

1. 교육과 마을연계에 의한 마을공동체 구축

선암서원은 1568년(선조1년) 향현사로 건립되었고 그 뒤 고종 15년 재건을 거쳐 오늘의 선암서원에 이른다. 선암서원의 중요한 특징은 시대정신을 반영한 학문 활동에서 찾을 수 있었다. 밀양박씨 문중 성원이 중심이 된 선암서원의 양반들은 마을주민을 대상으로 유교정신을 실사구시로 구현하는 데 적극적 노력을 기울였다. 조선 후기 서양제국의 침략과 서학유입의 혼란기 상황에서 강학소를 설치하였으며, 이곳을 배경으로 서원교육의 새로운 개혁을 시도하였다. 이 마을 유림들은 당시 변화하는 시대 정세를 반영한 신학문 도입에 앞장섰는데, 그 구체적 형태는 1872년 '강학소절목'으로 드러났고, 이에 근거하여 전통적으로 내려오던 서원교육에 재편을 시도할 수 있었다. 선암서원에서는 한 사람의 훈장이 몇 명의 학생을 대상으로 교육내용을 전수했던 기존의 수업방식에서 탈피하고자 하였다. 그런 개편의 핵심은 특정 분야의 전문성을 지닌 훈장을 여러 지역에서 초빙하였으며, 그들 중심으로 전문성을 가미한 수업방식을 도입할 수 있었다. 이에 의해 더 전문화된 교육을 가능케 할 수 있었으며, 무엇보다도 지역 여건에 적합한 유학의 현실적합성을 타진할 수 있었다.

20 여기서는 인간은 본능적, 이성적 측면에서 공동체성(이웃성)에서부터 자유롭지 않은 존재론적 특성을 가질 수밖에 없음을 드러내고자 한다. 특히 공공성의 시원을 로컬리티(지역성)와의 관련 속에서 타진할 것이다. 인공지능 시대에 즈음하여 초연결성과 초개인성이 나타나는 상황에서도 인간에게 타자얼굴을 통한 연대공동체성이 왜, 그리고 어떻게 필요한지를 섶마리 마을공동체 사례를 통해 구체화하여 밝힐 것이다.

덧붙여 서원에서는 장학기금 확충을 통해 인근 지역의 우수 인재를 모집하는 데도 관심을 두었으며, 이렇게 모집된 학생들 대상으로 학비 지원에 더해 숙식까지 제공하였다. 이런 여건조성을 통해 학문에 전념할 수 있는 면학 분위기 조성 및 학문의 전문성을 심화해갈 수 있었다. 무엇보다도, 선암서원의 중요한 특색이자 성과는 '해동속소학(海東續小學)'의 체계화에서 찾을 수 있다. 고종 때 선암서원의 박재형은 송나라 주희의 '소학'을 본떠 우리나라 젊은이들의 마음가짐과 몸가짐을 닦는 데 도움이 될 수 있는 학문을 체계화할 수 있었고, 그것이 해동속소학의 형태로 드러날 수 있었다. 주자가 선인들의 아름다운 말과 착한 행실을 모았고 그것을 소학 형태로 만들었던 것에 착안하였다. 이에 선암서원의 박재형은 우리나라 선인들의 말과 행실을 토대로 우리의 젊은이들에게 지침이 될만한 핵심 내용을 간추렸는데 그것이 해동속소학으로 나타날 수 있었다.[21] 한적한 농촌의 작은 마을에서 나름의 독자적 학문 형태인 해동속소학을 편찬할 수 있었다는 사실을 통해 선암서원의 학문적 위상을 엿볼 수 있다.

선암서원의 중요한 특징은 각종 목적성을 반영한 "계" 조직에서도 잘 드러난다. 서원 구성원들은 주민의 실천적 삶 향상에 염두를 두면서 마을 단위의 공동체성 형성에 관심을 두었다. 그들은 '문강계'와 '휼출계' 등의 목적성 계를 조직하였고, 이런 계 활동을 통해 교육적 및 경제적 차

---

21 해동속소학은 이 마을 출신의 박재형이 편찬한 것으로써 학생들에게 몸가짐과 마음가짐을 잘 닦고, 학문연구의 기틀을 잡아주기 위한 수양서로서의 성격을 갖는다. 그 내용은 선조들의 언행 중에서 학생들에게 본보기가 될만하며 좋은 풍속을 골라 편찬하였다. 해동속소학 편찬 의의에 대한 자세한 논의는 박홍갑, 김성우, 신병주, 김대웅, 권오영, 박인호(2019), 『청도 밀양박씨 소고공파와 박시묵·박재형』, 경인문화사, 299~310쪽 참조할 것.

원의 결속력을 강화할 수 있었다. 당시 어려운 경제적 상황에서 계 활동을 통해 공동기금을 조성하였고, 이런 공동기금을 활용해 교육과 구휼을 비롯한 각종 마을 단위의 공익사업을 펼칠 수 있었다. 문강계를 통한 기금조성은 당시의 전근대에서 근대사회로의 전환시대 상황을 반영한 신학문 도입으로 이어졌고, 이의 구체적 모습은 신학문을 담아낼 수 있는 근대학교 설립으로 나타났다.[22] 마을 지식인들은 신교육기관 설립을 통해 거대한 시대적 도전에 맞설 수 있는 지역인재를 육성하는 데 뜻을 모을 수 있었다. 문강계가 중심이 되어 1906년 문중 땅 89.156m²(임야포함)를 학교설립 기금으로 활용하였고, 이를 토대로 신학문의 전당인 '신명학교'를 설립할 수 있었다. 이렇게 설립되었던 신명학교는 1917년 사립인 '선암학교'로의 교명변경이 있었고, 1919년 다시 '금천공립보통학교'로 교명이 바뀌었다. 1941년 금천국민학교로 되었다가 1996년 현재의 '금천초등학교'에 이르고 있다.

오랜 역사성을 띤 금천초교는 지역민에 의해 설립된 지역학교로서 지역인재 배출의 요람 구실을 다하고 있다.[23] 이 학교의 졸업생들은 초등교육을 마친 뒤 대구와 경산에 위치한 상급학교로 진학할 수 있었고, 이

---

22 이 사실은 현재 마을의 행정일과 선암서원 총무일을 함께 맡고 있는 박○○B와의 면담(2차면담)에서 밝혀졌고, 동시에 운강고택 종손인 박○○와의 면담(3차면담)에서도 한층 분명한 사실인 것으로 볼 수 있었다.

23 마을행정 일을 맡고 있는 박○○은 금천초등학교 관련 자신의 심정을 다음과 같이 표현하였다. "1968년 자신이 금천초등학교를 졸업할 당시 한 학년생이 약 200명(전교생 1300여 명)이었고, 학생들로 넘쳐나 오전반/ 오후반 형태로 수업이 운영되었다. 1980년까지 한 학급당 60명을 유지하였는데, 2021년 현재 전교생이 57명(학년당 7~8명) 수준으로 떨어졌다. 자신은 물론이고 자식들까지 이 학교를 졸업했고 지금은 손자가 2학년에 재학 중인데 2학년생이 7명이다. 현재 학년별로 6명에서 10여 명이 공부하고 있어 안타까울 따름이다."

어 더 높은 상급학교로 진학하는 데 기틀을 마련할 수 있었다. 초급의 지역학교에 불과했지만, 당시의 열악한 교육여건에서 이 학교 졸업생들은 전국적 인재로 성장할 수 있는 중요한 기반을 갖출 수 있었다. 이런 지역기반의 학교설립은 현재진행형의 모습으로 이어지고 있었다. 지역민들의 학교에 대한 관심은 현재의 금천초등학교에 대한 물심양면의 지원으로 계속되고 있었다. 지역민들은 문학 소설 기행과 마을 고택의 재조명 행사를 기획하고 있었으며, 덧붙여 학교와 학생에 대한 재정적 지원을 아끼지 않고 있었다. 더 나아가 야간영화제와 같은 주민과 같이하는 행사기획을 통해 학교에 대한 지역민의 관심을 실천으로 옮기고 있었다.

요컨대, 이 마을의 중요한 특징은 마을주민의 학교에 대한 관심과 지원이 지대하다는 사실에서 찾을 수 있었다. 선암서원 유림들 중심으로 신학문 필요성에 영향을 받아 근대적 학교가 설립되었으며, 그런 정신은 현재의 금천초교에 대한 지역민의 적극적 후원으로 이어지고 있었고, 무엇보다도 마을학교로서의 위상을 갖도록 하는 데 지역민이 교육적 지지를 다하고 있음을 볼 수 있었다.

2. 마을 연대공동체성의 실천

섶마리 마을공동체 형성과 실천에서 선암서원의 역할에 주목할 필요가 있다. 서원 유림들은 마을주민 친화형의 학문활동을 수행하였으며, 지역민의 삶의 질 향상에 각별한 관심을 부여하였다. 지역민에 대한 서원의 관심에 주민들이 적극 호응하면서 마을 단위 공동체성의 구축에 이를 수 있었다. 섶마리의 마을공동체성 형성과 실천이 어떤 모습이었는지를 좀더 구체적으로 검토하도록 한다.

먼저, 섶마리 마을 곳곳에 서려 있는 선비정신은 마을공동체성 구축의 핵심적 배경이었으며, 그것은 마을을 둘러싼 주민의 자부심 형성에도 직접적인 영향을 미쳤던 것으로 볼 수 있다. 선암서원과 운강고택을 비롯한 역사적 유적들에서 이 마을의 역사성과 선비정신의 흔적을 찾을 수 있었다. 양반 선비문화를 간직한 마을 기풍은 일제 때 건설했던 경부선 철도부설 관련 일화에서 잘 엿볼 수 있다. 당시 마을 양반들은 이 마을을 통과하도록 설계된 경부선 노선에 강하게 반대하였고 이를 실력으로 관철할 수 있었다. 마을 양반들은 "철마가 지나면 역촌이 된다"는 논리를 들어 철도의 마을통과를 반대하였다. 일제는 경부선 철도개설을 준비하면서 '대구 - 자인 - 금천(섶마리) - 유천 - 밀양'으로 이어지는 노선을 설계하였는데, 섶마리 양반들의 강한 반대에 부딪혀 노선을 변경할 수밖에 없었다. 여론주도층인 양반들의 반대를 무릅쓰고 무리하게 철도 공사를 진행할 경우 민심의 거센 역풍을 맞을 것으로 생각하였고, 그 대안을 현재의 청도역을 통과하는 남성현 방향으로 결정했다는 것이었다.[24]

이런 마을 단위의 자부심과 연대의식은 6.25 전쟁 때 대규모의 피난민이 마을 인근의 동창천에 몰려들었던 위기 상황에서도 엿볼 수 있다. 6.25 전쟁 중 수천의 피난민들이 동창천으로 밀려들었는데, 이때 마을주민들은 자발적으로 먹거리를 비롯한 생활필수품을 제공하였다. 주민들은

---

24 철도개설 당시 양반을 중심으로 한 성리학의 영향이 아주 컸던 것으로 볼 수 있다. 지체 높은 양반들이 사는 이 마을을 지날 때 말에서 내려서 말을 끌고 지나가야 할 정도로 반상의 격식이 컸다고 했다. 이런 시대상황에서 아무리 강압적 통치를 한다고 해도 지역양반들의 지지를 얻지 못하면 원활한 통치가 어려웠을 것이며, 일제에서도 지역양반들의 뜻을 거슬려 통치하는 것에 부담을 느꼈던 것으로 볼 수 있다.

사느냐 죽느냐의 절박한 상황에 처한 피난민들에게 경제적 이해를 따지지 않고 먹거리를 비롯한 기본음식물을 제공하며 고난을 같이했고, 그런 위기극복에 기꺼이 동참하였다. 이 지점에서 타인에 대한 책임은 개인을 넘어선 공동체와의 관계 측면에서 바라봐야 한다고 했던 레비나스의 말에 귀 기울일 필요가 있다. 다시 말해, 우리는 개인 차원의 윤리를 넘어서 제삼자의 등장에 따른 평등과 공평에 관심을 가질 필요가 있으며, 동시에 사회정치적 공존체계의 입장에서 공동체를 바라볼 필요가 있다. 섶마리 주민들은 갑작스럽게 등장한 제삼자의 고통에 귀 기울였으며 그들과 함께 고통을 이겨낼 수 있는 연대성을 발휘할 수 있었다. 피난민들의 생활을 직접 보고 경험했던 박○○로부터 당시의 절박한 상황에 대해 들어본다.

> "동창천에서의 피난 생활은 생지옥을 방불케 했다. 피난민들이 굶주림을 못 이겨 몰고 왔던 소부터 잡았고, 연이어 이곳저곳에서 소를 잡아 사고팔며 근근이 하루하루를 버티어갔다. 먹을 것이 없고 다른 곳으로부터의 원조도 여의치 않은 절체절명의 상황에서 시련의 연속이었다. 어른들은 소를 잡고 고기를 흥정하며 강변 이곳저곳에서 국을 끓이며 연명해갔다. 이런 상황에서 마을주민들은 집에 있는 장과 찬을 나누어주었고, 또 콩잎과 호박잎 등의 먹거리를 제공하였다. 하루에도 수십 명이 죽어 나가는 급박한 상황에서 피난민들의 고통을 외면할 수 없었다. 당시 가진 것이 적더라도 돈에 상관없이 서로 나눌 수 있었다. 10여 년의 세월이 흘렀을 때 당시 피난 생활을 했던 몇몇이 마을을 찾아 당시를 회상하였으며, 그때 자신을 도왔던 마을주민에게 감사 인사를 전하기도 했다."(2차면담, 박○○A)

마을 단위 연대공동체성의 실천은 60, 70년대의 경제적 위기 상황에서 수곡제(곡수제)에 의한 상거래 행위에서 찾을 수 있었다. 6.25 전쟁이 끝난 뒤 농촌경제는 절대적 빈곤 상황에 직면해 큰 어려움을 겪고 있었다. 이런 상황에서 화폐 형태의 거래가 아닌 수곡제(곡수제) 형식의 물물거래를 통해 일상을 살아야 했다. 우선 주민생존에 꼭 필요한 것을 제공하여 해결할 수 있도록 하고 뒤에 벼나 보리 등의 곡식이 날 때 갚도록 했다. 이런 곡식 매개의 외상거래는 마을주민 간의 상호신뢰가 형성되지 않으면 불가능하였을 것이다. 이른바 공동체는 나에게 말을 건네는 타자의 소리를 듣는 동시에 그런 타자 목소리를 통해 나와 함께 타자가 맺는 특별한 관계라고 했던 레비나스의 책임윤리성을 떠올릴 수 있다. 다시 말해, 타자윤리의 성립은 타인이 처해 있는 고통에 대해 생각해보고 그가 겪는 고통을 함께 나눌 수 있을 때 가능할 것이다. 마을에서 수십 년 동안 이발소를 경영하며 살아왔던 박○○ 어르신으로부터 수곡제 관련의 경험담을 들어본다.

"어릴 때 사고로 다리를 다쳐서 군대에까지 갈 수 없었고, 장래를 걱정했던 아버지의 배려로 이발 일을 시작했다. 60, 70년대 마을 경제 상황이 좋지 않아 이발하고 바로 돈을 낼 수 없는 주민들이 많았다. 현금으로 낼 수 없을 때 머리를 외상으로 먼저 잘랐고 그 뒤 수곡제(곡수제)로 정산했다. 돈 대신에 보리나 나락 철이 되면 곡식으로 이발비를 받았다. 지금도 그때 외상을 달았고 곡식으로 계산했던 장부를 보관하고 있으며, 장부에 적힌 이름의 수가 무려 1000여명에 이른다."(2차면담, 박○○A)

다음으로, 마을 단위 공동체성 형성과 실천에서 "계"의 활성화가 중요한 역할을 하였다. 당시 섶마리 마을에는 여러 형태의 계가 존재했었다. 선암서원의 유림들 중심으로 목적성의 계를 조직하였고, 이런 계 조직을 통해 마을주민의 뜻을 모을 수 있었으며, 이에 근거하여 연대공동체성을 구축할 수 있었다. 선암서원 내 문강계, 휼출계 등의 이름으로 교육과 구휼 등에 목적을 둔 "계"를 조직할 수 있었다. 이런 "계"는 뜻 맞는 사람들 중심으로 출자를 했고, 이를 통해 자본화에 이를 수 있었으며 계원자격이 후대로 이어지면서 더 큰 자본을 축적할 수 있었다. 이렇게 조성된 자본은 당시 마을 단위에서 꼭 필요했던 사업을 위해 투자할 수 있었다. 예컨대, 신학문 도입을 위한 학교설립에 계의 기금을 투자하였으며, 또는 생계유지에 어려운 마을주민을 위한 구휼용으로 사용하였다. 이런 지역 양반들의 공익사업은 지역민들로부터 지지와 지원을 받았으며, 이에 더해 마을 단위 연대공동체 형성의 중요한 기반을 마련할 수 있었다.

계는 지역단위 목돈 마련의 중요한 기반이었다. 자본형성이 쉽지 않았던 당시 여건에서 지역민은 뜻을 같이하는 사람들끼리 출자하여 더 큰 목돈으로 불릴 수 있었다. 일부 계는 할아버지에서 손자 세대로 전승되면서 더 큰 자산으로 불릴 수 있었다. 이렇게 모여진 자금을 바탕으로 후손들은 공익성의 마을사업을 시도할 수 있었다. 당시 계의 경제사회적 영향력이 어떤 모습이었는지에 대해 지역민의 의견을 들어본다.

> "계를 통해 조성된 기금은 부모에서 자녀로 이어지면서 더 큰 기금으로 발전될 수 있었고, 이렇게 형성된 기금을 바탕으로 마을주민을 위한 공익사업을 추진할 수 있었다. 밀양박씨 문중에서도 여러 개의 계를 운영하였다. 선암서원 문중 성원들은 문강계, 휼출계 등

의 계를 중심으로 여러 대에 걸쳐 기금을 모았으며, 그렇게 모은 기금을 활용해 마을현안 해결에 사용했다. 이렇게 모은 자금 중의 일부는 교육사업에 사용되었는데, 그 대표적 사례가 신명학교 설립이었다. 1906년 계를 통한 기금 활용을 바탕으로 신명학교를 개교할 수 있었고, 이런 학교설립은 지역 자녀들을 위한 교육적 역할을 훌륭히 수행해낼 수 있었다."(2차면담, 박○○B)

3. 마을공동체 사업의 활성화

섶마리 마을은 당면한 현안의 해결 과정에서 마을 단위의 공동체 사업에 관심이 많았으며, 이에 의해 주민 간 연대공동체를 형성할 수 있었다. 섶마리는 동창천을 경계로 남북 쪽으로 나뉘는데, 이런 큰 강의 위치로 인해 상호왕래에 어려움을 겪었다. 이런 상황에서 강의 남북 쪽 주민들은 연 1회에 걸쳐 섶다리를 놓아 강의 남북을 연결해야 했다. 이렇게 놓은 섶다리는 매해 여름 홍수가 나면 떠내려갔고 끊어진 다리를 다시 연결해야 했다. 연 1회씩 마을주민들이 공평하게 동원되어 끊어진 다리를 놓아야 했다. 연중행사였던 섶다리 건설을 위해 주민들은 서로 간에 긴밀하게 협조할 필요가 있었다. 당시 섶다리 건설 때 있었던 일화를 지역주민으로부터 직접 들어본다.

"섶마리의 뜻도 섶다리가 놓여 있는 언덕에 형성된 마을에서 유래했다. 신지 동쪽 마을로의 통행을 위해 동창천을 가로지르는 나룻배를 이용해서 건널 수 있었는데 더 편리한 통행을 위해 섶다리를 만들 필요가 있었다. 농번기가 끝난 후 매해 1회씩 인근 각 마을주민들이 공동부역으로 나무다리를 놓았다. 다리 중심을 기준으로 수북과 수남으로 나뉘었는데, 수북 지역에는 시장과 면사무소가 위치해 있었는데, 따라서 수남지역 사람들에게 다리건설이 더 절실했다. 매해 가을이면 손가락 굵기의 섶나무(잎나무, 소나무 등)를 엮어 지름 약 1~2m 넓이로 다리를 만들었다. 이렇게 엮은 나무 안에 돌을 넣어 기둥을 만들었고 그것을 다리 교각으로 이용하였다. 이렇게 만든 다리는 제법 큰 비가 와도 쉽게 떠내려가지 않았다. 기둥들의 간격을 약 2m 50cm로 촘촘히 세운 뒤 여러 가닥의 긴 나뭇가지를 촘촘히 엮은 상판을 얹었고, 그 위에 짚과 잔디를 놓아 다리를 완성했다. 장마 때 다리가 떠내려가면 이듬해 가을 마을단위로 주민들을 고루 동원하여 다시 똑같은 방식으로 섶다리를 다시 놓아야 했다."(2면담, 박○○B)

다리 건설 때 보였던 주민 간 연대공동체성은 보를 정비하는 데 필요한 "방천사업"에서도 잘 나타났다. 신지리 지역은 동창천을 배경으로 평야지대가 넓게 분포한 관계로 일찍부터 벼농사가 발달하였다. 논농사의 물 공급을 위해 봄철 때 보의 정비에 필요한 방천사업을 할 필요가 있었다. 매해 실시하는 방천사업을 위해 마을주민들은 논의 규모에 맞게 분량대로 정비작업에 참여해야 했다. 방천사업을 실시할 때 주민 대부분이 참여하여 큰 행사처럼 진행하였다. 마을의 큰 이벤트 행사로 열려 방천작업 때 인근을 지나는 사람들에게까지 음식과 술을 대접하며 인심을 냈다. 지금도 이런 넉넉한 인심을 가리켜 "방천 술 갖고 인심 낸다"는 말로 표현하며, 그 의미는 아직도 여전히 유효하게 남아 있다. 수로정비의 이름으로 주민들이 함께 일하면서 인근 주민들에게 넉넉히 대접함으로써 주민 간 연대공동체성을 만들 수 있었다. 이상적 공동체는 타자 얼굴을 마주하며 상호책임을 전제한 공존을 모색할 수 있을 때 가능할 수 있는데, 이 마을 방천사업을 통해 타자수용과 인정의 모습을 엿볼 수 있다. 이는 레비나스가 말한 타자에 대한 책임으로서 이웃에 사로잡힌 나의 존재성을 드러내는 것과도 관련되는 것으로 볼 수 있다.

이전부터 내려오는 섶마리 마을 연대공동체성은 현재진행형으로 현재로 이어지고 있다. 초고령화와 저출산화로 인한 탈농촌화 경향에서 자유롭지 않지만, 마을주민들은 선대로부터 내려오는 전통을 바탕으로 주민 간 연대공동체성 실현에 노력하고 있었다. 섶마리 지역의 권역센터는 신지리의 4개 마을 간의 협력형태로 진행되고 있었다. 마을 권역사업은 둘레길 조성과 운영, 문화커뮤니티센터설립, 다목적 광장형성, 건강관리실, 길부지의 수변공원화, 마을숲 조성, 전통테마 경관개선 사업 등으로 나타나고 있었다. 덧붙여 권역사업에는 농촌마을 체험프로그램(떡, 한과, 조청 만들기)을 개설·운영하고 있었고, 또 농촌체험을 위한 숙박시설과 캠핑장을 운영하였다. 권역별 체험센터 운영에서 나오는 수익은 마을단위(신지1, 2, 3, 4리)로 공평하게 분배하는 것을 원칙으로 하였고, 현재까지의 권역별 운영사업 결과는 비용 대비 수익비율이 현상유지 수준이라고 하였다.[25]

그 밖에도 섶마리 마을사업은 선암서원을 활용한 전통문화의 재현에도 관심을 부여했다. 서원 내 사랑채 2곳을 활용한 고택 숙박을 시행하고 있었고, 덧붙여 전통 다도와 다식만들기, 천연염색, 한지공예 등을 체

25 전국 50여개 권역사업지가 있는데 그중 50%는 현상유지를 할 수 없으며, 10%정도만 수익구조가 양호하고 나머지 40%정도가 현상유지를 보인다고 했다. 이 마을의 경우 현상유지 수준으로 안정적 수준이라 반응하였다.

험할 수 있도록 했다.[26] 선암서원 인근 도자기 공장부지를 생태공원화하여 마을 이미지 개선과 함께 관광객 유치에도 노력하고 있었다. 도자기공장의 큰 굴뚝에서 내뿜는 연기와 낡은 건물 등으로 인한 낡은 마을 이미지를 생태마을의 이미지로 전환하려 하고 있었다. 지자체의 지원과 주민의 적극적 참여를 얻어냄으로써 낡은 굴뚝을 곰방대로 탈바꿈시킴으로써 관광자원으로 활용할 수 있었고, 여기에 지역 출신 문인작품과 시비를 비롯한 각종 문학 시설을 건립하였다. 여기에 더해 쉼터를 곳곳에 설치하였고 동창천을 배경으로 편안하게 길을 수 있는 둘레길을 냈으며, 강 건너편 용두소를 관람할 수 있는 전망대를 설치하였다.

생태문화 마을로서의 섶마리가 SNS를 통해 알려지면서 찾아오는 관광객이 많아지고 있으며, 마을의 외곽지역을 배경으로 귀농귀촌을 원하는 사람들도 증가하고 있다. 수려한 자연환경을 배경으로 마을 몇 곳에 카페가 개점하였으며, 이런 카페들이 SNS를 타고 유명해지면서 젊은층의 방문이 잦아진다고 하였다. 이런 점에서 섶마리 마을은 전통문화와 선비정신을 바탕으로 현재의 시대상황에 적합한 생태문화 마을로의 변모를 시도하는 것으로 볼 수 있었다.

---

26 마을사업의 활성화에는 한계가 따르는 측면도 있다. 지역주민이 밝힌 한계상황에 대해 직접 들어본다. "초고령화 상황에서 일할 수 있는 젊은 층이 부족하여 어떤 새로운 사업꺼리를 발굴하여 운영하는 데 어려움이 많다. 관공서를 비롯한 몇몇 곳에서 마을활성화를 위한 제안이 들어오는데, 고령으로 고택관리가 쉽지 않으며, 자식세대 중에서 마땅하게 맡을 적격자가 없다. 나의 대까지 고택을 관리하고 이후 어떻게 될지는 알 수 없다."(3차면담, 박○○)

VI. 마을 연대 공동체성의 의의

이상의 논의를 통해 우리는 초연결성과 초개체성 경향을 띤 인공지능시대 상황에서 인간 존재성의 핵심적 측면인 연대공동체성이 갖는 사회문화적 의미를 농촌 마을의 실천적 사례를 통해 드러내는 데 목적을 두었다. 인공지능 시대의 도래에 따라 지금까지의 인간적 삶의 방식에 근본적 물음이 제기될 수 있을 것이다. 이런 시대 상황에서 우리는 데이터들이 보내는 기계적 신호들에 일방적으로 우리의 운명을 맡겨야 할 것인지, 아니면 연대성 회복을 통해 인간의 얼굴로 상호적 소통과 협력을 열 것인지를 결정해야 할 것이다. 인공지능 시대 인간으로서의 연대공동체성 구축 여부는 인류의 생존에 직결되는 중차대한 현안과 연결되기 때문일 것이다. 이른바 우리는 인류가 당면한 중대한 시대적 전환 상황에서 마을 단위 연대공동체성을 어떻게 구축할 것이냐는 현안의 과제일 것이다. 이런 점에 유의할 때 섶마리 마을 사례는 우리에게 시사하는 바가 적지 않을 것이다.

섶마리 마을공동체 구축이 갖는 사회문화적 의미는 다음과 같이 요약할 수 있다.

첫째, 섶마리 마을의 연대공동체 구축은 선암서원에서 보여주었던 교육적 관심에서 비롯되었음을 볼 수 있다. 섶마리에 자리 잡은 선암서원은 마을주민의 뜻을 반영한 목적성 "계"를 조직하였으며, 이런 계 활동을 통해 마을주민의 뜻을 모으며 지지와 동의를 얻을 수 있었다. 문중 구성원들은 서원을 중심으로 문강계, 휼출계 등의 계 활동을 통해 주민친화형의 공익사업을 전개해갈 수 있었다. 문강계를 중심으로 공동기금을 조성했으며, 이런 기금에 기반하여 마을주민을 위한 교육사업을 본격화할 수 있었다. 휼출계 활동을 통해 마을에서 경제적 어려움에 당면한 주민들에게 구휼사업을 실시하였으며, 이에 의해 함께 나누는 연대성을 모범으로 보여주었다. 섶마리 마을에서 돋보이는 점은 바로 선암서원 중심으로 몇몇 계를 조직하여 마을단위의 공익사업, 곧 교육활동과 구휼활동을 펼쳤고 이에 의해 주민의 뜻을 모으면서 마을단위 연대공동체를 형성할 수 있었다는 사실이다. 이 사실은 농촌 단위 '노블리스 오블리제'로 대변되는 한국판 선비정신의 중요한 실천사례로도 볼 수 있다.

둘째, 섶마리 주민들의 연대성에 바탕한 마을공동체성은 형식적 외형과 말의 차원을 넘어서 구체성을 띤 실천적 차원으로 가시화될 수 있었다. 먼저, 선암서원의 문중구성원이 보여주었던 양반정신 내지 선비문화는 마을 단위 공동체성 구축에 핵심적 역할을 할 수 있었다. 마을주민들은 선암서원과 운강고택을 비롯한 역사적 유적들에서 강한 문화적 자부심을 느끼고 있었으며, 이 마을에 거주한다는 사실만으로도 주변 마을에서 인정과 존경을 받는 것으로 느끼고 있었다. 그것은 일제 때 경부선 철도부설 때 마을 양반들이 이 마을 통과에 반대하여 그 뜻을 관철시켰다는 데서도 찾을 수 있다. 당시 마을 양반들은 "철마가 지나면 역촌이 된다"는 논리를 내세워 철도부설에 반대하였고, 실제로 마을로의 철도 통과를 막을 수 있었다. 다음으로, 6.25 전쟁 당시 수천의 피난민들이 동창천으로 밀려들었고 이때 주민들은 자발적으로 먹거리를 비롯한 생활필수품을 제공하며 타자에 대한 연대성을 발휘하였다. 사느냐 죽느냐의 기로에 선 피난민들에게 각종 생필품을 무료로 제공함으로써 당장의 위기 극복에 동참하였다. 이는 바로 레비나스가 말한 타자윤리의 구체적 실천행위를 드러낸 것으로 볼 수 있다. 개인 차원의 자선과 윤리를 넘어선 제삼자의 고통과 어려움까지도 포용했던 연대성 실천의 중요한 사례라 할 수 있다. 마지막으로, 60, 70년대 수곡제(곡수제)에 의한 거래행위를 통해 마을 단위 연대공동체성을 실천으로 드러낼 수 있었다. 6.25 전쟁이 끝난 뒤 절대빈곤 상황에서 마을주민의 어려운 경제적 행위를 수곡제로 풀어나갈 수 있었다. 마을주민 간의 상호적 신뢰가 전제되지 않을 때 곡식 매개의 외상거래란 성립될 수 없었기 때문이다. 공동체는 나에게 말을 건네는 타자의 소리를 듣는 동시에 그런 타자 목소리를 통해 나와 함께 타자가 맺는 특별한 관계라 했던 레비나스의 주장과도 일맥상통한다고 볼 수 있다. 타인이 처한 고통을 염두에 두면서 그 고통의 일부분을 함께 나눌 수 있을 때 연대공동체의 성립이 가능할 수 있기 때문이다.

셋째, 섶마리 마을에서 가능했던 연대공동체성은 현재진행형의 모습을 띠고 오늘에 이어지고 있었다. 섶마리는 동창천을 경계로 남북으로 나뉘었는데, 이로 인해 상호왕래에 어려움을 겪었다. 이런 상황에서 강을 사이에 둔 마을주민들은 연례 행사로 섶다리 건설공사에 의무적으로 참가했다. 섶다리는 매해 여름 홍수가 나면 떠내려갔고, 주민들은 끊어진 다리를 다시 연결해야 했다. 이런 식으로 연 1회씩 마을주민들이 공평하게 동원되어 다리를 놓아야 했는데, 이때 주민들 간의 긴밀한 연대성 발휘가 있었기에 섶다리를 다시 놓을 수 있었다. 마을 연대공동체성은 보정비를 위한 방천사업에서도 잘 드러났다. 논농사에 꼭 필요한 보 정비사업인 '방천사업'을 통해 주민들은 상호 간 긴밀한 연대성을 발휘할 수 있었고 인근을 지나던 주민들까지 불러 음식과 술을 대접하며 넉넉하게 인심을 낼 수 있었다.

이상에서 섶마리 마을 사례를 통해 연대공동체성 구축이 어떻게 가능했으며, 또 그 구체적 영향이 어떤 형태였는지를 살펴보았다. 무엇보다 인공지능 시대의 도래에 따른 초연결성과 초개체성이 중요한 사회적 특징으로 부각하는 시대적 상황에서 연대공동체성의 의미와 실천은 어떤 사회적 의미를 던질 수 있는지에 대해 드러내려 하였다. 마을 단위의 연대공동성은 어떤 시대적 환경에서도 결코 가볍게 볼 수 없는 인간성의 본질적 영역에 속하는 핵심의 현안이라 할 수 있기 때문이다.

2장

IoT기반 농촌 마을공동체

오늘날 한국 농촌사회는 초고령화와 초저출산 현상을 극복하면서 동시에 지속가능성을 담보할 수 있는 마을공동체를 어떻게 유지·발전시킬 것이냐를 둘러싸고 중차대한 귀로에 직면하고 있다. 한국의 대부분 농촌 마을은 경제활동 능력을 갖춘 젊은 층을 잘 찾아볼 수 없을 정도의 초고령화 현상을 경험하고 있으며, 가구 구성의 측면에서도 나홀로 가구 형태인 독거의 단독가구 모습을 보인다. 초고령화와 나홀로적 가구형태에서 마을 단위의 공동체 구축과 그에 의한 공동체 형성이란 쉽지 않은 과제이다. 이처럼 농촌 마을이 처한 공동체 붕괴 내지 와해 상황에서 농촌 마을은 점점 활력과 활기를 잃어가고 있으며 그에 따른 빈 둥지 현상이 일어나면서 유령마을화하고 있다. 고령화에 직면한 마을의 어르신들은 자신의 몸 하나를 유지·관리하기도 힘든 상황에 접어들고 있으며 그에 따른 이웃관계의 유지도 쉽지 않다. 농촌 마을이 처한 이런 현실을 염두에 둘 때 농촌사회의 마을공동체 와해 내지 붕괴현상은 초읽기에 들어선 느낌이다.

현행 농촌 마을은 마을 안의 영역과 밖의 영역 간의 긴밀한 관계설정을 잘 찾을 수 없다. 젊은 층의 대부분은 도시를 활동무대로 바라보며 농촌 마을에서의 삶을 원하지 않으며, 그렇다고 외부로부터의 농촌 마을로의 유입도 잘 찾을 수 없다. 이처럼 현행 농촌사회는 내부로부터의 발전요소를 갖추지 않고 있으면서 동시에 외부로부터의 새로운 유입요인을 찾기가 어렵다. 이런 상황에서 농촌 마을이 당면한 일차적 과제는 마을 단위 자체 차원의 공동체성을 어떻게 여하히 부활시킬 것이냐에 모아진다고 할 수 있다. 이런 공동체성의 부활에서 농촌 마을의 활력을 모색해야 하며, 이를 통해 인간적인 삶의 조건을 실현할 수 있는 살기 좋은 곳으로서의 마을상을 만들어낼 수 있어야 한다. 이런 농촌사회의 조건을 충족시키는 것은 내부로부터의 공동체성을 구축할 수 있어야 하며, 이어 덧붙여 외부로부터의 '찾아오는' 지역 만들기에 다가설 수 있어야 할 것이다.

농촌 마을 단위에서의 마을공동체 복원은 단순히 살기 좋은 고장의 의미를 넘어서서 현대문명의 한계를 극복하는 데까지 이어질 것이다. 현대문명의 큰 한계는 물질적 탐닉을 극대로 부추기며 사회적 존재로서의 공동체성을 살릴 수 없다는 점과 밀접히 연계된다. 인간에게 고유한 공동체적 존재성을 잃어버린다는 것은 고립된 개체로서의 이기심과 타자 거부를 극단적으로 분출하는 것과 관계되는데, 그것은 곧 '인간이 인간에게 늑대이다'의 이전투구적 상황과 다를 바 없다. 이런 공동체 와해 내지 상실 현상은 한국 농촌마을에서도 예외 없이 진행된 것으로 볼 수 있다. 다시 말해, 오랜 연대성을 배경으로 살아왔던 농촌 마을에 자본주의적 물질화 흐름이 유입되었으며, 그런 흐름에서 인간성의 개별화 내지 개체화 현상이 불가피하였다.

이런 시대적 상황에서 농촌 마을공동체의 복원 및 부활은 단순히 농촌발전의 의미를 넘어서서 농촌 노년 세대들이 인간으로서 존엄성을 되찾는 것과도 밀접히 관련된다. 가족보호막에서 벗어난 그들이 마을 단위의 공동체성에 근거한 촘촘한 관계망을 통할 때 일정 수준까지의 삶의 의미를 찾을 수 있을 것이며, 그것은 소멸위기에 처한 농촌 마을의 지속가능성을 담보하는 것으로도 이어질 것이다. 이런 점을 염두에 둘 때 농촌 마을을 둘러싼 공동체성을 어떻게 여하히 구축할 수 있느냐는 최첨단의 기술사회를 살아가는 현대인이 당면한 현안의 과제로 볼 수 있다.

이 글은 현행 한국 농촌사회가 안고 있는 초고령화 현상을 염두에 두면서 4차산업 혁명의 핵심요소인 IoT(사물인터넷) 기반 농촌 두레마을 공동체 실현의 가능성을 타진해보고자 하며, 이에 의거하여 농촌마을 공동체 복원을 위한 몇 가지 실천적 모형을 제시해보는 데 있다. 글의 구성은 다음과 같다. 첫째, 농촌마을 특성에 맞는 주민주도형 두레모델의 가능성을 IoT의 적용과 활용을 통해 탐색해본다. 둘째, 농촌마을 단위에서 실행될 수 있는 공동체의 실천사례를 몇 가지 형태로 제시한다. 셋째, 이런 마을사례가 지속가능성을 담보할 수 있는 농촌 마을 구축에 시사하는 바를 검토한다.

Ⅰ. 농촌공동체 변화와 IoT기반 마을공동체

1. 농촌 고령화의 사회적 의미

한국사회에서 노령화 추세는 유례를 찾을 수 없을 정도로 빠르게 진행되고 있다. 한국고용정보원(2018년)은 앞으로 30년 안에 전국 시군 가운데 1/3 이상이 '인구소멸지역'이 될 것으로 전망했다. 2017년 기준으로 유소년 인구(0-14세)는 1.5% 줄어든 67만 1천 명이었고, 반면 고령인구는 4.6% 증가한 707만 6천 명이었다. 이런 노령화 추세는 사회 전반에 커다란 대변화를 가져올 것으로 예상할 수 있는데, 특히 농촌 여건을 염두에 둘 때 기존의 마을이 살아남을 것이냐 아니면 사라질 수 있느냐의 존망이 갈릴 정도로 큰 영향을 미칠 것으로 보인다.

전통사회에서 고령화는 사회문제로서 크게 부각하지 않았다. 가족 혹은 지역공동체가 작동하면서 웬만한 노인 문제에 적절히 대응할 수 있었기 때문이다. 산업화에 따른 근대사회로 넘어오면서 지역공동체가 상당 수준까지 와해 내지 해체하기에 이르렀으며 덩달아 가족이 수행했던 기능까지도 급격히 약화할 수밖에 없었다. 이런 가족과 지역공동체의 기능 약화를 국가영역이 대부분 대신하면서 국가기능이 한층 커지는 추세를 보인다. 현재 국가는 농촌 마을 곳곳에 엄청난 예산을 쏟아부으며 노인문제에 비교적 적극적으로 대처하는 모습을 취하고 있다. 우리는 치매의 국가책임제에서 그 중요한 예를 볼 수 있다. 중앙정부, 지방정부 차원에서 국가는 다양한 정책개발과 집행을 통해 고령화에서 비롯하는 수많은 사회문제에 대응하려 하고 있다. 문제는 어느 정도와 어느 영역까지 깊숙이 개인의 삶에 개입해야 할 것이냐가 관건일 것이다. 농촌마을 단위에서 발생하는 대부분 영역은 마을 내지 동네 단위에서 자체적으로 해결해야 할 사안일 수 있다. 다시 말해, 마을 단위에서 가능한 연대성 내지 관계성 회복을 통한 주민들의 역능화 신장이 가능할 때 더 효율적이면서 현실적 대안을 찾을 수 있을 것이다. 이런 마을 단위의 주민 역능화 신장에 이를 수 없다면 주민들의 국가의존성이 한층 커질 것이며, 그것은 곧 국가부담을 한층 증가시킬 것이다.

이런 복지의 역설을 염두에 둔다면 마을 단위의 공동체성 복원 내지 부활은 한국 농촌이 당면한 현안으로 볼 수 있다. 나아가 마을 단위의 공동체성을 확보한다는 것은 초고령화 흐름에서 농촌마을의 지속가능성을 갖도록 하는 데도 큰 의미를 갖는다. 따라서 농촌마을 단위에서 공동체성을 어떻게 복원하여 실천의 장면으로 드러내도록 할 것이냐는 현재 한국 농촌 마을이 당면한 핵심의 과제라 해도 과언이 아닐 것이다.

주지하듯이 노인 문제의 경우, 정부의 정책개발과 집행에 의해 해결될 수 없는 성격을 띤다. 특히 노인 문제에 있어서 국가영역이 개인의 사적영역에 어느 정도까지 개입하여야 할 것이며, 또 사회의 다른 각 부분과 어느 정도로 형평을 맞추어야 하는가 등에서 쉽게 합의를 이룰 수 없다. 다시 말해, 노년기 문제를 국가영역으로 보고 국가에 위탁하는 것이 미래지향적이며 또 지속가능성을 담보하는지를 둘러싼 물음을 제기할 수 있다. 이 지점에서 마을 단위 공동체 구축을 통해 노인문제를 둘러싼 대응역량을 갖추도록 하는 것이 현안의 과제로 부각할 수 있다. 제도차원에서의 접근과 달리 공동체를 통한 문제해결은 좀 더 유연하면서도 지역친화적으로 문제에 대응할 수 있으며, 또 동일 지역 내에서 노인의 욕구와 요구를 반영할 수 있어 현장친화성으로 문제해결에 신속하게 다가설 수 있는 장점이 있다. 더 나아가 지역 중심의 문제해결 역량 신장은 지역민과 지역사회가 주체가 되어 마을 단위의 공동결정 능력을 증진하는 것으로 이어질 수 있다. 아울러 그것은 다시 노년 개개인의 역량 신장을 강화하는 방향으로 나아갈 수 있다.

마을 단위 공동체성의 복원은 한층 심화하는 초고령화 추세에 대응하는 중요한 단서를 제공할 수 있다. 농촌 마을이 당면한 공동화와 나홀로화의 경향을 염두에 둘 때 이웃 간의 관계성 회복을 통한 사회자본 형성은 고령화에서 비롯하는 문제의 극복에 시사하는 바가 클 것이다. 신뢰와 약속, 네트워크와 연대 등에 근거한 이웃 간의 공동체성은 '찾아오는' 농촌마을 만들기에도 관건일 수 있다. 이웃 주민과의 촘촘하면서도 긴밀한 연결망을 구축할 수 있느냐는 안전안심을 보장할 수 있는 마을만들기와도 직결될 것이며, 그것은 곧 사회자본 형성과도 긴밀히 연계될 것이다.[27] 현행 농촌 노인들에게서 가족관계 매개의 관계망 형성이 상당히 약화하였으며, 심지어 독거상태에서 홀로 살아가는 것을 일상으로 받아들이고 있다. 이런 농촌 노인들이 당면한 현황을 염두에 둘 때 농촌 마을 차원에서 마을 단위 공동체 구축을 통한 주민 간의 애착, 유대감 및 상호신뢰감 형성, 그리고 마을조직에의 주체적 참여 등은 사회적 자본형성의 핵심 토대로서 기능할 수 있다.[28] 문제는 이런 사회적 자본을 농촌마을의 현장 여건에서 어떻게 현실 장면으로 살려낼 수 있느냐일 것이다.

마을단위 공동체가 형성될 때 주민들은 개별적 공간을 둘러싼 관심

---

27 실제 경험적 연구에 의하면, 지역공동체가 살아 있고 활성화되어 있는 경우 노인문제를 해소할 수 있었고, 또 고령사회에 성공적으로 적응할 수 있는 것으로 나타났다. 자세한 내용은 어유경·김순은(2016), 「지역 사회자본의 노인문제 대응」, 《지방행정연구》 30(3), 275-306 참조할 것.

28 사적모임 공간이나 소규모 동네모임을 뜻하는 살롱이 현재 일본 전역에 6만여 곳이 있는데, 대부분이 시니어 살롱이다. 5-10집이 모여 살롱을 열며, 살롱에 가면 아는 사람이 있고 그들과 어울리며 대화할 수 있다. 매주 돌아가며 각자 집에 모여 점심 식사하는 살롱도 있고 바둑, 장기, 꽃꽂이 등 취미살롱도 있다. 살롱을 통해 서로 도울 수 있다. 누가 아프면 같이 병원가고 입퇴원을 돕는다. 마을에 20-30명이 모이는 공간이 있고 동네 이름이나 애칭이 붙은 살롱이 있다. 모여 게임하며 노래 부르며 놀더라도 모여서 논다. 실제 조사에서도 살롱참여 노인은 그렇지 않는 노인치매에 비해 1/3이 적다고 한다. 지역력이 세고 교제력이 강한 사람일수록 건강하고 장수할 경향이 있다. 개인이 장수하는 데는 사는 동네문화가 크게 영향을 미칠 수 있다(조선일보, 2018. 08.14).

에서 벗어나 공공적 공간으로 관심 영역을 확장할 수 있으며, 또 이웃과의 관계성에 근거하여 지역 문제를 공동의 이해 관심에 반영할 수 있는 역량을 키울 수 있다. 이런 점에서 마을만들기는 주민 각자가 마을주인으로서 마을 맞춤형의 공동체 활동에 참여하는 일체의 활동을 말한다. 나아가 마을만들기는 마을 기반의 커뮤니티를 구축함으로써 사람들 간의 유기적 관계성을 회복하며, 이에 의해 마을의 공동관심사를 형성·실현하는 활동이라 할 수 있다.[29] 이런 점에서 마을만들기는 주민들의 자발성과 주도성에 근거해 성립될 수 있으며, 이에 토대하여 이웃과의 거버넌스를 통한 협력적 파트너십을 구축할 수 있을 때 성립 가능할 것이다. 농촌 단위의 마을공동체 형성이 가능할 때 마을이 당면한 문제를 파악하여 해결책에 이를 수 있으며, 특히 고령화에 직면하여 독거상태로 살아가는 농촌 노인들의 삶의 질을 획기적으로 개선할 수 있다. 이처럼 마을만들기는 공동으로 마을 문제를 파악하여 문제해결에 이르려는 일련의 활동을 말하며, 이에 의해 마을주민의 삶의 여건을 획기적으로 향상케 할 수 있는 종합적 마을계획과 실천활동의 일체를 일컫는 것으로 볼 수 있다.[30]

2. 공동체성의 변화

현대인은 도처에서 삶의 안전을 담보할 수 없는 상태의 유목적 삶

---

29 여관현(2015), 「주민학습과 실천을 통한 마을만들기의 지속가능성 연구: 성북구 장수마을 사례를 중심으로」, 《지방정부연구》 19(3), 31.

30 진재문(2014), 「마을만들기 사업을 위한 지치단체의 주민참여 활성화 노력과 삶의 질의 관계: 주민의 인식을 중심으로」, 《비판사회정책》 45, 346.

을 살아간다해도 과언이 아니다. 이런 유목적 삶의 일반화 상황에서 공동체는 동일성이 아닌 차이성, 확실성이 아닌 우연성, 닫힌 것이 아닌 열린 형태를 띨 수밖에 없다. 덩달아 이런 유목적 상황에서는 근대적 정체성에 기반으로 했던 계급, 젠더, 민족 등을 새로운 관점에서 바라보고 새롭게 규정하려는 움직임이 나타난다. 이즈음에서 공동체는 지역이나 공간에 크게 좌우되지 않게 되고 있으며 대신 정서적 속성을 띠면서 의사소통적 의미를 한층 강하게 가미하고 있다. 이런 측면을 염두에 둘 때 공동체는 대중문화적인 팬덤 속성에서 자유로울 수 없고 동시에 미학적 감수성 내지 공감성을 띨 수밖에 없다.[31]

공동체가 갖는 미학적 속성에 유념하여 래쉬(S. Lash)는 공동체가 갖는 성찰적 특징에 주목하였다. 사회적 소속 여부를 의식하면서 성찰성에 기반한 '추상적' 공간을 배경을 바탕으로 공동체들이 만들어질 수 있으며, 동시에 새로운 주체들이 등장하여 교체됨에 따라 공동체는 끊임없이 구성·재구성될 상황에 처하게 되었다. 이런 공동체가 갖는 성찰성에 근거할 때 공동체 형성의 도구들과 산물들은 물적이지 않으며 오히려 추상적·문화적 성격을 띠게 된다. 이 지점에서 공동체 구성은 미학적 영역과 한층 긴밀히 관련될 수밖에 없다.[32]

이처럼 현대사회의 등장에 따른 문화적 변형이 불가피하였고, 그에 따라 '정서적 공동체(emotional community)'가 출현하기에 이르렀다. 그것은 공통의 취미와 취향에 기반한 공동체 등장으로 이어졌고, 나아가 일

---

31 김미영(2015), 「현대사회에 존재하는 공동체의 여러 형식들」, 《사회와 이론》 27, 206.

32 래쉬, 「성찰성과 그것의 분신들: 구조, 미학, 공동체」, 앤소니 기든스(1998), 《성찰적 근대화》, 임현진·정일준 옮김, 한울, 163-240.

시적, 유동적 형태를 띤 '선택적 공동체'의 등장과 맥을 같이한다. 아울러, 그것은 전통적 부족의 형태를 넘어선 순식간에 모이고 또 순식간에 곧 흩어질 수 있는 임시적이며 선택적인 성격을 띤, 일종의 '신부족(neo-tribe)'의 형태를 보여준다. 이 지점에서 공동체는 선택적 사교집단의 속성을 보이며, 동시에 연대와 헌신을 띤 친화성에 기반한 정치집단으로서 성격을 띤다.

포스트모던적 형태를 띤 공동체 사례는 친구관계에서 찾을 수 있다. 레이 팔(Ray Pahl, 2001; Delanty, 2010)은 집단연결로 맺어지는 새로운 동학으로써 우정현상에 주목하였다. 사회적 관계에서 친구관계가 갈수록 중요해지고 있으며, 따라서 가족과 친족을 대체할 수준까지라 할 수 없지만 의미심장한 인격적 자원이 될 수 있다고 보았다. 특히 노인들의 경우, 우정에 근거한 탈지역화된 유연한 공동체가 성립될 수 있는데, 그것은 두껍기도 하면서 얇은 수준을 함께 아우르는 개방성을 띤다. 이른바 그것은 개인적 공동체(personal community)의 특징을 띠는 것으로써 좀더 유연성을 띤 '약한 공동체'로 볼 수 있다.[33]

AI, IoT, 3D프린트, 빅데이터 등으로 특징지어지는 고도기술 매개 시대가 도래함에 따라 공동체 성격에서도 새로운 변화가 감지되고 있다. 먼저, 개인 컴퓨터와 휴대전화라는 개인화된 기술이 사회집단의 성격에도 커다란 영향을 미치면서 일종의 새로운 사회집단을 가능케 한다. 그에 따라 기존의 공동체와 다른 색다른 특성이 형성되는데, 그것은 다층적 형태를 띠면서 한층 개인화의 성향을 드러내며 또 개성적 라이프 스타일을

33 김미영, 앞의 논문, 207.

지향하는 경향을 보인다. 다음으로, 기존의 공동체가 한층 확장하는 경향을 드러낼 수 있는데, 그것은 농촌에서 전자공동체의 형성조건을 쉽게 하거나 또는 페이스북, 카톡 등과 같은 사회관계망 서비스 매개의 연결망을 바탕으로 공동체의 영역을 더욱 확대할 수 있다. 다시 말해, 전자시대 공동체는 네트워크에 의거한 개인화된 형태를 보이며 문화에 기반한 약한 공동체로서의 성격을 띨 수 있으며, 동시에 전문화된 지원집단과의 약한 유대를 맺으며 한층 개인적 지향성을 드러낼 것이다. 이 지점에서 웰만(Wellman)이 지적했던 "공동체의 조건이 사교성, 지지, 정보, 속함의 감각, 사회적 정체성을 주는 간주관적 끈의 네트워크 형태를 보이며 그 영향력을 키우고 있다"고 했던 주장에 귀 기울일 필요가 있다.[34]

3. IoT기반 마을공동체 구축

ICT 기술의 급격한 발달과 일반화는 인간 삶의 핵심영역인 지역단위 공동체의 성격에 새로운 가능성 내지 지평을 열어주고 있다. 압축 성장으로 대변되었던 근대화 과정에서 촘촘히 연결되었던 마을 단위의 유기적 연대성에 의해 운영되던 지역공동체에 커다란 전환이 불가피하였다. 그동안 도시 위주로 진행되었던 경제성장 과정에서 농촌사회는 초고령화와 초저출산 현상을 동시에 경험하게 되었고, 그에 따라 노인들의 대부분이 살아가는 농촌의 마을은 나홀로의 단독가구 형태에 내몰리게 되었으며, 그 과정에서 기존의 이웃과의 끈끈한 연대성에서도 커다란 균열

34 김미영, 209.

이 불가피하였다. 이런 와중에서 농촌 마을에 발전과 성장, 경쟁 등의 자본주의 물결이 급격히 도입되면서 지역민 간의 상호불신과 무관심, 이기심 등의 사회병폐 현상이 팽배하고 있다. 그런 현상에 덩달아 독거노인, 치매 환자의 수가 급증하면서 농촌사회는 이전에 경험하지 않았던 새로운 상황에 당면하고 있다. 그에 따른 국가사회가 담당해야 할 몫이 한층 커지고 있음도 주지의 사실이다.

이런 시대적 상황에서 ICT기술을 활용하여 농촌문제를 어떻게 여하히 해결할 것이냐는 시대적 현안으로 부각하고 있다. 고도첨단 기술의 도입을 통해 독거노인을 비롯한 각종 중증질환에 노출된 노인들의 삶의 질을 높일 수 있어야 하며, 동시에 이를 통해 농촌마을 공동체 구축을 위한 인프라를 갖출 수 있어야 한다. ICT를 통할 때 지역주민들은 능동적이며 자율적인 참여주체로 거듭날 수 있도록 하며, 실제 마을공동체를 지속가능하게 재생하도록 하는데도 의미를 줄 수 있다. 문제는 농촌지역민이 ICT기술 활용역량을 어떻게 강화하도록 하느냐 및 농촌지역에 ICT기술 활용을 위한 시스템을 어떻게 구축하느냐일 것이다. 특히 농촌 거주의 독거 상태에서 고립적이며 소외된 노인들을 위한 안전망을 어떻게 확보할 수 있느냐가 관건일 것이다.[35]

컴퓨팅 기기들이 PC형태가 아닌 사용자의 일상생활에서 쉽게 접할 수 있는 휴대기기 형태로 전환하면서 기존의 컴퓨팅 기기들이 생활 속으로 깊숙이 들어오고 있다. 이런 기기로 말미암아 우리는 컴퓨팅 능

---

35 일본의 경우, AI(인공지능), IoT(사물인터넷) 등 4차산업 기술을 활용하여 고령화와 저출산 극복과 관련되는 일종의 '지킴이' 산업에 활용하고 있다. 예컨대, 간병에 필요한 보조로봇 도입으로 1인당 대응 가능한 환자수를 2.68명으로 늘릴 수 있었다(한국경제신문, 2019.1.24.).

력과 네트워크를 통한 효율적 접근성을 바탕으로 가상세계에서의 정체성을 갖게 되었고, 또 전 세계를 관통하는 표준 프로토콜을 통해 서로 연결함으로써 현실과 가상 간의 접점이 가능한 IoT(Internet of Things)를 형성할 수 있게 되었다. 다시 말해, 우리는 IoT를 통해 가상세계와 현실세계 모두에 영향력을 행사할 수 있게 되었고, 따라서 현실과 가상 간의 접점을 마련할 수 있었다. 예컨대, 실내 조명기기를 통해 현실세계의 조도를 조절함과 동시에 가상세계에 존재하는 실내 환경정보를 변경하는 것이 가능할 수 있다. 가상세계와 현실세계가 상호작용하기 위해서는 각각의 기기에서 나오는 데이터를 수집·분석하여 기기와 사람, 사람과 사람, 기기와 기기 간의 의사전달이 가능할 수 있어야 한다. 이는 바로 스마트홈 환경 구축으로 이어지는데, 이를 위해 IoT가 생성하는 데이터를 활용할 수 있어야 하며, 특히 IoT기반의 데이터를 수집하고 이런 데이터를 정형화하여 더 시맨틱하며 활용 가능한 정보로 변환할 수 있어야 한다. 이런 IoT의 조건을 갖출 수 있을 때 스마트홈 커뮤니티의 구축이 한결 쉬워질 수 있으며, 또 커뮤니티 간의 의사소통도 한층 쉬어질 수 있다.[36]

사물인터넷(IoT)은 인터넷 기반으로 모든 사물을 연결하여 상호소통케 함으로써 지능형 기술 및 서비스로 안전분야(도어 열림알리미, 홈 CCTV), 편의서비스(가스 잠그미), 에너지 분야(플러그, 멀티탭, 스위치) 등의 다양한 분야에서 손쉽게 이용될 수 있다. 사물인터넷은 편의성, 경제성, 안전성, 효용성을 바탕으로 비용 절감 및 안전 생활 보장 등을 가능케 하여

36 이기연·문현옥·김동우·임용배(2017), 「IoT기반 공동주택용 전기안전 기술개발에 관한 연구」, 《2017년 한국통신학회 하계종합학술발표회》, 485.

미래시대에 지속적으로 많은 영역에서 활용이 가능할 것이다.[37]

특히 IoT 기술의 발달에 따라라 치매와 독거 상황에 처한 노인이 위기상황을 마을전체가 공유하여 그런 노인 보호를 위한 생활공동체 구축에 새로운 가능성을 제공할 수 있다. IoT는 사물에 센서 혹은 액추에이터 등 다양한 IT기술을 접목함으로써 사물-사람-공간을 무선통신으로 연결하도록 한다.[38] 이처럼, 사물인터넷은 가전제품은 물론 스마트 빌딩, 지능형 자동차, 동식물 등을 인터넷으로 연결함으로써 초연결사회 실현을 위한 플랫폼을 제공한다. 초연결 매체로서의 사물인터넷을 마을공동체에 도입할 때 독거의 나홀로인 상태로 살아가거나 또는 각종 인지장애로 인해 누군가의 도움을 필요로 하는 노인들이 당면하는 위기상황에 실시간으로 대응할 수 있는 인프라를 제공할 수 있다.[39] 이처럼 IoT기반의 마을공동체를 구축한다는 것은 사람과 사람 사이를 간편하게 연결해줄 수 있으며, 또 인간과 사물, 사물과 사물끼리의 연결도 가능케 할 수 있다. 요컨대, IoT기반의 마을공동체를 구축함으로써 위험에 노출된 노인의 위치를 파악하여 마을 전체가 공유할 수 있으며, 이런 실시간의 정보제공을 통해 마을단위 공유공동체를 형성할 수 있다. 이런 점에서 IoT기반의 공동체 플랫폼 구축은 초고령화에 직면한 농촌 마을 여건에서 인간 삶의 질을 획기적으로 향상시킬 수 있다. 다시 말해, IoT 기술은 새로운 형태

37 김도연·박현채(2016.7), 「차세대 IoT기술 및 서비스」, 《한국전자파학회지》 27(4), 2.

38 장채익(2016), 「최신 ICT기술을 활용한 지역공동체 활성화 방안」, 《제33회 지방행정정보화 연구과제》, 23.

39 E-러닝, 스마트폰, 태브릿 PC 등의 ICT는 우리 실생활에서 익숙한 기술이다. 모든 서비스를 데이터로 치환하여 맞춤형, 개인형 서비스로 제공하는 것은 우리가 대중(Mass)의 시대에서 개인(Personal) 시대로 들어가는 기술적 기반이 된다.

의 혁신적 사회기술 체계와 그 성격이 맞닿은 것으로 볼 수 있다.

Ⅱ. 봉평마을과 방하마을

1. 봉평마을

이 연구는 마을공동체를 구축하여 실천하는 활동가들과의 면담을 통해 이루어졌다. 연구자는 2018년 8월부터 10월까지 기간을 활용해 몇 곳 마을을 현지답사하였으며 몇몇 마을혁신가와의 일대일 면담을 통해 자료를 수집할 수 있었다. 마을공동체 만들기에 사업에 관심을 갖고 지원 활동을 수행하였던 조○○ 씨를 통해 해당마을을 소개받을 수 있었고, 해당마을의 활동가를 찾아가 친교를 쌓으며 마을 관련의 여러 사실을 파악할 수 있었다. 이런 현지방문과 심층면담을 통해 마을단위의 실제 사업이 어떻게 시작하여 어떤 성과를 낳을 수 있는지를 둘러싼 자세한 내용을 파악할 수 있었다.

연구를 위해 연구자는 2018년 8월 30일 연구원 3명과 함께 경북 고령군 운수면 봉평마을을 방문하였다. 우리는 5년 전 이 마을에 귀촌하여 마을 살리기 활동을 전개해오던 ○○ 요양원 대표인 주○○ 씨를 만나 이 마을 관련의 여러 이야기를 들을 수 있었다. 그는 대구에 소재한 요양원을 경영해오면서 평소 노인 문제에 관심을 갖고 농촌 어르신 대상의 안전 안심 마을만들기에 기획하고 있었다. 그는 독거상태에서 외롭게 살아가는 농촌 노인들 대상으로 안전하면서도 지속가능성을 담보할 수 있는 농촌친화형 노인케어 시스템을 구축하고자 하였다. 이런 그의 관심은 '농촌형 안전 안심 마을공동체'의 실제 모형을 만드는 것으로 드러났다. 그는 대구에서의 요양원 경험을 토대로 독거 상태에 있는 봉평마을 노인들 대상으로 안심안전 마을공동체 모델을 구축하고자 하였으며, 또 이 모델을 실천으로 이어질 수 있도록 다양한 노력을 기울이고 있었다.

당시 봉평마을 상황은 고령의 노인들이 주로 거주하고 있었지만, 실제 어르신 케어를 담당할 요양보호사가 부족하였고, 이런 여건에서 조선족 혹은 다문화이주민 출신의 요양사가 노인케어를 담당하고 있어 양질의 케어에 이를 수 없는 한계를 보였다. 이런 여건에서 봉평마을 노인케어를 위해서는 외부지역에서 요양사를 초빙하여 노인을 보살펴야 할 상황이었다. 요양보호사의 경우, 제도의 시행 초기에 자격증을 남발하였던 까닭에 실제의 요양 현장에서 잘 활용될 수 없는 현장 문제가 발생한다고 알려주었다. 자격증의 50% 이상이 장롱용에 불과하다며 현 요양사 제도의 문제점을 지적하였다. 이런 상황에서 주 이사장은 고령군 운수면 봉평리를 터전으로 하여 귀촌 귀농민 대상으로 이 마을에 거주할 수 있는 조건을 마련하였고, 이들로 하여금 마을 거주의 독거노인을 돌보면서 살만한 마을로의 전환을 시도하였다. 그는 현행 요양보호사 제도를 적극 활용함으로써 귀농인이 자격을 갖추도록 독거노인을 돌볼 수 있는 나름의 방법을 제안하였다. 그는 귀농인이 요양보호사 자격을 따도록 주선하였으며, 이런 자격증을 바탕으로 독거노인 케어를 담당할 수 있도록 하였다. 이런 제도를 통해 이 마을로의 귀촌을 유도하였으며, 이런 귀촌을 통해 동시에 '찾아오는' 마을만들기를 시도하려 하였다. 이른바 요양보호사 제도를 통한 일정수준까지의 경제적 소득을 보장하면서 동시에 농촌의 친환경적 삶을 누리도록 함으로써 농촌마을에 활력을 불어넣는 데 한발 가깝게 다가서려 하였다.

주 이사장이 봉평마을 활력 증진을 위해 했던 구체적 방법에 대해 좀더 자세히 알아본다. 그는 농촌 마을 거주에 관심 있는 분을 대상으로 귀촌을 유도한 뒤 요양사 제도를 적절히 활용하였으며, 일정한 수입이 보장되는 요양사 제도를 통해 안전 안심 마을공동체를 구축하려 하였다. 그는 봉평마을에 귀촌인을 위한 전원주택지를 직접 마련해주었고, 실제로 자신이 관여하는 교회조직을 이용하여 뜻을 같이하는 2명의 활동가를 모집할 수 있었다. 그는 이런 활동가에게 요양사 자격증을 따도록 하였고, 이런 자격증을 바탕으로 이 마을 독거노인을 직접 돌볼 수 있도록 하였다. 이렇게 한 팀을 이루어 인근의 몇몇 마을 거주 독거노인을 직접 돌보면서 안전 안심 마을공동체를 만들려 하였다. 그는 현재 한국 농촌이 안고 있는 독거 상태의 노인 대상으로 요양사 자격을 갖춘 귀촌인을 활용하여 문제를 해결하려 시도하였는데, 바로 봉평마을 대상으로 안전 안심 마을공동체를 위한 플랫폼을 구축할 수 있기를 원했다. 이런 플랫폼 구축을 통해 그는 가족과 이웃으로부터 단절되어 있고 잠재적으로 그럴 개연성이 커질 농촌사회 여건에 새로운 대안을 제시하려 하였다.

2. 방하마을

연구자 일행은 마을 코디네이터인 조○○의 도움으로 2018년 9월 10일 경북 의성군 단촌면 방하마을을 방문할 수 있었다. 방하마을은 수년 전부터 김○○ 이장의 주도하에 마을단위 수익사업 유치와 활성화를 시도하였고, 이런 수익사업 실현을 통해 마을주민들의 뜻을 모을 수 있었으며, 이를 다시 마을 단위 공동체 사업으로 이끌어내는 선순환 구조를 갖도록 하였다. 김○○ 이장은 학교-기업-마을 3각축의 네트워크 구축을 시도함으로써 소멸지역 최상위에 있는 의성군을 '찾아오는' 지역으로 변신시키려 노력하고 있었다. 그는 사단법인 '도농상생위원회'의 컨설팅을 바탕으로 지역특산품인 풋고추를 상품화할 수 있는 마을협동조합을 설립하였고, 이를 마을 단위의 대표적 수익사업원으로 발전시킬 수 있었다. 덧붙여, 마을만들기 관련 정부 지원사업에 응모하여 당선되었고, 이 자금을 활용하여 마을회관을 증축 및 현대화하였다. 마을회관에 회의장과 숙박시설을 갖추도록 하였고, 이 시설을 활용하여 주민의 실질적 복지증진에 다가설 수 있었으며, 동시에 시설대여를 통한 마을 단위 수익사업으로 이어갈 수 있었다.

방하마을은 2018년 기준으로 101가구의 175여 명이 주민이 거주하지만 실거주자는 150여 명 수준이며, 그들 중 6,70대의 노령층이 대부분을 차지한다. 김 이장의 마을만들기 사업이 알려지면서 최근 귀농인이 5가구로 늘어났는데 이는 최근의 마을역사에서 획기적인 사건이라 하였다. 김 이장의 마을에 정착한 이래 7년 동안 쉬지 않고 마을만들기 사업이 계속되고 있다. 김 이장은 대구 소재의 어느 대학에서 전자공학(81학번)을 전공하여 수십 년 동안 도시지역에서 회사생활을 하고 있던 차에 고향마을이 점점 쇠퇴해가는 것을 보고 마을 재건을 모색하게 되었고 이것이 계기가 되어 고향마을로 귀향을 결심하게 되었다. 김 이장이 마을에 들어와 전국 마을만들기 시범사업의 투어를 시작하면서 방하마을의 재건을 시작할 수 있었다. 김 이장은 마을만들기 시범사업 투어를 통해 마을만들기를 위한 밑그림을 그릴 수 있었고, 이어 주민설득을 거쳐 마을만들기 국비공모사업에 적극 참여할 수 있었다. 국비지원비를 마중물로하여 마을 재건을 위한 밑거름을 놓을 수 있었다. 김 이장은 경북 청도, 충북 홍성, 제주도 등지의 마을만들기 성공사례를 망라하여 전국 곳곳을 방문하였으며, 심지어 일본의 마을만들기 사업에까지 직접 찾아가 마을만들기를 위한 개념 정립에서부터 구체적 사업전략을 망라하여 바라볼 수 있는 역량을 갖출 수 있었다.

김 이장의 마을만들기를 위한 헌신적 노력에서 주민들은 마음을 바꿀 수 있었고, 이런 김 이장의 뜻에 부응하여 마을 단위 실제 사업에 참여할 수 있었다. 특히 사업의 초기 단계에서 마을 단위 소득이 전반적으로 증대하면서 주민들의 참여가 한층 수월할 수 있었다. 마을만들기 사업을 시작한지 7여 년의 세월이 흐른 뒤부터 김 이장의 뜻을 마을주민들 대부분이 알아주게 되었으며, 이에 김 이장이 시도하는 마을 단위의 수익사업도 한층 탄력을 받을 수 있었다.

위의 두 마을이 갖는 공동체 유형은 다음과 같다.

<표 1> 마을공동체 유형

모델구분	유형 1: 안전안심공동체	유형 2: 도농상생마을공동체
지역거점	고령군 운수면 봉평리	의성군 단촌면 방하리
마을리더	실천리더(주○○ 이사장)	실천리더(김○○ 이장)
체험장	마을회관	새뜰마을센터
소비자	봉평마을주민	방하마을주민, 귀농귀촌인

Ⅲ. 농촌 마을공동체의 실제와 성과

1. 안전 안심 마을공동체

먼저, 고령군 봉평마을 주민 대상의 IoT기반 마을공동체 구축은 다음과 같은 절차로 이루어졌다. IoT를 기반으로 한 마을공동체에 토대해 IoT 매개의 농촌 마을공동체의 플랫폼 구축이 갖는 의미를 타진해본다. 이런 IoT 기반의 플랫폼 구축을 통해 고령화에 당면한 농촌마을에서 안전과 안심이 보장할 수 있는 가능성을 탐색해보기로 한다. 주 ○○이사장(에덴 요양보호센터 경영)은 평소 건강 상태가 취약한 농촌 독거노인을 대상으로 안전 안심이 보장될 수 있는 농촌공동체를 만드는 데 관심을 기울였다. 그는 국가의 요양보호제도의 특징을 활용한 귀촌인을 모집함으로써 그들을 마을공동체 구축의 핵심 요원이 될 수 있도록 하였고, 그들이 5-6가구의 독거노인을 보살피면서 안전 안심 마을공동체를 구축하는 데 밑거름이 될 수 있도록 했다. 요양보호사 자격을 취득한 귀촌인이 경북 고령군 운수면 봉평마을의 독거노인 가구(5-6가구)를 대상으로 돌봄서비스를 제공할 수 있도록 했다. 특히 요양보호사 자격을 취득한 귀촌인은 마을의 독거노인 5가구를 맡아 일 1회 직접 방문하였으며, IoT를 활용함으로써 독거노인의 위험상황을 주어진 모듈에 입각하여 수시로 점검할 수 있었다. 이런 형태를 통해 20여 가구의 농촌 마을에서 돌발적으로 발생할 수 있는 위험상황을 미리 신속하게 감지하여 대응할 수 있는 시스템을 마련할 수 있었고, 그리고 중간책임자들과의 긴밀한 연계체계를 구축함으로써 마을 단위의 공동관심사를 실시간으로 파악할 수 있도록 하였다.

농촌 마을 노인들은 독거의 단독가구 형태로 가족으로부터의 별다른 도움과 지원을 받지 못하는 상태에서 살아가고 있었으며, 또 건강 상태에서도 좋지 않은 경우가 대부분이었던 관계로 이웃과의 소통이 쉽지 않았다. 이에 국가 차원에서도 요양보호센터를 설치·운영하고 있었고, 또 요양보호사 제도 도입을 통해 거동이 불편한 노인들 대상의 복지혜택을 제공하고 있었다. 이런 국가운영의 요양 보호제도를 활용하여 주 ○○ 이사장은 도시 거주 귀촌자를 물색하였고 그들에게 귀촌에 필요한 주택을 제공하였으며, 또 동시에 그들에게 요양보호사 자격을 딸 수 있도록 편의를 제공하였다. 이렇게 귀촌한 요양사들이 봉평마을 독거노인을 돌볼 수 있는 행정지원을 마련하였으며, 특히 IoT를 활용함으로써 5~6가구의 독거노인들을 시스템적으로 관리할 수 있도록 정비하였다. 그들은 홀로된 노인가구에서 돌발적으로 발생할 수 있는 불편이나 위험신호까지 손쉽게 포착할 수 있도록 하였으며, 이에 토대하여 안전 안심 마을공동체 환경을 구축할 수 있도록 했다. 위험신호가 감지된 가정의 경우 센서를 통해 바로 요양보호센터로 연결되도록 하였으며 위험요인이 포착되었을 때 요양보호센터에서는 담당 요양보호사가 즉각 해당 가정을 방문하여 응급조치를 취할 수 있도록 했다. 요양보호센터는 요양보호사에게 관리해야 할 가구를 지정하였고, 그렇게 지정된 가구에 대해 요양보호사가 IoT 시스템을 통해 효율적으로 관리할 수 있도록 했다.

요양보호사 제도를 활용한 안전 안심 마을공동체 구축의 실제 사례에 대해 좀 더 자세히 알아본다.

○○요양보호센터(주 이사장)는 봉평마을 노인들 대상으로 안전 안심

마을공동체 구축을 시도하였는데 그 자세한 내용은 다음과 같다. 봉평마을은 마을 어르신의 요양을 담당할 보호사가 절대적으로 부족한 여건이었으며, 대부분의 요양보호 일을 조선족을 비롯한 외국 출신이 담당하는 실정이었다. 이런 상황에서 노인들은 양질의 요양보호를 제공받을 수 없는 열악한 여건에 처해 있었다.

주 이사장은 현행의 요양보호사 제도의 문제점을 다음과 같이 설명하였다. "요양보호사제도의 경우 시행 초기에 자격증을 남발하였는데 그런 보호사제도가 미래사회의 불투명에 대한 보험으로서의 성격을 띠었기 때문에 실제 요양현장에 제대로 활용될 수 없는 상황이었다. 요양보호사 자격증의 50% 이상이 현장에 활용되지 못하며 단지 장롱용에 불과할 정도로 효율성을 갖지 못하고 있다." 현행의 요양보호사 제도가 갖는 문제점을 인식한 주 이사장은 고령군 운수면 봉평리를 터전으로 하여 귀촌인을 주선하여 그들에게 농촌 거주 노인을 캐어할 수 있도록 하였다. 바로 그런 노인캐어는 마을 단위에서 실질적으로 활용될 수 있는 요양보호사 제도를 실천에 옮기도록 하는 것이었고 이를 통해 안전과 안심이 보장될 수 있는 농촌 마을공동체를 구축하는 것이었다. 주 이사장은 농촌마을에 상존하는 인력 부족 상태로 말미암아 독거노인을 돌볼 일손이 절대적으로 부족하다는 사실을 인식하였고, 이에 고령군 봉평마을에 거주할 귀촌인을 교회 네트워크를 통해 적극적으로 주선하고 있었다. 자신의 특기인 건축기술력을 활용하여 귀촌자에게 적정가격으로 거주할 주택을 지어주었고 이곳을 거점으로 요양센터와의 연계 시스템을 구축할 수 있었다. 실제로 도시거주 귀촌자 2명을 봉평마을에 거주할 수 있도록 주선하였고, 또 또 다른 한 명을 대상으로 귀촌을 알선하고 있었다. 주 이사

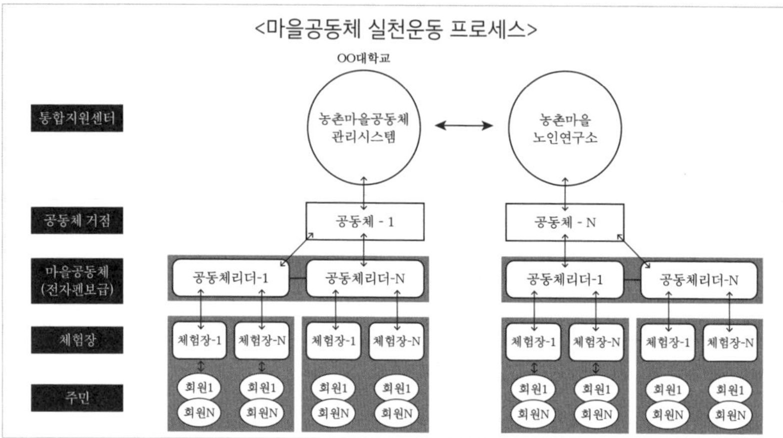

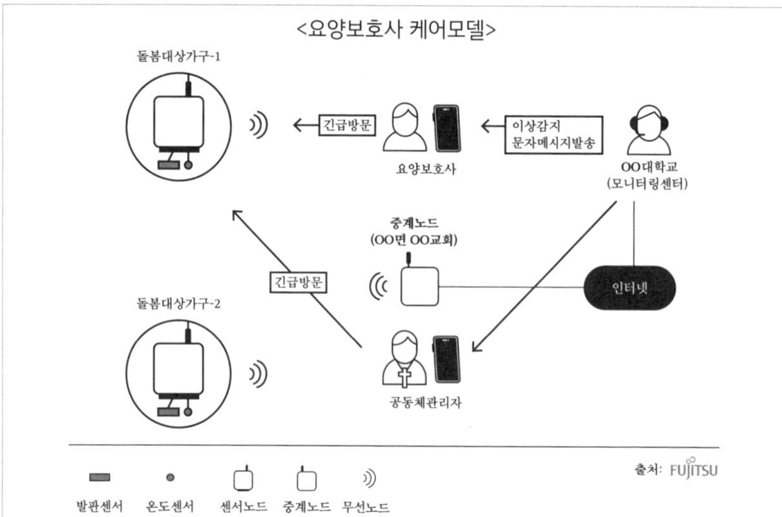

장은 요양보호사 자격 없이 귀촌할 경우 그들 대상으로 자격증을 획득할 수 있도록 물신양면으로 도와주면서 실제 귀촌으로 이어질 수 있도록 하고 있었다.

귀촌자 1(요양보호 자격자)은 50대 중반으로 인천에서 고령군에 이주하였다. 그는 이런 이주를 통해 농촌이 주는 전원적 환경을 즐기면서 요양보호사 유자격자로 2개 가구 대상의 노인케어를 담당하고 있었다. 당시 유자격의 요양사일 경우 하루 3시간 동안 단독가구의 노인을 케어하면 월 6~70여만 원의 소득을 보장받을 수 있었다. 2,3가구의 노인을 케어할 경우 월 120여만 원 정도의 소득을 올릴 수 있었다. 이 사례는 도시민 대상으로 귀촌을 유도함으로써 새로운 직장을 창출하면서 동시에 농촌마을 활력 불어넣기에도 시사하는 바가 클 것이며, 나아가 농촌의 안전안심 마을만들기 조성에도 의미를 던질 수 있는 것으로 볼 수 있었다.

귀촌자 2(요양보호 자격자)는 60대 초반으로 대구에서 고령군으로 이주하였다. 그는 고령군 운수면 봉평리 소재의 빈집을 개조하여 거주하고 있었으며, 4개 마을 대상으로 독거노인 방문케어를 담당하고 있었다. 현행 국가 85%, 본인 15%인 기초수급노인 부양제도를 활용하여 하루 3,4시간 방문케어를 하고 있었고, 나머지 시간은 도시에서 누릴 수 없는 농촌에서의 전원생활을 즐기며 생활하고 있었다. 이 사례는 도시의 유휴인력을 활용한 농촌 마을 살리기의 좋은 예이면서 동시에 중년 이후의 일자리 창출에도 함의하는 바가 있을 것으로 볼 수 있었다.

귀촌자 3(요양보호 자격자)은 인천에 거주하면서 고령군으로의 이주를 계획하고 있었다. 주 이사장은 자신의 특기인 집 짓는 기술을 활용해 귀촌자 3을 위한 집을 마련하고 있었으며 귀촌해올 때를 대비해 담당해야 할 독거노인을 주선하고 있었다. 그는 마을공동체를 위한 코디네이터 역할을 담당하면서 도시와 농촌의 균형발전에도 힘쓰고 있었으며, 또 이를 통해 안전 안심이 보장되는 농촌 마을만들기에 노력하고 있었다. 이처럼 그는 귀촌인 대상으로 농촌지역에로의 거주와 일자리 보장을 통해 도농상생을 실천적으로 뒷받침하고 있었다.

이상의 내용을 통해 주 이사장 주도로 실시되는 봉평마을 살리기의 실천적 사례를 살펴보았다. 그는 봉평마을 대상으로 요양보호사를 매개고리로 하여 안전 안심이 보장될 수 있는 마을공동체를 구축하려 하였고, 이에 의해 초고령화에 직면한 농촌 마을 살리기에 노력하고 있었다. 그는 2008년 이래 농촌 미래에 관심을 갖고 대구 주변의 몇몇 곳을 물색하던 중 2016년 대구에서 1시간 거리인 봉평마을에 터전을 마련하였으며, 이곳을 근거지로 하여 평소 자신이 활동하던 인적 네트워크를 활용하여 도시거주민 대상으로 귀촌을 알선하고 있었다. 귀촌의 경우 일정한 소득이 보장되면서 적은 돈을 들이고도 안락한 전원적 환경을 누릴 수 있는 조건을 마련해주고 있었다.

안전 안심 마을공동체는 현재진행형의 모습을 보이는 관계로 이 사업이 갖는 성과를 말하기는 쉽지 않지만, 현재 차원에서 다음의 몇 가지 순기능을 찾을 수 있다. 첫째, 단독가구의 독거노인이 급증하는 현행 농촌 여건에서 전문자격을 갖춘 요양보호사가 주도하는 케어활동의 전개로 안전 안심을 보장할 수 있는 마을만들기의 기초를 마련할 수 있었다. 둘째, 고령화로 활기를 잃어가고 있는 농촌 마을에 귀촌인 유입을 통해 농촌마을 활성화에 한발 가깝게 다가설 수 있도록 하고 있었다. 셋째, 독거노인 대상의 요양보호사업에 귀촌인의 참여를 유도함으로써 중장년층의 일자리 창출에 기여할 수 있었다.

2. 도농상생 마을공동체

다음은 마을지도자의 헌신적 리더십을 통한 농촌 마을만들기의 실제사례에 대해 살펴보도록 한다. 김○○ 이장은 의성군 단촌면 방하마을을 대상으로 초고령화에 직면한 농촌 마을만들기에 관심을 가졌고, 실제로 전국 마을공동체 우수사례를 비롯하여 해외 성공적 마을만들기 사례에 직접 방문하였으며, 이를 통해 마을만들기 관련 견문을 넓힐 수 있었다. 이런 다양한 활동을 통해 김 이장은 마을과 기업, 그리고 대학을 연계하는 네트워크체계 구축에 관심을 가질 수 있었고, 이런 네트워크 구축을 통해 농가 수익을 실질적으로 보장할 수 있었으며, 동시에 도농 간의 상생 모델을 마련할 수 있었다.

우선, 김 이장은 정부 주관의 마을만들기 사업에 관심을 갖고 정부의 마을만들기 프로젝트에 응모하였으며, 이에 25억여 원의 지원금을 받

<마을공동체 실천운동 프로세스>

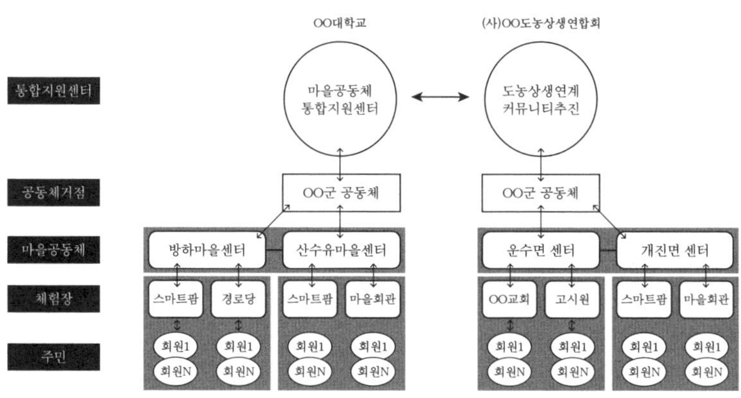

<IoT활용 빙하마을공동체 모델 정보제공 형태>

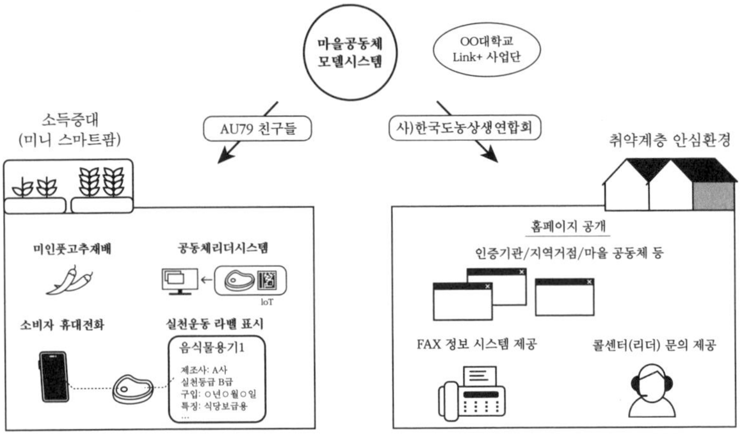

을 수 있었다. 김 이장은 이 25억여 원을 활용해 마을만들기 사업의 추진력을 확보할 수 있었다. 마을만들기 사업을 위해 김 이장은 '마을발전위원회'를 결성했고, 이 위원회의 원활한 활동을 위해 주민들의 의식개혁이 필요한 것으로 보았고, 이에 주민들의 의식을 바꾸는 것에서 사업 성공의 열쇠를 마련하기로 하였다. 주민들의 의식결집을 바탕으로 마을주민의 적극적 참여를 이끌어낼 수 있었다. 이어 김 이장은 마을에서 젊으면서 뜻을 같이할 수 있는 핵심주민 15인을 선발하여 운영위원으로 활동할 수 있도록 분위기를 만들었다. 이들과 뜻을 같이하면서 마을만들기에 앞장설 수 있는 선발대를 발족할 수 있었다. 15인 중에서도 또 7인을 중심으로 핵심위원회를 만들었고 이 7인 위원이 중심이 되어 시간이 될 때마다 마을만들기를 위한 구체적 실천항목을 마련할 수 있었다. 그들 중심으로 방하마을 블로그를 개설하였고, 이 블로그 활용을 통해 마을출신 외지

인에게 마을을 알리면서 애향심을 불러일으킬 수 있도록 하였다.

김 이장은 정부지원금을 활용하여 기존의 마을회관을 증축·정비할 수 있었다. 마을회관 정비를 통해 동네의 각종 회의와 행사를 손쉽게 개최할 수 있었으며, 덧붙여서 마을 관련 의사결정에 주민들의 적극적 참여를 유도할 수 있는 여건을 마련할 수 있었다. 마을회관 증축과 함께 숙박과 식사가 가능한 부대시설까지 정비할 수 있어 '찾아오는' 마을환경을 조성할 수 있었다. 외지에서 찾아오는 손님들에게 안락하게 체류할 수 있도록 하였으며, 아울러 50여 명까지 한꺼번에 숙박이 가능한 시설을 갖출 수 있었고, 이에 체험형 마을환경을 마련할 수 있었다.

방하마을 공동체의 경우 '㈜한국도농상생연합회'의 도움을 받으면서 지역특화형 농촌산업을 개발하는 데도 집중적 관심을 기울였다. 마을 차원에서 영농조합법인인 '방하디딜방아'를 설립하였으며 이 영농조합을 통해 의성지역의 명물인 마늘, 고추, 아사베리 등의 작물을 활용해 '건강차'로 개발하였고 이를 수익사업으로 확장할 수 있었다. 영농조합법인 '방하디딜방하'가 주체가 되어 고추를 원료로 하여 상표명 '아슬아슬차'를 개발하였고, 이를 수익사업으로 연결할 수 있었다. 미인풋고추를 원료로 개발한 '아슬아슬차'가 당뇨 예방에 도움을 줄 수 있음을 크게 부각함으로써 이를 마을의 대표적 수익브랜드로 발전시켜가고 있었다. 덧붙여 마을에서 쉽게 채취할 수 있는 도토리와 기타 원료를 활용하여 이 마을형의 건강 음식으로 개발하였고, 또 마을 주변의 수려한 산새를 이용하여 체험형 산책로를 개설하였으며, 그리고 마을에 얽혀 있는 전통노래와 민담 발굴을 통해 이 마을만의 역사와 문화를 현재화하는 데도 관심을 기울였다.

마을회관의 현대화를 통해 영화 상영('원앙소리', '님아, 그 강을 건너지 마오' 등)을 비롯한 각종 문화행사를 주관함으로써 마을주민들이 쉽게 모일 수 있도록 하였고, 이에 오지마을 주민으로서는 잘 누릴 수 없는 문화생활을 누릴 수 있도록 하였으며, 동시에 주민 간 만남의 장을 만듦으로써 마을 의제를 공론화할 수 있었다. 김 이장은 마을에서 오랫동안 전승해오던 '디딜방아 마을 아리랑' 노래를 옛 모습으로 재현하여 특허청에 고유마을 상표로 등록할 수 있었다. 김 이장은 이런 전통문화를 복원함으로써 지역 고유문화의 재조명에도 각별한 관심을 기울였다. 이렇게 재조명한 마을 아리랑 노래를 방하마을 25명의 어르신이 함께 부를 수 있도록 함으로써 지역문화를 재조명하는 것에 그치지 않고 한국민요의 재발굴에도 도움을 제공하고 있었다. 이 밖에도 방하마을에서는 체험에 근거한 인성학교 운영, 체험형의 숙박시설 제공, 산책코스 개발과 정비사업을 추진할 수 있었고, 이런 사업을 통해 전통적 오지농촌 마을의 이미지에서 벗어나 전통과 현대를 아우르는 '생동감 넘치는' 마을만들기를 시도하고 있었다.

김 이장이 주도한 도농간 상생에 근거한 방하마을 공동체 만들기는 다음 몇 가지의 성과를 거둘 수 있었다.

먼저, 도농간 협력을 통한 마을활성화 추진은 마을주민들의 의지력을 결집함으로써 마을주민의 단합을 이루어내는 데 중요한 동기를 부여할 수 있었다. 7년 동안의 김 이장의 헌신적 노력은 주민들의 마음을 움직일 수 있는 중요한 계기였으며, 이에 주민들이 적극적으로 동참함으로써 마을만들기를 위한 의욕을 불어넣을 수 있었다. 마을주민들은 김 이장의 마을을 위한 헌신적 노력에 큰 감동을 받았고 이에 마을단위 여러 사업도 한층 추진력을 얻을 수 있었다. 이런 마을단위 사업전개에 힘입어 마을에서는 평생학습 마을프로그램까지 유치·운영할 수 있었다. 고령인 마을주민 대상으로 서예교실, 공예실습 등의 몇몇 교육프로그램을 개설하였으며, 이에 마을 어르신들도 교육활동에 빠짐없이 참여하는 것으로 응답하였으며, 무엇보다도 이런 교육실시 이후 마을주민들은 마을단위 사업에서 개인 이익을 전면에 내세우기보다 공적 관심에 바탕하여 마을의 현안 의제에서 합의를 이끌어내는데 적극 협조를 다하고 있었다. 이런 마을단위 학습문화의 조성은 이후 마을 단위 사업 추진에서 한층 탄력을 받을 수 있도록 하였다.

다음으로, 마을 단위 사업에서 일정한 수익이 창출되면서 이 마을로의 도시민을 유입하는 데도 긍정적 영향을 미칠 수 있었다. 안정된 소득을 보장함으로써 도시의 유휴인력을 끌어들일 수 있었고, 특히 주민들의 소득향상에 고무받아 몇명의 귀농귀촌자들이 찾아올 수 있었다. 마을에 방치된 빈집을 개조 혹은 증축하여 귀농귀촌자의 주거지로 제공하였으며, 또 그들에게 소득창출로 이어질 수 있는 일자리를 마련해줌으로써 유입효과를 한층 키울 수 있었다. 이런 유입 사실이 알려지면서 전국 인구소멸 지역 1위인 의성군에서도 이 마을의 활성화 정책에 관심을 갖기 시작하였으며, 외지인의 유입에 더 큰 인센티브를 제공하는 것으로 반응하였다. 김 이장은 이 마을로 유입하는 귀농귀촌자에게 월 200만여 원 정도의 수입을 보장할 수 있을 때 더 많은 외지인을 끌어들일 수 있는 것으로 보고 마을단위 수익사업을 창출하는 데 큰 관심을 보이고 있었다.

마지막으로, 마을 단위 활성화 사업은 마을고유 문화의 재조명에 큰 영향을 미치는 것으로 볼 수 있었다. 마을과 지역에 서려 있는 역사문화를 발굴하여 재조명하는 것은 '찾아오는' 지역만들기에 직결되는 것으로 보았고, 그것은 나아가 농촌을 넘어 인류문화를 유지·보존하는 데도 의미가 큰 것으로 바라보았다. 방하마을에서 오래 전부터 전승되어왔던 '디딜방아 아리랑'을 원본에 맞게 채록하였고, 이를 오늘의 의미로 담아내려 하였다. 이를 통해 이 마을의 역사성을 드러내고 이를 마을주민의 자부심으로 이어갈 수 있도록 하였다. 이 밖에도 마을회관 부근의 정자나무를 배경으로 디딜방아 모습을 실물 그대로 재현하였다. 김 이장은 이 마을의 전통을 복원하여 재조명하는 것은 경북지역 문화를 넘어서 한국문화를 더 풍요롭게 하는 것으로 바라보았고, 이를 기성세대로서 마땅히 해야 할 중요한 사명으로 바라보고 있었다.

Ⅳ. 플랫폼 기반 마을공동체의 의의

현재 한국농촌은 이전에 찾아볼 수 없었던 미증유의 새로운 현상을 경험하고 있다해도 과언이 아니다. 초고령화에 당면한 농촌마을은 소멸의 귀로에 서서 지속가능성을 담보하기조차 힘겨워한다. 덧붙여 한국 농촌사회에 면면히 이어왔던 핵심 가치였던 공동체성도 급격히 쇠퇴하면서 농촌의 근간이 무너지는 모습을 보인다. 이런 농촌사회가 직면한 현실을 염두에 두면서 IoT 시스템을 활용한 농촌마을 공동체란 어떤 모습을 보일 것이며, 또 형태로 재구조화할 수 있을지는 현안의 과제라 할 것이다.

사물인터넷은 인터넷을 기반으로 모든 사물을 연결하여 상호소통하는 지능형 기술 및 서비스로 볼 수 있다. 이 시스템을 통해 농촌 마을은 안전분야, 편의서비스, 에너지 분야 등 여러 영역에서 이용할 수 있다. 특히 초고령화에 처한 농촌마을 단위의 공동체 형성에서도 나름의 역할을 할 수 있다. 이렇게 사물인터넷을 활용함으로써 독거노인을 비롯한 각종 중증질환에 노출된 노인들의 삶의 질을 높일 수 있으며, 또 마을단위의 신유형의 공동체를 구축하는 데도 유용할 수 있을 것이다. 이런 ICT 기술을 도입할 때 시스템(플랫폼) 형태를 통해 지역민의 소통과 참여를 안정적으로 보장할 수 있을 것이며, 동시에 지역민을 상호적 협업의 장으로 끌어내는 데도 활용할 수 있을 것이다. 무엇보다도 이 기술체계는 고립되고 소외되어 독거상태로 살아가는 노년 대상으로 안전망을 확보하는 데 중요한 역할을 할 수 있을 것이다. 이른바 IoT에 기반할 때 위험에 노출된 독거노인의 상태를 즉각적으로 파악하여 적기에 응급조치를 내릴 수 있다. 이른바 IoT 기반 플랫폼 구축은 새로운 형태의 농촌 마을만들기와 이어질 수 있는 가능성을 제공하는 것으로 볼 수 있다.

IoT기반 농촌마을 만들기는 나름의 몇 가지 성과를 거둘 수 있었다. 먼저, IoT기반 활동은 독거 상태로 살아가는 노인들에게 안전 안심이 보장되는 농촌 마을 만들기의 플랫폼을 제공할 수 있었다. IoT 시스템을 통할 때 1인의 요양보호사는 독거노인 5-6인을 상시로 보살필 수 있었으며, 또 그들에게 언제 어떻게 일어날지 모르는 돌발적 위험상황을 사전에 감지할 수 있었다. 이런 IoT기반 마을만들기 체계를 구축할 때 급증하는 고령의 독거노인 사회에 체계적으로 대응할 능력을 키울 수 있고, 무엇보다 국가가 시행하는 요양보호사 제도를 통해 도시에로의 유휴인력을 유입할 수 있어 농촌마을 활성화에도 도움을 줄 수 있는 것으로 보였다.

다음으로, IoT기반의 도농상생 시스템을 도입함으로써 농촌 마을산업을 육성시킬 수 있었고, 이는 다시 농가소득의 창출로 이어질 수 있었다. 이는 또다시 도시 유휴인력을 농촌지역에 유입할 수 있도록 함으로써 도농상생의 중요한 사례로 볼 수 있었다. 방하마을의 경우 도농상생연합회의 도움을 받으면서 지역특화 산업을 개발하여 집중적으로 육성할 수 있었다. 마을에서는 이장 주도로 영농법인 '방하디딜방아' 설립를 통해 지역특산물인 마늘, 고추, 아사벨리 등의 작물을 건강차로 개발하였으며, 특히 고추에서 추출한 당뇨 예방 성분이 있는 '아슬아슬차'를 개발하여 상품화에 이를 수 있었다. 그밖에도 마을에서는 체험에 근거한 인성학교 운영, 체험형의 숙박시설, 산책코스 개설 등의 다양한 마을사업을 기획하여 마을의 주 수입원으로 활용하고 있었다. 방하마을은 이장의 리더십을 통해 마을에 서려 있는 역사문화 찾기에도 심혈을 기울였는데, 그 형태는 '디딜방하마을 아리랑'의 원형복원으로 구체화되었다. 한발 더 나아가 마을이장 주도로 마을에 녹아 있는 마을이야기의 흔적을 발굴함으로써 마을역사를 재조명할 수 있었다. 이런 마을단위의 전통과 역사 재조명을 통해 마을주민의 자긍심과 자부심을 살릴 수 있었고, 이런 주민의 자긍심은 마을 단위의 공동체 구축에서도 시사하는 바가 큰 것으로 볼 수 있었다.

요컨대, IoT기반의 농촌마을 공동체 구축은 소멸위험을 내재한 농촌마을에서 미래 지속가능성을 담보할 수 있는 중요한 수단이면서 농촌단위의 공동체성을 회복할 수 있는 핵심대안으로서 역할을 담당하는 것으로 볼 수 있었다. 아울러, 이런 IoT기반의 공동체 구축은 농촌마을 단위의 공동체성을 현실적 삶의 장면으로 담아낼 수 있어 '떠나는' 농촌 마을에서 '찾아오는' 농촌마을로의 전환에도 커다란 의미를 던질 수 있는 것으로 볼 수 있었다.

3장

학습기반 마을공동체

한국 사회는 2017년 노인인구가 전체인구의 14%(735만 명)를 차지하는 고령사회에 접어들었고, 2026년 노인인구가 전체인구의 20%에 달하는 초고령사회를 맞이할 것으로 예상된다. 노인인구가 빠르게 증가하고 평균수명이 급격히 늘어나면서 노령층을 바라보는 사회적 인식체계에서도 새로운 전환이 일어나고 있다. 지금까지 노인들은 '복지계층'으로서 시혜의 대상으로 여겨졌다. 다시 말해, 노년층은 무엇인가를 생산하며 창조하는 주체자라기보다 사회적으로 보호받아야 할 대상으로 취급되었다. 아울러, 노령층을 무노동계층, 신체적 약자, 무성적 존재 등으로 취급하여 그들을 의사결정의 주체자라기보다 부양이 필요한 종속적 대상자로 바라보았다. 주류사회가 노년층을 바라보는 시각에서 그런 경향을 잘 찾을 수 있다. 즉, 노인들은 일에 무능하며 건강에 자신이 없고 고집불통의 성격으로 조직생활에 잘 적응할 수 없다고 보았다.[40]

40 서구 근대화과정에서 노인(노령)을 바라보는 허구적 신화가 형성되었다. 당시 주류사회에 팽배해 있는 사회적 가치는 젊은이와 젊음의 미덕이 높이 찬양되는 청년지향주의, 일에 높은 가치를 두는 직무윤리, 독립은 선하고 의존은 악한 것으로 보는 자립정신, 교

최근 노년층 인구의 급격한 증가 및 그들의 경제사회적 위상에서의 전환이 일어나고 있다. 다시 말해, 오늘날 노년층은 이전의 부양대상으로서 종속적 대상자에서 벗어나 주체적 의사결정자로서의 위상 전환이 일어나고 있다. 이런 위상전환의 상황에서 노년층은 경제사회적으로 주도적 영향력을 행사할 수 있으며, 그에 따른 새로운 노년상의 정립에 당면한다. 이런 적극적 역할수행자로서 노년상 정립은 노년을 둘러싼 신화적 개념에서 벗어나는 작업과도 밀접히 맞닿는다.

한편, 우리 사회의 급격한 노령화는 지금까지 경험할 수 없었던 새로운 사회문제를 야기하고 있다. 세대 간의 긴장과 갈등, 점증하는 고독사, 무의탁노인, 홀로 사는 단독가구의 급증, 경제적 파탄에 따른 빈곤한 노후생활, 가파르게 증가하는 의료비 급증 등은 노령사회에 따른 우울한 전망이다. 덩달아 상당 수의 노인들은 급변하는 사회변화에 적응할 수 없으며, 그에 따른 의사결정능력에서도 의존적 모습을 보이면서 쓸쓸한 노후를 맞이한다. 바야흐로 본격적으로 도래할 노령사회를 염두에 둘 때 현재의 한국사회는 지금까지 경험해보지 못했던 엄청난 도전에 직면하고 있다.

현행의 노년관련 정책은 향유와 재미중심의 일회적 프로그램을 개발·적용하였던 관계로 인문차원의 노령친화적 공동체 형성과 활성화로 이어질 수 없었다. 그 대표적인 예는 노인복지의 일반적 형태인 경로당(노인정)에서 찾을 수 있다. 노인정 중심의 정책은 놀이와 여가중심의 소모

육과 진보를 지나치게 중요시하였다. 이런 사회적 가치상황에서 노년(노인)은 자연스레 사회 뒷전으로 밀릴 수밖에 없게 되었다. 최신덕·김모란, Diana, K, H,. *Sociology of Aging*, 《노년사회학》, 하나의학사, 1998, 93-106.

적 시간보내기에 주된 관심을 두면서 세대 간 교류나 지역사회에 참여할 수 있는 통로로서의 공동체 구축에 이를 수 없었다. 다시 말해, 노인정 중심으로 진행된 현행의 노인관련 정책은 놀이공동체로서의 여가적 속성에 관심을 두었던 관계로 노년층들이 주체적 의사결정자로서의 능력을 키울 수 없었고, 아울러 다른 사회기관들과 소통·교류하면서 지역문화를 창출할 수 있는 마을 단위 공동체의 역량을 신장시킬 수 없었다.[41]

이 장에서는 학습 마을공동체 구축을 통해 고령화에 빠진 농촌마을의 재구조화를 시도하고자 한다. 다시 말해, 그동안의 놀이 중심의 소모적 시간보내기 차원에서 객체적, 종속적 상태로 살았던 농촌 마을주민들의 삶의 형태를 시민성 활성화를 통한 주체적, 자기주도적 마을공동체로의 변화 가능성을 시도하고자 한다. 이를 위해 여기서는 다음의 목적을 설정하고자 한다. 첫째, 오늘날 농촌사회의 현실에서 학습 마을공동체가 왜 요청되는가에 대해 논의한다. 둘째, 학습을 매개한 마을공동체 구축이 노년기와 친화성을 가짐을 밝히고, 특히 이런 학습공동체가 초고령화에 당면한 농촌 마을에 던지는 함의를 타진한다. 셋째, 노년교육이 농촌 노인들의 삶에 미친 성과와 한계를 드러내며, 이에 토대하여 학습 마을공동체 구축의 필요성과 그 의의를 모색한다. 이런 논의를 통해 초고령화에 당면한 농촌 마을의 대안을 학습 마을공동체를 구축하는데서 찾고자 한다.

---

41 노년관련 선행연구에 의하면, 한국 노년관련 정책은 주로 노년여가활동에 초점을 둔 지역사회 봉사활동과 대외활동에 치우쳐 있다고 지적한다. 여기에 비해 우리보다 앞서 노년사회를 경험한 프랑스 노년교육은 수급자로서의 소극적 일방적 입장에서 벗어나 주체자로서의 노년기 삶을 살도록 하는 데 관심을 두는 것으로 나타났다. 나항진·김형수, 「유럽의 고령화 현황과 노년교육의 시사점」, 《한독사회과학논총》 22, 2012, 3-32.

Ⅰ. 농촌공동체의 변화와 학습 마을공동체

1. 농촌공동체의 변화

마을을 단위로 주민들끼리 관계를 맺으며 공동체성을 실현하는 것은 인류의 오랜 삶의 방식이었다. 마을 단위의 근린생활 공간은 이런 관계성을 토대로 지역, 국가영역으로 그 범위를 확대해갔다. 이런 점에서 마을(동네)은 지역의 기초단위로서 그 내용과 범위에 따라 도시, 국가, 지구로까지 확대될 수 있다. 여기서 마을단위의 공동체는 마을과 국가, 그리고 세계로 이어지는 연결고리가 될 수 있으며, 따라서 마을시민은 국가시민이자 세계시민으로서 자격과 역량을 갖추는 것과 통한다.[42]

한국사회에서 마을공동체 만들기는 1990년대부터 시민단체 중심의 주민운동 형태로 전개되었다. 한국 YMCA의 '21세기 지역만들기 시민운동', 도시연대의 '걷고 싶은 도시만들기', 녹색도시연구 모임의 '차 없는 거리조성, 꽃길 골목가꾸기' 등이 대표적이다. 이들 마을만들기 단체들은 지역주민이 함께 지역의 물리적 환경을 개선하고 공동체성을 회복하는 데 그 목적을 두었다. 90년대 중반부터는 지방자치단체가 중심이 되어 마을만들기를 전개하였다. 이들 사업의 법적근거 마련을 위한 조례가 제정되기 시작했는데, 2000년부터 관련 조례가 본격 제정되었고

42 공동체의 의미는 다양한 형태로 정의된다. 여기서는 힐러리가 사용했던 공동체의 핵심인 "지리적 영역에 기반한 사회적 상호작용, 하나 이상의 공통된 끈(tie)"에 바탕하며, 마페졸리가 주장했던 "우정과 같은 정서적 공동체" 개념을 포함한 넓은 의미로 사용하고자 한다. 김미영, 「현대사회에 존재하는 공동체의 여러 형식」, 《사회와 이론》 27, 2015, 181-218.

2014년 8월 기준으로 95곳(광역자치단체 17곳 중 11곳, 기초자치단체 84곳)의 지자체에서 조례를 제정·시행하고 있다.[43]

최근, SNS와 글로벌화 등의 사회환경 변화에 따라 장소와 공간영역을 바라보던 관점에서의 새로운 전환이 일어나게 되었다. 사회학자 마뉘엘 카스텔(M. Castells)은 '유동공간(space of flows)'의 형성에 주목하였다. 이 공간에서는 사람, 재화, 자본, 서비스, 기술, 이념 등이 지역적 장소와 영토적 경계를 가로지를 수 있게 되면서 이전에 경험할 수 없었던 새로운 공간이 창출될 수 있다. 이런 유동공간에서는 가족, 시민사회, 국가 등의 전통적 공동체가 해체될 수밖에 없으며, 따라서 지역을 비롯한 각 영역에서의 경쟁도 한층 격화될 수밖에 없다.[44]

문제는 장소성에 따른 의미 있는 소속감을 부여하기가 어렵고, 그런 소속감 형성이 어려운 도시적 공간에서 '장소상실(placelessness)' 현상이 불가피하다는 점이다. 즉, 유동적이고 일시적이며 빠르게 변화하는 공간에서 '비장소성'은 상존하는 현상이 되고 있다. 고속도로, 인터체인지, 기차역, 공항, 대형마트, 레저타운, 멀티플렉스 영화관 등의 장소에서 역사적, 문화적 의미를 찾기가 쉽지 않으며, 대신 특정 목적을 추구하는 개인적 이해관계와 이동성을 배경으로 '떠돌이적' 내지 '방랑자적'인 일시성이 상존한다. 이런 상황에서 비장소성은 불가피할 수밖에 없다. '비장소'로서의 공간에서는 친밀성에 토대한 연대공동체 형성이 쉽지 않으며,

---

43 이명호, 「공동체의 위기와 복원에 관한 탐색적 연구」, 《사회사상과 문화》 19(1), 2016, 106.

44 민유기, 「산업혁명 이후 서양 도시계획에 대한 인문학적 성찰」, 《도시인문학연구》 1(2), 2009, 197.

또 지역적 특성, 생활방식에 기반한 유기적 결속력의 형성도 쉽지 않다. 이는 군중 속의 고독현상과 밀접히 관련되며, 그것은 연대성 상실이 일상화된 현대사회의 한 단면이기도 하다. 이런 비장소성에 따른 고립현상의 발생은 역설적으로 공동체적 삶의 의미를 더욱 부각시킨다. 마을(지역)단위의 장소성 회복을 통한 공동체적 존재로서의 의미 재창출은 현대인이 당면한 중대한 과제이다.

이런 비장소성의 등장과 함께 한국인들에게 공동체의 의미에서 많은 변화가 일어났다. 한국인들은 2년 주기로 거주하는 지역을 옮기며, 거주공간인 집과 일터인 직장 사이의 거리도 점점 멀어지고 있다. 잦은 거주이동과 멀어지는 통근거리를 왕래하는 과정에서 집의 의미는 잠시 머무는 곳에 불과하며 이웃과의 관계를 잘 형성할 수 없다. 최근 핵가족화의 경향에서 집은 가족 간 연대성 실현이라기보다 숙식을 위한 집결지에 다름 아니다. 집의 개념이 개인 삶의 의미에서 일정한 거리를 유지하게 되면서 이웃공동체로서 마을의 의미도 한층 엷어지고 있다. 집과 동네는 연대적 공동체성 실현이라기보다는 경제적 차원에서 살만한 장소로서의 효용성에 의해 평가된다. 마을은 이웃 간의 신뢰와 유대감을 형성하여 상호작용하는 공동체로서 더 이상 기능하지 않으며, 대신 경제적 차원에서 돈이 되느냐 그렇지 않으냐의 효용성에 따른 공간으로 변질되었다. 이런 의미에서 현대 한국인은 마을과 집이 갖는 연대적(공동체적) 의미를 상실한 채 떠돌이의 유랑적 모습으로 삶을 영위한다 해도 틀린 말이 아닐 것이다.

이런 비장소성의 등장은 농촌마을에 직접적 영향을 미쳤고, 특히 주민들의 유기적 연대에 기반한 주민 간의 관계 맺음에서의 변화를 가져왔다. 이제 농촌마을의 생활공간은 공동체적 삶과 무관한 돈벌이를 위한 곳이거나 개개인의 이해관계 실현을 위한 사적공간으로 변화되었으며, 그에 덩달아 마을공동체는 특정 목적과 이해를 위해 인위적 혹은 계획적으로 구성된 사회조직으로의 변화가 뒤따랐다.[45] 끈끈한 연대성과 상호성에 토대했던 관계성이 효율성과 개별화의 원리로 대체되면서 마을 단위의 공동체는 와해되기에 이르렀다. 최근 이촌향도에 따른 독거노인 가정이 급격하게 증가함에 따라 농촌 마을은 기존에 유지되어 오던 마을단위의 공동체성마저도 유지할 수 없을 정도로 연대성 상실 현상에 직면하고 있다.

2. 마실문화와 학습 마을공동체

공동체 해체가 급속히 진행되는 시대적 상황을 맞이하여 공동체 복원은 어떻게 가능할 것인가의 물음을 제기할 수 있다. 공동체 복원은 잃어버린 마을단위의 이웃공동체에서 그 단서를 찾을 수 있다. 물론 현대사회에서 전통적 차원의 마을공동체를 복원하는 것은 쉽지 않은 과제일 것이다. 그것은 사회구조의 측면에서 현대사회와 전통사회가 근본적으로 다를 수밖에 없고, 또 삶의 방식에서도 근원적 차이를 드러내기 때문이다. 그렇지만 인간존재성의 근원에 내재해 있는 공동체성을 염두에 둘 때 마을 단위 이웃공동체의 재조명에서 현대사회 친화성의 공동체 부활의

45 이명호, 「공동체의 위기와 복원에 관한 탐색적 연구」, 《사회사상과 문화》 19(1), 2016, 91.

가능성을 찾을 수 있다.[46]

전통적 시각에서 공동체는 지역성과 긴밀한 사회적 관계, 곧 동질적 유대감을 바탕으로 성립하였다. 이런 공동체적 규범은 공동체 성원들이 공유하며 사회화 과정을 거쳐 그 규범을 받아들이는 것을 당연시하였다. 이런 규범 속에서는 성원들 간의 관계에서 내가 그 규범을 지키면 타인도 그럴 것이라는 믿음과 신뢰구조가 작동하였다. 이에 비해 현대사회에서는 선택지들이 다양하게 존재하며 그런 선택은 개개인의 가치와 이념에 의해 결정될 문제로 비친다. 이런 개인의 선택영역이 강해지면서 공동체적 규범이 잘 작동하지 않는다. 이런 상황에서 마을 단위 공동체는 개인화된 마을성원들을 하나의 공동된 가치관이나 이데올로기로 통합할 수 없었다.

이런 탈이데올로기 상황에서 현대사회 친화적 공동체성은 어떤 모습이어야 할 것인지에 대해 모색할 필요가 있다. 전통에 토대하면서 현대성을 반영할 수 있는 농촌 마을공동체의 구축은 오늘날 농촌사회가 당면한 과제일 수 있기 때문이다. 이에 현대사회의 흐름에 걸맞은 마을공동체를 어떻게 재구조화하느냐는 불가피한 시대적 과제일 것이다. 마을 단위 공동체의 재구조화는 학습 매개의 공동체구축에서 그 가능성을 찾을 수 있다. 다양한 학습활동을 통하여 지역주민 간의 연대의식과 지역정체성을 형성할 수 있으며, 이를 통한 마을 단위의 공동체성을 확보할 수 있느냐는 공동체 재건의 관건일 것이다.

---

46 현재와 같은 개별화 추세에서 공동체를 통한 노인문제 대응이 새롭게 재조명된다. 공동체에서 노인들은 타 노인과의 관계를 통해 자신의 필요와 요구를 파악하며, 따라서 현장문제에 유연하게 대응할 수 있기 때문이다. 어유경·김순은, 「지역 사회자본의 노인문제 대응」, 《지방행정연구》 30(3), 2016, 275-306.

농촌친화적 마을공동체의 재구축은 한국의 마을에 면면히 녹아 있었던 '마실문화'에서 그 실제 모습을 타진할 수 있다. 공동체성을 몸에 밴 상태로 생활했던 농촌 노인세대들에게서 학습마을 공동체성을 찾는 것은 그렇게 어려운 과제라 할 수 없다.[47] 그들에게 사회적 자본화를 할 수 있는 적절한 동기를 부여하고 그런 역량을 실현할 수 있는 학습기회와 장을 마련해준다면 그것은 쉽게 달성될 수 있을 것이다. 그런 가능성은 한국 농촌사회에서 면면히 이어져 왔던 '마실문화'에서 그 중요한 단서를 찾을 수 있다.[48]

노인세대들은 복지 이전에 공동체 문화를 형성하여 삶으로 경험하였던 세대였다. 젊은 시절부터 동네에서 함께 살며 먹거리를 나누고 기쁜 일과 슬픈 일을 겪으며 가족처럼 가까운 이웃으로 살아왔으며, 평생을 이웃과 함께 나이를 먹었다. 또한 그들은 청소년기와 청년기를 겪으며 사회적 격변과 가난을 겪었으며 그런 과정에서 이웃의 얼굴만 보아도 어떤 기분인지를 알 수 있을 정도로 '이웃'의 의미를 되새길 수 있었다. 현재와 같은 개인화되고 분절된 사회시스템에서는 잘 찾아볼 수 없는 모습으로써 그것은 당시 농촌사회 여건에서 사회적 안전망 구실을 톡톡히 수행해낼 수 있었다. 이러한 타자지향성에 근거한 주변과의 관계 맺음은 정보를 접수하고 소통시키는 데도 중요한 역할을 하였다. 사소한 것 하나에

---

47 지경, 「지역에서 만나게 되는 노인문화의 공동체적 가치」, 《인천문화재단 플렛폼》 30, 2011.11. 25.

48 그것은 현대사회 친화적인 '사회적 자본'을 형성하는 것과도 밀접히 관련된다. 현대사회 친화적인 사회적 자본의 구축은 농촌마을 단위에 토대한 노인친화형 학습마을 공동체에서 시도할 수 있다. 마을단위의 신뢰와 네트워크를 복원하여 사회적 자본을 형성하는 것은 공동체 재구조화의 핵심적 근거를 제공할 수 있다. 송인하, 「마을공동체운동의 성공 조건과 과제」, 《지방자치연구》 14, 2010, 249.

서라도 물어보고 여유가 되는 대로 먼저 말을 걸고 상호간에 대화를 나누는 과정을 거치며 마을에서 필요한 정보들을 수집하여 유통시켰다. 마을 안에서의 행사나 사람들의 대소사, 먹거리 정보, 나들이, 집에 대한 정보, 혼사, 복지나 의료지원 정보 등의 마을에서 일어나는 모든 것을 주민들이 서로 나누며 의논하면서 이웃공동체를 형성해왔다. 이른바 그들은 대대로 내려오는 마실문화를 통해 서로 나누고 교감하면서 일상의 삶을 영위해갔다. 이처럼 마실문화가 형성된 곳에서는 함께 살아가는 공동체적 삶을 실제 행동으로 쉽게 옮길 수 있었다. 이런 환경에서 농촌 마을주민들은 인문주의적 삶을 생활의 일부로 자연스럽게 드러낼 수 있었고, 이는 마을 단위의 연대공동체 형성으로 이어질 수 있었다.

문제는 이전의 나눔과 연대성에 기반했던 농촌마을 공동체 정신을 현대적 의미로 어떻게 다시 재조명할 수 있느냐로 모아진다. 연대적 의미로서의 농촌마을 공동체를 구축하고자 할 때 학습을 통한 마을단위의 공동체 문화를 어떻게 여하히 구축할 수 있느냐는 중요한 현안이 될 것이다. 급격한 노령화에 직면한 농촌 마을에서 학습을 통한 마을만들기는 농촌사회를 새롭게 재건하는 것과도 불가분의 관련을 맺는다. 학습이 매개될 때 농촌 마을은 공동체성을 형성·유지·발전하는 데 좋은 조건을 갖출 수 있기 때문이다. 다시 말해, 초고령화와 급변하는 시대사회 환경에서 학습은 공동체 형성과 발전에 불가피한 요소이기 때문이다. 학습을 통할 때 마을구성원들의 참여를 유도하기 쉬우며, 동시에 그런 학습조건이 갖추어질 때 공동체 활동의 장을 마련할 수 있다. 이처럼 농촌 마을 단위의 학습활동은 구성원들의 자발적 참여를 유도하여 주민들에게 주인의식을 갖도록 하면서 동시에 공동체구성원으로서의 목표를 갖고 그런 목표를 실천에 옮길 수 있게 한다. 학습활동이 지속적으로 이루어질 수 있을 때 농촌 마을은 한층 성숙한 공동체로서의 성장과 발전이 가능할 것이며, 이에 의해 농촌 마을의 활성화도 가능할 수 있기 때문이다.[49]

II. 노인친화형 학습 마을공동체

1. 노년기 학습

지금까지 학습은 젊은이의 전유물로 인식되었던 탓에 노년기 학습의 의미에 대해 그 중요성을 부여하지 않았다. 이처럼 노년층 교육에 대한 관심이 젊은층에 비해 상대적으로 적었던 것은 다음의 몇 가지 이유에서 연유한다. 먼저, 노인기는 실패에 대한 두려움이 크기 때문에 교육활동에 잘 참여하지 않거나 관심이 적으며, 또 다양한 대화 장면이나 지역사회 봉사활동 등에서 소외되기 때문에 교육프로그램에 접근하기가 쉽지 않았다. 다음으로, 노년기는 신체활동이 둔화한 관계로 교육의 장에 잘 나가려 하지 않으며 그리고 교육적 성취를 이루는 것에 대한 의욕과 욕망이 젊은이에 비해 낮은 것으로 볼 수 있기 때문이다. 마지막으로, 현행의 노년기는 젊을 때 교육기회에 잘 노출되지 않았던 관계로 교육활동 참여에 부담을 느끼거나 혹은 교육 그 자체에 대해 막연한 공포를 느끼

49 Stein, S. D. & Imel, S., Adult learning in community, *New Directions for Adult and Continuing Education*. No. 95, 2002, 93-97; 박선경, 「농촌마을 공동체 학습활동의 생태학적 분석」, 《평생학습사회》 7(1), 2011, 131.

기 때문이다.

홍승표는 "변화의 방법: 노인에 의한 혁명"에서 노인층에 의한 미래사회의 새로운 혁명가능성을 찾았는데, 그것은 농촌형의 학습 마을공동체 실현과 맞닿는다.[50] 그는 1960년대와 1970년대 대학생들 중심으로 정치적 민주화를 이룩했던 학생운동과 청년문화 운동이 현대사회의 감각주의적·물질주의적 문화, 경쟁적 사회체계 등의 현실적 장벽에 부딪쳐 그 추동력을 상실했다고 주장하였고, 그 대안을 노년이 주도하는 사회혁명에서 찾았다. 그는 현대사회에서 노인의 위치가 초기 자본주의 사회에서의 산업노동자와 흡사한 위치에 있다고 보았으며, 바로 이에 착안하여 노인에 의한 사회혁명 운동이 싹틀 수 있다고 주장하였다.

노인의 연령층은 삶의 연륜과 깨달음의 영역에서 그 의미와 가치가 한층 깊어가는 인생의 성숙기이다. 동서양 문명을 막론하고 높은 수준까지의 '참된 자기'를 실현한 사람들은 대다수가 노년기에 이르러서 그 존재성을 이룰 수 있었고, 또 존재성의 정점에 도달할 수 있었다. 산업사회 시대에 청년가치가 부각하였다면, 고령화에 직면한 현대사회에서 노인들은 젊은이에 못지않게 새로운 문명을 건설하고 주도할 중심세력을 형성할 수 있다. 이미 양적 측면에서 노년층은 사회의 주도적인 세력으로 그 위치를 다져가고 있다. 평균수명의 급속한 증가와 출산율의 급격한 하락에 부딪치면서 노령화는 한층 가속화되며, 그에 따른 노년의 경제사회적 힘도 더욱 커질 수밖에 없다. 이런 시대적 상황에서 이제까지의 노년을 바라보는 견해에서도 전환이 불가피하게 되었다. 경제력이 없고 누군가

---

50 홍승표, 《깨달음의 사회학》, 서울: 예문서원, 2002, 212.

로부터 부양을 받아야 한다는 피부양자로서의 노인에 대한 입장에서 경제적 자립능력이 커지고 의사결정의 주체자로서 전환이 일어나고 있다. 이런 입장전환과 함께 노인은 더이상 노동력을 상실한 무능력한 존재가 아니며, 또 시대적 변화에 적응할 수 없는 무기력한 존재로 볼 수 없다.

노년층은 생리적으로 혈기가 솟구치고 욕망으로부터 자유롭지 않은 젊은층에 비해 각종 경제사회적 욕망으로부터 어느 정도 자유로운 입장에 설 수 있었고, 그에 따라 현대사회가 만들어놓은 각종의 욕망으로부터 벗어나 상대적으로 자유롭게 나를 넘어선 공익가치에도 더 많은 관심을 부여할 수 있다. 현대적 기술체계와 경쟁체계에 적응하여 각종 사회적 욕망을 실현해야 할 젊은이들과 달리, 노년들은 개별화된 현대사회의 대안적 가치로 부각하는 공동체적 삶을 살아갈 수 있다. 노인은 사회가 부과하는 각종 욕망에 대한 집착과 갈애에서 벗어나 평화로운 마음상태에서 살아갈 수 있다. 자신의 삶의 경험을 통해 형성된 인생에 대한 깊은 이해를 바탕으로 정적이며 평화로운 삶을 살아갈 수 있으며, 포용과 사랑의 시선으로 세상을 조망할 수 있다.

노년기는 후형식적 사고가 발달하여 상대적이고 변증법적으로 세상사를 해석할 능력이 커진다. 후형식적 사고에 의해 노인들은 실제 생활에서도 정서를 논리적으로 통합하여 일상의 문제들을 새롭게 조망할 수 있는 지혜 영역에 이를 수 있다. 상대적 사고를 하는 사람은 지식의 본질을 상대적으로 이해하여 지식과 가치의 본질이 맥락에 따라 달라질 수 있으며, 또 자신과 다른 가치체계가 존재할 수 있음을 인정한다. 변증법적 사고를 하는 사람은 하나의 생각(正)이 있으면 그와 반대되는 생각(不)이 있을 수 있고, 이 둘 사이의 갈등 해결(合)은 항상 일시적이라 생각한다. 그 이유는 이들 간의 상호작용하는 힘들이 끊임없이 변할 수 있음을 받아들이기 때문이다. 따라서 그들은 현실 속에서 모든 것이 존재함을 인정하며 인간관계에서 사랑과 미움의 상반된 감정이 공존함을 인정한다. 지혜로운 사람은 삶의 의미, 신, 우주와 인간 생활의 관계를 이해하는 데 필요한 경험적 지식을 소유한 사람을 일컫는다. 지능이 논리적 사고, 개념화, 추론능력이라면, 지혜는 모순과 역설, 변화 위에서 작용하는 인간 본질을 파악하는 능력이라 할 수 있다. 나이가 든다고 반드시 지혜로워진다고 할 수는 없지만 지혜로운 노인은 감정이입과 이해력, 직감, 평온함 등과 같은 반영적 자질을 더 잘 발휘할 수 있다.[51]

2. 학습 마을공동체와 마을민주주의

농촌형 마을만들기는 노년층 중심의 학습공동체 구축에서 그 실마리를 찾을 수 있다. 마을공동체는 기존의 경제적, 기능적 차원의 농촌 마을 형태에 대한 대안일 수 있다. 그동안의 근대화 과정에서 농촌 마을은 경제적 풍요로움에 지나친 가치를 부여하는 과정에서 기존의 유교 전통에 토대하였던 인문정신을 결여한 채 기능적인 주민을 양산하였고, 그에 따른 정신의 빈곤화가 불가피하였으며 그것은 면면이 이어왔던 마을공동체의 붕괴로 이어졌다. 이런 농촌 마을이 당면한 현장 여건에서 마을공동체 만들기는 인문(학)정신의 고양을 통해 잃어버린 공동체성을 다시 살려내며, 이에 의해 학습공동체 형성을 시도할 수 있다.[52]

---

51 한국노년학회편, 《노년학의 이해》, 서울: 대영문화사, 2002, 74.

52 행군마을 노인들을 대상으로 한 실제연구에 의하면, 주민들은 개별학습보다는 이웃과

마을공동체는 지역사회가 갖고 있는 다양한 인문 자산을 적극 활용함으로써 인문강좌, 인문체험, 인문축제 등을 적극 개설할 수 있으며, 이를 토대로 학습(공부)공동체 형성의 단초를 마련할 수 있다. 이때 마을공동체 만들기는 농촌마을이 안고 있는 현안의 당면과제를 인문주의 가치에 토대한 학습공동체 구축에서 그 가능성을 타진할 수 있기 때문이다.[53]

노년기는 그 인격적 성숙의 측면에서 볼 때 근대문명으로 인한 각종 경제사회적 폐해들을 새로운 관점으로 조망할 수 있으며, 동시에 새로운 문명 전환을 시도할 역량을 발휘할 수 있다. 문제는 노년층이 어떻게 위대한 혁명의 시대에서 좀 더 적극적 역할을 수행할 수 있느냐에 모아질 수 있다. 노년에 의한 새로운 사회적 가치 창출은 마을 단위 학습공동체를 통한 사회적 학습기제를 어떻게 여하히 구축할 수 있느냐에 달려있다.[54]

노년에 의한 사회혁명 실현을 위해서 충족해야 할 핵심적 전제조건은 노인 스스로의 의식화 작업이 필수불가결하다. 이런 의식화 작업을 거치지 않을 때는 자칫 과거회기적 형태를 보이며 구체제의 수호세력이 될 수 있기 때문이다. 이런 의식화 작업을 위해서는 자기성찰의 관점에서 자

함께 배우고 소통하는 공동체 학습활동에서 서로에게 영향을 주고받으며 성장하였으며, 또 마을주민들과 접촉하고 관계를 맺었던 사람들이 다른 시간과 장소로 이동하며 영향을 주었던 것으로 나타났다. 앞의 논문, 박선경(2011), 129-152.

53 김태훈, 「대안도시 논의들에 대한 비판적 검토」, 《용봉인문논총》, 2016, 46.

54 노년대상 학습프로그램은 지자체, 복지기관, 종교기관 등에서 다양한 형태로 운영되고 있다. 농촌지역 교육은 건강교실, 취미적성교실, 역사문화교실 등의 형태로 주로 노년을 대상으로 한다. 이런 노년교육의 일반화에도 불구하고 노년대상의 학습교실이 마을단위 공동체 형성에 어떤 의미를 던지는지에 대한 연구는 잘 찾아볼 수 없고, 또 그런 시도를 하는 경우도 아직은 초보적 단계에 머무는 것으로 볼 수 있다.

기자신을 바라볼 수 있는 학습기제가 필요하며, 특히 그런 각성과 성찰에 필요한 학습사회 환경을 조성할 수 있어야 한다. 학습이야말로 노년의 자기각성을 위한 핵심적 전제조건이 될 수 있기 때문이다. 이처럼 노년기 학습이 갖는 유의미성에 유념할 때 마을 단위의 학습공동체를 형성·활성화하는 것은 점점 심화할 초고령사회 도래 상황에서 노인문제 극복의 중요한 대안이 될 수 있다.

마을 단위 학습공동체의 구축은 마을민주주의 실현에도 중요한 함의를 던진다. 마을민주주의는 자치전략의 입장에서 마을 단위로 자치가 이루어지는 생활공동체의 기본단위를 구성한다.[55] 자치는 마을공동체가 협력적 공존의 원칙을 자율적, 민주적 방식으로 구조화하는 힘이며, 그리고 성찰적인 연대책임을 공유할 수 있도록 한다. 이런 점에서 마을민주주의는 자율, 협력, 책임의 질서를 추구하는 자치전략으로 볼 수 있다. 자율의 원칙은 정치사회적 상호작용을 조건으로 하는 시민사회의 수준 높은 공공성을 상정하게 한다. 자치를 근간으로 하는 민주주의는 법치와 참여의 사회적 지평을 확장하는 데 필수적인 자율의 원리를 시민사회에 구조화할 수 있다. 학습을 통할 때 지역주민은 스스로의 힘으로 지역과 마을의 문제점을 찾아내 자율, 협력, 책임의 원리를 적용하여 마을문제 해결에 접근할 수 있다.

---

55 지금까지 마을만들기는 마을단위의 민주주의 실현에 많은 한계를 보였다. 환경개선에 초점을 둔 마을만들기는 주민참여보다 행정지원을 중요시하였고 그에 따른 행정 및 전문가와의 소통이 원활한 적극적 소수에 의해 주도되었다. 마을만들기의 외연이 넓어질수록 풀뿌리운동에 기반하기보다 행정의 언어와 논리에 포섭되어 민주주의 없는 마을만들기라는 문제점을 드러냈다. 이 지점에서 '마을민주주의'는 미래지향적 마을만들기의 중요한 대안이 될 수 있다. 이명진·홍성태, 「자치민주주의의 사회적 조건: 마을만들기를 넘어 '마을민주주의'로」, 《한국사회학회 심포지엄논문집》, 2016, 331-355.

마을민주주의는 "주민 스스로 자치역량을 길러 일상 삶의 문제를 마을 중심으로 해결하고 마을공동체를 복원하는 것"에 둔다. 이를 위해 교육문화, 건강복지, 환경, 경제, 안전 등 마을 현안을 계획하고 실천하는 과정으로서 마을계획을 수립한다. 마을 민주주의는 일상생활에서 마주하는 마을의 공적인 문제들을 자율적으로 정의하고 협력적으로 해결방안을 모색하며 그 결과에 대해서는 성찰적인 연대책임을 공유할 수 있어야 한다. 이런 일상생활의 정치적 재구성은 개인의 실존적 삶에 내재된 소외, 고립, 고통, 가난, 불안, 우울, 분열, 해체와 같은 불안정한 측면들을 공감, 소통, 협력, 공존하는 시민의 공적질서로 정치화하는 것과 밀접히 맞물된다.[56]

Ⅲ. 노년교육과 학습 마을공동체

1. 노년교육의 성과

노년기 행복한 삶의 실현 여부는 노인들 스스로가 가꾸어야 할 숙명적 과제로 부각하며, 그런 과제를 성공적으로 이룰 수 있을 때 노년은 한층 풍요롭고 풍성해질 것이고, 그렇지 못할 때 노년은 인생의 커다란 질곡과 고통을 경험할 것이다. 이런 점을 염두에 둘 때 평균수명 100세 시대 학습을 통한 마을공동체 구축은 노년기 행복한 삶의 실현에 중요한

56 위의 논문, 342.

관건일 것이며, 그것은 사회 전체의 건강성 증진에도 이바지하는 바가 클 것이다.

여기에서는 현행 노인교육이 학습 마을공동체에 어떤 의미를 던지는지에 대해 그 성과와 한계를 중심으로 살필 것이다. 몇몇 마을복지관 중심으로 진행되는 현행 노인교육의 성과와 한계를 드러내면서 학습 마을공동체 구축을 위한 실천적 가능성을 타진하고자 한다. 이를 위해 경북 경산시 ○○읍 소재 ○○노인복지관에서 실시되었던 노년 교육의 실제와 경남 의창군 동읍 ○○마을의 마을공모 사업에 비춰진 노인교육의 모습을 통해 학습 마을공동체의 실체를 한층 분명히 드러내고자 한다.[57] 마을 단위의 노인교육은 노년의 삶과 농촌마을에 상당한 성과를 미치고 있었다. 그 구체적 성과는 다음과 같다.

첫째, 노년기 교육은 마을단위 주민들의 개인 소질과 적성능력의 계발에 큰 도움을 주고 있었다. 현행 노년교육은 무료한 상태에 있던 노인들을 대상으로 오랜 시간 동안 잊혀진 상태로 살았던 잠재능력의 실현에 눈뜨게 하였다. 노인들은 교육에 참여하면서 그동안 잊고 지냈던 자신의 소질이 무엇이었는지를 찾을 수 있었고, 그것에 상당한 관심을 갖게 되면서 삶을 의미 있게 재구성할 수 있었다. 이는 노년교육의 중요한 성과로서 이른바 제2의 인생을 준비하여 새로운 삶의 가치를 찾는 데 도

---

57 경북 경산시 ○○노인복지관 담당자로부터 노년교육에 성실하게 참여했던 4명의 수강자를 소개받았으며, 이들 4명<주○○(남, 73세), 이○○(남, 69세), 류○○(여, 74세), 김○○(여, 69세)>을 대상으로 2018년 4월 23일 11:30~13:00사이에 집중인터뷰를 실시하였다. 그들은 노년교육에서 경험했던 바를 자세하게 들려주었고, 노년교육의 미래방향까지 의견을 제시했다. 경남 창원시 의창군 ○○마을 '찾아가는 강좌 나르미' 공모사업담당자였던 이○○(여, 50세)와의 인터뷰는 2018년 4월 27일 14:00~16:00 동안에 진행되었으며, 마을활동가로서의 경험담을 있는 그대로 들려주었다.

움을 주었다. 실제 노인교육에 참여했던 김○○(여, 69세)에 의하면, "복지관에 다니면서 캘리그라피(글쓰기와 색깔을 합성한 작품)를 배웠고 이런 학습과정에서 새로운 변화를 경험하게 되었다. 캘리그라피를 해서 그런지 얼마 전 뇌 사진을 찍었을 때 젊은이의 뇌로 바뀌었다는 의사선생님의 말을 듣고 놀랐다. 실제로 기억력이 좋아지고 몸도 한층 가벼워지는 느낌이다."라고 할 정도로 건강에서 큰 변화를 경험하였다고 했다. 이○○(남, 79세)의 경우도, "노년의 삶이 너무 외로운데, 특히 나의 경우는 집에서 이야기할 상대가 없다. 복지관 강의가 있는 날이면 잠시마나 노래와 강의를 통해 친구들과 함께 하면서 스트레스를 잊게 된다. 교육에 참여하면서 몸 상태도 조금씩 좋아졌고, 누군가와 함께 한다는 것에 큰 위안을 얻을 수 있다."고 하면서 노년교육에 참여한 뒤 새로운 활력을 찾을 수 있었다고 하였다. 대체로 독거 내지 단독가구 형태로 살아가는 농촌지역 노인들의 경우, 노년교육을 통해 그동안 경험할 수 없었던 새로운 삶에 눈뜰 수 있었고, 동시에 교육을 통해 육체적, 정신적 건강증진은 물론이고 취미적성 영역에서의 새로운 소질을 찾으면서 제2의 인생을 살아갈 수 있게 되었다고 하였다.

둘째, 노년교육은 마을주민들 간의 관계 형성 및 증진에 한층 기여할 수 있었다. 교육이 활성화하면서 노인들 삶의 중요한 공간이 집에서 마을회관 혹은 복지관으로 이동하였다. 그들은 가족구성원과의 접촉보다는 이웃동료들과의 접촉이 더 빈번하였다. 이전의 농촌 마을에서 흔히 있었던 화투와 술자리와 같은 소모성 모임이 학습에 기반한 취미와 능력계발, 마을 단위 수익사업의 창출 등과 같은 생산적 모임으로 변화하였다. 마을단위 교육의 활성화는 농촌마을에 새로운 변화를 몰고 왔다. 주

○○(남, 73세)에 의하면, "현재 복지관에 1300여명의 수강생이 등록되어 있고 68개 교육프로그램이 운영되며 하루 300여명의 지역 노인들이 나온다. 아코디언을 비롯한 몇 개의 강좌를 골라 수강하는 데 만족도가 높다. 동네 남자노인들 사이에서 화투치기가 사라진지 오래되었고 대신 댄스교실, 노래교실, 탁구교실, 컴퓨터교실 등과 같은 취미적성 프로그램에 참여한다. 이웃 간의 다툼도 훨씬 줄어들었고 매사에 예의를 다해 이웃을 대하고 훨씬 교양미를 갖추게 되었다."고 하면서 노인 대상 교육이 주민 간의 관계는 물론이고 일상생활 차원에서 새로운 영역을 열게 하였다고 했다. 나아가, 노년교육의 활성화는 그동안의 혈연과 지연에 토대했던 기계적 연대성에서 벗어나 취미와 적성에 바탕한 유기적 연대성으로 변화를 가능하게 하였다. 농촌 마을에서 교육은 일상화하였고, 교육매개의 관계망이 형성되면서 노년기 삶도 한층 생산적 모습으로 변화하였다. 이○○(남, 69세)은 "노인대상의 교육은 교실당 20명에서 25명 내외로 운영된다. 포켓볼의 경우 190명이 등록했으며 반당 20여명의 소규모 강좌로 운영된다. 노래교실이 인기가 좋아 와촌노래 교실을 구성하여 구성원끼리 가족적 분위기로 생활한다. 하모니카반의 경우 복지관에서의 만남에 그치지 않고 다른 곳에서 단합대회를 열 정도이다. 이곳 노인들 삶의 중심에 교육이 있고 이런 교육을 통해 이웃 간의 정을 나누며 사는 것이 아주 재미있다. 이것은 농촌사회의 대단한 변화라 생각한다."고 하면서 교육으로 말미암아 농촌사회에 새로운 세계가 열렸다고 했다. 노년기 학습은 단순한 관계성에서의 변화에 그치지 않고 마을주민의 의지를 결집하여 공동체로서의 삶을 살 수 있게 하였다.

셋째, 노년교육을 통한 주민의 의식전환은 마을단위의 공적 수익사업을 가능하게 하였고, 이는 농촌의 가구소득 창출로 이어질 수 있었다. 마을주민들이 학습활동에 참가하면서 마을 단위로 수익사업에 관심을 표명하게 되었고, 그런 수익이 매개되어 마을단위 사업에의 참여의지를 한층 강력한 것으로 하였다. 노인교육활동가인 이○○(여, 50세)에 의하면, "2015년 노인학교에 처음으로 참석했던 노인들은 수줍고 어색해하며 프로그램에 참여하기를 망설였다. 참석하더라도 뒤에서 청강만하는 분들이 많았다. 프로그램이 진행되면서 변화가 나타났다. 마을단위 일에 관심 없거나 소극적이었던 노인들이 마을공모 사업을 통해 주민들의 수익창출이 가능한 것을 보고 적극적 참여자로 바뀌었다. 창원시 농업기술센터에서 주관한 공모사업인 '농촌 어르신 복지실천시범사업'에서 마을단위 수익창출이 가능한 것을 보고 참여자들에게 돈이 된다는 사실을 알게 되었다. 이를 계기로 동네사업에 소극적이었던 노인들이 적극 참여하게 되었고, 또 강한 소속감으로 이어졌다."고 하였다. 이처럼 마을단위 사업에서 수익이 나면서부터 주민참여가 훨씬 늘어났고, 그것이 계기가 되어 마을사업도 더욱 활력을 띨 수 있었다고 했다. 마을단위의 수익사업을 통해 주민들의 참여가 늘어났고, 그것은 다시 주민의 학습참여 동기를 강화할 수 있었다. 바로 이점은 학습이 갖는 선 순환적 구조로서 초고령화에 직면한 농촌마을에 새로운 변화를 불어넣는 중요한 계기가 될 수 있는 것으로 볼 수 있었다.

2. 노년교육의 한계와 지향점

이상에서의 노년교육이 갖는 장점에도 불구하고 현행 노인교육은 본질적 한계점이 내재되어 있었다. 노인교육의 대부분이 건강생활과 취미 적성 관련 강좌에 초점을 두어 이루어지는 관계로 교육의 핵심영역인 교양시민으로서의 역량신장으로까지 잘 이어질 수 없었다. 고령화에 따른 시민적 자질이 무엇이어야 하며, 그리고 고령사회에 걸맞은 시민공동체는 어떤 모습이어야 하는지에 대한 교육적 견해를 찾을 수 없었고, 또 그런 시민역량으로 이어지는 교육의 모습을 찾아볼 수 없었다.

노년 대상 교육과정에서 정치영역을 다루는 강좌가 없었으며, 심지어 정치관련 의견표명에 대해서도 금기시하였다. 정치이야기를 하면 구성원 서로 간에 감정폭발로 이어져 큰 싸움으로 번질 수 있다고 보고 가급적 정치적 언급이나 대화를 하지 않도록 각별하게 주의를 주고 있었다. 주○○(남, 73세)에 따르면, "교육프로그램 중에서 민주주의, 시민 관련 강좌는 찾을 수 없다. 또 이곳에 오는 노인들의 경우도 정치 이야기하는 것을 금기시하고 정치관련 발언을 일절 삼가하고 있다. 정치 관련 이야기를 하면 다툼과 분쟁을 일으킬 수 있는 것으로 보고 아예 말조차 꺼내지 않는다. 강사들도 가급적 정치 이야기 하는 것을 삼가토록 한다. 지역문제이든 국가문제이든 토론과 의견교환을 통해 민의를 모을 필요가 있는데 그런 환경이 되지 못해 아쉽다. 복지관에서는 마을일이든 지역 일이든 혹은 시의 일이든 간에 일체의 정치관련 이야기를 하지 않는 것이 불문율처럼 되어 있다."

이런 탈정치화 교육상황에서 노년층은 자신이 살아가는 지역현안과 노년정책에 관련되는 민감한 사안에 대해서조차 공론형성에 이를 수 없다. 심지어 생활차원의 정치관련 논쟁과 토론까지도 금기시하도록 하였다. 이런 노인교육의 여건에서 마을시민의 육성은 근본적으로 불가능하며 그것은 마을 단위의 민주주의 실현을 어렵게 하는 요인이기도 하다. 이른바 현행의 노인교육은 주민들이 자신들의 지역문제를 문제제기할 수 있으며 그렇게 제기된 문제를 의견수렴 절차를 통해 합리적 의사결정에 이르도록 하는 생활차원의 민주주의 실천으로 이어지지 않았다. 노인교육 활동가인 이○○(여, 50세)는 주민이 빠진 마을사업의 현황을 다음과 같이 전해주었다. "마을 주민 입장에서 안 해도 될 사업을 관주도적으로 많이 하는 것을 볼 수 있다. 시 차원에서는 주민 생활의 필요성이라기보다 보여주기 위한 선심용 지원사업을 많이 한다. 주민들의 의견을 모아서 꼭 필요한 사업이 무엇인지, 그리고 어떻게 그 돈을 효과적으로 사용할 것인지 등을 고려하지 않고 돈이 나왔으니 돈을 써야 한다는 식이다. 말로는 주민자치가 많이 이루어졌다고 하면서도 아직은 관주도로 주민 의견을 잘 반영하지 않으며, 또 주민들도 마을단위 사업에 자발적으로 참여하여 의견을 내려 하지 않는다. 비록 노인이지만 지역사업에 참여하여 어떻게 의견을 내야 하는지 등에 대해 교육하여 토론할 수 있어야 하고 또 지역민의 의견이 반영된 마을사업이 되어야 한다고 본다." 노인교육 참석자인 류○○(여, 74세)의 경우도 현행 노인교육의 문제점을 다음과 같이 지적했다. "국가에서는 노인들을 위한 각종 복지정책을 통해 돈을 많이 쓰고 있다. 한편에서 좋고 혜택을 보는 측면도 있지만 젊은 세대들에게 부담을 주고 또 미안한 마음이 든다. 특히 세금부담이 걱정된다. 옆의 노인들은 마냥 돈을 쓰고 당연한 것으로 받아들이지만 이런 상황이 오래 갈 것인가에 대해 걱정이다. 노인들이 정부의 도움 없이도 스스로 자립하고 자생적으로 살 수 있어야 하는데 국가에 너무 의존하는 것 같다. 이런 걱정이 드는데도 어떻게 이야기할 수가 없다. 마냥 혜택을 받아서 좋아할 것이 아니라 이런 복지혜택을 둘러싼 노인들 스스로의 의견을 모으는 것이 중요할 것 같은데, 이야기를 꺼낼 수 없어 안타깝다."

학습을 통한 마을 단위 공동체 구축은 마을시민 육성에 통한 동네 민주주의 실현과 밀접한 관련을 맺는다. 자발적 참여와 합리적 의사결정 능력을 갖춘 시민성 역량이 전제될 때 마을공동체는 한층 역동적 모습을 띠며 지속가능성을 갖고 발전할 수 있기 때문이다. 학습을 통한 지역주민의 참여 정도와 질(주체성)을 어떻게 유도하느냐는 마을공동체의 활성화에 중요하며, 그것은 마을민주주의 실현에 중요한 관건일 것이다. 다시 말해, 학습은 마을 단위의 생활공동체 형성에 의미 있는 영향을 미치며, 그것은 다시 동네 민주주의 실현으로 이어질 중차대한 과제이기 때문이다.[58]

초고령화 현상에 즈음하여 노인들은 더이상 뒷방 늙은이로서의 삶이 아닌 마을행사에 적극 참여하여 각종 현안에 의사결정자로서의 역할을 수행할 수 있어야 한다. 특히 농촌마을 상황에서 노년은 마을공동체 운영의 주류로서 마을의 각종 행사와 현안에 주체적으로 참여하여 공론형성에 적극적이어야 한다. 이런 점에 유의하면서 노년교육은 노년 상황에 적합한 합리적, 비판적 의사결정능력을 키울 수 있는 프로그램을 구축하여 재정비할 필요가 있다. 특히 노년교육은 학습을 통한 노년친화적 시민역량이 무엇이며, 그런 역량을 위한 학습에 무엇이 필요하고 어떤 내용을 담아야 하는지를 분명히 할 필요가 있으며, 이런 시민역량을 통해 마을단위의 공동체 구축에 동참할 수 있도록 해야 한다. 이런 학습 매개의

58 이명진·홍성태, 앞의 논문(2016), 353.

마을공동체를 구축할 수 있을 때 사회전체의 합리성을 담보할 수 있으며, 그것은 미래 노년친화적 사회만들기의 좋은 사례일 수 있다.

Ⅳ. 학습 마을공동체를 지향하며

지금까지의 논의에서 우리는 현행 농촌사회에서 진행되는 고령화 추세와 흐름을 살펴보았으며, 특히 1인 단독가구 비율의 급증에 따른 외로움과 고독에 직면한 노년의 쓸쓸함에 대해 지적하였다. 노년의 경우 관계성 단절로 인해 홀로 버려졌다고 스스로를 규정할 때 우울증과 자살을 비롯한 각종 사회적 질병에서 자유로울 수 없다. 여기서 노인문제는 개인의 문제가 아닌 사회의 문제로써 사회적 차원에서 접근하여 그 해결책을 모색할 필요가 있다. 농촌의 경우 노인문제는 개인과 가족을 넘어 지역공동체가 떠안아야 할 과제이기도 하다. 이 지점에서 학습을 매개한 마을공동체 구축은 노인문제 해결의 좋은 실마리를 제공할 수 있다.

학습을 통한 노인친화적 마을공동체 구축은 농촌마을에서 면면히 이어져 왔던 '마실문화'의 재조명에서 그 가능성을 찾을 수 있었다. 한국 노인들은 마실문화에서 비롯된 공동체성을 몸에 밴 상태로 생활해왔기에 적절한 학습동기가 부여된다면 마을 단위의 공동체성을 다시 살려낼 수 있을 것이다. 아울러, 우리 사회에서 노년층은 새로운 사회혁명을 이루기 위한 충분조건을 갖추고 있다. 과거 노년층에 비해 비교할 수 없을 정도의 큰 경제적 부를 이루었고, 또 인구의 규모에서도 젊은 층을 능가하기에 이르렀으며, 무엇보다도 상당한 학습역량을 갖춘 것으로 볼 수 있다. 다만 이를 적절히 엮어낼 수 있는 사회적 학습기제를 마련하여 실천으로 옮길 수 있도록 하는 데 소홀하였다. 노년층 중심의 농촌 마을 친화적 학습공동체의 조건을 만들고, 이를 통해 인문정신을 불어넣음으로써 문화를 융성케 하는 학습공동체를 조성하는 것은 노인혁명의 첫 단초를 제공하는 일과도 통할 것이다.

마을 단위에서 실시하였던 노인교육은 성과와 한계를 동시에 드러냈다. 먼저, 노년기는 교육을 통해 노년친화적 적성과 취미를 개발할 수 있었고, 이를 마을단위 공동체성으로 이어갈 수 있었다. 노인들은 노년교육에 참여하면서 그동안 잊고 지냈던 자신의 소질을 발견할 수 있었으며, 이의 발휘를 통해 마을공동체 활동에 적극 참여하였다. 둘째, 노년교육은 주민들 간의 관계성 형성에 긍정적 영향을 미쳤다. 노인들 삶의 공간이 집 개념에서 마을회관이나 복지관으로 이동하면서 마을단위의 학습환경 조성은 이웃동료들과의 잦은 접촉을 가능하게 하였고 적성과 취미중심의 관계성을 형성하는데 일정한 영향을 미칠 수 있었다. 셋째, 노인교육은 주민 간의 협력을 통해 마을단위 자발적 참여의 중요성을 이끌어낼 수 있었고, 그런 참여를 통해 마을 단위의 수익사업에 동참할 수 있도록 하였으며, 그런 수익창출은 다시 마을 단위 공동체 활성화에 기여하였다.

한편, 현행 노인교육은 마을시민 육성을 통한 동네(마을) 민주주의의 실현에 커다란 한계를 드러냈다. 노인교육이 건강생활과 취미적성 등의 영역에 초점을 두었던 관계로 합리적 의사결정 능력신장을 통한 지역단위의 시민성 육성에 이를 수 없었다. 교육에 참여하는 과정에서 노인들은 정치영역을 주제로 이야기하고 의견을 드러내는 데 한계가 있었으며, 동시에 지역문제를 공적으로 대상화할 수 없었다. 이런 탈정치화의 상황에서 노년들은 지역문제를 공론화하여 주민 간의 의견을 수렴할 수 있는 마을시민으로서 역량을 갖출 수 없었고, 그것은 동네민주주의 실현에도 큰 걸림돌이었다.

요컨대, 고령화가 한층 진전될 사회적 환경에서 학습을 매개한 마을공동체 구축은 농촌사회가 당면한 과제일 수 있다. 특히 기존의 여가와 취미적성에 초점을 둔 소모성 노년교육을 넘어서서 지역 현안을 쟁점화함으로써 마을단위의 합리적인 의사결정에 이를 수 있기 위해서는 학습을 통한 마을시민 육성이 필요하며, 이에 의한 마을민주주의를 실천할 수 있어야 할 것이다. 학습을 통한 지역(마을) 현안을 정치적으로 쟁점화하여 지역민에 의한 공동체적 결정 능력을 갖출 때 농촌사회의 미래 전망도 한층 희망적으로 변할 수 있다고 보기 때문이다.

4장

마을학과 마을학교

시민사회의 측면에서 볼 때 한국사회는 곳곳에서 위기 현상이 도사리고 있다. 강남을 중심으로 한 부동산 불패신화는 경제사회적 양극화의 주범으로 꼽히며, 그것은 민주주의의 토대인 중산층 해체를 낳고 있다. 학력 측면에서 양극화 현상은 간과할 수 없는 사회문제의 핵심현안으로 부각한다. 서울대를 정점으로 한 초학력주의 현상이 나타나면서 학벌 피라미드 현상이 한층 공고화되고 있다. 경제사회적 및 교육적 측면에서의 양극화 추세가 한층 뚜렷해지면서 젊은층이 느끼는 상대적 위화감도 더욱 커지고 있다. 그것은 극단적 초저출산 현상의 중요한 배경으로 지적될 정도이다. 그동안 정부는 수백조 원을 쏟아부으며 저출산 극복에 노력했지만, 오히려 초저출산화를 가속화한 측면이 있다. 덧붙여 역대 정부에서 줄기차게 추진했던 지방분권도 말뿐인 슬로건에 그치고 수도권으로의 집중화가 한층 심화하고 있다. 수도권과 지방권 간의 간극은 서울 곧 일류이며, 지방 곧 이삼류라는 격차의식의 공고화를 낳고 있다. 이쯤에서 오늘날 한국사회는 그 내적 측면에서 볼 때 갈등과 긴장, 다툼과 분쟁의 씨앗을 근본에서부터 안고 있다 해도 틀린 말이 아닐 것이다.

이런 시대적 상황에서 한국사회의 시민성 수준과 시민교육의 현황을 근본에서부터 되짚어볼 필요가 있을 것이다. 그동안 교육 당국에서는 수십 년에 걸쳐 교육개혁과 혁신을 내걸면서 신교육적 질서 수립에 총력을 기울였다. 그런 개혁과 혁신을 통해 우리 학교교육의 근원적 한계인 학벌과 입시 위주의 교육에서 벗어나려 했고, 또 신시대에 걸맞은 창의성이 발휘되면서 품성을 갖춘 인재육성을 시도하였다. 그렇지만 현장에서 느끼는 교육여건은 개혁과 혁신을 부르짖기 이전의 상황에 견주어서 더 좋아졌다고 말할 수 있을지가 의문이 들 정도로 초라한 성적표를 보인다. 학교 간 경쟁, 학생에 의한 교수자 평가, 점수 위주의 서열화, SKY로 대변되는 대학서열화 심화 등의 구시대적 모순이 갈수록 확대·재생산한 것으로 볼 수 있다. 이런 교육구조에서 더불어 살아야 할 인간 존재성의 의미를 가르칠 수 없었으며, 설령 그런 가르침이 가능하다고 해도 그 원리가 일상의 삶으로 실현되기란 더더욱 어려웠을 것이다. 경쟁교육이란 이름으로 수단 방법을 다 동원해 나혼자만 잘 살고 출세하면 된다는 이기주의 교육구조가 사회 도처에 만연해 있다 해도 틀린 표현이 아닐 것이다.

이런 교육구조는 한국사회의 극단적 갈등 구조와 밀접히 연동된다. 학교교육이 사회통합과 공존적 삶에 기여하기보다 분열과 대립을 조장하여 상극현상을 부추긴다. 교육을 통해 살아가기에 편안함과 편리함을 느끼며 공존할 수 있도록 한다기보다 상대방을 제압하여 독점적 위치에 올라야 한다는 강박감을 끊임없이 심어준다. 이런 점을 염두에 둘 때 한국교육은 교양시민 육성이라기보다 타자 제압과 타도에 더 큰 강조를 둔 욕망하는 인간을 양성하는 데 주력했다고 할 수 있다. 교양시민 육성을 통한 좋은 사회인을 키우기보다 경쟁력 있는 인간양성에 주력하였다. 이른바 학교 교육은 성숙한 시민육성에 의해 더불어 살아갈 수 있는 공동체 사회를 만들기보다 오히려 '만인의 만인에 대한 투쟁'의 갈등구조를 강화할 뿐이었다.

마을학은 효용과 경쟁의 가치에 따른 사회적 삶이 파편화되어 분열되는 시대적 상황 속에서 교육을 통해 지역민의 공동체성을 회복시키려는 데 초점을 둔 실천 차원의 교육운동으로 볼 수 있다. 마을학은 근대화 과정에서 잃어버렸던 마을성의 재조명을 통해 주민자치적이며 생태적인 이념과 태도를 간직했던 마을에 관심을 갖고 이런 마을 단위의 공동체성을 되살려내려는 데 우선적 관심을 부여한다. 이처럼 마을과 마을공동체에 관심을 두는 것은 자본과 권력 중심으로 진행된 그동안의 학교 교육 형태가 보였던 경쟁학습 구조에서 벗어나 사람과 사람의 터전인 마을살이에 학습목적과 방향을 맞춤으로써 더불어 함께 살아가는 사회교육 형태의 공존학습 구조로의 전환과 맞물린다. 이런 마을 중심의 학습 형태에 관심을 부여할 수 있을 때 비어있는(점점 비어가는) 지역(마을)에 새로운 의미를 불어넣을 수 있으며, 동시에 마을살이를 통한 사람 친화형의 공동체 구축에 이를 수 있을 것이다[59].

이즈음에서 오늘날 한국교육을 반성적 차원으로 바라볼 필요가 있다. 지금처럼 겉으로 드러난 이념과 속으로 드러나는 실제가 별개로 진행된다면 그것은 교육의 위기를 넘어서 학교무용론으로까지 번져나갈 수 있다. 학교 교육이 처한 이런 본질적 위기 현상을 염두에 두면서 이 장에

---

59 이경란(2013). 마을에서 짜는 배움의 틀과 마을인문학. **사회와 철학**, 26, 61; 신서영·박창인(2019). 마을교육 공동체의 현황과 쟁점. *Asia-pacific Journal of Multimedia Servies Convergent with Hhumanities and Sociology*. 9(8),98.

서는 최근 교육적 현안으로 부각하는 마을학(마을학교)을 둘러싼 논의를 본격적으로 전개하고자 하며, 이를 통해 마을학이 오늘의 시대 상황에 던질 수 있는 교육적 함의를 되짚어보는 데 목적이 있다. 이를 위해 다음의 몇 가지 쟁점을 다룰 것이다. 먼저, 마을학이 어떤 배경에서 등장하였고 그 교육적 특징으로는 어떤 모습을 띠는지를 다룰 것이다. 다음으로, 마을학의 실천적 운영을 몇 가지 형태로 유형화하여 검토함으로써 마을학의 현장성을 한층 분명히 드러낼 것이다. 마지막으로, 마을학 실천에서 드러난 한계는 무엇이며, 아울러 마을학이 오늘의 시대 상황에 던지는 시사점은 어떤 것인지를 살필 것이다.

Ⅰ. 마을학의 등장과 특징

1. 마을학의 등장

근대성의 특징은 자율적으로 분화된 시장질서와 공론장, 그리고 국민주권에서 찾을 수 있다. 그렇지만 시장의 힘이 압도적으로 커지면서 시민적 인본주의 전통과 공화주의의 자치원리는 그 영향력이 줄어들었고, 그에 따른 자유의 상실 현상이 뒤따랐다. 개인주의가 도구적 합리성과 시장사회의 전면적 관철과 결부되면서 정치적 자유에 제한이 따르게 되었고, 동시에 개인이 누려야 할 의미 있는 삶의 지평과 형식을 일상 삶의 영역으로 실현하기가 힘들게 되었다. 이른바 시장영역이 사회의 곳곳에 미치는 위력이 커지면서 인간 삶의 해체 현상도 가속화하게 되었다[60].

경쟁과 감시가 일상화된 냉혹한 공간이 지배하는 가운데 그 안에 살아가는 사람들은 이웃공동체의 의미를 잘 알지 못하며, 또 그런 생각조차 하지 않은 채 익명의 군중으로 살아간다. 군중으로 구성된 지역사회는 유기적, 연대적 의미의 공동체성에서 점점 멀어지게 되었고 개체성이 극도로 부각하게 되었다. 이런 점을 염두에 둘 때 한국 사회에서 도시는 도시대로, 농촌은 농촌대로 공동체 붕괴 현상을 경험하고 있으며 그에 따른 외톨이적인 삶이 일상화하고 있다. 이른바 현대 한국인은 경제적 이해관계를 달성하기 위해 수단 방법을 다 동원하여 이웃을 극복과 타도대상으로 삼는다. "인간이 인간에게 늑대이다(Home Homini Lupus)"의 전형적 모습을 보이며 어떤 분명한 방향성을 잡지 못한 채 그 어딘가로의 질주본능을 여과 없이 드러내며 앞으로의 전진을 거듭하고 있다.

개인주의와 이기주의의 극단적 표출이 커질수록 역설적으로 공동체성을 둘러싼 사회 차원의 관심이 점증한다. 공동체성을 둘러싼 사회적 성찰을 갖추지 않은 채 지금처럼 경쟁이데올로기에 몰입한다면 그것은 지속불가능한 사회의 조건에 다름이 아닐 것이기 때문이다. 그동안 면면히 유지되어왔던 농촌 단위 마을공동체성에서도 이상 현상이 곳곳에서 드러나고 있다. 물질주의와 이기주의가 농촌마을에까지 깊숙히 파급되었으며, 그에 따른 공동체의 기능이 약화할 수밖에 없었다. 다시 말해, 단위 마을에서조차 마을의 주인다움(정체성)을 살릴 수 없는 상황이다. 농촌 마을에서도 주민자치의 의미를 살리지 못하면서 동시에 물리적 장소성에

60 나종석(2013). 마을공동체에 대한 철학적 성찰 : '마을인문학'의 구체화를 향해. **사회와 철학**. 26, 6.

몰입한 채 경제 차원의 생존력 키우기에 주력할 뿐이다. 생존, 효율성, 성과, 개인 가치 등에 매몰된 채 성취와 성과를 위해 전진을 거듭할 뿐이다. 마을 외관이 더 멋져지고 화려해지며 한층 풍요로워지고 있지만 조금만 더 내면으로 들어가면 익명성 속에서 이기심과 경제적 차원에서의 욕망을 여과 없이 드러내며 피터지는 싸움에서 살아남기를 바랄 뿐이다.

이런 시대적 상황에서 인간 삶의 근본에 해당하는 친밀공동체의 의미는 쇠퇴·소멸하며 우리 삶의 대부분 영역이 한층 개인화·개체화하고 있다. 친밀공동체는 근대화의 초입 때까지 농촌사회에서 잘 기능하였던 것으로 볼 수 있다. 당시까지 친밀공동체는 "구체적 타자의 삶/생명에 대한 배려·관심에 토대해 형성·유지되었던 사회현상으로써 주민들의 삶을 지탱해준 중요한 근거였다."[61]. 친밀공동체가 기능하였기에 사회복지가 제대로 작동하지 않았던 시대적 여건에서도 곤경과 역경에 처했던 사람들의 삶의 조건을 일정 수준까지 보장할 수 있었다. 자본의 힘이 점점 커지면서 친밀공동체 기능이 약화하였고, 덩달아 개인의 삶도 기본적 안전장치에서 이탈해 갔다. 이런 공동체 와해 혹은 붕괴 현상에 즈음하여 친밀성의 핵심을 담보할 수 있는 마을 단위 공동체를 둘러싼 논의는 더욱 중요한 현안으로 등장한다. 더 정확히 말하면, 우리가 살아가는 현실 공간이 개인화·개체화할수록 이념 공간에서 친밀공동체성을 되살리려는 경향이 점증함을 볼 수 있다.

공동체에 대한 사회적 관심은 마을 단위 공동체운동의 확산과 관련

---

61 사이토 준이치(2009). 민주적 공공성. 이음; 정성훈(2011). 현대 도시의 삶에서 친밀공동체의 의의. 철학사상. 41, 360.

된다.[62] 마을공동체를 통해 상호부조와 연대원리를 살리려 하며, 이런 연대원리에 의한 친밀성 증진이 사회적 관심사로 부각한다. 친밀공동체가 제대로 작동할 때 우리는 냉혹성을 띤 자본주의의 사적 영역에서 맞설 수 있는 중요한 동인을 찾을 수 있다[63]. 그런 친밀공동체성은 마을 단위의 공동체가 적절히 기능할 때 잘 실현될 수 있기 때문이다. 다시 말해, 마을 단위 친밀공동체가 주민의 삶으로 다가서서 제 기능을 다 할 수 있다면 마을에서의 생활 속 민주주의 실천도 가능할 것이다. 마을 단위 공동체는 우리 삶을 전적으로 개인에 맡기지 않으면서 그렇다고 국가를 비롯한 거대조직에 의존적이지 않게 하기 때문이다.

서울 마포 성미산 마을 사례에서 마을공동체성이 갖는 의의와 현실성을 타진할 수 있다. 성미산 마을에서 사람들은 개체성을 유지·발전시키면서 특수한 목적단체에도 종속되지 않았으며, 또 협동적 삶을 현실로 드러낼 수 있었다. 그런 공동체성의 구축은 마을 단위의 구성들이 맺는 제한된 관계망에 토대한 전인격성의 형성과 관련된다. 전인격적 관계성은 마을과 같은 제한된 관계망을 맺을 수 있을 때 보다 잘 실현될 수 있기 때문이다.

특히 성미산 마을 사례는 마을학의 활성화를 통해 마을 단위 친밀공동체 형성에 의미를 던진 것으로 볼 수 있다. 성미산 마을만들기에서

---

62 마을만들기는 1990년대 중반 한국에 소개되었고, 일본의 '마찌즈꾸리' 용어에서 나왔다. 마을만들기는 주민이 주체가 된 마을공동체를 형성할 수 있는 여건을 구축하려 하였고, 이를 위해 마을활동가, 전문가, 그리고 주민이 상호협력하여 마을발전 아이디어를 내고 이를 좋은 마을만들기로 연결짓고자 하였다. 이런 점에서 마을만들기는 주민들 간의 상호부조와 연대성이 기능하는 마을단위 공동체를 구축하는 일과 밀접히 관련되는 것으로 볼 수 있다.

63 정성훈(2011). 위의 논문. 249.

마을학은 주민들의 인식 전환에 의거하거 마을 단위 공동체성을 삶으로 담아낼 수 있도록 하였다. 마을학의 교육원리와 방법을 학습함으로써 주민들은 이웃성을 실천의 장면으로 옮길 수 있었다. 마을학은 교육을 통해 공동체성의 의미를 살릴 수 있었고, 이런 공동체성의 의미부여는 다시 마을학의 필요성으로 이어질 수 있었다. 이런 점에서 마을학은 마을 단위 공동체의 구축과 실천에서 중요한 시사점을 제공한다고 볼 수 있다.[64]

2. 마을학의 특징

지역학이 시군구 단위의 지역을 연구하는 데 초점을 둔다면, 마을학은 마을성의 회복과 마을 단위 공동체성 활성화를 위한 읍면동 단위 이하 지역인 마을에 연구의 초점을 둔다. 이런 점에서 마을학은 마을(동네)에서 전개되는 주민들의 삶을 둘러싼 제반 활동을 증진하며, 동시에 마을성의 의미를 찾아내 공동체성을 회복시키고, 이를 통해 주민의 삶의 터전인 마을살이를 몸으로 드러내는 데 관심을 둔다[65]. 마을학은 마을에서 내려오는 전통과 고유문화를 재조명하여 이를 마을의 정체성으로 살려가며, 그리고 마을에 서려 있는 유무형의 자연적, 문화적 자원과 자산을 현대적 의미로 되살리려 한다. 다시말해, 마을학은 파편화되어 사라져버린 공동체적 삶의 양식을 지역사회 속에서 재구성함으로써 주민다움

---

64 마을을 배움의 공간으로 활용한 마을학을 둘러싼 좀더 자세한 논의는 '성미산마을배움터' 사례에서 잘 찾을 수 있다(이경란, 2013: 70-71).

65 박철(2014). 주민의 주인다움 찾기 및 마을의 꿈 펼치는 시대적 사명. **주민자치**. 37, 13.

(주인성)을 되찾도록 하는 데서 시작한다[66]. 이른바 마을학은 마을이 처해 있는 제반 상황을 정밀하게 조사, 연구, 분석함으로써 마을현안을 파악할 수 있어야 하며, 이에 근거하여 마을이 지향해야 할 마을 단위 정체성 형성에도 관심을 기울여야 하고, 나아가 새로운 시대적 상황에 직면하여 대안마을로서의 의미와 가치를 창출할 수 있어야 한다.

마을학은 마을 단위에서 내려오는 전통의 의미를 찾고 그 의미를 주민의 삶으로 되살리는 데도 일정한 의미를 던질 수 있어야 하는데, 이는 다시 마을에 환류되어 공동체 활성화에 기여할 수 있다. 특히 마을학은 다양한 학습 기제를 동원하여 마을의 과거와 현재를 삶으로 되살려서 재현하려 하며, 이에 의거하여 마을 정체성을 찾고 주민공동체성을 엮어내는 데 구심점 역할을 수행할 수 있어야 한다. 이처럼 마을학은 주민들 간의 소통을 열어감으로써 민주주의를 살도록 하며, 이를 통한 마을 시민의 역량을 키우는데도 의미를 던질 수 있다. 이런 점에서 지역(마을)은 시민적 역량을 갖추는 데 장을 제공하며, 나아가 민주주의 체험장으로서 의의를 갖기도 한다[67].

마을학의 과제는 마을민주주의의 활성화에 의한 마을시민성 역량에 모아진다. 생활 차원에서의 마을 문제를 정치적으로 공론화하여 쟁점화할 수 있느냐는 마을 시민의 핵심역량일 것이다. 마을 쟁점을 주민 입

---

66 이경란(2013). 앞의 논문. 60.

67 Thomson, Ann Marie Thomson, Antoinette R. Smith-Tolken, Anthony V. Naidoo and Robert G. Bringle. (2011). *Service Learning and Community Engagement: A Comparison of Three National Contexts*. Voluntas 22; 이태동(2016). 지역기반 시민정치교육의 지향, 방법론, 활성화구조에 대한 연구: 마을학개론 사례를 중심으로. **한국정치연구**. 25(2), 121.

장에서 공론화하여 합리적으로 의사결정하도록 하는 것은 마을학이 갖추어야 할 핵심 현안이다. 이를 위해, 마을학은 자격을 갖춘 마을교사진을 구축하는 데서 시작하여 마을학을 위한 커리큘럼과 교수법을 마련할 수 있어야 하며, 이에 기반하여 마을 현안을 주민 입장에서 쟁점화할 수 있도록 해야 한다. 이 지점에서 마을학은 학교와 지역사회 간의 연계시스템 구축에 관심을 기울일 필요가 있다.[68] 덧붙여 마을학은 교수자와 학습자 간의 원만한 상호교류를 토대로 마을 관련의 다양한 자원을 학습으로 수렴할 수 있어야 한다. 이런 점에서 마을학은 교수자-학습자 간의 주고받는 교육활동을 넘어서서 지역의 다양한 교육적 자원을 삶으로 이어질 수 있는 접점 역할을 할 수 있다. 특히 마을학교에서 교수자는 마을의 문화 내용을 발굴하여 그런 내용에 스토리를 입혀 적절히 살려냄으로써 마을학의 지평을 확장할 수 있어야 하며, 이에 의해 공동체 친화형의 시민성을 실천으로 옮기도록 하는 데도 조력자 역할을 다할 수 있어야 한다.

마을학은 '마을이 학교다'의 슬로건을 현장화하는 데도 관심을 부여한다. 이런 점에서 마을학교는 마을에서 이루어지거나 혹은 이루어질 수 있는 현안을 교육대상으로 삼아 마을 단위 공동체성을 회복할 수 있도록 하는 데 힘쓴다. 다시말해, 마을학교는 학생들과 지역민의 적절한 연계를 설정함으로써 학습자의 잃어버린 마을공동체성을 되찾도록 하는 데 관심을 둔다. 이때 학교는 교실만이 아니라 마을 곳곳의 다양한 장소를 교육의 장으로 활용할 수 있어야 하며, 그리고 마을 주민들 역시 마

68 학교와 마을 간의 연계시스템 구축은 마을 단위에 맡겨두어서는 곤란하며, 교육당국(교육청, 학교)의 일정한 개입이 요청된다. 교육적 운영의 노하우를 가진 교육당국의 개입과 역할이 동반할 때 마을학의 현장화는 한층 수월할 수 있을 것이기 때문이다.

을교사로서의 역할을 다할 수 있어야 한다. 마을회관과 동사무소, 약국과 농약방, 시장의 여러 가게, 우체국과 농협조합, 그리고 벼농사를 비롯한 각종 작물을 재배하는 농사현장 등은 마을학의 중요한 학습장소가 될 수 있다. 마을학은 육아와 돌봄, 방과후 수업, 귀농귀촌자의 생활적응, 청소년 관련 현장참여, 신영농방법의 개발과 확산, 생태생활의 활성화와 생태마을 조성사업, 블로그 활용의 마을신문 제작 등에 다양하게 참여함으로써 마을 단위의 학습생태계를 조성하는 데 기여할 수 있어야 한다[69].

마을학의 교육적 기능을 강화하기 위해서는 커리큘럼을 정비할 필요가 있다. 마을학 커리큘럼은 학교교육에 비해 유연하면서 현장의 다양성을 반영할 수 있어야 한다. 마을학 커리큘럼을 구축할 때 몇 가지의 사실에 유의할 필요가 있다. 1) 마을 일상을 교육적 맥락으로 파악·해석하는 데 도움을 주어야 하며, 2) 지역의 아동청소년들이 마을의 일상사건 및 사람들과의 상호작용에 편안한 상태로 참여할 수 있어야 하며, 3) 이에 필요한 유무형 자원을 적절하게 효과적으로 동원·조직할 수 있어야 하며, 4) 마을에서 동원 가능한 교육적 자원을 실천적 마을살이와 적절히 연계할 수 있어야 한다.

마을학의 성패는 마을교사의 역량에 직결된다. 마을학을 현장교육으로 접목할 수 있는 마을교사의 인력풀을 갖출 때 마을학 현지화에 성공적일 수 있다. 교육적 재능을 가진 마을교사로서의 능력을 갖출 수 있을 때 마을학의 현실적합성도 한층 커질 것이다. 마을학 실천에서 주목해야 할 또다른 핵심사안은 학교와 마을 간의 유기적 관계성 정립이다. 현

---

69 조윤정(2018). 청소년 주도 마을공동체 사례 연구 : 몽실학교를 중심으로. **한국청년연구**. 29(4), 202-203

행처럼 학교와 마을이 별개인 지역 여건에서 마을학의 성립과 정착은 쉽지 않을 것이다. 학교와 마을 간의 1:1 관계상황에서 마을학 현장화는 요원한 과제일 것이다. 고립된 섬으로서의 학교 위상을 넘어서서 "마을이 학교이며 학교가 마을이다"와 같이 학교와 마을이 긴밀한 상호연계 시스템을 구축할 필요가 있다. 학교와 마을 간의 긴밀한 연계성을 설정할 때 마을학의 현안인 마을살이를 현장 삶으로 실현할 수 있기 때문이다. 이 지점에서 마을학은 마음과 몸으로 마을살이를 경험할 수 있도록 하며, 마을교사는 그런 경험을 교육장면으로 적절히 살릴 수 있는 매개역할을 수행할 수 있어야 한다.

II. 마을학교의 실천과 유형[70]

1. 마을교사와 마을학 실천

마을교사의 발굴과 육성을 시도함으로써 시작되었던 마을학의 실천사례에 대해 살펴보도록 한다. 경북 ○○군 교육지원청 장학사(김○○)

70 마을학과 마을학교가 잘 활성화되지 않은 지역인 대구경북에서 마을학 관련 실천사례를 다루고자 한다. 주지하듯이 대구경북의 여건에서 마을학 관련 논의는 타지역에 비해 활발하지 않다. 그것은 지역이 갖는 정치적 보수성에서 비롯되며, 아울러 마을학을 바라보는 지역민의 부정적 인식과도 관련된다. 최근 마을학 관련 논의가 활발해지면서 대구경북에서도 마을학을 둘러싼 새로운 인식이 형성되는 추세를 보인다. 이점을 감안하여 대구경북형 마을학 실천을 다음 세 가지 유형으로 살펴본다. 구체적 형태는 관(교육청)이 주체가 된 마을교사 주도형, 민간단체(종교기관)가 주관한 놀이중심형, 관(동사무소)과 민(지역협의체)이 중재한 노년친화형 등이다.

는 지역사회 여건에 적합한 마을교사를 발굴하였으며, 이를 통해 학교와 마을 간의 연계 교육을 시도하였다. 마을학 관련의 정보와 지식이 부족한 농촌사회의 여건에서 지역교육청 담당자는 마을학의 초기 정착에 마을교사의 역할이 중요함을 인식하였고, 이들 마을교사의 육성을 통해 마을학 정착을 타진하였다.[71]

해당 지역은 마을학 관련의 논의를 잘 찾을 수 없을 정도로 마을학에 별다른 관심이 없었다. 이런 상황에서 마을학 정착을 위해 몇몇 재능기부자를 대상으로 마을교사를 발굴하였으며, 이들 중심으로 마을학 도입을 시도하였다. 이어서 관내 학교와 관련 기관의 담당자들 대상으로 마을학의 필요성을 알렸고, 또 지역민 대상으로도 마을학을 위한 공청회를 개최하였다. 교육청에서는 교육에 관심을 갖고 재능기부에 뜻을 같이 하는 지역민 대상으로 마을교사 채용공고를 내는 것에서 마을학을 도입하였다. 마을교사 채용은 마을 교육에 관심이 많고 또 마을 관련의 교육 콘텐츠를 갖고 있으면서 일정한 재능을 기부할 수 있는 주민을 대상으로 하였다. 지역 초중등 학생 대상으로 교육적 재능기부에 동참하기를 희망하면서 전문영역(예컨대, 바리스타, 요리, 바느질 등)에서 역량을 갖춘 지역민을 마을교사로 모집했다. 채용된 마을교사 대상으로 교사로서의 기본적 인

---

71 관 주도 마을학 실천은 ○○군 교육청 지원으로 진행되었다. 교육청 주관의 마을학교 실천사례는 ○○군 교육청 장학사인 김○○에 의해 시도되었고, 그런 점에서 학교교육과의 긴밀한 관계성을 맺으며 진행되었다. ○○군 마을학교는 마을교육의 토대가 잘 구축되어 있지 않은 불모지와 같은 지역이었다. 이런 여건에서 담당자는 몇몇 주민대상으로 마을교사를 모집하였고, 이들을 통해 마을학을 현장에 적용하였다. 담당자와의 심층 인터뷰는 2020년 9월 10일 10:00~11:00에 걸쳐 전화로 진행되었다. 담당자는 자신이 구상하여 실천에 옮기려 했던 마을학 관련의 경험담을 있는 그대로의 모습으로 소상하게 들려주었다.

성 영역을 갖추었는지를 확인하는 절차를 거쳤다. 교사로서의 기본 자질을 갖추지 않을 때 교육적 문제가 발생할 수 있음에 유의하였다. 선발된 교사대상으로는 4시간의 기본소양 교육을 실시하였고, 그 뒤 마을교사로 발령을 낼 수 있었다.

마을교사 기본자질을 둘러싼 검정은 다음 사실에 특별히 유념하였다. 성(性)과 폭력에 관련되는 특이사항이 있는지 및 아동발달 관련의 이해 능력을 갖추었는지를 검증하였다. 교사로서 기본소양을 갖추는 것이 전문영역에서 능력을 발휘하는 것보다 더 중요하다는 교육의 기본원칙을 지키려 했다. 소양검증 통과자들을 대상으로 마을학 이념과 교육콘텐츠를 어떻게 구성할 것인지에 대해 점검하였고, 덧붙여 마을학의 몇 가지 현안, 곧 커리큘럼과 교육내용, 교육방법 등을 둘러싼 교사로서의 전문역량 신장 교육을 실시하였다.

마을교사로서의 기본소양과 전문역량 검사를 통과한 마을교사들은 지역의 초중학생들 대상으로 미용, 마술, 텔라그라피, 바리스타, 요가 등의 영역에서 교육활동을 전개할 수 있었다. 적절한 교육 공간(안정성, 편리성)을 갖춘 마을교사는 자신만의 교육장소에서 교육을 실시할 수 있었는데 비해, 재능과 전문성을 갖추었으나 교육장소를 갖출 수 없었던 교사들의 경우도 발생하였다. 이런 교육장소를 확보할 수 없었던 상황에서는 지역교육청이 적절히 개입하였으며, 또 지역기관의 협조를 얻음으로써 교육장소에서 오는 문제를 해결할 수 있도록 했다. 교육청 담당자의 적극적 주선과 조정을 통해 마을학의 난관을 극복할 수 있었다.

지역교육청은 마을교사 초빙에서부터 소양교육, 그리고 구체적인 교육프로그램 구축 등에서 일정한 역할을 수행하였다. 교육청 주관으로 학교장, 지자체장, 마을교사를 3각축으로 매개할 수 있었고, 이에 의해 마을친화형 마을학을 실행으로 옮길 수 있었다. 마을학의 실천은 지역특성을 반영한 3일 일정의 마을학 관련 연수 프로그램 수행을 통해 분명한 방향을 잡을 수 있었다. 마을교사를 비롯한 지역주민, 그리고 지자체 관련자, 지역교육활동가들이 한자리에 모여 마을학 활성화를 위한 발대식을 거행했다. 이 프로그램을 토대로 바리스타, 마술, 텔라그라피 등의 영역에서 마을학을 실천으로 전개할 수 있었다. 이렇게 마련된 마을학은 열악한 여건에 있는 농촌학생들에게 직업영역의 체험기회를 갖도록 하였고, 또 그들의 진로적성의 기회를 넓혀주는 데도 한발 가깝게 다가설 수 있었다.

마을학 도입이 지역사회에 미친 영향은 다음과 같았다. 학교교육에 한정하여 교육을 바라보던 지역민의 교육관련 인식을 확장할 수 있었으며, 학생들 입장에서도 교실에서 벗어나 지역사회를 교육의 장으로 바라보며 활용할 수 있었다. 학생들은 따분한 이론 위주의 수업에서 탈피하여 자신의 관심사와 적성을 반영한 체험형 학습의 의미를 새길 수 있었다. 마을학은 그동안 따로따로 움직였던 학교와 마을을 적절히 연계시키면서 지역의 다양한 인적, 물적 자원을 학습으로 연결지을 수 있었다. 이른바 학습의 의미를 교실을 넘어서서 마을로 확장하면서 지역과 함께하는 학습의 의미를 일깨울 수 있었다.

마을교사 주도로 진행된 마을학은 몇 가지 한계를 드러내기도 했다. 지역친화형으로 기획되었던 마을학은 코로나19의 영향으로 현장화에 어려움을 겪었으며, 관주도적 운영에서 말미암은 주민자생력 신장에 어려움을 드러냈다. 다시말해, 주민친화형 마을학은 어떤 모습이어야 할 것인지까지 나아갈 수 없었다. 예컨대, 마을교육이 왜 필요하며, 마을친화형 커리큘럼은 어떤 내용이어야 하고, 학생 눈높이를 반영한 수업주제는 어떤 식이어야 하는지 등을 제대로 설계할 수 없었다. 마을학의 또다른 한계는 지역여건을 반영한 마을교사의 발굴과 모집에서 제기되었다. 농촌 여건에서 마을학 담당교사를 확보하기가 쉽지 않았으며, 또 마을교사의 기본역량을 갖추도록 하는 데 어려움이 컸다.

마을학 실천에서 가장 큰 어려움은 지역주민의 마을학을 둘러싼 인식이 정립되어 있지 않았다는 사실과 관련된다. 마을학 현장화에 노력했던 담당자가 경험한 현장의 어려움을 들어본다. "지역주민들조차 지역을 바라볼 때 '머물고 싶은' 곳이라기보다 '떠나야 할' 곳으로 바라보았고, 지역의 젊은이들조차도 공부를 통해 탈지역화하기를 원했다. 탈지역화의 중요한 수단으로 교육을 바라보는 현장여건에서 지역현안을 발굴하여 지역특성을 부각시키며 지역정체성을 찾으려는 마을학 이념은 애초부터 실천으로 이어지는 데 한계를 갖고 있었다. 이런 현장여건에서 지역적합형 마을문화를 형성하여 확산하는 것이 쉽지 않은 과제였다. 마을학을 둘러싼 지역민의 인식이 정립되지 않은 상태에서 마을학의 현장화는 요원한 과제처럼 보였다. 특히 보수성이 강한 지역적 여건에서 마을학 현장화는 어려운 난제였다. 마을학을 진보교육의 한 축으로 받아들이는 지역 상황에서 자칫 교육을 둘러싼 이념논쟁을 불러올 소지를 다분히 안고 있었다."[72]

---

72 이 내용은 2020년 9월10일 ○○군 교육청 김○○ 장학사 대상으로 진행하였던 전화인터뷰의 일부임을 밝힌다.

2. 놀이중심 협동조합과 마을학 실천

민간주도형 놀이중심의 협동조합을 결성함으로써 시도되었던 마을학의 실천사례에 대해 살펴본다. 놀이매개의 보육용 마을학은 ○○시 ○○성당 김○○(본당 신부)의 아이디어로 진행될 수 있었다. 성당 바로 옆에 위치한 놀이공원의 입지여건을 고려해 유아와 어린이용 놀이매개 학습공동체 구축을 시도하였다. 어린이용 학습공동체 구축을 위해서는 지역 어머니들의 협조와 참여가 불가피함을 인식하였고, 이에 마을어머니들 중심으로 놀이중심형 협동조합 설립을 시도하였다.[73] 어린이용 협동조합 설립을 통해 요즘 아이들에게서 드러나는 이기적, 자기중심적 경향을 개선하려 했으며, 또 이런 아이들을 공동체 지향형의 사람으로 어떻게 키울 수 있을 것인가에 주목하였다.

놀이중심 협동조합의 설립취지는 다음과 같았다. 먼저, 아이를 바라보는 관점에서부터 전환을 시도하려 했다. 조합구성원들은 아이는 자신의 본성을 갖고 태어나며 그런 환경에서 자랄 수 있을 때 고유한 존재로 성장할 수 있다고 바라보았다. 동시에 그런 전제가 충족될 수 있기 위해서는 어릴 때부터 또래와의 건전한 놀이문화를 맺을 수 있을 때 각자의 소질과 자질, 원만한 인격성을 갖출 수 있는 것으로 보았다. 사람은 어릴

---

73 신부님과의 인터뷰는 2020년 7월 21일 경북 ○○시 ○○성당과 공유형 카페에서 14:00~16:00까지 두 시간에 걸쳐 진행되었다. 평소 마을단위 공동체 구축을 성당운영의 중요한 과제로 설정하였고, 지역친화적 주민 연대공동체 구축에 관심을 가졌다. 실제 마을단위 교육공동체를 만드는 과정에서 있었던 여러 경험담을 들려주었고, 또 현재 한국사회에서 당면한 인문적 한계상황에 대해서도 그동안의 경험담을 피력하였다. 신부님은 성당 인근의 놀이터를 활용함으로써 유아와 어린이용 놀이를 매개한 학습공동체를 구축하는 데 큰 관심을 표명하고 있었다.

때부터 각자의 필요와 욕구, 비전을 가꾸어나갈 수 있어야 하는 데 그것은 놀이문화 습득을 통해 자연스럽게 형성할 수 있는 것으로 보았다. 다음으로, 아이의 관계성 형성은 어린 시절 동안 어떤 놀이문화를 체험하느냐에 따라 결정지어질 수 있다는 사실에서 찾으려 했다. 적절한 좋은 놀이문화를 체험할 수 있을 때 아이들은 분절적, 이기적 기질과 성향에서 벗어나 유기적이면서 균형적 성품을 형성할 수 있으며, 그리고 이런 조건을 갖출 수 있을 때 친밀공동체 형성에도 쉽게 이를 수 있는 것으로 보았다. 다시말해, 놀이를 통한 원초적 관계성을 형성할 수 있을 때 인간으로서의 사회성(공동체성)도 자연스럽게 습득할 수 있으며, 그것은 인간존재의 또다른 영역인 개체성(주체성)의 실현에도 도움을 줄 수 있다는 사실에 유념하였다.

현행 유아와 어린이들이 보이는 자기중심적 삶의 태도는 놀이매개의 학습공동체 구축의 중요한 배경이었다. 한국에서 마을단위 공동체 활동의 대부분은 무늬에 불과할 정도로 형식에 그친다는 점에 유의하였고, 이에 대한 대안모색으로서 아이들 대상의 학습공동체 구축에 관심을 가졌다. 이 지역의 마을학 성립은 놀이 중심의 협동조합 설립을 통한 유아와 어린이친화형 학습 환경 조성에서 비롯될 수 있었는데, 그것은 '보육과 놀이매개의 지역연계형 마을학교' 운영으로 구체화할 수 있었다. 본당신부는 성당이 갖고 있는 몇몇 물적, 인적자원을 적절히 활용함으로써 아이들의 교육적 관심과 흥미를 유발할 수 있도록 하였다. 어린이들이 좋아할 영화를 시청하도록 함으로써 동네아이들의 관심사를 끌어내려 했고, 또 영유아용 도서구입과 비치를 통해 아이들 친화형의 교육환경을 제공하였으며, 또 아이들이 좋아할 만한 간식을 제공함으로써 아이들에게 가깝게 다가서려 했다. 이런 실내 활동에 이어 성당인근의 놀이터를 배경으로 아이들이 놀이를 즐길 수 있도록 각종 놀이기구(재기차기, 구슬치기, 공놀이, 막대놀이 등등)를 비치하였다.

유아와 어린이용 놀이중심 협동조합 설립은 마을단위 어머니 학습공동체 형성에도 영향을 미칠 수 있었다. 아이들의 행동변화가 조금씩 보이면서 지역 어머니들도 아이 양육을 둘러싼 교육관에서 변화를 보이기 시작하였다. 지역 어머니들은 팽배한 외톨이의 삶에서 벗어나 타자와 협동하는 육아환경을 조성하는 데 뜻을 모을 수 있었다. 이에 몇몇 어머니들은 놀이중심 협동조합 조직화를 위해 어머니 대상의 토론카페를 개설하였고, 이어서 이를 뒷받침할 수 있는 커피숍을 개점할 수 있었다. 놀이터와 성당 인근에 개점한 카페공간을 중심으로 아이들을 위한 다양한 의견을 모을 수 있었고, 이런 의견을 바탕으로 아이친화형의 다양한 놀이매개 학습공동체 활동을 전개할 수 있었다. 카페 경영에서 나오는 수익의 대부분을 아이들 교육여건 개선에 사용하였으며, 이에 의해 학습공동체의 내용을 한층 풍성하게 할 수 있었다. 놀이중심 협동조합을 설립함으로써 지역 어머니들은 육아라는 공동관심사를 토대로 그들끼리의 유기적 관계성을 형성할 수 있었고, 덩달아 그런 관계성은 아이들이 협동하는 삶의 자세를 형성하는데에도 선순환의 영향을 미칠 수 있었다.

지역 어머니들은 현대사회가 처한 위기의 근거를 어릴 때부터 형성된 외톨이적 고립된 삶에서 비롯된다고 보았으며, 이에 어린 시절부터 타인(주변환경)과의 우호적 관계성을 맺도록 하는데서 해결의 실마리를 찾으려 했다. 고립된 외톨이적 아이양육 태도에서 벗어나 주변과의 호의적 관계성 형성에 관심을 두었고, 이는 어릴 때부터 접하게 되는 놀이문화에서 자연스레 형성될 수 있는 것으로 보았으며, 이를 실천으로 담아낼 수 있도록 놀이문화 환경 조성에 관심을 기울일 수 있었다. 어머니들은 아이들끼리 삼삼오오 모여 놀이를 즐길 수 있도록 했고, 가능한 어른입장에서의 관여와 간섭을 배제하였다. 놀이를 위한 몇 가지 기구들을 마련해주었고, 스스럼없이 신나게 놀 수 있도록 시간과 장소를 확보해주는 데 그쳤다. 아이들이 재기차기, 구슬치기, 막대놀이, 공놀이 등을 즐길 수 있도록 여건을 마련해주었다. 아이들은 놀이 과정에서 놀이 규칙을 정하였고, 이런 규칙을 적용해 놀이에서 발생하는 다툼과 분쟁을 자율적으로 해결해갈 수 있었다. 무엇보다 어려움에 처한 아이들이 있을 경우에도 아이들은 어떻게 도와야 하는지, 그리고 그 아이에게 필요한 것이 무엇인지에 대해서도 상부상조하며 문제를 해결해가려 하였다. 이른바 아이들은 놀이문화를 통해 현장에서 발생하는 여러 문제를 합리적으로 해결할 수 있는 방식을 터득하였으며, 이를 통해 그들끼리의 상호적 협력 관계를 맺을 수 있었다.

3. 마을협의체와 마을학 실천

마을단위의 민관협의체(동사무소, 지역사회단체)를 결성함으로써 노년층친화형의 학습공동체를 구축할 수 있었던 사례에 대해 알아보도록 한다. 대구시 서구 ○○1동은 6.25 전쟁 때 피난민이 집중적으로 몰려들면서 형성된 대구의 원도심에 속한다. 이후 도시화 영향으로 몇몇 부도심 지역이 왕성하게 개발된 데 비해, 그런 개발과정에서 원도심 지역은 상대적으로 소외된 상태로 있었다. 지역이 처한 낙후한 여건을 염두에 두면서 동사무소와 지역사회단체 중심으로 지역발전을 위한 협의체인 '원고개 마을협의체'를 결성하였다. 협의체 주도로 원고개 지역발전을 위한 마을 재생사업을 시작하였고, 그런 사업 과정에서 인문영역에 해당하는 마을단위 공동체성 구축으로 그 외연을 확장해갔다. 공동체 구축사업은 노년층 대상의 학습공동체 설립으로 구체화하였다. 다양한 하드웨어적 시설을 잘 갖춘다 해도 주민 간의 연대공동체성 형성이 쉽지 않음에 유의하였다. 이에 주로 노년층이 거주하는 지역사회임을 염두에 두면서 노년층끼리 상호적 관계성을 회복할 수 있는 학습 마을공동체 형성에 관심을 기울이게 되었다.[74]

노후화 상황에 처해 있는 ○○1동, ○○1동 지역을 대상으로 도시재생사업을 집중적으로 실시하였으며, 이에 바탕하여 지역의 다양하게 산재해있는 지역문화 자산의 발굴에도 역량을 집중하였다. 이점에 염두를 두어 사업의 일환으로써 지역문화와 마을단위 공동체성을 구축하는데도 관심을 기울였다. 2016년 사업 시작 후 2020년을 거치며 인문마을 조성사업으로도 관심을 확장할 수 있었다.[75] 원고개 마을재생사업에서는 노후

74 ○○1동 동사무소 방문은 2020년 7월 21일 17:00~18:00 간에 있었고, 소회의실에서 복지계장과 담당공무원, ○○성당의 사회복지위원장, 지역활동가 2인 등이 참가하였고, 그들 대상으로 그룹인터뷰를 가졌다. ○○1동은 대구의 원도심이며 6.25 전쟁 때 피난민들이 모여들어 형성된 곳으로써 도심의 낙후지역에 해당한다. 이런 낙후지역이라는 점에서 도시재생사업지로 선정되었으며, 이런 사업화 과정에서 마을공동체 구축에 관심이 확산할 수 있었다.

75 국비(30여 억원)와 시지원비(30여 억원)의 재정지원으로 시작된 사업으로 낙후지역 탈피에 초점을 두었다. 이 사업의 핵심내용은 안전·안심마을 만들기, 공유커뮤니티 공간조성, 원고개 아우원 및 나눔마당조성 등을 포함한다. 사업은 두 가지 영역으로 나눠 진행되었다. 안전안심 마을조성을 위한 CCTV설치, 전기공사, 보행환경 개선 공사 등은 하드웨어적 영역이며, 원고개 나눔마당과 아우원 조성, 소토리길, 희망공작소 활성화 등은 마을공동체성 조성을 위한 소프트웨어적 영역에 속한다.

와 낙후지역 현대화를 위한 하드웨어적 시설 정비에 덧붙여 지역의 인문자산 발굴과 활용을 통해 인문학적 마을공동체를 구축하려 하였다. 특히 인문마을 활성화 사업은 지역의 역사문화 자산발굴과 의미의 재구성을 통해 지역의 역사성을 살리려 했고, 이에 의해 지역민의 자부심과 자긍심을 북돋우려 하였다. 이런 문화마을의 재구성 작업에 덧붙여 지역민에게 남아 있는 후진적 이미지를 개선하는 데도 관심을 집중하였다. 이를 위해 마을에 남아 있는 토착성에 근거한 지역 자랑꺼리를 찾아내어 그 의미를 젊은 세대에게 전달할 수 있는 색다른 스토리를 구성하고자 하였다. 이런 인문성을 덧붙인 문화마을 재조명은 학습을 매개한 공동체성을 어떻게 부활시킬 수 있느냐에 대한 관심 부여로 이어질 수 있었다.

원고개협의체는 그동안 진행되던 마을 재생사업을 바탕으로 마을 단위 공동체성을 조성하기 위한 몇 가지의 노력을 다하였다. 특히 지역이 처한 노령화 현상에 염두에 두면서 노인친화형 지역사업을 모색했고, 이를 통해 노인이 당면한 지역 현안 해결에 관심을 쏟았다. 그 일환으로 모색한 것이 공터를 활용한 노년형 마을공동체 구축이었다. 협의체는 관련 기관과 주민의 협조를 얻어 마을 곳곳에 생겨난 빈터(빈유휴지와 폐가)를 활용하여 채소와 과일 가꾸기를 위한 텃밭을 조성했고, 여기서 재배한 작물을 이용해 참여 노인을 위한 공동식사의 장을 마련했다. 이런 과정에서 노년층의 작물 재배 기술을 서로 간에 나눌 수 있었고, 이렇게 재배된 농작물의 요리과정에서 서로의 경험을 공유할 수 있도록 했다. 이런 공동의 작물 재배 작업에 뒤이어 공유부엌 조성사업을 구상할 수 있었다. 이런 공유부엌은 노인들 간의 공동요리를 가능하게 하였으며, 이는 특히 독거 상태에 있는 도시노년층에게 이웃성의 의미를 체험하는 것으로 이어졌다. 이른바 마을 공터를 활용한 채소와 과일의 공동재배는 도시지역에서 노년층의 이웃성을 경험으로 드러낼 수 있도록 하는 데 도움을 줄 수 있었다. 이런 참여를 통해 지역 노년층은 자연스럽게 학습매개형 마을공동체 구축에 이를 수 있었다.

도심 속 체험형 마을공동체 구축은 노년층 대상의 향후 사업에도 영향을 미쳤다. 마을통장을 맡았던 조○○는 사업이 시작한 이후 주민들 사이에서 나타났던 변화상을 다음과 같이 들려주었다. "이번 사업 결과 주민들은 농촌 마을에서와 같은 상호협력과 단합을 할 수 있었다. 마을 가꾸기와 마을 청소사업 등에서 주민들끼리 서로 간에 배려하며 출석률이 높아졌고, 특히 명절 장보기와 지역시장 살리기 등의 마을 행사 때 주민 대부분이 참석하였다. 농촌지역과 비교할 때 정(情)내기가 어려운 도시 여건이었지만 마을단위 몇몇 공동체 사업 이후 주민들의 노력봉사와 지역모금행사 때 참여비율이 높아졌다. 주민참여와 관심에 자극받아 지역발전협의체에서는 공동모금행사를 개최하였고, 나아가 지역 노인의 삶을 향상할 수 있는 몇몇 실천적 제안서를 준비하고 있다. 이 제안서에는 지역 어르신의 치아가 부실하고 적절히 관리하지 못함에 주목하여 치료는 물론이고 치아 관리를 위한 치아 케어를 학습과정으로 준비하고 있다. 이외에서도 노인 대상의 당뇨병 예방을 위한 교육프로그램을 기획하고 있다."[76]

주민협의체는 일상생활에서 곤란을 겪는 기초생활보호 노인층을

---

76 2020년 7월 21일 ○○1동에서의 회의가 있은 뒤 해당지역에 오랜 기간 거주하며 지역발전에 힘을 쏟고 있는 지역활동가인 조○○와 인터뷰를 실시하였다. 이 내용은 마을사업을 바라보는 조○○와의 30여 분에 걸친 전화인터뷰에 바탕하여 이루어졌다.

위한 보건교육에도 관심을 기울이고 있다. 지역 노인의 대다수가 대화상대가 없는 독거노인이라는 사실을 감안하여 그들 대상의 외로움 극복(방지) 교육프로그램을 기획·실천하고 있다. 덧붙여 협의체는 냉난방 시설을 갖추지 못한 생계곤란형 노년층 대상으로 방한복을 비롯한 계절용품을 제공하기 위한 캠페인을 벌이고 있다. 이런 교육프로그램을 실행으로 옮기려 할 때 가장 핵심의 현안은 자질을 갖춘 교수자를 어떻게 적절히 확보할 수 있느냐에 있었다. 협의체는 유관기관들과의 협력을 토대로 사명감과 자질을 갖춘 교수자 인력풀을 확보하려는 노력을 하고 있으며, 특히 노년 관련 전문성을 갖춘 인력풀을 발굴하여 구축하는 데 관심을 집중하고 있다. 더 나아가 협의체에는 노년친화형 교육메뉴얼의 자체개발에도 관심을 쏟고 있다. 교육메뉴얼에는 노년층 친화형의 대화방식이 어떠해야 하며, 어떤 주제를 선정해 노년층의 관심사로 이끌어갈 것이냐 등을 포함하고 있다.

Ⅲ. 마을학 현장적용과 한계

이상의 논의를 통해 대안적 사회교육 형태로서 마을학이 갖는 특징을 살펴보았고, 이에 근거하여 마을학의 실천적 운영이 어떻게 가능한 것인지를 세 가지 유형으로 각각 나눠 살펴보았다. 유형별 마을학을 실천할 때 드러났던 의의와 한계는 다음과 같았다.

첫째, 마을학 이념과 시대적 필요성, 교육방법론 등을 둘러싼 마을학 정체성을 둘러싼 쟁점을 들 수 있다. 마을학 내지 마을학교의 실천은 성격을 달리하는 지역적 적용에 따른 편차가 크게 나타났다. 마을학의 교육적 기반이 튼튼한 경우 마을학 이념과 방법론을 둘러싼 인식이 일정수준까지 정립되어 있었으며, 그런 영향으로 마을학의 실제 적용에서도 큰 저항을 찾을 수 없었다. 그것은 지역민의 마을학을 둘러싼 우호적 인식형성과 관련되었다. 여기에 비해 보수성이 강한 대구 경북의 경우 마을학과 마을학교를 둘러싼 인식이 잘 정립되어 있지 않았고, 그것은 마을학의 현장 적용에서도 어려움을 주었다. 이런 상황에서 마을학을 둘러싼 논의를 잘 진척시킬 수 없었으며, 아울러 마을학의 저변 확대에도 한계로 작용하는 것으로 보였다.

도시지역에 비해 농촌지역에서 마을학 관련 논의를 잘 찾을 수 없었으며, 마을학의 의미와 필요성에 대해서 잘 인식하지 못하였다. 주민들은 마을학이 왜 필요하며 무엇을 지향하는지를 둘러싼 마을학 관련의 인식을 잘 정립할 수 없었으며, 그런 상황에서 마을학의 교육적 의의에 대해서도 의구심을 갖고 바라보았다. 마을학 실행가(○○군 교육청, 김○○) 눈에 비친 현장적용의 어려움은 다음과 같았다. "마을학 적용에서 가장 큰 어려움은 지역민의 교육을 둘러싼 인식에서였다. 교육이라 하면 학교교육이 원칙이라 생각하는 주민들에게 마을학이 설 자리는 없었다. 지역에 공식기관으로서 학교가 있고 전문성을 갖춘 교사들이 있는데 왜 굳이 지역의 일반인을 마을교사로 임명해 아이들 교육에 관여하도록 하는지를 잘 받아들일 수 없었다. 지역 학생들에게 학교공부를 잘 하도록 해서 상급의 명문학교에 진학하도록 하는 것을 좋은 교육적 역할을 수행하는 것으로 바라보았다. 교육을 바라보는 주민들의 완고한 인식에서 마을학 적용의 어려움이 컸고, 이런 현실 여건에서 마을 단위 교육의 현장화는 쉽지 않았다."[77]

둘째, 한국의 교육여건에서 겉으로 내건 교육이념과 속으로 실천되는 교육현실 간에는 커다란 괴리감이 있는데, 이런 괴리감은 마을학의 경우에도 그대로 적용되었다. 마을친화형 교육내용을 만들고 마을주민을 교사로 활동케 하며, 그리고 유무형의 마을자원을 교육에 활용한다는 사실을 머리로는 받아들일 수 있지만, 자신의 자녀가 마을교육에 참여하거나 혹은 자신이 마을교사로 활동한다는 사실에 대해서는 잘 수용할 수 없었다. 다른 지역에서 실시하며 세상 관심을 끄는 교육의 한 흐름 정도로 마을학을 인식하는 수준에 머물러 있었으며, 대신 우리지역의 교육현안으로 받아들여 삶의 중요한 영역으로 담아내야 할 지역 현안으로 받아들이지 않았다.

마을학 현장화에 헌신했던 실천가(○○성당 김○○)가 바라본 마을교육의 실태를 들어본다. "현재 한국사회는 개인주의, 이기주의 경향이 지나칠 정도로까지 팽배해 있다. 자신의 이해에 조금만 맞지 않으면 마을 관련 일에 관심조차 갖지 않으며 어떤 작은 협조를 받아낼 수 없다. 겉으로는 마을공동체가 필요하며 공동체형성의 중요성을 말하지만, 자신의 이해에 맞지 않을 경우 마을(동네) 단위의 공적 일에 관심조차 보이지 않는다. 몇몇 뜻있는 이들 중심으로 지역현안을 챙길 때라도 주민의 자발적 의지에 의해 지역관심사로 추진해가기가 쉽지 않다. 언론매체와 관공서 등에서 마을단위 공동체형성이 중요하다고 하지만 그것은 말뿐인 포장에 불과하다. 한국사회에서 혈연과 지연, 학연 등의 연줄에 의한 공동체

77 이 내용은 2020년 9월 10일 예천군 교육지원센터 장학업무를 담당하는 김○○와 전화로 실시한 인터뷰를 바탕으로 작성되었다.

형성은 가능했는지 몰라도 보편적 차원의 형제애를 담아낼 수 있는 공동체성을 형성하기란 쉽지 않았다."[78]

셋째, 소수의 혁신가 내지 관 주도로 진행되는 마을학 내지 마을교육의 어려움을 들 수 있다. 현행 마을학은 소수 교육혁신가에 의해 주도되었고, 무엇보다 지역교육청과 같은 관 주도로 진행되었다. 어떤 시대와 상황에서도 소수혁신가의 역할이 클 것이지만 지역민의 인식과 관심이 뒷받침되지 않을 때 마을학의 저변 확산은 작은 울림에 불과할 수밖에 없다. 보수성이 강한 지역적 여건에서 마을학의 현장적용과 실천은 한층 어려운 과제였다. 이런 지역적 상황에서 주민들은 마을학 이념 그 자체를 수용하려 하지 않았고, 마을학이 왜 지역사회에 필요한지를 회의적 시선으로 바라보았다. 그것은 마을학 현장화에 가장 큰 걸림돌이었다.

마을교육에 깊이 관여했던 마을활동가(○○1동 조○○)는 마을학 현장화의 어려움을 다음과 같이 피력하였다. "지역주민들은 마을학을 진보교육과 등치하여 바라보았다. 마을학을 진보색이 강한 지역에서 실시하는 교육으로 이해하였다. 이런 지역적 여건에서 마을학을 통해 새로운 변화를 이끌어내기란 쉽지 않았다. 타 지역에서 실시하여 성과를 거두었고, 또 국가적 교육아젠다로 볼 수 있지만 우리 지역 여건에 잘 맞지 않는 것으로 바라보았다. 이런 여건에서 각종 마을 관련 사업을 시도한다 해도 일부 주민을 제외한 대부분 주민의 뜻을 모으기란 만만찮은 과제였다. 뜻있는 소수끼리 주고받는 일부 주민의 일에 머물렀지 주민 대부분의 뜻이

78 이 내용은 2020년 7월21일 ○○시 소재 ○○공유카페에서 14:00~16:00(2시간)에 걸친 심층인터뷰에 토대해 작성되었음을 밝힌다.

반영된 마을사업으로 진행되기 어려웠다."[79]

이 밖에도 마을학의 실천적 적용을 위해서는 몇 가지의 측면을 보완적으로 바라볼 필요가 있었다. 마을학 교사자질이 어떠해야 하고 또 어떻게 그런 자질을 갖추도록 할 것이며, 그리고 마을학 커리큘럼은 어떤 단계를 거쳐서 어떤 내용으로 구축·적용할 것이며, 아울러 마을학 교수법을 어떻게 세련화하여 마을학의 성과로 드러낼 수 있도록 할 것이냐 등을 둘러싼 마을학 관련의 교과교육학을 좀 더 세밀하게 다듬어나갈 필요가 있었다. 마을학 현장화를 위해서는 해당 지역의 학교를 비롯한 관련 기관들의 다양한 인적, 물적 자원을 연계하여 교육의 장으로 끌어들일 수 있어야 하기 때문이다. 이 지점에서 마을학 현장화는 학교교육과의 연계 시스템 구축을 통해 상호지지적 내지 보완적 관계를 설정하도록 할 필요가 있다. 무엇보다 마을학 현장화에서 시급한 과제는 지역의 인적, 물적 자원을 엮어내 마을학 콘텐츠를 풍요롭게 할 수 있어야 하며, 동시에 그런 내용을 담아내 현장화할 수 있는 마을교사의 역량을 키워야 할 것이다. 마을학 성공의 핵심 관건은 지역의 다양한 자원을 교육의 장으로 끌어낼 수 있는 마을교사의 자질과 불가분의 관련을 맺을 것이기 때문이다.

---

79 2020년 7월21일 ○○1동 회의 때 동행했던 마을활동가(조○○)는 마을학의 현장화에서 오는 어려움을 자세하게 피력하였다. 이 내용은 그와의 심층인터뷰에서 밝힌 바를 토대로 하였다.

Ⅳ. 마을이 학교다

이상의 논의에서 마을학 등장과 교육적 특징, 그리고 현장적용의 실제와 한계에 대해 다루어왔다. 마을학은 지역사회의 다양한 인적, 물적 자원을 활용한 현장연계형으로 진행될 수 있었으며, 이를 통해 학생을 포함한 지역민이 마을 이해에 덧붙여 마을살이를 실천으로 엮어내도록 하는 데 관심을 두었다. 이런 체험주도형 마을학은 행동하는 실천성이 담보된 마을시민성 육성에 초점을 두었으며, 나아가 마을주민의 공동체성을 살림으로써 지역문화의 재조명에도 한발 가깝게 다가설 수 있었다.

이 장에서는 사회교육의 형태로서 마을학이 갖는 교육적 의의를 드러내고자 하였고, 이에 토대하여 마을학교 운영의 실천적 모습을 타진하고자 하였다. 마을학 실천을 통해 마을단위에서 민주주의가 실현되는 모습을 볼 수 있었고, 덧붙여 마을살이의 의미를 현장으로 드러낼 수 있었다. 다시 말해, '마을이 학교다'의 마을학 실천사례를 통해 학교교육의 대안적 모습을 찾으려 하였다. 대구 경북 일부지역 대상에서 실행된 마을학은 다음의 성과를 거둘 수 있었다.

첫째, 마을학 현장화는 마을교사 육성에서 구체화할 수 있었다. 마을학 관련의 정보와 지식이 부족한 농촌 여건에서 마을학은 마을교사 발굴과 양성으로 시작하였다. 미용, 바리스타, 마술, 텔라그라피, 요가, 바느질 등의 전문영역에 종사하며 마을교육에 관심을 둔 대상자를 마을교사로 선발하였고, 이들 대상으로 교사로서의 일정한 소양교육을 실시한 뒤 현장 마을학에 투입하였다. 이들 교사 중심으로 학교와 지역사회 연계형의 마을학을 실천할 수 있었다. 특히 학교와 지자체, 마을교사의 3각 축을 마을학과 연계함으로써 마을단위 학습공동체를 구축할 수 있었다. 마을학을 통해 학생들은 지역사회의 전문영역에 참여할 기회를 가질 수 있었는데, 이는 학생들의 진로적성 능력 신장으로 이어질 수 있었다.

둘째, 마을학의 또 다른 모습은 유아와 어린이용 놀이중심의 학습마을공동체 구축에서 찾을 수 있었다. 요즘 아이들은 고립된 환경에서 학교공부에 전념하여 명문대에 진학하려는 학력제일주의 경향을 띠며, 이런 과정에서 자기중심적, 이기주의적 행위양태를 보인다. 보육과 놀이매개의 지역연계형 마을학은 몇몇 관심 있는 어머니 중심의 놀이친화형 학습협동조합 설립으로 구체화하였다. 협동조합 활동에 참여한 어머니 중심으로 카페 공간을 개점하였고, 이곳에서의 의견 나눔을 배경으로 아이들을 다양한 놀이프로그램에 참여시킬 수 있도록 하였다. 카페운영에서 나오는 수익의 일정 부분을 아이들 교육여건 개선에 사용하였으며, 이에 의해 더 나은 놀이용 학습공동체 운영의 바탕을 마련할 수 있었다. 협동조합과 카페 운영을 통한 놀이친화형 학습공체 형성은 지역 아이들의 품성육성에도 순기능을 미칠 수 있었다.

셋째, 마을학의 또다른 형태는 마을협의체 주관으로 진행된 노년친화형 마을공동체에서 볼 수 있었다. 낙후된 원도심 지역에서 실시했던 마을 재생사업은 하드웨어 차원의 기반시설 및 조직정비에 덧붙여 마을단위 공동체성 조성으로 그 외연을 확장하였다. 마을협의체는 주민의 참여도를 높이면서 자부심과 자신감을 증진할 수 있는 인문마을 사업을 구상하기로 하였다. 협의체는 마을 빈터(빈유휴지와 폐가)를 활용해 일부 채소와 과일재배를 위한 텃밭을 조성했고, 거기서 재배한 작물을 이용한 공유부엌을 만들었고, 이를 공동요리와 음식나누기를 통한 노인친화형의 연대공동체로 발전시켜갈 수 있었다. 협의체에서는 생활보호가 필요한 노인층 대상의 보건교육프로그램을 만들었으며, 나아가 독거노인 대상의 외로움 극복교육 프로그램으로까지 개설하려는 준비작업을 할 수 있었다.

현장 운영의 측면에서 마을학은 몇 가지를 한계를 드러냈다. 먼저, 마을학의 필요성, 교육방법론을 비롯한 마을학 관련의 정체성을 분명히 할 수 없었다. 마을학을 둘러싼 인식 영역에서 지역적 편차가 크게 나타났으며, 무엇보다도 학교와 마을 간의 적절한 연계프로그램을 구축하기가 쉽지 않았다. 둘째, 마을학을 바라보는 우호적 인식을 동네 단위 마을학의 실천으로 이어가는 데 한계가 따랐다. 마을학 이념에 동의하지만 나와 나의 가족이 실천으로 참여하여 마을학을 더욱 풍요롭게 하는 것은 별개의 차원으로 바라보았다. 타지역의 교육현안으로 인식하였지 우리지역의 교육현안으로 도입·적용한다는 것을 곱지 않은 시선으로 바라보았다. 셋째, 소수의 혁신가 내지 관주도로 진행되는 마을학의 한계를 보였다. 소수의 혁신가가 마을학을 주도하였으며, 또 관이 주도하여 마을학을 운영해가고 있었다. 무엇보다도, 마을학을 진보교육과 등치하여 바라보는 지역의 보수성은 마을학의 현장화에 큰 걸림돌로 작용하였다.

2부

마을학 전개: 적정기술 중심으로

1장

적정기술과 베트남 적용

오늘날 대학교육은 안팎으로부터 중대한 도전에 직면한다. 대학교육이 대중화되면서 대학 간의 경쟁이 한층 격하 하고 있으며, 각종 경제사회적 압박 속에서 대학교육의 무용론까지 거론되는 실정이다. 대학교육의 무용론까지는 아니더라도 학문의 전당으로서 대학교육이 차지했던 위상 추락이 불가피할 것이다. 최근 청년실업이 우리사회의 핵심현안으로 부각하면서 창업과 취업을 통한 고용창출은 대학교육이 해결해야 할 시대적 과제라 할 수 있다. 이른바 대학생의 취업역량 강화는 대학교육이 짊어져야 할 현안의 당면과제가 되었다. 문제는 현행 대학교육의 틀 안에서 새롭게 부각하는 경제사회적 욕구를 담아내는 데 근본적 한계가 도사린다는 사실이다.

주지하듯이 지금까지 대학교육은 진리 탐구를 통해 교양 지식인을 육성하려 하였고, 이에 덧붙여 시대변화를 읽어낼 수 있는 비판적 시민 능력을 신장하려 하였다. 대학의 존재이유는 '공공선 지식' 또는 '자유교양 학습' 능력실현을 통해 자유 교양인을 육성하는 데 두었다 해도 과언이 아닐 것이다. 이런 '학술 자본주의 지식/학습' 추구로서의 대학교육에서 지구촌을 휩쓴 신자유주의 물결이 휩쓸면서 지식을 영리추구에 이용하여 상업화하려는 경향이 나타나게 되었다. 이러한 현상은 고등교육의 기업화와 기업대학의 출현을 가져왔고, 급기야 국가, 대학, 시장의 3자 결속에 의한 고등교육기관의 상업화를 가져오고 있다(Slaughter and Rhoades 2004; 김규원, 2015).

신자유주의 경향에서 대학생들은 진리 탐구를 통한 비판적 교양지식인으로서의 역량에 관심을 갖기보다 지식의 사유화를 통해 고연봉이 보장되는 직장인 되기에 올인한다. 그들은 대학공부를 좋은 직장인이 되는 데 필요한 스펙쌓기용으로 받아들인다. 그들은 학점, 어학점수, 봉사점수 등의 스펙쌓기를 대학공부에서 추구해야 할 당면과제로 인식한다. 심지어 봉사활동까지도 좋은 직장인이 되는 데 빠져서는 안 될 스펙쌓기의 일환으로 받아들인다. 이즈음에서 전문지식과 인격도야를 위한 대학 본연의 공부는 취업에 몰입하는 수단적 공부로 전락하였다. 그들은 폭넓은 사고를 통해 교양 전문인이 되기 위해 공부하기보다 학점을 잘 받아 소위 말하는 월급 많이 주는 좋은 직장에 취업하는 것에 공부의 최우선 순위를 부여한다.

이런 상황에서 현행 대학교육은 이중의 난제에 직면해 있다. 다시 말해, 대학교육은 기존의 진리탐구에 의한 교양시민 양성의 측면에서 본연의 역할을 수행하지 못하며 또 그렇다고 좋은 직업인 양성을 위해 교육의 기능을 다할 수 있느냐에 대해 의심받을 정도이다. 좋은 직장인을 위한 대학교육은 어떤 모습이어야 하고, 또 어떤 지향점을 가져야 하는지에 대해 별다른 대응을 하지 못하고 있다. 대학교육의 개혁 내지 혁신의 이름으로 갖가지 교육정책을 개발·시행하였지만 현장차원의 대학교육에서 어떤 근본적 전환을 잘 찾을 수 없다. 전시용으로 이런저런 교육프로그램을 개발·적용하였지만 그것이 새로운 시대 환경에 적합한 대학교육으로 정착하였는지에 대해 자신 있게 말할 수 없다. 여전히 대학교육은 혼돈 속에서 시대 전망적인 대안을 찾지 못하고 방황하는 모습을 보인다고 할 수 있다.

이런 대학교육이 처한 상황을 염두에 두면서 미래 전망적 대학교육은 어디에서 어떻게 구체적으로 가능한지에 대해 현장 차원에서 모색해 보고자 한다. 대학교육을 둘러싼 고민의 시작은 개발도상국을 대상으로 한 적정기술 개발과 적용에서 시작하였다. 링크사업단(LINC) 프로그램의 일환으로 시도하였던 적정기술의 개발은 캡스톤디자인 강좌를 통한 현지사회 친화적 제품을 발굴·개발하는 것에서 출발하였고, 이렇게 개발된 제품이 현지사회 주민들의 삶에는 어떤 선순환적 영향을 미칠 수 있느냐를 검토하였다. 이하 논의의 전개는 다음과 같다. 먼저, 현행 대학교육이 처해 있는 교육적 현황을 살피며, 아울러 적정기술의 개발과 적용이 대학교육에 줄 수 있는 교육적 의의를 다룬다. 다음으로, 캡스톤디자인 강좌를 통해 학생들이 설계하여 개발한 적정기술이 어떤 동기로 시작하여 어떻게 진행되어 어떤 제품을 만들 수 있느냐에 대해 살펴본다. 마지막으로, 이런 적정기술의 제품이 현지주민의 삶에 미칠 수 있는 의의에 토대하여 현행의 대학교육에 던질 수 있는 함의를 살필 것이다.

Ⅰ. 대학교육의 현황과 적정기술

1. 대학교육의 현황

닐 포스트만(N. Postman)은 대학교육에 테크노폴리로 명명될 수 있는 기술중심적 사고가 깊숙이 팽배해있다고 지적하였다.[80] 수요자인 학생들이 원한다는 명분으로 취업에 유리한 경상계와 이공계 중심으로 대학의 구조조정이 이루어지며, 그에 따라 인문학은 폐과 내지 통폐합의 대상이 된다. 이른바 상아탑으로서의 대학이념은 직업교육원 혹은 교육연수원 수준으로 그 의미가 축소 내지 왜곡되고 있다. 이런 상황에서 대학교육은 한층 정보실용주의의 경향을 띠며 지식기술자 혹은 지식전달자로서 교육기능을 수행한다.

먼저, 최근 수량화된 평가주의 경향을 띤 대학교육에서 테크노폴리의 전형을 읽을 수 있다. 학령인구의 급감과 그에 따른 구조조정 과정에서 대학은 각종 평가체계에서 좋은 점수를 받아 지표상 상위권을 유지해야 한다는 압박감을 받는다. 평가와 맞물리지 않을 때 좋은 교육을 담보할 수 없으며, 심지어 학과통폐합 혹은 극단적으로 폐교상황에까지 몰릴 수 있다. 이런 점에서 좋은 교육을 보장하기 위해 시작한 평가는 평가를 위한 교육으로 그 의미가 뒤바뀌고 있다. 현행 대학교육은 지표상에서 좋은 점수를 받기 위해 총력을 기울이며, 또 대학 내에서도 개별학문이 갖

80 겉으로 표현되는 구호로는 인문학을 이야기하며 인문학이 대학교육이 기둥이 되어야 한다고 하면서 직업에 이르는 취업과 연계되지 않을 때 구조조정의 대상으로 거론되는 데서 테크노폴리의 전형을 잘 읽어낼 수 있다. 좀 더 자세한 논의는 김균 옮김·닐 포스트만 지음(2001), 테크노폴리, 민음사 참조할 것.

는 고유성을 잘 살리지 못한 채 평가지표에서 상위를 차지해야 한다는 압박감을 받는다. 평가시스템에서 하위를 차지하면 구조조정 대상학과로 지정되어 정원감원 내지 폐과상황에 내몰릴 수 있다. 이런 여건에서 대학은 대학대로, 학과는 학과대로, 그리고 교수는 교수대로 평가에 따른 서열화에 무방비로 노출된다. 진리탐구를 위한 학문활동의 장이 되어야 할 대학교육은 숫자화된 평가체계 속에서 지표맞추기에 몰두한다. 이 지점에서 대학교육은 진리탐구에 의한 교양지식인 육성이라기보다 기능적 효율성으로 무장한 상업인 육성에 총력을 기울인다. 상업화된 기능적 지식인을 만들어내기 위해서는 표준화된 규격에 따른 명품인간을 만드는 데 주력할 수밖에 없다. 취업시장에서 환영받을 수 없는 불량인간을 키운다면 그런 대학교육은 각종 평가에서 불량대학으로 내몰리며, 국가로부터 재정지원 제한대학으로 찍혀 생존에 치명상을 입게 된다. 대학교육이 평가체계에서 자유롭지 않은 한 대학 본연의 이념이자 가치인 비판적 교양인 양성은 점점 옅어지거나 축소될 수밖에 없다.

다음으로, 취업과 성과지표로 측정되는 실용주의적 교육경향에서 대학교육의 테크노폴리화를 찾을 수 있다. 대학교육은 인문적 가치 탐색의 장으로서 기능을 제대로 수행할 수 없고, 산업체 현장의 수요를 반영한 효율적인 산업역군을 키워내는 데 총력을 다한다. 그 가운데 취업률은 우수대학의 중요한 지표이며 당장 대학교육이 추구해야 할 현안의 과제로 부각한다. 취업률은 대학교육의 핵심적 영역이 되었고, 취업에서 좋은 성과를 거둘 수 없을 때 좋은 교육으로 인정받을 수 없다. 대학생들에게 취업은 대학공부 중에서 극복해야 할 절체절명의 지상과제이다. 그들은 대학교육을 대기업, 국가기관과 같은 좋은 직장에 취업하기 위한 수단으로 받아들인다. 대학교육을 취업수단으로 여기는 상황에서 그들은 대학생활 내내 괜찮은 취업 자리를 찾는 데 전념한다. 취업에 도움을 주지 못할 때 그런 공부는 더 이상 의미를 띠지 않는다. 취업준비 기관으로 전락한 대학교육에서 학문 간의 선호도는 날이갈수록 현격한 차이를 보인다. 문사철로 대변되는 인문학의 경우 학문으로서의 명맥을 유지하는 데 그치고 의약학 영역과 경상계의 경우 밀려드는 학생들로 몸살을 앓을 정도이다. 소위 말하는 인기학과와 비인기학과 간의 격차는 한층 분명해지며, 그에 따른 학문 간의 쏠림현상도 가속화하고 있다.

마지막으로, 학생들의 스펙쌓기용 공부방식에서 테크노폴리적 대학교육의 경향을 잘 읽을 수 있다. 그들은 학문 자체를 위해 공부한다기보다 당장 먹고 사는데 유용한 기능적 능력을 키우기 위해 공부한다. 그들은 영어를 비롯한 어학점수, 시사상식, 공모전 수상내역, 직무경험, 해외연수, 각종 자격증 등의 취업에 유리한 조건을 갖추는 데 주력한다. 공부의 경우에도 고학점과 어학능력, 그리고 자격증 취득은 그들이 넘어야 할 큰 산이다. 그들은 취업에 유리한 조건을 갖추어 높은 연봉이 보장되는 직업영역에 진출하는 것을 대학교육의 성공으로 받아들인다. 이런 상황에서 그들은 대학공부 그 자체를 스펙쌓기의 한 방법으로 바라볼 뿐이다. 겉으로 표시된 점수와 자격증서가 부여되지 않으면 그것은 공부로서의 의미를 띌 수 없다. 이 지점에서 같은 동료로서의 소속감에 별다른 관심을 갖지 않고, 어떻게든 살아남기 위해 경쟁에서 이겨야 하며, 이런 승리를 통해 '좋은 직장인' 내지 '좋은 회사인'이 되려 할 뿐이다.

다른 한편에서 평가주의와 실용주의 및 스펙쌓기용의 대학교육이 현행의 사회변동 논리를 제대로 담아내면서 산업계 흐름에 부합한 인재

양성에 제대로 대응할 수 있느냐에 근본적 물음을 제기할 수 있다. 학점, 어학 점수, 자격증 등의 형식화된 공부에 주력하는 과정에서 그들은 정작 산업계 현장에서 요청되는 문제해결 능력을 쌓는 데 한계를 드러낸다. 산업현장에서는 문제해결 역량을 갖춘 협업형적 인재를 원하지만, 대학에서는 현장에서 필요로 하는 그런 맞춤형 인재를 육성할 수 없다. 대학졸업자 중에서 취업에 어려움을 겪는 많은 예비인력들이 대기하고 있지만, 산업계에서는 '당장 쓸 인재가 없다'며 불만을 드러낸다. 이는 현행 대학교육이 처한 위기상황을 여실히 잘 보여준다.[81]

이상의 논의를 염두에 둘 때 현행 대학교육은 진리탐구와 학문의 전당으로서의 구실을 수행할 수 없으면서 동시에 현장 차원의 문제해결 능력을 갖춘 현장친화적 인재를 육성할 수 없다는 데서 이중의 어려움에 당면한다. 이 지점에서 현행 대학교육이 처한 위기 현상의 전형을 볼 수 있다. 요컨대, 현행 대학교육은 비판적 지성인 양성을 위한 상아탑으로서의 기능을 수행할 수 없으면서 동시에 현실사회의 필요성에 민감하게 대응할 수 있는 현장성에 토대한 문제해결 능력을 키울 수 없다는 점에서 문제의 심각성을 찾을 수 있다.

---

81 실제로 산업체 현장에서는 연구역량 갖춘 인력을 선발해 기술개발에 투입하기 원하지만 마땅한 사람을 찾기 힘들다고 한다. 실제로 대기업은 신입사원을 선발해 한 명당 수천만 원을 투자해서 재교육해야 한다. 특히 학부를 졸업하고 입사한 경우 실무능역을 제대로 갖출 수 없다고 한다. 취업을 못해 아우성을 치지만 산업체 현장에서는 당장 현장에서 일할 인재를 찾을 수 없다고 한다(조선일보, 2016. 10.04).

2. 적정기술과 교육적 활용

적정기술 관련 논의는 슈마허의 '작은 것이 아름답다'에서 촉발하였고, 그 지향점은 저개발국의 토착기술보다 우수하면서 부자들의 거대기술에 비해 값싼 '중간기술(intermediate technology)'의 실현에 목표를 둔다. 그리고 적정기술은 현지 사회에서 쉽게 재료를 구할 수 있고, 또 간단한 기술체계로 손쉽게 작동이 가능하며 현지인에게 고용 창출에 도움을 줄 수 있어야 한다. 적정기술은 합리적 가격에 제품과 서비스를 제공할 수 있는지, 지역문화의 현재와 미래에 바람직한 영향을 끼칠 수 있는지, 그리고 건강한 생활방식을 촉진할 수 있는지 등에 관심을 기울인다(홍성욱, 2011: 53). 아울러, 적정기술은 기술 그 자체의 의미를 넘어서서 사고체계 내지 사고방식을 뜻하는 것으로써 사회전체가 지향하는 철학적 사유를 내포하기도 한다. 적정기술은 기술을 적정한 수준으로 한정하는 데 머물지 않고 기술사용에 대한 책임 있는 사람들의 바람직한 자세와 태도를 갖도록 하는 데 우선적 관심을 두기 때문이다. 이런 점에서 적정기술은 인간 삶의 질 향상에 목표를 두며, 기술 진보가 아닌 품격 있는 인간성의 정립에 우선적 관심을 부여한다. 이 지점에서 적정기술은 인간에게 고통을 가하는 근본적 문제에 관심을 갖고 이의 해결을 통해 인류 삶을 편안하게 해주려는 실천적 행위로 볼 수 있다. 다시 말해, 적정기술은 수단방법을 가리지 않고 이윤을 추구하려는 거대기술 체계에서 벗어나 기술의 인간화를 실현하려 한다(고재경, 2013: 8).

베트남사회를 대상으로 한 적정기술 적용프로그램은 프로젝트형 교수모형 형태로 진행하였다. 프로젝트형 교수모형은 학생들이 낸 아이디어를 보고서와 소논문 등의 형태로 만들어 현지사회에 적용할 수 있도록 하였고, 특히 현지주민의 삶에 직접적 영향을 미칠 수 있는 최종 산출물을 만들고자 하였다. 이때 교수자는 권위주의적 입장에서 벗어나 학습자들이 프로젝트를 진행하는 과정에서 부딪히는 문제점, 딜레마, 갈등 등을 해결할 수 있도록 조력자 역할을 수행하였다. 이의 실현을 위해 베트남 사회 대상의 적정기술 프로그램을 적용하였고, 특히 학생들이 직접 기획·설계하여 제작한 제품을 현지 사회에 적용하는 형태로 추진되었다. 적정기술의 경우 완제품 형태의 결과물을 만들어내어 제3세계 국가에 적용함으로써 그것이 현지주민들의 삶의 질에 어떤 영향을 미치는지에 관심을 갖는다. 이의 적용을 위해 교수자는 LINC(산학협력사업단) 프로그램의 일환으로 결과물 제작에 필요한 시제품 구입비용을 지불하였으며, 또 캡스톤디자인 강좌를 통해 현지사회 관련 현황조사와 현지 주민의 삶에 직접 도움을 줄 수 있는 제품을 구상할 수 있게 한다.

적정기술 프로그램 적용에서 교수자는 다음의 역할을 수행할 수 있어야 한다. 학습자들이 스스로 질문을 생성하고 그런 질문을 중심으로 학습활동을 구성할 수 있는 여건을 조성하며, 이런 학습활동의 결과에 토대하여 현지주민의 삶에 실천적으로 다가설 수 있는 완제품을 만들도록 해야 한다. 이런 점에서 적정기술 프로그램에서 교수자는 유사한 관심을 가진 3-4명의 학생들을 한 조로 편성하였고, 이런 조별활동에 의해 현지사회에 적용될 수 있는 제품을 기획·제작할 수 있도록 했다. LINC위원회는 이렇게 제작된 적정기술의 제품이 현지사회에 적용가능성을 가질 것인가에 대한 심사를 진행하였다. 현지사회 대상의 적정기술 프로그램은 다음의 특징을 띤다. 첫째, 교수자와 학습자 및 학습자들 간의 상호작용을 통해 최종 산출물을 제작한다. 둘째, 과제해결에서 학습자의 선행지식과 경험이 요구되며, 학습자 스스로가 학습내용, 순서 및 진도 등을 조절한다. 셋째, 프로그램의 진행에서 다양한 지식들을 통합하고 이론과 실습을 통합해간다. 넷째, 현지주민의 삶에 직접적인 도움을 줄 수 있는 주제를 선정하여 현지친화적으로 접근한다(정호진, 2010: 89-90).

베트남 사회 대상의 적정기술 프로그램은 준비 및 계획단계, 수행단계, 발표 및 적용단계를 거치며 수행되었다. 먼저, 준비 및 계획단계로 학생들에게 프로그램 내용을 안내하고, 해당 지역사회에 적합한 주제선정을 위한 브레인스토밍을 하도록 하였고, 특히 팀별로 라오까이(베트남 북부) 지역탐사를 통해 지역주민 친화적 적정기술의 내용을 구체화할 수 있도록 했다. 다음의 수행단계는 팀원 간의 긴밀한 협조 관계를 통해 제품을 완성해가는 것이었다. 이때 팀원들은 전문가 자문을 토대로 전문지식을 총동원하여 완제품을 만들 수 있었다. 마지막의 발표 및 적용단계에서는 현지주민을 대상으로 결과물(완제품)의 기획과 절차, 그리고 제품의 활용도를 소개·설명하도록 하였다.

적정기술 프로그램의 개발과 적용은 현행의 대학교육 상황에 새로운 교육적 시사점을 던질 수 있었다. 먼저, 현장 사회 적합형의 교수법으로써 학생들의 현지사회 밀착형 지식능력을 키우는 데 도움을 제공하였다. 현행 대학교육은 주어진 커리큘럼과 지침에 의거하여 진행되어 현실사회의 불확실성과 복잡성의 양태를 반영하는 데 한계를 띤다. 현행 대학교육이 처한 여건에서 적정기술 프로그램은 현장사회가 당면한 현안을 파악하여 현지인의 삶을 개선하는 데 필요한 중간기술을 직접 개발하는 데 도움을 제공할 수 있다. 둘째, 적정기술 프로그램은 학습자의 문제

제기와 문제해결 능력 신장에 초점을 둔 학습자 중심의 교수법으로 볼 수 있다. 적정기술 프로그램은 현지친화적 제품을 학생시각에서 기획하여 설계함으로써 학생들의 현장문제 해결능력을 키우는 데 직접적 도움을 제공할 수 있다. 셋째, 적정기술 프로그램은 국내적 관심을 넘어서 특히 개도국 대상으로 현지인의 삶의 질을 향상하는 데 직결될 수 있다. 이런 점에서 적정기술 프로그램은 학생들에게 국내적 시각을 넘어 세계시민으로서의 자질과 안목을 키우는 데 도움을 줄 수 있고, 특히 제3세계 국가대상의 적정기술은 사회기술체계로서 적정기술의 원리를 구체화하는 데도 큰 의의를 띨 수 있다.

II. 적정기술 프로그램의 실제와 적용

학생들은 팀별 작업을 통해 베트남 현지사회에 적용될 수 있는 적정기술의 사례를 발굴하였으며 현지사회 친화적 제품을 직접 제작하였다. 그들은 이렇게 개발된 제품의 현지적합성을 현지전문가들과의 워크숍을 통해 직접 확인하였으며, 이에 근거하여 현지인들의 삶의 질 향상에 구체적으로 다가설 수 있도록 시도하였다.

1. 그린스마트 살균충전기

전기공학과 학생들(5명)은 그린스마트 살균충전기를 고안하여 제품화하였고, 베트남 현지사회에 적용하고자 하였다. 충전기는 태양광 패널을 이용하여 축전지를 충전시킴과 동시에 UV 램프를 작동하여 각종 도구를 살균할 수 있도록 하였다. 학생들은 각종 오염요인에 쉽게 노출된 현지인의 열악한 삶에 관심을 갖고 현대인의 삶에 필수적인 휴대폰을 가능하면 세균에 덜 노출되도록 설계하였고, 동시에 휴대폰 충전까지 가능한 제품을 만들고자 하였다. 덧붙여 그들은 UV 램프를 사용하지 않을 때 축전지에 전력을 저장할 수 있도록 하는 기능을 갖추도록 하였다.

먼저, 햇빛을 통해 에너지를 얻을 수 있는 태양광 패널을 제작·설치하였고, 이어 PCB 판에 트랜지스터를 연결하여 11V와 5V의 정전압 회로를 각각 설치하였다. 이때 11V는 배터리 충전에 연결하였고, 5V는 UV 살균 램프와 휴대폰 충전기에 연결하였다. 살균 충전기를 작동하지 않을 때는 태양광 패널로 충전된 전력을 10V 배터리에 저장할 수 있도록 하여 흐린 날에도 기기가 작동할 수 있도록 하였다. 회로와 배터리 부분의 전류가 사람의 손에 닿지 않도록 외관(박스)을 구성하였다. 시제품에는 태양광 패널이 외관 바로 위에 달려 있지만, 현실적으로 태양광 패널은 사람의 손이 닿지 않고 태양광이 잘 보이는 곳에 설치하였다. 무엇보다 이 제품은 살균에 초점을 둠으로써 보건적으로 안전이 보장될 수 있도록 제작하였다. 또 쉽고 편리하게 문을 열고닫을 수 있게 함으로써 제품의 편리성을 확보하는 데도 특별히 유의하였다.

내구성의 측면에서도 배터리를 포함하여 튼튼한 외관으로 구성하였고, 태양광을 활용함으로써 배터리를 갈지 않고도 상시 충전이 가능하도록 하였다. 이어서 회로의 외관을 깔끔하게 구성함으로써 제품의 신뢰성을 확보하도록 했다. 그리고 1분 내 자동으로 켜졌다가 꺼지도록 하여 전력 낭비를 방지하면서 보안을 유지할 수 있도록 했다. 이 제품은 지속적·안정적으로 전력생산을 가능케 하여 신뢰도를 확보하였을 뿐만 아니라 생태환경적 차원에서도 지속가능성을 갖도록 했다.

휴대폰은 우리의 일상생활에 없어서는 안 될 정도의 생활필수품으로서 활용빈도가 아주 높다. 그런 과정에서 각종 세균에 노출될 가능성이 한층 커지게 되었다. 이런 상황에 유의하면서 학생들은 세균으로부터 안전하면서 충전까지 해결할 수 있는 제품을 기획하였다. 아울러 그들은 건물 로비나 화장실 같은 빈 공간의 태양이 비치는 곳에 설치하여 친환경적인 청정에너지를 공급받을 수 있도록 했다. 이 제품은 휴대폰은 물론이고 손톱깎기, 빗, 필기도구 등의 생활필수품을 짧은 시간 동안 넣어두기만 하면 자동 살균이 가능하도록 설계되었다. 나아가 이 제품을 활용할 때 각종 세균 방지가 가능하도록 하였기 때문에 인체의 피부를 보호할

<그린스마트 살균충전기 완제품>

수 있는 장점까지 살리려 하였다. 제품의 설계는 다음의 진행 과정을 거치며 이루어졌다.

<과정 1>. 태양광 패널이 태양을 따라 움직일 수 있도록 하드웨어 부분(모터)을 작업하였고, 이어 패널을 지지할 수 있는 판을 만들었다.

<과정 2>. 태양광으로 정전압을 출력하고자 할 때 정전압 회로를 설치하였다. 이때 핵심 소자는 아트메가 및 제어부 소자들로 구성하였다.

<과정 3>. 태양광 패널을 이용한 전력생산은 휴대폰 충전기에 연결하여 휴대폰을 충전할 수 있도록 하였고, 이어 그 밖의 각종 생활에 직결되는 필수기기들을 살균하는 데 활용할 수 있도록 설계했다.

2. 창의력 교육 개발 키트

사회학과 학생들로 구성된 팀원들(3명)은 '창의력 개발 교육용 KIT'를 기획하였는데, 그들은 이 제품기획을 통해 베트남의 미취학 및 저학년 아동 대상의 교육완구를 제작하여 교육기회를 증진하고자 하였다. 이 제품은 다음의 형태로 구성되었다. KIT의 핵심은 1) 커피자루 재활용의 에코백 2) 베트남 지도 원목퍼즐 3) 사칙연산 퍼즐게임 4) 베트남어-한국어 컬러링북 5) 창의력 개발 도구(DIY 연필꽂이, 크레용, 볼펜) 등을 포함하였다. 학생들은 베트남의 자연적 및 교육사회적 환경을 반영하여 제품을 구상하였다. 먼저, 베트남의 교육 현황은 지역별, 성별에 따라 불평등한 모습을 보인다는 사실에 주목하였고, 다음으로, 현지에서 접근이 용이하고 지속가능한 재료가 무엇이며, 이에 의해 현지 주민들에게 쉽게 다가갈 수 있는 제품을 활용해야 함에 유의하였다. 베트남은 세계 2위의 커피 생산국이면서 목제품을 수출하는 나라임을 확인하였고, 따라서 커피와 목재를 활용하여 교육 기자재를 만들고자 시도하였다. 한국 여건에 비해 베트남은 아동학습을 위한 접근이 용이하지 않았으며, 따라서 학생들은 가방, 퍼즐, 게임, 드로잉 북, 연필꽂이, 크레용, 볼펜 등을 활용함으로써 아이들의 학습과 그 밖의 영역에서 창의력을 키울 필요가 있음에 관심을 가졌으며, 동시에 아이들의 교육적 흥미를 자연스럽게 북돋워야 한다는 사실에도 관심을 기울였다.

창의력 증진을 위한 KIT의 핵심 내용은 다음 형태로 기획되었다.

첫째, 커피 자루를 재활용한 가방 제작이었다. 베트남은 커피생산량이 세계 2위에 이를 만큼 커피 재배가 활발하다. 커피 원두를 담는 원두자루를 재활용하는 방법을 적용하여 원두자루를 재료로 한 에코백을 구상하였다. 이런 재활용 방법을 통해 연령대에 상관없이 이용가능하며 또 저렴한 가격대로 다양한 디자인이 가능한 가방을 제작할 수 있었다.

둘째, 우드퍼즐 형태로 베트남 지도를 만들었다. 원목판에 베트남과 인접국의 지리영역을 표시함으로써 지리적 공간개념을 지각할 수 있도록 한 영어/베트남어로 된 퍼즐을 제작하였다. 제작과정은 베트남과 주변국들이 포함된 지도를 표시하였고, 이어 원목판 2개를 이용하여 아래 판은 틀과 도안을, 윗면 판은 레이저를 이용해 퍼즐을 만들 수 있었다. 베트남과 인근 나라의 지도를 레이저 작업으로 표시하였고, 이 위에 각 나라 명을 영어와 베트남어로 표기하였다.

셋째, 사칙연산을 위한 퍼즐게임기를 제작하였다. 원목을 활용하여 퍼즐판을 만들었고, 이어서 덧셈, 뺄셈을 활용하는 간단한 숫자놀이를 통해 1인 혹은 2인이 게임을 할 수 있도록 설계하였다. 이런 게임을 통해 반복학습을 할 수 있도록 하였고, 또 수학적 연산 능력을 키울 수 있도록 하였다. 퍼즐 숫자 판은 1~15까지의 숫자를 기입하였고, 그 앞면은 덧셈식을, 뒷면은 뺄셈식으로 표기하였다. 각 연산식의 정답은 숫자판에 있는 숫자와 일치하도록 제작하였다. 특히 2인이 게임에 참여할 때 각자 맞춘 답을 판에 끼워놓음으로써 우위를 가릴 수 있도록 하였다. 게임판은 아이들이 흥미를 가질 수 있도록 다양한 모양으로 제작하였다.

넷째, 베트남어-한국어로 된 컬러링북을 만들었다. 베트남어-한국어 컬러링북은 세 가지 기능적 측면을 고려하여 설계하였다. 첫 번째는 만화에서 접할 수 있거나 혹은 베트남에 서식하는 동물들을 캐릭터로 만들어 아이들이 원하는 방식으로 색칠놀이를 할 수 있도록 했다. 두 번째는 동물 이름을 베트남/한국어로 해석해놓은 단어들에 색칠놀이를 함으로써 베트남어와 한국어를 자연스럽게 학습할 수 있도록 하였다. 세 번째는 색칠공부 뒷면에 엽서 모양을 만들어 편지를 쓸 수 있도록 하였다. 즉, 아이들 스스로가 꾸미고 창작한 내용을 엽서에 담아 보낼 수 있도록 하였고, 또 이를 통해 아이들이 언어학습 능력을 자연스레 키울 수 있도록 하였다. 이 제품은 현지 학생들의 교육적 흥미를 끌 수 있는 그림 그리기와 글자학습을 융합함으로써 수학, 과학, 음악, 미술 등의 다양한 분야에 적용할 수 있도록 설계하였다.

다섯째, 창의력 개발에 도움을 줄 수 있는 DIY 연필꽂이를 만들었다. DIY 연필꽂이는 완제품이 아닌 조립형식으로 학생들이 직접 만들어

<창의력 개발 키트 완성품>

보게 함으로써 창의력 신장에 도움을 줄 수 있다. 또 학교와 일상생활에서도 쉽게 활용할 수 있도록 3색 볼펜과 무독성의 왁스크레용, 그리고 드로잉 북 등을 구성품에 포함함으로써 열악한 현지 교육에 있는 학생들이 마음껏 자신의 생각을 표현할 수 있도록 하였다.

3. 천연재료 활용 장난감 비누

학생들은 베트남 현지 사회에 적용될 수 있는 천연재료를 활용한 장난감 비누를 제작하였다. 제품의 기획과 제작은 다음의 형태로 진행되었다. 먼저, 캡스톤디자인 강좌에 참가한 학생들은 팀원(사회학과 4명)을 구성하여 베트남 현지 사회에 적용 가능한 시제품 선정을 위해 논의를 시작하였다. 자유토론을 벌인 결과 휴대용 랜턴, 장난감 비누가 현지 사회 친화적 제품일 것이라는 데 의견을 모을 수 있었다. 그들은 두 제품을 놓고 베트남의 국가적 특성과 방문지인 라오까이의 지역적 특성을 반영해야 한다는 데 의견을 같이했다. 산악지역에 둘러싸인 라오까이 현지 지형의 열악한 여건에 위치한 초등학교와 마을 상황을 염두에 두면서 그들은 주민들의 삶에 직접적으로 영향을 줄 수 있는 장난감 비누를 제작하기로 하였다. 장난감 비누를 선택한 중요한 이유는 손 씻기를 통한 현지주민들의 기초보건 의식강화에 도움을 줄 수 있는 것에서 찾았다. 장난감 비누 제작을 통해 현지 어린이와 어른들에게 의무적인 손 씻기의 습관을 동기유발에 의한 자발적 손 씻기로 바꿀 수 있도록 하고자 하였다. 라오까이 지역은 베트남의 최북단에 속하며 소수민족이 거주하는 지역으로 특히 어린이들의 위생상태가 열악한 곳이었다. 어린이들에게 중요한 것은 손 씻기를 생활할 수 있도록 흥미와 동기부여를 하도록 하는 것에서 찾아보고, 비누를 사용할 때 놀이에 필요한 장난감을 얻을 수 있다는 인식을 심어줄 수 있도록 하고자 하였다.

다음으로, 장난감 비누 만들기 제품의 제작과정은 다음의 절차를 거쳤다. ① "크리스탈 베이스" 준비한다(크리스탈 베이스는 천연비누 재료임). ② 준비한 크리스탈 베이스를 냄비에 넣는다. ③ 냄비에 넣은 크리스탈 베이스가 완전히 녹을 때까지 계속 저어준다. ④ 크리스탈 베이스가 다 녹으면 "라벤더 향"과 "커머셜"을 냄비에 각각 20방울씩 넣어준다(라벤더 향과 커머셜은 비누의 향과 보습력을 지속하기 때문임). ⑤ 비누의 틀을 잡아줄 수 있는 "실리콘 몰드"를 준비하고 비누 안에 넣을 장난감을 몰드 안에 넣어준다(실리콘 몰드뿐만 아니라 어려가지 모양을 잡아주는 것이 가능함). ⑥ 라벤더 향과 커머셜을 넣은 크리스탈 베이스를 천천히 몰드 안에 넣어준다. ⑦ 1시간가량 서늘한 곳에서 말린 후 비누가 다 굳으면 몰드를 천천히 벗겨준다. 이 내용의 구체적 과정은 다음과 같다.

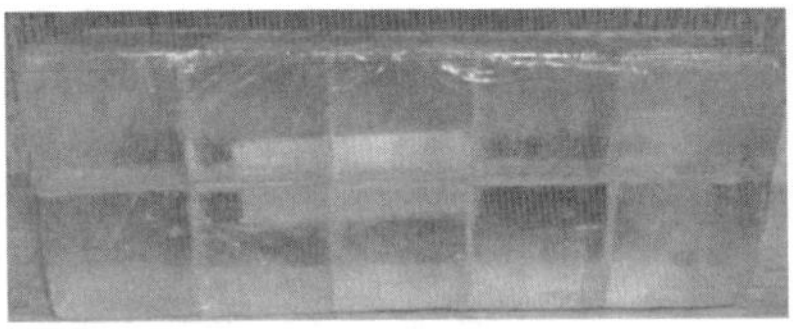

① 크리스탈 베이스 준비한다.

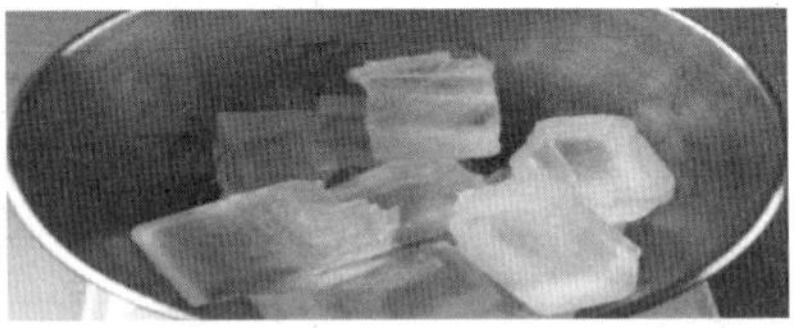

② 크리스탈 베이스를 냄비에 넣는다.

③ 완전히 녹을 때 까지 계속 저어준다.

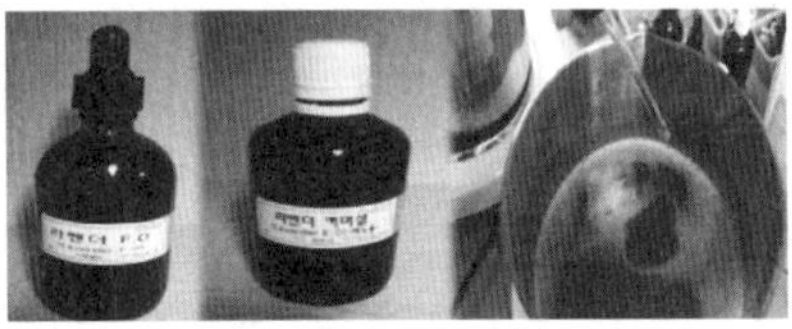

④ 라벤더 향과 커머"을 각각 20방울 씩 넣어준다.

⑤ 비누의 틀을 잡아줄 수 있는 "실리콘 몰드"를 준비하고 비누안에 넣을 장난감을 몰드 안에 넣어준다.

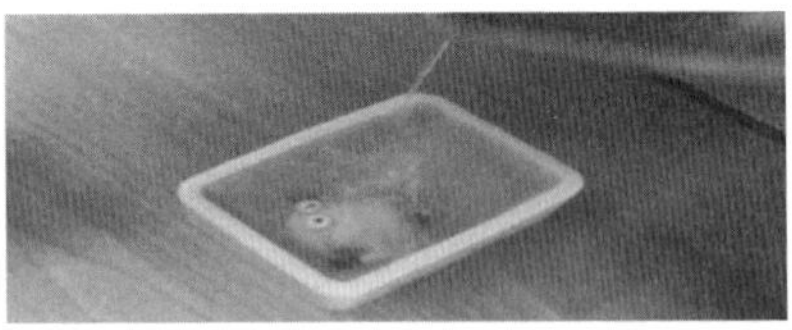

⑥ 크리스탈 베이스를 천천히 몰드 안에 넣어준다.

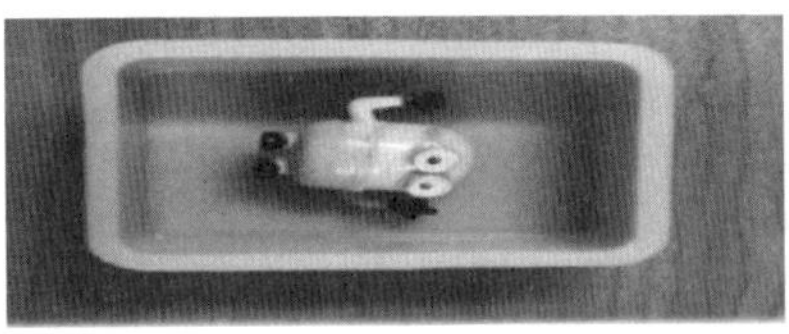

⑦ 1시간가량 서늘한 곳에서 말린다.

<천연재료 활용 장난감 비누 제작과정과 완제품>

III. 적정기술 프로그램의 교육적 성과

1. 공학영역의 적정기술

주지하듯이 적정기술은 효율성과 능률성에 치중한 성장중심의 기술개발에 대한 철학적, 윤리적 반성을 통해 개발에 있어서 지속가능성과 인간적 가치를 반영하는 데 그 중요한 목표를 둔다. 특히 적정기술은 기술문제 그 자체에 초점을 두지 않고 사회적 수요를 염두에 둔 인간 친화적 기술을 개발·실천하여 빈곤층 삶의 질을 개선하는 데 목적이 있다. 다시 말해, 적정기술은 지역 및 인간 친화적 성격을 띠고 인간에게 고통을 가하는 근본적 문제를 해결하려 하며, 이를 통해 인류 삶을 좀 더 안락하고 편안하게 해주려는 실천적 행위로 볼 수 있다. 적정기술은 수단방법을 가리지 않고 이윤을 추구하는 거대기술 체계에 대한 관심에서 벗어나 기술을 통해 인간화를 실현하는 데 한 발 더 가깝게 다가서고자 한다.

기술의 인간화를 위한 적정기술 프로그램은 프로젝트형 수업을 적용할 때 그 의미를 한층 잘 살려낼 수 있었다. 학생들은 팀별로 문제해결형 적정기술 프로젝트를 수행하였으며, 이런 과정에서 그들은 현지 사회 친화적 기술 아이템을 고안할 수 있었고, 또 팀원 각자의 재능과 능력을 엮어내어 현지 친화적 적정기술의 제품을 제작할 수 있었다. 이렇게 제작된 제품이 현지인의 실제 삶에 어떤 영향을 미칠 수 있느냐에 대해서는 현지전문가의 검토를 반영하여 현지 밀착형의 적정기술로 한층 다듬어 나갈 수 있었다.

현행 대학교육의 대부분은 강의실 중심의 이론학습으로 진행하는 것이 일반적이다. 이론중심의 교육에서는 매년 비슷한 강좌를 개설하여 유사한 형태의 시험문제를 출제하며, 상대화된 점수체계로 일정하게 학점을 주는 일률적 형태로 진행된다. 다시 말해, 현행 대학교육은 기존의 지식을 잘 체계화하여 전달하는 교수자 위주로 진행되며, 그런 과정에서 산업체 현장의 변화양상을 제대로 담아낼 수 있는 산학연계형 교육에 취약한 모습을 보인다.[82] 이른바 현행 대학교육은 기존 지식체계를 답습하는 형태로 진행되면서 가변성과 유동성을 갖고 혁신을 거듭하는 산업체의 변화양상을 제대로 담아낼 수 없는 한계를 안고 있다. 이런 여건을 염두에 둘 때 프로젝트형의 적정기술 프로그램은 대학교육의 새로운 대안으로써 의의를 띨 수 있다.

○○대학교 전기공학과 학생들로 구성된 적정기술팀(5명)은 베트남 현지지역(북부의 라오까이 해발 1000m 이상의 산악지역)의 자연여건을 반영하여 적정기술을 개발·적용하였다. 그들은 현지지역의 태양에너지를 잘 받을 수 있는 장점을 이용하여 태양광 패널 제작을 기획하였다. 태양열 패널로부터 정전압 회로를 통해 에너지를 공급받아 작동할 수 있는 모터를 설계하였다. 친환경 태양에너지를 바탕으로 그들은 휴대폰 충전기능과 살균기능을 동시에 수행할 수 있는 스마트그린 살균충전기를 제작하였다. 이어서 그들은 태양광 패널에 의한 에너지 확보와 그린스마트 살균충전기 제작원리를 라오까이의 현지주민을 대상으로 직접 설명하였고, 이런 원

82 100개 이상의 전공과목 개설, 매년 10% 이상의 교과목 교체, 학생들의 다양한 질문, 기업현장과 연계된 인턴십 프로그램 개설 등을 통해 현장밀착형 교육을 실시하는 미국의 명문대 공학교육과 비교할 때 우리나라 공학교육은 비교적 동일한 교과내용, 판박이식의 수업형태, 획일적 커리큘럼 운영, 이론지향적 연구풍토 등의 모습을 보임에 유의할 필요가 있다.

리를 활용하여 현지 주민들에게 위생적 삶의 중요성을 일깨워주었고, 무엇보다 일상적 삶으로 친숙하게 활용할 수 있는 기술체계를 알려 주었다.

이 원리는 태양광 충전으로 베터리를 교체하지 않으면서 자연친화적 상태의 청정에너지를 무한정으로 공급받을 수 있다는 데 큰 장점이 있다. 태양광 패널의 원리는 그린스마트 살균충전기에 한정되지 않고 다른 생활영역에서도 충분히 활용될 수 있으며, 특히 현지주민들의 의지만 있다면 더욱 다양한 영역으로 확대하여 적용될 수 있다. 현지주민들에게 휴대폰 사용이 일반화하고 있지만 그에 따른 오염의식이 높지 않았으며, 또 그들은 휴대폰 사용에 따른 위생관념을 갖고 있지 않았다. 이런 상태에서 학생들이 고안하여 적용한 태양광 패널과 그에 의한 스마트그린 충전기원리는 라오까이의 현지주민들에게 에너지 문제를 바라보는 의식에 큰 충격을 주었으며, 또한 휴대폰을 비롯한 일상용품들을 위생적으로 사용할 수 있도록 인식을 전환하는 데까지 일정한 영향을 미칠 수 있었다.

2. 인문사회 영역의 적정기술

최근 과학기술의 급격한 발전은 유래를 찾을 수 없을 정도의 경제사회적 격차를 가져왔고, 또 그에 따른 상대적 박탈감도 덩달아 커지도록 하였다. 이런 경제사회적 상황에서 저개발국 대상의 적정기술개발과 적용프로그램은 대학교육에 새로운 의미를 던질 수 있다. 이 지점에서 적정기술을 인간의 기본적 필요에 긍정적 영향을 줄 수 있는 모든 종류의 기술로 보고 특별히 하위 20%의 사람들에게 혜택이 돌아갈 수 있어야 한다고 주장한 바커 한스의 주장에 주목할 필요가 있다. 인문사회 영역에서 적정기술은 해당 사회의 빈곤층이 겪는 경제사회적 곤경 현상에 주목하여 그들의 삶의 조건을 개선하는 데 직접적으로 기여할 필요가 있다. 이런 의미에서 적정기술은 각종 재난으로 인한 위기 대응 영역을 포함하여 농촌의 낙후지역 개발, 빈곤층이 당면한 교육, 의료, 주거 등의 불평등 해결, 그리고 공공서비스의 혁신수단에 이르는 다양한 영역에서 현지사회의 지속가능성을 담보하는 데 적용할 수 있어야 한다(정용교, 2016: 306). 개발도상국 대상의 적정기술 프로그램은 대학교육에서 차지하는 교육적 의미가 큰 것으로 볼 수 있었다. 그동안 개도국의 발전모형은 선진국모델을 그대로 모방하거나 그들과 유사한 경로를 따르는 수동적 개발정책을 도입하는 수준에 그쳤던 것으로 평가할 수 있다. 그런데 현실 상황에서 개도국 주민들은 선진국의 의식 수준에 미칠 수 없었고, 무엇보다 선진국과 같은 자주적 시민능력을 갖출 수 없었다. 여기에 비해 적정기술 프로그램은 비약적인 발전보다는 현지사회에 필요한 만큼의 기술력과 자생력을 강조함으로써 현지인들의 주체적이고 자주적인 발전을 중요시한다.

'적정하다'의 의미에서 보듯이 기술이 그 지역의 문화, 사회, 경제, 정치적 기구들과 조화를 이룰 때 현지인의 삶에 한층 친화적으로 다가설 수 있다. 각 지역의 여건이 다를 수 있기 때문에 언제나 옳은 적정기술이란 있을 수 없을 것이다. 다시 말해, 선진국을 따르는 정책이 아닌 그 나라와 그 지역의 현실을 고려한 맞춤형 발전을 지향할 수 있어야 한다. 적정기술은 현지의 상황적 요소를 고려하여야 하지만 필요수준 이상의 높은 기술을 필요로 하지 않는다. 이런 점에서 적정기술의 개발과 적용은 현지재료를 활용하여 현지의 상황적 요소를 반영함으로써 현지주민의 삶의 질을 향상하는 데 지역친화적으로 다가설 필요가 있다.

인문사회형 적정기술 프로그램은 54개의 다인종으로 구성된 베트남 사회의 환경적 요인을 고려하면서 북부 고산지대를 배경으로 살아가는 라오까이 거주 소수민족의 삶의 조건을 개선하는 데 관심을 두었다. 적정기술팀은 라오까이 지역에 적합한 아동용 창의성 신장을 위한 교육기자재를 현지 재료를 이용하여 개발하였고, 이를 초등학생들과 학부모를 대상으로 그 활용방법을 설명하고 교육적으로 적용할 수 있도록 하였다. 또 다른 적정기술팀은 현지인의 평균수명이 60여 살 정도인 점에 유념하여 그들의 보건위생 의식을 신장할 수 있는 제품을 구상하였다. "천연재료를 활용해 만든 장난감 비누" 제작을 통해 현지 주민들의 보건위생 의식을 높이고자 하였고, 이 제품의 이용을 통해 영유아들에게 자연스럽게 손 씻기 습관을 키우고자 하였다.

주지하듯이 인문 사회계 대학교육의 대부분은 강의실을 배경으로 한 이론 위주로 진행된다. 이런 지식에 근거한 이론 위주의 수업에서는 현실사회의 현황과 변화양상에 제대로 따라갈 수 없는 한계를 보이며, 동시 베트남을 비롯한 개발도상국 사회의 현실여건을 제대로 반영할 수 없다. 대학교육이 처한 이런 현실 상황에서 학생들이 시도한 베트남 대상의 '창의교구 KIT제작'과 '천연재료로 만든 장난감 비료제작'은 현지인의 입장에서 현지재료를 활용하여 현지주민의 삶의 질을 향상하는 데 직접적으로 기여할 수 있었다. 이는 현지인의 생활수준 향상은 물론이고 한국 관련 좋은(선한) 이미지를 형성하는 데도 도움을 주었으며, 덧붙여 저개발국 사회에 대한 학생들의 도전의식을 심어주는데도 기여할 수 있었다.

인문사회형 적정기술 프로그램은 소위 말하는 인구론(인문계 90%는 논다)으로 언급되는 대학교육에 나름의 시사점을 던질 수 있었다. 이른바 해외영역 대상의 적정기술 프로그램은 현장친화적 교육을 넘어서서 베트남과 같은 저개발사회가 안고 있는 당면과제를 파악하여 해결책을 탐색하도록 함으로써 국제관계의 증진에도 직접적으로 도움을 줄 수 있다. 아울러 이런 적정기술 프로그램은 현행 우리 사회가 당면한 기술중심주의 사고방식과 물질만능주의 가치관에 대한 반성적 계기를 제공할 수 있다는 점에서 의의를 갖는다. 저개발국 주민들의 필요를 충족시키면서 그들의 삶의 조건을 개선해줌으로써 인간이 인간답게 살아갈 수 있는 인문교양 능력을 고양하도록 하는 데도 기여할 수 있다. 다시 말해, 인문학적 사고를 토대로 공학기술적 원리를 접목함으로써 자본증식을 목표로 한 거대기술체계에 대한 반성을 열 수 있었으며, 이에 의해 기술의 인간화 실현에 한 발 더 가깝게 다가설 수 있었다.

Ⅳ. 적정기술의 교육적 의의

미래학자 버넷은 도래할 미래사회에서 초복합성이 불가피할 것으로 하였다. 그는 이런 초복합성은 불확실성, 예측 불가능성, 논쟁 가능성, 도전 가능성 등의 형태를 띠면서 대학교육의 방향과 그 내용에서까지 커다란 영향을 미칠 것이라 전망하였다. 다시 말해, 미래 대학교육은 혁신적인 재구조화 능력, 다양한 주장에 대한 비판적 검토능력, 불확실하며 가변성을 띠는 세계 속에서 살아갈 수 있는 능력, 비판적 사고력 등을 키울 수 있어야 한다고 했다(유재봉, 정철민, 정희모, 2013: 178). 이런 점을 염두에 둘 때 현행 대학교육은 근본적 차원에서 새로운 교육적 도전에 직면하는 것으로 볼 수 있다.

이런 시대적 여건에서 베트남 사회 대상의 적정기술 프로그램은 기존의 대학교육에 시사하는 바가 적지 않다. 취업이 대학생존의 현안의 과제라고 하면서도 대학교육에서의 근본적 전환을 찾아보기란 쉽지 않다. 각 대학마다 취업센터를 만들고 취업동아리 활동을 지원하며 심지어 취업역량 관련 학교 행정조직을 만들면서까지 취업률 제고를 위해 노력하고 있다. 그런 와중에서도 대학교육의 핵심이라 할 수 있는 교육활동영역에서 본질적 전환을 잘 찾아볼 수 없다. 근본적 전환의 필요성이 제기되는 시점에서도 대학교육은 여전히 강의실을 중심으로 한 교수자 중심의 이론 위주에서 벗어나지 못하며, 아울러 점수와 학점으로 척도화된 일률적 평가시스템이 대학교육을 압도하는 모습을 띤다.

현행 대학교육이 처한 여건에서 베트남 사회 대상의 적정기술 프로그램 개발 및 적용은 공학영역과 인문사회 영역에서 새로운 교육적 도전을 제기하는 것으로 볼 수 있다.

먼저, 공학 영역에서 적정기술 프로그램은 전기공학과 학생들이 조별작업을 통해 '그린스마트 살균충전기'를 개발하였다. 그들은 베트남 현지사회의 여건을 염두에 두면서 현지주민들의 일상적 삶을 향상할 수 있는 태양에너지 활용을 통한 전력생산을 가능하게 하였고, 이 전력을 이용하여 휴대폰 충전기 기능을 수행하면서 동시에 손톱깍이와 빗 등의 생활용품을 자동적으로 살균할 수 있도록 하였다. 이는 베트남 현지의 열악한 여건을 염두에 두면서 전기공학의 전공지식을 활용하여 현지 주민의 삶의 질을 개선할 수 있는 적정기술의 원리와 부합하며, 동시에 강의실에서의 이론적 지식을 베트남 현지 사회의 여건에 접목한 현장친화형 대학교육의 실천사례로 볼 수 있다.

다음으로, 인문사회형의 적정기술 프로그램은 사회학과 학생들이 구성한 두 개조 활동으로 진행되었다. '창의력을 개발하여 신장시킬 수 있는 교육용 KIT'는 베트남의 미취학 및 초등 저학년 아동을 대상으로 한 교육완구 개발로 이어질 수 있었다. 학생들은 열악한 교육여건에 처해 있는 현지의 아동들이 쉽게 접근하여 재미있게 활용할 수 있는 교육 기자재를 현지재료를 활용해 제작하였다. 교육 기자재 개발 및 적용을 통해 현지 아동들은 공부에 대한 호기심과 관심을 한층 더 가질 수 있었고, 동시에 현지 재료를 이용하여 만든 천연 가방 및 그밖의 몇몇 교육 기자재 개발은 관광산업의 활성화에 도움을 주어 현지 주민들의 소득과 직업 창출에도 영향을 미칠 수 있다. '천연재료로 만든 장난감 비누'는 베트남 북부지역의 아동들을 대상으로 보건위생을 증진할 목적으로 기획하였다. 이 제품은 라오까이 보건대학의 관련 전문가들과 지역의 보건소 직원들로부터 현지친화성이 클 것이라는 호평을 받았으며, 간단한 원리의 적용을 통해 현지 지역주민들의 위생 의식을 획기적으로 키울 수 있는 아이디어 상품으로서의 의의를 가질 수 있었다. 특히 라오까이 지역의 보건담당자들로부터 집중적 관심을 받았고, 이 제품을 매개로 아동들은 손 씻기를 습관화할 수 있을 것이라는 호평을 받았으며, 동시에 이 제품을 상품화할 때 현지 주민들으로부터 좋은 반응을 받을 것이라는 평을 받을 수 있었다.

요컨대, 베트남 사회를 대상으로 한 공학영역과 인문사회 영역에서의 적정기술 프로그램은 현장밀착형 내지 현장친화적 대학교육의 새로운 가능성을 제공하는 것으로 볼 수 있었다. 다시 말해, 제4차 산업혁명으로 대변되는 새로운 시대 환경의 전개에 걸맞은 대학교육의 가능성을 베트남 대상 적정기술 프로그램 적용으로 시도하였고, 아울러 자본의 무한 증식을 추구하는 거대기술체제에 대한 반성을 시도함으로써 기술의 인간화 실현에도 한발 가깝게 다가설 수 있었다.

2장

적정기술과 라오스 적용

지속가능사회는 현대 인류문명이 직면한 현안의 과제로 부각하고 있다. 근대 이후 공업화와 산업화는 인류가 달성해야 할 숙명적 과제였다. 이런 숙원을 달성하기 위해 인류는 갖가지의 수단과 방법을 동원하여 성장과 효율성을 극대화하는 데 전력하였다 해도 과언이 아니다. 이런 급속한 성장과 빠른 효율성의 추구는 필연적으로 발전과 성장에 따른 수많은 역설현상을 낳고 있음도 주지의 사실이다. 오늘날 인류는 환경파괴, 극단적 빈부격차, 사람들 간의 첨예한 상호갈등과 대립, 공동체의 붕괴, 인격적 관계망의 손상 등의 발전 논리에서 비롯한 무수한 역설 현상에 직면하고 있다. 주지하듯이 성장 논리는 진보, 권력, 최고(일등), 승리, 우월성 등으로 대표되는 지배중심의 가치체계와 불가분의 관계를 맺는다. 이런 성장신화에 빠진 현대문명은 성숙 그 자체에 도달할 수 있는 유기적 성장이라기보다 단기적 효과와 성과를 위한 기술적 성장을 위해 주력하였다(Milbrath, 1992: 71).

최근 인류는 기술문명의 비약적 발전에 따른 역설적 현상에 무방비 상태로 노출되고 있다. 성장과 효율성에서 비롯된 수많은 역설적 현상을 목도하면서 새로운 대안사회를 어떻게 만들 것이냐를 둘러싼 관심이 점증하며, 그에 따른 신질서 패러다임을 형성할 것이냐와 관련된 논의가 제기될 수 있다. 이런 대안적 사회질서의 모색은 지속가능사회의 실현과 밀접한 관련을 갖는다. 지속가능사회는 생태환경을 고려한 유기적 성장, 인격성을 담보할 수 있는 질적 발전, 그리고 관계와 다양성의 원리를 강조하는 홀리즘적 가치체계를 실현할 수 있느냐를 중요한 현안으로 바라보고 문제를 다룬다. 적정기술의 개발과 적용은 지속가능사회의 조건을 달성하는 데 그 핵심적 가치를 두어야 하기 때문이다.

적정기술은 지속가능성에 대한 지향, 개개인의 자유로운 계발에 기여하며 현지 사회의 자연재료를 활용해 현지인의 삶의 질을 향상시키는 데 가깝게 다가설 수 있는 생활친화형 기술을 일컫는다. 적정기술은 인간친화형 기술개발과 적용을 통해 지속가능사회의 실현에 그 핵심원리를 둔다. 이런 점에서 적정기술은 기술을 적정한 수준에 한정하는 데 두기보다 기술사용을 둘러싼 책임 있는 자세와 태도, 곧 기술의 윤리성을 갖추는 것과 밀접히 관련된다. 적정기술은 '스스로 진화하고 역동적인, 발전에 관한 완전한 시스템적 접근'을 말하며, '지식, 기술 그리고 그것의 기반이 되는 철학으로 구성되며 이에 의한 공동체의 발전'을 지향한다. 특히 적정기술은 "기술과 더불어 인간에 대한 이해를 위한 인문적 소양을 요구하며 기술이 처한 사회적 맥락을 읽어낼 수 있는 통찰력을 중시하며", 나아가 "지역사회와의 관계성 속에서 해당 적정기술을 적용할 수 있는 지역 친화적인 능력"을 중요시한다(김동훈, 2011: 18; 한재각, 조보영, 이진우, 2013: 19). 적정기술이 추구하는 인문적 소양에 토대한 사회적 통찰력 발휘와 그에 의한 지역 친화성은 현지의 재료를 활용해 현지인의 삶의 질 향상에 기여할 수 있는 지속가능사회의 철학과 맞닿은 원리일 수 있기 때문이다.

이 장에서는 라오스 사회(특히 몽족)를 대상으로 대학생들이 직접 제작한 적정기술의 몇 가지 실천사례들이 어떤 절차를 통해 어떤 형태로 개발되었는지에 대해 살펴보며, 이어 이런 실천사례들이 라오스 현지 사회를 대상으로 어느 정도의 적용 가능성을 갖는지를 현지인의 입장에서 타진하고자 한다. 다시 말해, 제3세계를 대상으로 개발한 적정기술의 제작은 어떤 모습이어야 하며, 그리고 적정기술의 적용은 어떤 형태로 진행되어야 할 것인지를 현지사회 차원에서 살펴보는 데 목적이 있다. 이는 현지사회 대상의 지속가능사회를 실현하는 데 중요한 의의를 띤다고 보기 때문이다. 특히 우리의 대학생들이 기획하여 적용한 적정기술이 어떤 문제의식을 토대로 어떻게 제작되었으며, 그리고 어떤 과정을 거쳐 라오스 현지사회에 적용될 수 있는지를 살펴보는 것은 새로운 대학교육의 가능성을 여는 데도 중요한 시사점을 던질 수 있다고 본다. 이 장의 전개는 다음과 같다. 첫째, 지속가능사회의 조건을 실현하는 데 적정기술이 어떤 사회문화적 의미를 던질 것인지를 검토한다. 둘째, 라오스 사회에 적용할 수 있는 적정기술을 어떻게 기획·제작하였는지를 대학생들이 직접 설계한 작품을 통해 구체적 모습으로 드러낼 것이다. 셋째, 그들이 제작·적용한 적정기술은 라오스 현지인의 삶의 질 향상에 어떤 실천적 차원의 영향을 미칠 것인지를 살펴볼 것이다.

Ⅰ. 지속가능사회와 적정기술

1. 지속가능사회

과학과 이성(합리성)으로 대표되는 근대적 가치체계는 인류의 삶에 무한한 성장신화를 심어주며 효율성과 성장의 극대화를 추구하려 하였다. 그렇지만 또다른 이면에서 그런 과학과 이성의 가치는 성장과 효율성에서 비롯되는 무수한 역설현상을 발생케 하였다. 환경오염과 극단적 빈부격차를 비롯한 수많은 지속불가능성을 불러일으키는 이슈들이 끊임없이 제기되기에 이르렀다. 근대성의 인간관은 자율성과 주체성을 가진 이성적 존재를 부각하면서 인간 이외의 존재를 타율적·도구적 의미를 지닌 무성적 대상으로 바라보았다. 다시말해, 인간만이 자연을 마음대로 지배하고 통제할 수 있는 절대적 권한을 가진 존재로 부각하였다.

이 지점에서 성의 차별화, 지역의 차별화, 자연의 도구화, 역사문화의 차별화 등이 불가피하였다. 이런 이성 중심에 의한 개발 극대화는 수많은 경제사회적 역설현상을 초래하였고, 그것은 이전과 다른 새로운 성장중심의 질서관을 낳았다. 최근 지속불가능성의 이슈들이 제기되면서 지속가능성(sustainability)이 대안적 패러다임으로 등장하고 있다. 지속가능성은 1970년대 환경보호의 소극적 개념에서 시작하여 1980년대와 1990년대 지속가능발전의 주제로 전환하였고, 2000년대 사회통합과 환경보호, 경제성장을 포괄하는 개념으로 확장하였으며, 2010년대에 들어서는 문화의 역할이 한층 강조되는 상황을 맞이하였다(이혜주·최은희·이범준, 2013: 23). 최근 시대적 흐름으로 부각하는 '홀리즘적' 사고는 지속가능성 원리와 맥락을 같이한다. 홀리즘의 가치관은 전체 관련, 상호관계, 상호의존, 총합, 다양성, 열린계 등에 대한 사회적 관심을 드러내며, 동시에 조화, 지속성, 공생, 분권, 과정, 상호부조, 개성실현의 의미를 띤다. 홀리즘은 자신과 세계, 인간과 자연과의 관계를 생각하고 우주의 모든 부분이 통합된 전체와 부분의 형태로 상호적으로 연결됨을 가정한다(남경희, 2011: 4). 인간가치와 환경가치, 세대 간과 세대 내의 전체론적 조화와 균형, 선진국과 후진국 간의 균형을 강조하는 홀리즘적 가치는 지속가능사회의 조건을 갖추는 데 중요한 배경을 이룬다.

지속가능성의 측면에서 바라볼 때 발전(성장)의 의미를 새롭게 정립할 필요성이 있다. 지속가능성 입장에서 발전은 "미래 세대들이 자신들의 필요를 충족하기 위해서 자신들의 능력을 제한받지 않도록 하는 범위 내에서 현재의 요구를 충족시키는 발전"을 지향하였다(WCED 보고서 중 우리의 공동미래 제27조 편). 여기서 지속가능발전은 환경능력의 한계와 사회적 약자를 위한 필요를 기본전제로 하여 공동체 정신을 실현하고자 하며, 동시에 사회구성원 모두의 삶의 질(자아) 향상에 목표를 두어야 한다. 이의 달성을 위하여 공간과 시간의 전일적 접근, 경제부문, 사회부문, 환경부문에서의 역동적 균형, 그리고 디자인과 과학기술의 융합을 그 기본전략으로 삼는다. 다시 말해, 지속가능발전은 경제적 활력, 사회적 형평성, 환경적 건강을 함께 실현하는 상태로서 모든 인간이 인간다운 삶을 영위할 수 있는 사회적 환경구축을 전제로 성립할 수 있다(이영한, 2014: 2).[83]

---

83 지속가능성 사회는 최근 부각되는 개념인 나비 라드주 교수가 주장하는 '검소한 혁신(frugal revolution)'과 통한다. 검소한 혁신은 로테크(low tech; 낮은 수준의 기술)와 하이테크(high tech; 높은 수준의 기술)의 결합으로써 이런 혁신은 소셜네트워킹 서비스 도구가 많아지고 그런 도구들이 통합됨에 따라 그 발전속도가 한층 가속하고 있다. 이런

지속가능성은 인간의 필요를 충족시키고 생활의 질을 높이기 위해 개발이 불가피함을 인정하면서 동시에 그런 개발이 사회가 보유한 자연자원, 인적자원, 그리고 경제자원을 환경적으로 건전하게 사용해야 할 필요성을 인정한다. 특히 신 패러다임으로서 지속가능발전은 경제에 대한 선형적 발전이 아닌 총체적인 관점에서 인간, 환경, 경제 등의 제반 지구 생태학적 이슈들을 연결하여 미래사회의 틀을 세우려는 진보적 노력을 중요시한다(이혜주·최은희·이병준, 2013: 29). 지속가능성은 인간의 복지만이 아닌 생태계와의 공생을 통한 복지를 추구하며, 동시에 현재세대의 욕구충족에서 그치는 것이 아닌 현재와 미래세대를 아우르는 욕구충족까지 염두에 둔다. 나아가 지속가능성에서는 경제성장이나 물질주의적 가치만이 아니라 비물질주의적 가치를 포괄하는 삶의 질적 가치를 중요시하며, 또 불평등한 사회보다는 개인과 집단의 정당한 사회적 권리가 존중되는 정의로운 사회를 지향하며, 그리고 지역적으로 편중된 발전보다는 지역균형발전 등을 지향한다(이혜주·최은희·이병준, 2013: 40).

지속가능 발전의 구체적 실현을 위해서는 적정기술이 중요한 역할을 수행할 수 있어야 한다. 적정기술은 단순함(simple), 작은 규모, 낮은 비용, 비폭력 등의 정신적 가치구현을 통해 기술의 인간화를 추구하는 데 역점을 두기 때문이다. 다시 말해, 적정기술은 적정성(appropriate), 낮은 비용(low-cost), 그리고 중간성(intermediate) 등의 원리를 통해 지속가능사회를 실현하는 데 핵심 목표를 둔다(Wicklein, 2001; 서원석·이창훈·양나연, 2013: 91). 요컨대, 지속가능사회 실현으로서 적정기술의 가치는 근대기술이 인적,

---

여건에서 연결과 개발(C&D Connect and Development)은 지속가능성 사회의 핵심으로 볼 수 있다(조선일보, 2016.2.27.).

물적 환경을 파괴한 것에 대한 성찰을 통해 자연친화적 및 인간친화적인 자립경제를 모색하는 데 있기 때문이다

2. 적정기술

적정기술 관련 본격 논의는 슈마허의 '작은 것이 아름답다'에서 촉발하였다. 적정기술은 저개발국의 토착기술보다는 우수하지만, 부자들의 거대기술에 비해 값싸고 소박한 '중간기술(intermediate technology)' 형태를 취하며, 아울러 현지에 존재하며 일반적인 사용이 가능한만큼 충분히 싸고 상대적으로 간단한 기술과 현지 재료를 활용할 수 있고, 그리고 일자리 창출에 기여할 수 있어야 한다. 바커 한스(B. Hans)는 적정기술을 인간의 기본적 필요에 긍정적 영향을 주는 모든 종류의 기술이라 보았고, 또 인간 삶에 긍정적 영향을 미친다고 하였으며, 그리하여 하위 20% 사람들에게 혜택이 돌아가는 기술이라 하였다(Hans, 1990). 아부바카 압둘라리(A. N. Abullalli)는 기술이 한 사회의 자립적이고 문화적 혼란을 야기하지 않으면서 지역주민의 복지향상에 기여할 수 있어야 한다고 보았고(Abullalli, 1983), 피터 듄(P. Dunn)은 기술이 해당 커뮤니티의 문화, 전통 등과 양립가능하여 사회적으로 긍정적 영향을 미칠 수 있어야 한다고 보았다(Dunn, 1978: 홍성욱, 2011: 53).

장기적으로 보았을 때 적정기술은 합리적 가격으로 제품과 서비스를 제공하는지, 지역문화의 현재와 미래에 바람직한 영향을 끼칠 수 있는지, 그리고 개인의 건강한 생활방식을 촉진하여 지역민의 삶의 질을 향상할 수 있는지 등을 고려할 필요가 있다(Hazeltine, Bull, 1999; 서원석 외, 2012:

91). 이런 입장에서 적정기술은 현지인을 새로운 시각에서 바라본다. 현지인은 적정기술의 도움을 필요로 하는 수혜자라기보다 적정기술 개발에 필요한 자원과 정보를 보유하고 있으며, 따라서 적정기술의 개발과 확산을 위해 중요한 파트너 내지 사업주체가 될 수 있다. 적정기술은 최신기술이 제공하는 다양한 기회를 활용하는 데 관심을 갖기보다 제한된 자원과 상황을 유용하게 활용하여 상대적으로 소외된 사람들의 삶의 질 향상에 더 큰 관심을 갖는다.

한편, 적정기술은 기술 그 자체의 의미를 넘어선 '사고체계'를 의미하며, 곧 그것은 하나의 철학을 내포할 수 있다. 적정기술의 핵심은 기술을 적정한 수준으로 한정하는 것이 아닌 기술사용에 대한 책임 있는 사람들의 자세와 태도를 고양하는 것과 관련이 있기 때문이다. 사고체계로서 적정기술은 스스로 진화하고 역동적인 시스템적 접근을 취하며, 지식, 기술 그리고 그것의 기반이 되는 철학을 배경으로 커뮤니티의 질적 발전을 추구한다. 따라서 적정기술은 해당 기술을 사용할 때 개인의 자유가 확대되고, 그 사용이 환경이나 타인에게 피해를 최소화하는 데 우선적 관심을 부여한다. 이런 점에서 적정기술은 인간 삶의 질 향상에 목표를 두며, 기술 진보가 아닌 인간 진보를 우선시하는 사고체계 혹은 철학으로 볼 수 있다(홍성욱, 2011: 53).

적정기술은 두 가지 측면에서 전개된 것으로 볼 수 있다. 첫째, 적정기술은 제3세계 국가로 불리는 저개발지역에서 발생하는 다양한 경제적, 기술적, 문화적 문제를 둘러싼 해결방안 모색에 초점을 맞추었다. 둘째, 미국으로 대표되는 선진국 사회에 발생한 사회적, 문화적, 경제적 변화를 해결하려는 대안기술의 형태로 진행되었다. 개도국은 농업사회의 특징으로 농촌인구가 많고 소득수준이 낮고 문맹률이 높으며 빈약하거나 불충분한 사회기반 시설을 갖추고 있으며, 덧붙여 불충분한 보건시설, 만성적 재정적자 등에 시달린다. 이런 조건에서 저개발국의 사회경제적 저발전 문제를 해결하기 위해서는 기술이전의 필요성이 대두되었고, 저개발국에 기술을 이전할 때 이들 국가의 특징을 고려하는 과정을 거쳐야 한다는 점이 강조되었다. 선진국에서 적정기술의 부상은 정치사회적 배경과 맥락이 닿는다. 미국에서 적정기술 운동의 기원은 2차 대전 후 제3세계에 대한 기술원조의 실효성이 제기되었고, 특히 1960년대와 1970년대 초에 일어난 시민사회 운동과 관련을 맺는다. 시민권 운동, 신좌파운동, 전쟁반대 투쟁, 반문화운동, 환경주의 운동 등의 시민운동이 제기되면서 현대 산업사회가 당면한 근본문제에 대한 비판적 재검토가 제기되었다(홍성욱, 2011).

요컨대, 적정기술은 인간에게 고통을 가하는 근본적인 문제에 관심을 갖고 이의 해결을 통해 인류 삶을 편안하게 만들어주는 실천적 행위로 볼 수 있다. 다시 말해, 적정기술은 수단방법을 갖지 않고 이윤을 추구하려는 거대기술에서 벗어나 기술의 인간화에 목표를 둔다. 이런 점에서 적정기술은 사회기술과 그 맥락을 같이 한다. 이때 사회기술은 보건복지, 의료, 교육, 위생, 환경, 안전 등의 차원에서 저개발국 주민들이 당면한 사회문제를 해결하는 데 활용될 수 있다(송위진, 2011; 서원석, 2012: 90). 이 지점에서 적정기술은 사회적으로 유용한 기술, 공익기술, 사회지향적 기술, 대안기술, 중간기술, 수행되지 않은 기술 등의 의미를 띨 수 있다.

Ⅱ. 라오스 사회와 적정기술의 현지 적용

1. 라오스 사회

라오스 정식국명은 '라오인민민주주의공화국(Lao People's Democratic Republic)'이며 2021년 기준으로 인구는 약 737만 정도이고, 수도는 비엔티안(Vientiane, 94.8만여명)이다. 라오스의 면적은 23만6000㎢로 한반도의 약 1.1배에 해당하고 기후대는 열대성 기후를 보인다. 지리적 측면에서 라오스는 중국, 미얀마, 태국, 캄보디아, 베트남 등으로 둘러싸인 고립국가로서 동남아의 중앙에 위치한다. 종족은 68개 소수종족이 모여 사는 다종족으로 구성되어 있다. 다양한 종족이 모여 사는 관계로 라오정부는 이들 종족을 3개의 큰 그룹으로 나누어 행정을 관리한다. 그 큰 그룹은 다음과 같다. ① 라오룸(Lao Loum: lowland 거주자 60%)의 12개 종족이며, ② 라오퉁(Lao Theung: middle land 거주자 30%)으로 해발 700미터 이상에서 거주하는 36개 소수 종족이며, ③ 라오쑹(Lao Soung: highland 거주자 10%)의 해발 1000미터 이상에서 거주하는 20개 소수 종족이다(정미경, 2014: 109).

라오스는 1954년 프랑스로부터 독립하였고 주변국과 함께 공산혁명과 베트남전의 영향을 받았으며 1975년 이후 사회주의 노선을 채택하여 라오인민민주주의공화국을 수립하였다. 한국과의 수교는 1974년 6월 22일 체결하였다가 1975년 7월 25일 단교하였고, 이후 1995년 10월 25일 재수교를 체결했다. 북한은 1974년 6월 24일 수교 이후 사회주의 국가로서 동맹관계를 유지하고 있는 것으로 알려져 있다.

라오스는 내륙국가로서 메콩강을 배경으로 수력발전에 유리하며 산지가 70% 이상을 차지하여 광물자원이 풍부하다. 라오스 주민의 생활 수준은 높지 않은데, 일인당 GDP는 2023년 기준으로 2,600불 정도로 세계평균의 1/10 수준이며 경제 기반도 주로 농업과 관광에 둔다. 농업은 전체 GDP의 약 50%를 차지하며, 관광은 약 20%를 차지한다. 문자해독률은 80.4%로 세계평균인 86.3%에 비해 낮은 편이며, 평균수명에서도 69.1세 전후로 세계평균인 72.6세보다 낮고, 그리고 의료보건 영역은 개발도상국 수준에 해당하여 특히 지방의 경우 자격을 갖춘 의료진, 인프라, 의료기술과 의약품 등에서 상당히 열악한 수준을 보인다. 수도인 비엔티엔은 메콩강을 경계로 태국에 맞대어 위치해 있으며, 정치와 경제 등의 여러 측면에서 태국의 영향권에서 자유롭지 않다. 최근 라오스는 관광산업을 필두로 경제산업 전반에서 서방국과의 교류를 확대하며 경제에서의 활력을 시도하고 있다.

라오스에 거주하는 68개 종족 중에서 몽족(Hmong)은 라오쑹에 속하는 소수종족 중의 하나로써 2023년 기준으로 60만 명쯤이 거주하며 라오스에서 가장 큰 소수민족 중의 하나이다. 그들은 라오스의 북부와 중부 지역을 배경으로 농업과 목축에 종사하며 그들만의 독특한 문화와 전통을 갖고 생활하고 있다. 우리가 방문하였던 방비엔 부근의 몽족 마을은 1500여 명의 주민이 살고 있었다.

몽족은 동남아시아의 북부 산간지방과 중국 남서부 지방을 배경으로 살아가고 있는 소수민족이었는데, 베트남 전쟁 이후 그들 중의 일부는 미국, 프랑스 등지로 흩어져갔다. 역사적으로 그들은 자신을 Hmong(진정한 인간)으로 지칭하며 중국 황허 유역에서 살았다. 그들은 한(漢)족과의 투쟁에서 밀려나 중국 남쪽으로 이주하였으며 이후 산미아오(三苗)의 후

예 형태로 살았던 것으로 추정된다. 몽족 중 일부는 1850년경 중국 남부에서 동남아시아의 통킹만, 라오스 북부 산간지방으로 이주했다. 현재 그들의 대부분은 중국 남부와 베트남, 라오스, 태국 북부 산간 지역을 배경으로 삶을 영위하고 있다(임봉길, 2005; 김성건, 2014: 7).

인도차이나에서 베트남 전쟁이 월맹의 승리로 끝난 1975년 공산주의자들에 의해 라오스가 점령되었고, 미국 측을 도왔다는 이유로 그들 중 일부는 수용소에 남았고 다수 몽족은 미국, 프랑스, 호주 등의 세계 각지로 흩어져 재정착하게 되었다. 미국과 베트남 전쟁 때 미국에 협조했다는 이유에서 라오스 공산정권으로부터 수많은 박해를 받아왔고 정부의 분산정책에 따라 3년마다 이주생활을 할 수밖에 없었다. 그에 따라 그들의 생활 수준은 아주 낮은 편이었고 문명의 혜택을 제대로 받지 못하는 상태에서 살아가고 있었다.

방문했던 몽족 마을은 비엔티엔에서 180여km 떨어진 방비엔 인근에 위치해 있었다. 1500여 명의 주민이 거주하고 있었고, 라오스 정부의 억압과 박해로 말미암아 갖가지의 차별을 받고 있었다. 그런 박해와 차별은 마을 입구의 쑹강 다리 모습에서 여실히 볼 수 있었다. 입구의 다리 폭을 좁게 하였는데, 이런 좁은 다리는 소형차라도 왕래가 자유롭지 않았으며, 작은 규모의 달구지 정도만이 겨우 왕래가 가능할 수 있었다. 통상 라오정부는 마을 이장을 통해 주민을 관리·통제하는 전략을 동원해왔는데, 몽족의 경우 같은 몽족 출신의 마을 이장을 믿을 수 없어 라오스 정부가 임명한 초등학교의 학교장을 통해 주민을 관리·통제하였다. 그리고 그들이 같이 모여 살게 할 경우 힘이 결집될 것을 염려하여 3년에 한 번씩 마

을 전체를 이주하여 살도록 하는 강력한 이주 정책을 써왔다고 했다.[84]

2. 적정기술의 현지적용

적정기술의 현지적용은 다음의 세 영역으로 진행되었다. 라오스 사회에 적합한 적정기술을 선정하였으며, 이렇게 선정된 적정기술 제품은 라오스 국립대학 관계자들과 공동세미나를 통한 이론적 탐색을 거쳤으며, 이어 몽족마을 주민 대상으로 현장적용이 시도되었다.[85]

먼저, 라오스를 포함하는 저개발국 사회에 적합한 적정기술의 주제를 선정하는 것에서 프로젝트가 시작되었다. 학생들은 라오스 현지사회의 특성을 검토하였고, 이런 현지사회 특성을 반영할 수 있는 적정기술 제품을 구상하였다. 산학협력단(LINC, Leaders in INdustry-university Cooperation)은 참여학과(부) 대상으로 적정기술 관련 공고를 냈고 캡스톤디자인 강좌를 통해 적정기술 개발을 위한 학과별 참여를 유도하였다. 산단에서는 위원회를 개최하여 라오스 현지사회에 적합하도록 설계된 적

84 현지사회에서 수년간 몽족대상으로 각종 봉사활동을 해왔던 NGO활동가인 한○○에 의하면 "라오정부는 마을이장에 의한 농촌주민통치 전략을 사용해왔다. 그런데 몽족의 경우 미군에 협조했던 전력으로 비추어볼 때 같은 몽족인 마을이장에 의한 통치를 믿을 수 없어 라오 정부가 임명한 마을단위의 초등학교 교장을 통해 몽족마을을 실질적으로 통치하는 전략을 택한다."고 전해 주었다.

85 라오스 대상 적정기술은 2015년 1학기 동안 실시한 캡스톤디자인 강좌에서 융합형의 적정기술제품 개발로 이루어졌다. 출품된 10개 팀의 제품 중에서 LINC위원회 회의를 통해 5팀을 선발할 수 있었다. 선발된 팀은 2016년 1월 5일에서 1월 11일 동안 라오스를 방문하였고, 또 그들이 출품한 제품이 현지사회에 어느 정도의 적합성을 갖는지를 라오스 현지 전문가의 입장에서 타진할 수 있었다.

정기술 5개 팀(학과별)을 선발할 수 있었다.[86]

다음으로, 공학 영역의 적정기술은 '솔라셀에 의한 물정화 신재생 기술개발', '바람을 이용한 Wind Belt'였고, 인문사회영역의 적정기술은 '라오스 마을밀착형 위생관리 체체구축', '라오스 관광캐릭터 개발', 'Joint it yourself(조립식 주거시설 제작)' 등이었다. 선발된 팀은 라오스 국립대학 자연과학부의 교직원과 대학원생 대상으로 공동워크숍을 개최하였으며, 이 세미나를 통해 선정된 적정기술 제품이 라오스 현지 사회에 어떤 적합성을 띨 것인지에 대해 논의를 하였다. 워크숍의 발표를 통해 학생들의 적정기술 제품은 현지사회에 충분한 적용가능성을 가질 수 있다는 의견을 들을 수 있었다.

마지막으로, 라오스 주류사회로부터 차별과 억압에 놓여 있었던 몽족마을의 주민들에게 적정기술의 적용가능성을 타진하였다. 외부세계와의 단절과 각종 정부지원으로부터 배제된 상태에서 그들은 문명의 혜택을 받지 못하는 열악한 상황에 처해 있었다. "라오스 마을밀착형 위생관리 체계구축" 팀은 현지 주민들에게 자신들이 고안한 천연비누와 방향제 개발의 의미와 사용법에 대해 알려주었고, 아울러 현지 여건에서도 이런 비누와 방향제를 손쉽게 제작할 수 있는 방법을 설명하였다. 학생들은 마을회관에 모인 주민들에게 현지에서 쉽게 구할 수 있는 자연산 재료를

86 선발된 5개의 적정기술 제품은 모두가 융합형 형태로 구성·제작되었다. 선발된 5개 팀의 제품의 성격은 다음과 같다. A팀(개도국 보급을 위한 신재생 적정기술개발)은 기계공학과와 사회학과 학생 5명, B팀(바람을 이용한 Windbelt)은 전기공학과와 사회학과 학생 4명, C팀(라오스 관광캐릭터 개발)은 사회학과와 산업디자인과 학생 4명, D팀(라오스 밀찰형 위생관리 체계구축)은 사회학과와 전기공학과 5명, E팀(Joint it yourself; 조인트)은 산업디자인학과와 사회학과 5명으로 구성되었다.

활용한 비누와 방향제 만들기를 실습으로 보여주었고, 이렇게 만든 제품이 주민들의 건강한 삶에 미칠 수 있는 영향에 대해서도 설득력 있게 알려주었다.

Ⅲ. 적정기술의 적용과 성과

1. 적용 및 내용

1) 공학영역의 적정기술

라오스사회 대상의 적정기술은 두 영역에서 각각 개발 및 적용되었다. 먼저, 수도 비엔티엔 소재 라오스 국립대학 대학원생과의 워크숍을 통해 적용기술이 라오스 현지전문가의 시각에서 어떤 의미를 띨 수 있는지를 둘러싼 의견을 들을 수 있었다. 다음으로, 방비엔의 인근 지역에 위치한 몽족마을 주민을 대상으로 적정기술의 현장적용성을 탐색하는 형태로 진행되었다.

라오스 국립대학에서 발표되었던 적정기술 주제는 다음과 같다. A팀은 빗물집수를 통한 재생에너지를 이용할 때 물의 정수와 저장을 어떻게 효율화할 수 있는지에 대해 모색하였다. A팀은 적정기술의 의미를 적절하게 규정하는 것에서 논의를 시작하였다. A팀은 적정기술을 "현지에서 재료를 조달할 수 있어야 하며, 현지인들이 직접 유지·보수할 수 있어야 하고, 그리고 현지인의 삶에 도움이 되어야 하며, 또 나아가 현지인들이 적정하게 구매할 수 있을 정도의 낮은 가격으로 책정해야 하고, 그리고 가격이 비싸다면 현지인들의 경제적 능력을 감안하여 3년 이내로 갚을 수 있어야 하고, 또 현지인들에게 새로운 일자리나 사업을 창출할 수 있어야 할 것" 등으로 규정하였다. 이어 A팀은 인터넷 검색으로 진행된 사전조사를 통해 현지인들이 필요로 하는 것과 그들이 공통적으로 당면한 문제점이 무엇인지에 대해 탐색하였다. 라오스는 "불안정한 전기공급(우기에 한정), 낙후된 송수, 송전시설, 경제적 저 수준, 6개월 단위로 바뀌는 건기와 우기, 열대성 기후, 산악지형" 등으로 말미암아 상시적으로 "식수부족, 오염된 식수로 인한 수인성의 질병 발생, 열악한 송전시설로 인한 외곽 마을까지의 전기공급에의 어려움, 식량 보관상에서의 어려움, 의료시설의 열악함" 등에 직면한다는 사실에 대해서도 파악할 수 있었다.

적정기술의 아이템 설계는 다음과 같이 진행되었다. 물과 관련하여 처음으로 고려해야 할 문제는 '어디서 물을 얻어야 하는가'였다. 강에서 얻어지는 물은 중금속오염의 문제를 안고 있었고, 물통을 설치하여 비를 받는 것으로는 충분한 만큼 물의 양을 확보할 수 없다는 한계를 안고 있었다. 이런 조건에서 학생들은 나무에다 천을 고정하여 물을 받거나 땅속에 거대한 물탱크를 설치하여 주변의 땅에 떨어진 물을 모으려는 계획을 구상하기도 했다. 그렇지만 현실가능성과 효율성을 함께 염두에 둘 때 가장 효율적인 방법은 지붕을 이용하여 빗물을 모으는 데 있다는 생각에 이르렀다. 사전 조사에서 확인한 라오스의 주택양식은 옥상이 아닌 지붕 형태였음을 확인할 수 있었다.[87] 이를 감안할 때 A팀은 지붕에 떨어지는

---

87 라오스 지붕과 관련된 조사에서 학생들은 서울대학교의 한무영 교수팀이 비슷한 시설을 다른 지역에 보급한 적이 있다는 사실을 알게 되었으며, 이 사실을 통해 학생들의 과제가

빗물을 모아 저장하며, 또 오염된 물을 정화할 수 있는 필터를 가진 물탱크를 기획할 수 있었고, 특히 우기뿐만 아니라 건기에도 안전한 물을 사용할 수 있도록 물탱크를 만들어야 한다는 사실을 인지할 수 있었다. 덧붙여 수인성 질병을 유발하는 세균들을 없앨 수 있는 자외선램프를 설치하여 마음 놓고 마실 수 있는 물을 공급할 수 있도록 제품의 내용을 설계하기로 하였다.

A팀은 정수필터 부분부터 만들기로 했다. 정수필터를 만들어 물탱크의 뚜껑 부분에 설치하여 빗물 또는 오염된 물을 정화한 후 저장할 수 있도록 하였다. 이에 토대하여 99%까지의 살균력을 발휘할 수 있는 램프를 설계할 수 있었다. 이어서, 그들은 라오스 현지사회에 적용될 수 있도록 태양전지를 만들도록 기획하였다. 태양광 발전패널과 제품을 비교해본 결과 CIGS 태양전지를 태양광 패널로 선정하였다. CIGS 태양전지의 경우 다른 태양전지와 달리 가격이 조금 높은 면이 있지만, 효율성 면에서 상당히 유리하며, 특히 구름이 낀 날에도 발전이 가능하며 온도나 다른 주변 상황에 크게 영향을 받지 않기 때문에 열대성 기후에 우기까지 존재하는 라오스에 적합한 태양전지 체계라고 판단하였다. 그 이외의 다른 부분은 용도에 맞게 설계하여 제품을 제작할 수 있었다.

정수필터와 태양전지 체계구축을 위해 시제품의 구입비는 다음과 같았다. 전기와 관련된 기구의 가격이 약 650,000원, 물탱크 및 정수필터, 그리고 그와 관련된 기구가격이 약 150,000원으로 총 800,000원이 소요되었다. 그들은 재료비를 캡스톤디자인 강좌의 지원비로 충당하였

라오스 현지사회에서 실현가능성이 있다는 점을 확인할 수 있었다.

다. 이렇게 만들어진 제품이 라오스의 현지 여건에서 어떤 적용가능성을 띨 것인지에 대해서는 직접 방문을 통해 눈으로 확인하기로 하였다. 그들은 라오스 현장 방문을 통해 비엔티엔 외곽의 집들을 보면서 제품의 현장적용 가능성을 확신할 수 있었다. 전기가 공급되는 집이 많아 자외선 램프와 관련된 기구가격을 약 50,000원 정도로까지 떨어뜨릴 수 있다고 보았다. 빗물받이를 이용한다면 큰 수고를 들이지 않고도 지붕에 내리는 빗물을 모아서 사용할 수 있음을 알게 되었다. 문제는 전기공급이 잘되지 않는 곳에서 800,000원은 현지적용성에서 장애 요인이 될 수 있다고 보았다. 그렇지만 기업의 협력 혹은 정부의 보조금이 있다면 이런 애로사항을 극복할 수 있을 것으로 예측하였다.

B팀은 전자력 방식인 에너지 하베스팅에 의한 Wind Belt를 기획하여 제작하였다. 최근 새로운 형태의 신재생 에너지인 에너지 하베스팅 기술이 크게 각광을 받고 있음에 주목하였다. 에너지 하베스팅 기술은 말 그대로 우리 주변의 여러 곳에서 에너지를 수확할 수 있는 모든 기술을 일컫는다. 흔히 말하는 풍력발전, 조력발전, 태양광 발전 등은 모두가 에너지 하베스팅에 속하는 것으로 볼 수 있다. 이에 B팀은 풍력 에너지로부터 진동을 만들어낼 수 있는 필름을 발전기 코일 사이에 두고 불어오는 바람을 활용하여 전력을 생산할 수 있도록 하였는데, 이를 위해 학생들은 전력생산을 위한 필름과 코일을 고정하여 설계·기획하여 에너지를 얻을 수 있었다.

첫째, Wind Belt의 설계배경과 동기는 다음과 같다. 에너지 하베스팅 기술은 주변에서 에너지를 수확하는 모든 기술을 일컫는데, 풍력발전, 조력발전, 태양광 발전 등이 에너지 하베스팅에 속한다. 에너지 하베스팅 기술은 에너지저장에 필수적인 배터리와 밀접히 관련된다. 대부분의 기술영역에서 경량화가 급속히 진행되었지만, 배터리의 경우 성능이 두 배 정도 향상되는 데 그쳤다. 게다가 자동으로 방전되기에 충전을 위해 다시 전원을 연결해야 할 필요가 있다. 전력을 무선으로 송신할 수 없고, 배터리의 경우 지속적으로 교체해야 한다. 이런 상황을 고려할 때 에너지 하베스팅 기술력의 향상이 한층 요청된다. 풍력발전으로 터빈을 설치할 수도 있지만, 비용이 많이 드는 단점이 있다. 세계적인 추세는 원자력과 화력 의존도를 줄여가고 대신 신재생 에너지의 필요성을 증가시키는 것이다. 풍력 에너지를 활용한 재생에너지는 배터리 구입이 힘든 오지나 전력 공급이 잘되지 않는 곳에서 에너지 공급을 원활하게 할 수 있다. 에너지 하베스팅의 경우 소규모 비용으로 아주 간단한 원리를 활용해 라오스를 비롯한 저개발국의 에너지 문제를 해결하는 데 도움을 줄 수 있다. 특히 라오스와 같은 산악지역이 많은 곳에서 바람을 이용한 에너지체계를 구축하는 것은 태양광, 수력발전에 의한 전력확보보다 더 나은 효율성을 줄 수 있다.

둘째, Wind Belt의 구체적 설계는 패러데이 전자기 유도법칙을 따랐다. 전자기 유도에 의해 회로 내에서 유발되는 기전력의 크기는 회로를 관통하는 자기력선속(磁氣力線束)의 시간적 변화율에 비례한다. 즉, 자석에 가까이 다가가면 밀어내려는 방향으로 자석에서 멀어지면 당기는 방향으로 유도기전력이 생긴다는 원리를 활용하였다. 이어 학생들은 발전기(Generator)를 디자인하였다. 그들은 발전기에 대한 아이디어를 Humdinger Wind Energy의 모델에서 얻었으며, 모델에 의거하여 발전의 기초적 설계를 진행할 수 있었다. 설계 흐름은 전자력 방식의 솔레노

이드와 네오디움 자석을 이용한 전력생산과 발전 부분인 Flutter Band의 설계, 정류회로 설계 등의 세 영역으로 진행하였다. 발전은 공기 흐름을 이용한 벨트의 진동 대역에 바탕하여 이루어질 수 있었다. 또한, 그들은 충전 회로의 제작을 위해 배터리에 전력을 충전할 수 있도록 한 인버터를 통해서 일상생활에 응용할 수 있도록 했다.

셋째, 일반적으로 다이오드 브릿지 정류기는 Full 파형이 나타나는 회로를 통해 에너지로 바꿀 수 있었다. Flutter band generator(윈드벨트)를 사용할 때 문제점은 진동 파형에서 저전압이 나온다는 것이었다. 브릿지 회로에서 다이오드에 바이어스되어 약간의 전압손실이 생긴다는 사실에 주목하였다. 여러 다이오드에서 0.6~0.7V의 전압강하가 생길 수 있다. 쉽게 말해, 1V의 전압에서 전압강하가 일어나더라도 매우 낮은 전력이 나올 수 있음에 유념하였다. 이런 전압손실을 최소화하기 위해 학생들은 W06M의 다이오드를 사용하여 이 문제를 해결하려 했다.

넷째, 학생들은 테스트할 때 사용했던 나무 대신에 아크릴 프레임을 사용함으로써 정류회로를 통해 직류전압을 발생할 수 있도록 LED를 구동하였다. 이론적 데이터 값으로 사용했던 코일과 자석의 두께, 위치, 각도 등을 여러 변수로 변경하였다. 이런 변경을 할 때 최종 파형이 7.1V 가량이 나올 수 있음을 알게 되었으며, 그리고 이 정도의 에너지 생산이 가능하다면 건전지와 기타의 전자 전기 제품에도 활용할 여지가 있음을 확인할 수 있었다. 학생들은 최종작품에서 파형을 이용할 때 부피는 작으면서 저렴한 가격으로 양질의 에너지를 얻을 수 있었다. 그들은 이렇게 획득한 에너지를 라오스에서 일반화되어 있는 자전거와 오토바이에 활용할 수 있도록 하였다. 그들은 이른바 라오스 친화형 에너지 체계인 윈드벨트를 통해 얻은 전력생산을 조명등에 활용할 수 있도록 하였고, 그리고 이를 자전거 혹은 오토바이용 배터리 충전용으로 활용할 수 있게 설계하였다. 아울러, 그들은 바람이 많이 부는 산에서 지속적인 에너지전달이 가능하여 라오스 환경에 적합한 소형발전기로 사용할 수 있도록 설계했다. 학생들은 무한한 청정에너지원인 풍력을 이용하여 50만원 이내의 비용으로 발전시스템을 가동할 수 있도록 하였다. 무한정의 자원을 바탕으로 6V 이상의 전압을 꾸준히 생산하면서 가격에 대비하여 에너지 효율성을 높일 수 있도록 하였다.

학생들이 설계한 제품인 풍력을 이용한 에너지 하베스팅 기술은 무

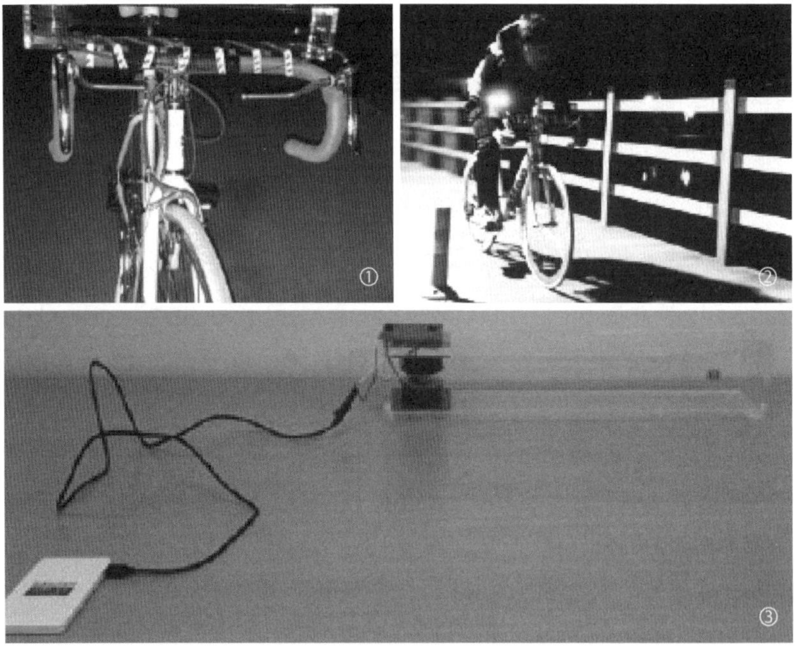

<최종 완성 작품>
①, ② 정류된 파형을 이용한 조명등 활용
③ 정류된 파형을 이용한 에너지 저장

공해 에너지를 얻을 수 있는 장점이 있다. 이 제품은 대기오염에서도 자유롭고 원전에서 오는 위험에서도 안전할 수 있다. 또 이 제품은 풍차를 이용한 풍력발전에 비해 움직임이 적으며 제약된 공간에서도 이용이 편리할 수 있다. 옥상난간, 차량, 가로등과 같이 일정 수준의 에너지를 얻을 수 있는 곳이면 언제든 활용할 수 있다. 아울러, 크기를 늘리거나 축소할 수 있어 어떤 공간에서도 맞춤형의 제작이 가능할 수 있다. 이 제품을 활용할 때 정류되어 나오는 직류전압이 꾸준히 5V를 유지할 수 있는데, 이 정도의 에너지는 LED나 소비전력이 적은 가전제품에도 활용될 수 있다. 아크릴로 내구성을 만들었기 때문에 쉽게 부서지거나 금이 잘 가지 않는다. 이 제품은 바람이 있는 곳이면 언제라도 누구나 쉽게 에너지로 활용할 수 있어 실생활에 편리하게 적용할 수 있었고, 이는 라오스 밀착형 제품으로 인정받을 수 있었다.

2) 인문사회적 영역의 적정기술

C팀은 라오스의 관광산업을 활성화하는 데 기여하는 현지적합형의 관광 캐릭터를 개발하고자 하였다. 최근 라오스는 폐쇄적, 은둔적 통치체계에서 개방사회로 전환하고 있으며, 이런 과정에서 관광자원 개발은 국가의 경쟁력을 향상하는 데 큰 역할을 하는 것으로 보고 있었다. 라오스의 전통과 문화에 토대한 인문사회 영역의 적정기술에 대해 좀 더 자세히 살펴보도록 한다.

첫째, 학생들은 관광산업의 활성화에서 캐릭터 개발이 꼭 필요한 것으로 보았다. 현대사회에서 캐릭터는 디자인의 아이콘 내지 소통의 아이콘으로서 문화 측면에 큰 공헌을 할 수 있으며, 나아가 미키마우스, 무민 등에서와 같이 홍보에 의미를 던질 수 있다. 그들은 라오스 관련 기존의 캐릭터와 상징물 관련 조사를 통해 라오스 사회와 라오스인의 정체성을 잘 드러낼 수 있는 캐릭터를 고안하고자 하였다. C팀은 라오스 관광시장이 매년 급성장한다는 사실에 대해서도 주목하면서 라오스 사회의 특성을 잘 살릴 수 있는 캐릭터를 개발하고자 하였다.

둘째, 캐릭터를 선정하는 데는 다음의 몇 가지 사항을 고려하였다. 학생들은 코끼리 백만 마리의 뜻을 가진 라오스 최초의 통일왕국인 란쌍왕국에 주목하였다. 라오스에서 과거 농업 및 벌목산업에 이용되었던 코끼리는 현재 코끼리를 활용한 트래킹 산업에 이용되고 있으며, 또 밀렵꾼과 농경지 확대에 따른 서식지 감소로 멸종위기에 내몰리고 있다. 라오족은 8세기 무렵부터 중국남부에서 하천을 따라 남하하였고, 13세기 무렵 몽골제국의 세력 확대에 따라 라오족을 포함한 타이계의 여러 민족이 함께 남으로 이동하였다. 이에 라오스 각 지역에 무앙으로 불리는 호족 정치체제가 성립하였고, 그중 라오계는 치앙마이를 중심으로 한 란나왕국과 루앙프라방 중심의 란쌍왕국을 건국하였다. 이후 란나왕국은 쇠퇴하였고 그 뒤 1353년 란쌍왕국이 세워졌고, 이 왕국이 현재 라오스를 대표하게 되었다. '백만 마리의 코끼리'라는 의미를 지닌 란쌍왕국은 한때 인도차이나 반도에서 가장 큰 면적을 지닌 왕국이었고, 그에 따라 란쌍왕국은 현재까지도 라오스 영광의 상징으로 받아들여지고 있다. 이에 학생들은 란쌍왕국을 상징하는 코끼리를 캐릭터로 선정하기로 하였다.

셋째, 라오스의 문화와 전통에 대한 조사연구를 토대로 C팀은 라오스 관광산업 증진에 필요한 캐릭터를 고안하였고, 이를 활용한 티셔츠와 조끼제작에 착수할 수 있었다. 아래 그림은 C팀이 라오스 문화를 염두에 두면서 그들이 직접 만든 티셔츠와 조끼이다.

C팀은 라오스 국립대에서 개최되었던 워크숍에서 라오스 사회 대상 캐릭터의 선정과 개발과정, 그리고 그것이 갖는 상징성에 대해 프레젠테이션으로 발표하였다. 이어 워크숍에 참석했던 라오스 관계자들에게 그들이 직접 고안·제작한 티셔츠와 조끼의 의미에 대해서 자세하게 설명하였고, 현지 전문가로부터 라오스 관광산업의 활성화에 긍정적 영향을 미칠 수 있을 것이라는 호평을 받았다. C팀은 자신들이 직접 만들어간 조끼와 티셔츠를 몽족마을 주민에게 그 의미를 설명하였고, 그들 대상으로 이 조끼를 활용한 관광객 유치의 중요성을 알려주었다. 각종 차별과 억압의 조건에 놓여 있는 몽족주민에게 티셔츠와 조끼제작이 갖는 의미를 설명하였으며, 이에 의해 그들의 역사와 전통에 녹아 있는 문화가치를 활용한 관광산업 육성의 중요성을 구체적 사례를 들어 알려 주었다. 몽족대상의 적정기술의 적용은 마을회관에 모인 20여명의 주민들을 비롯한 현지 초등학교의 교직원과 학생들 대상으로 실시하였고, 그리고 주민들로부터

따뜻한 환대를 받을 수 있었다.[88]

라오스는 대학입학자가 동일연령의 3%수준에 불과하며 공산품의 대다수를 인근 태국 등지로부터 수입할 정도로 열악한 산업인프라 환경을 갖추고 있다. 이런 상황에서 라오스 전통과 문화를 활용한 관광캐릭터 개발은 관관산업 활성화에 의한 라오스인의 삶의 질 향상에 다가갈 수 있다. 캐릭터 개발은 생명력을 불어 넣어주는 스토리가 있어야 하며 현지 여건에 적합한 문화적합성을 갖추어야 하고, 그리고 적절한 마케팅과 유통이 뒷받침될 때 성공적일 수 있다. 학생들이 기획한 라오스 사회 적합형 캐릭터 개발이 현지사회에 어느 정도 적합성을 띨 것이냐에 대해서는 일정한 한계가 따를 수 있지만, 관광캐릭터 활용을 통한 관광산업의 활성화는 변화를 모색하는 라오스 현지인에게 나름의 색다른 의미를 던져줄 수 있었다.

D팀은 라오스 마을밀착형의 위생 문제를 해결하는 데 도움을 제공할 수 있는 비누와 방향제를 제작·적용하였다. 학생들은 라오스의 위생문제를 해결하는 핵심기준을 일시적인 개선이 아닌 지속가능한 해결책을 어떻게 찾아야 할 것인가에 두고자 했다. 그들은 이런 점에 유의하면서 위생용품을 일시적으로 제공하는 것에서 벗어나 본질적으로 위생문제를 해결하는 데에서 찾으려 하였다. 이에 대한 해결책으로 그들은 해충퇴치식물인 로즈제라늄 씨앗보급을 통해 위생제품을 직접 제작하여 손쉽게 사용할 수 있는 방법을 알려주는 것에서 찾았다.

---

88 마을주민들도 학생들의 정성에 보답하는 의미에서 적정기술에 참여했던 일행들에게 현지식의 점심을 제공하였다. 촌장과 초등교장 중심으로 주민들은 마을회관에서 음식을 차렸고, 학생들을 따뜻하게 맞이해주었다. 그것이 그들의 손님 대접 방식이라고 하면서 그들만의 따뜻한 정을 보여주었다.

몽족마을은 주변의 수려한 산세에 어울리지 않게 마을 곳곳에 가축분뇨가 가득했고 주민들도 분뇨로 가득 찬 마을 생활에 대해 별다른 위생의식을 갖지 않고 생활하고 있었다. 주민들은 허름한 옷차림에 위생의식 없이 얼굴과 손발에 때를 가득 묻힌 채 살아가고 있었다. 문제는 면역력이 약한 아이들이 가축분뇨로 오염된 토양을 배경으로 흙장난을 치며 소꿉놀이를 한다는 사실이었다. 이에 D팀은 몽족마을 회관에서 20여명의 주민들을 대상으로 위생의 중요성을 알려주었고, 그들이 현지의 천연식물을 이용해 비누와 방향제를 만드는 방법을 알려주었으며, 그리고 비누와 방향제를 사용할 경우 위생에 어떤 효능을 줄 것인지를 설명해주었다. D조는 라오스 현지에서 쉽게 구할 수 있는 친환경 식물인 로즈제라늄 씨앗을 활용해 비누와 방향제를 누구나 쉽게 만들 수 있는 방법을 알려주었다.

라오스 위생상태 개선에 사용할 수 있는 로즈제라늄은 원산지가 아프리카인데 전 세계적으로 자생할 수 있으며, 무엇보다도 어떤 가혹한 환경에서도 잘 적응할 수 있으며, 또 누구라도 쉽게 기를 수 있는 특징이 있다. 로즈제라늄은 특성상 각종 해충을 막아주는 방충효과가 있으며, 그리고 이를 말릴 때 마실 수 있는 차로도 활용할 수 있으며, 약간의 가공을 거친다면 위생제품으로도 이용할 수 있다. 이 식물은 자생력이 강하여 기르는 데 문제가 없지만, 이 마을의 경우는 이 식물을 제대로 관리할 수 있는 역량을 갖추고 있지 않았다. 그것은 마을에 널리 퍼져 있는 가축분뇨로 인해 식물이 오염될 가능성이 있었기 때문이다. 학생들은 이 점에 주목하여 이 식물을 오염 없는 상태로 키워 위생제품에 이용해야 한다는 사실에 대해 강조하였다.

D팀이 제작·보급한 친환경 비누와 방향제의 경우 라오스 주민들에게 친환경적 위생제품을 만들 수 있는 재료를 반영구적으로 공급해줄 수 있는 장점이 있었다. 그리고 이 제품은 라오스 주민들이 필요로 하는 위생제품을 스스로 만들어 사용할 수 있었기 때문에 큰 비용을 들이지 않고도 지역 재료 활용을 통해 충분히 위생적 삶을 가능하도록 할 수 있었다. 문제는 위생과 보건을 바라보는 현지인의 의식이었으며, 특히 위생적인 삶을 실생활에서 실천할 수 있게 하는 보건사회적 환경구축과 위생의식을 갖추도록 할 수 있느냐에 달린 것으로 보였다.

2. 성과

공학적 영역에서 적용된 적정기술의 성과에 대해 살펴본다. 먼저, "물 부족의 해결을 위한 신재생에너지 활용의 Low-tech 집/정수조 개발" 팀은 라오스 사회가 당면한 불안정한 전기공급(우기 한정), 낙후된 송전시설, 6개월 단위로 바뀌는 건기와 우기, 열대성 기후, 산악지형 등의 열악한 에너지 문제에 주목하였고, 이런 문제의식에 근거하여 그들은 식수 부족, 강 오염으로 인한 수인성 질병 발생, 열악한 송전시설로 인한 외곽 마을까지 전기공급의 어려움, 식량 보관의 어려움, 의료시설의 열악함 등을 극복하고자 하였다. 특히 이 팀은 각 집집 마다의 지붕에 떨어지는 빗물을 모아 저장할 수 있도록 하였고, 또 오염된 물을 정화할 수 있는 필터를 갖춘 물탱크를 만드는 데 기여할 수 있었으며, 동시에 우기뿐만 아니라 건기에도 주변의 오염된 물을 정화할 수 있도록 했다. 덧붙여 수인성 질병을 유발하는 세균들을 없애면서 이에 의해 안심하고 마실 수 있는 물 공급을 가능케 할 수 있는 자외선램프를 설치하고자 하였다. 이 팀은 현지주민의 삶에 적합한 자연자원을 이용해 편안하게 마실 수 있는 물을 확보할 수 있도록 하였으며, 아울러 이를 통해 현지지역에 전력을 안정적으로 확보할 수 있도록 하는 데도 도움을 제공하였다.

다음으로, "바람을 이용한 Wind Belt"는 풍력 에너지로부터 진동을 만들어낼 수 있는 필름을 발전기 코일 사이에 두고 불어오는 바람을 활용하여 전력을 생산할 수 있는 기술체계라 할 수 있다. 이 제품은 산지가 70% 이상을 차지하는 라오스의 자연환경을 염두에 두고 바람이 많은 산에서 지속적인 에너지의 전달이 가능할 수 있도록 하였다. 이는 라오스 여건에 적합한 소형발전기로 사용될 수 있음을 의미한다. 이는 무한한 청정에너지원인 풍력을 이용하여 50만 원 이내의 적은 비용으로도 발전시스템을 가능케 하였다. 이 기술은 무한정의 자원을 바탕으로 6V 이상의 전압을 생산할 수 있으며, 가격대비 효율성이 높을 것으로 볼 수 있다. 또한, 풍력을 이용한 에너지 하베스팅 기술은 무공해 에너지를 얻을 수 있게 하였다. 특히 바람을 이용한 윈드벨트는 저개발국인 라오스의 에너지 문제해결에 중요한 시사점을 줄 수 있었는데, 이는 곧 현지사회에 적합한 적정기술 체계로 볼 수 있었다. 위의 두 사례는 라오스 국립대학 자연과학부 소속 전문가들로부터 현지적합성을 인정받았으며, 동시에 상용화할 경우 현지 주민의 삶의 질 향상에 직접적인 영향을 미칠 수 있을 것이라는 평가를 받았다.[89]

---

89 이 때 라오스 국립대학의 대학원생 두 명도 신재생에너지 관련 발표를 하였는데, 현지 대학원 발표수준은 우리의 학부학생 수준과 비슷하다는 평이 일반적이었다. 학부 수준에서 시도하는 우리의 적정기술 관련 프로그램은 현지사회 전문가들에게 신선한 충격을 주었으며, 그들로부터 지속적인 교류 필요성이 있다는 의견을 들었다. 다만, 우리의 적정

인문사회 영역에서 개발된 적정기술의 성과는 다음과 같다. 먼저, "라오스에서의 관광캐릭터 개발"은 라오스의 전통과 문화를 관광캐릭터로 담아 라오스의 산업 활성화에 기여할 수 있는 것으로 평가받았다. 학생들은 컴퓨터 그래픽을 활용함으로써 라오스 전통문화에 토대한 관광캐릭터를 고안하였고, 이를 상품화한 티셔츠와 조끼 형태를 실천으로 구체화하였다. 이는 라오스의 관관 산업의 활성화를 촉진할 수 있으면서 동시에 라오스 전통문화의 재조명에도 이바지할 수 있는 장점이 있었다. 컴퓨터 매개 디자인을 통해 티셔츠와 조끼를 제작함은 큰 비용을 들이지 않으면서 라오스 전통문화의 의미를 드러낼 수 있었으며, 나아가 이는 현지주민들의 직업창출은 물론 이에 의한 현지인의 삶의 질을 향상하는 데 영향을 줄 수 있었다. 이 사실은 과거 라오스의 자부심과 자긍심을 현대 라오인의 눈높이에 맞게 형상화함으로써 전통문화와 현대문화의 연결지점을 놓을 수 있는 가교역할까지 훌륭히 수행해낼 수 있을 것이라는 평가를 들을 수 있었다.

다음으로, "라오스 마을밀착형 위생관리 체계구축" 팀은 라오스의 소수종족인 몽족마을 주민을 대상으로 친환경 식물인 로즈제라늄 씨앗을 활용한 비누와 방향제 제작과정을 시연을 통해 보여주었다. 라오스 정부의 박해로 오랜 시간 동안 화전민(3년마다 이주시킴)으로 살아왔던 몽족의 삶은 주거형태와 실생활 측면에서 열악한 모습이었다. 문명의 혜택을 받지 못한 채 살았던 그들의 열악한 삶을 염두에 둘 때 위생 여건을 개선하는 것은 그들의 삶의 질을 획기적으로 향상하는 것과 밀접히 관련되었다.

기술 관련 교류프로그램은 일회적이며 한시적으로 진행되는 한계에서 자유롭지 않았다.

현지의 어디서나 쉽게 구할 수 있고 또 키울 수 있는 로즈제라늄 씨앗을 활용한 비누와 방향제 제작은 그들의 위생상태를 개선하는 데 큰 역할을 하는 것으로 볼 수 있었고, 이를 일상생활에서 적극 활용할 수 있도록 계도하는 것이야말로 그들의 위생의식을 향상하는 것과 맞닿는 것으로 보였다.[90]

Ⅳ. 지속가능사회 실현으로서 적정기술

최근 적정기술을 둘러싼 논의는 글로벌적 현안의 과제로 부각하고 있다. 적정기술에 의한 지속가능사회의 실현 여부는 국가 간 및 개인 간 영역에서 간격과 격차가 심화하는 경제사회적 현실에서 중요한 시대적 아젠다가 되고 있다. 대자본에 의한 거대기술 체계는 '인간의 얼굴을 한 자본주의'에서 한층 멀어지고 있으며, 그에 따른 고도성장과 초고속 발전에서 비롯한 수많은 탈락자를 양산하고 있다. 이런 시대적 환경에서 적정기술은 점점 가속화되는 첨단 기술사회를 배경으로 문명화한 인간이 기술 없이는 살 수 없음을 인정하고 기술을 부정하는 대신 기술에 인간적 색을 입힘으로써 지속가능한 사회를 만드는 데 긍정적 역할을 하려는 관

---

90 현지주민들과의 간담회를 개최하여 주민들이 당면한 현안을 청취할 수 있었다. 그들은 주변에 풍부한 수량이 있지만 정작 식수확보에 큰 어려움을 겪고 있었다. 석회질이 함유된 물의 성분으로 인해 식수로 적합하지 않다고 하였다. 따라서 마을 뒷쪽의 해발 1000m 이상의 산을 넘어 위치한 호수에서 물을 길어올 수밖에 없다고 하였다. 최근 NGO 단체의 도움으로 파이프를 설치하여 물을 끌어오고 있는데 산 정상 부근의 파이프가 터져 물을 확보하는 데 어려움이 있다고 하였고, 이의 수리를 위해 미화 10,000불 정도가 필요하다며 도움을 요청할 정도였다.

점을 받아들인다. 이 장의 논의에서는 적정기술에 의한 지속가능사회의 실현에 염두를 두면서 대학생들이 직접 고안·제작한 적정기술을 라오스 현지 사회에 적용하려 하였고, 이를 통해 현지인의 삶에 어떤 긍정적 영향을 미칠 수 있는지를 타진하려 하였다.

공학영역에서 제작했던 물 문제해결을 위한 신재생에너지 개발팀 및 바람을 이용한 윈드 벨트제작 팀은 무공해 에너지원을 확보하려 하였고, 이의 활용을 통해 현지의 자연자원을 이용하여 현지인의 삶의 질을 향상할 수 있도록 하는 데 한발 가깝게 다가설 수 있도록 했다. 인문 영역에서 제작한 라오스 전통문화 활용의 관광캐릭터 개발과 라오스 지역주민 밀착형의 위생체계 구축 팀은 현지의 인문 사회적 문화 현상을 소재로 하여 현지인의 소득증대는 물론이며 이에 덧붙여 지역문화 창달의 의미를 재조명하고자 시도하였다.

라오스 대상의 적정기술을 현지 사회에 적용할 때 유의할 점은 다음과 같았다. 우선, 방문할 현지 사회에서 필요로 하는 적정기술의 내용이 무엇이어야 하며, 그리고 이의 해결을 위해 어떻게 현장성을 정밀하게 파악할 수 있느냐와 관련된다. 현지사회 친화적인 적정기술을 정확하게 파악하여 현지 주민들이 직접 당면하는 삶의 어려움을 해결해줄 수 있는 적정기술을 개발하여 적용할 수 있을 때 적정기술의 의미를 한층 잘 살릴 수 있을 것이기 때문이다. 예컨대, 몽족마을의 경우 식수문제의 해결이 당면과제였으며, 이의 해결에 필요한 적정기술을 어떻게 확보하여 적용할 수 있느냐는 현안의 과제일 것이다. 다음으로, 적정기술의 지속가능성 문제를 어떻게 해결할 것이냐와 관련된다. 일회성에 그칠 수 있는 적정기술을 갖고서는 현지사회의 안정적 변화에 한계를 노출할 수밖에 없을 것이기 때문이다. 이런 측면에서 현지대학과 한국대학 간의 지속적 관계맺음을 통해 현지의 동향을 파악할 필요가 있을 것이며, 동시에 어떤 적정기술이 인간 삶에 선한 영향을 미치는지에 대해서도 지속적인 관심을 가져야 할 것이다. 마지막으로, 적정기술의 적용을 현지인 친화적 측면에서 이해하여 접근할 필요가 있다. 현지사회에 내재한 문화적 맥락을 충분히 이해하여 접근할 수 있어야 하며, 또 현지인과의 친화적 자세를 가질 수 있어야 한다. 이런 현지사회 수용적 자세를 갖지 못할 때 아무리 우수한 적정기술 프로그램을 적용한다 해도 현지사회에의 성공적 안착이란 불가능할 것이기 때문이다.

라오스 사회 대상의 공학적, 인문 사회적 영역에서의 적정기술은 대학교육의 새로운 가능성 타진에도 중요한 시사점을 던질 수 있는 것으로 보였다. 대학교육의 미래는 이론(대학)과 실천(현장)의 적절한 접목을 통해 현장 친화적 내지 현장 밀착형의 교육프로그램을 개발·구축하느냐와 밀접히 관련된다고 보기 때문이다. 특히 인문 사회적 영역에서 적정기술 개발과 적용은 사회밀착형 인재를 육성하는 것은 물론이며 나아가 급변하는 시대환경에 적합한 신유형의 직무를 창출할 가능성에까지 영향을 줄 수 있기 때문이다. 덧붙여, 라오스 대상 적정기술의 개발·적용은 국내 영역의 산학협력을 넘어서 글로벌 차원의 산학협력 프로그램을 구축하는 데도 시사하는 바가 적지 않으며, 이는 청년들의 도전적 일자리 창출에도 커다란 영향을 미칠 수 있는 것으로 볼 수 있었다.

3장

적정기술과 대학교육

현행 대학교육은 교양시민 육성을 위한 진리추구를 실현하는데 두기보다 경제사회적 실용성을 키우는 데 총력을 기울인다. 최근 청년취업 문제가 현안의 시대사회적 과제로 부각되면서 대학교육은 취업률 제고를 비롯한 경제 사회적 필요성으로부터 자유롭지 않다. 인력구조가 근본적으로 재편될 4차 산업혁명 시대를 맞이하여 대학교육은 새로운 위기현상에 직면하고 있다. 시대적 전환기를 맞이하여 대학교육은 어떤 모습으로 어떤 방향을 추구해야 하는지에 대해 적절한 대안을 잘 찾지 못하고 있다. 대신 대학들은 우수학생 유치와 취업률 향상, 그리고 각종 프로젝트 수주 등으로 대변되는 지표상의 성취를 이루기 위해 한층 치열하게 경쟁해야 할 존립 상의 위기상황을 맞이하고 있다.

지방대학, 그중에서도 지방에 위치한 사립대학은 한층 더 절박한 위기상황에 내몰리고 있다. 저출산에 따른 입학생의 급감 현상은 수도권에서 먼 곳에 위치해 있는 지방대학부터 그 존립 상의 심각한 위기현상에 당면할 것이다. 이런 와중에서 교육당국은 각종 평가 잣대를 만들어 기준을 충족시킬 수 없는 대학들부터 재정적, 법적 제재를 가하고 있다.

입학생 급감 현상과 국가단위 평가라는 이중적 압박구조 상황에서 지방 사립대학은 어떤 교육적 대응을 모색해야 하느냐를 놓고 중대한 전환을 맞이하고 있다.

이런 시대적 전환에 따른 대학교육의 대응책 모색은 다양한 방식과 접근으로 시도될 수 있을 것이다. 이 장에서는 현행 대학교육이 안고 있는 새로운 전환 모색을 대학-지역사회의 연계교육에서 그 가능성을 찾고자 한다. 대학의 전문적 인적자원을 지역사회의 다양한 영역과 활동에 접목·활용할 수 있을 때 지역사회의 경제사회적 상황이 한층 활성화할 수 있을 것이며, 그것은 다시 대학사회로 환류(feedback)되어 대학교육을 한층 역동적 모습으로 변화시킬 수 있다고 보기 때문이다. 이런 점을 염두에 둘 때 지역사회 연계형의 대학교육 프로그램을 개발하여 운영하는 것은 단기적 관점에서 현행 대학교육이 당면한 위기 현상에서 벗어날 수 있는 현안이 될 것이며, 장기적 관점에서 4차혁명으로 대변되는 새로운 시대전개에 대응할 수 있는 대안적 형태의 교육으로 볼 수 있다.

현행 지방대학이 처한 현안을 염두에 두면서 여기서는 대학-지역연계 교육의 실천을 LINC+ 지역사회 캡스톤디자인 수업의 운영과 현장적용을 통해 탐색해볼 것이며, 이를 토대로 대학교육의 새로운 청사진이란 어떤 모습이어야 하는지를 살펴보고자 한다. 이를 위해 먼저, 대학-지역사회 연계형 교육으로서 LINC+ 캡스톤디자인 수업의 성격이란 어떤 모습인지에 대해 다룬다. 다음으로, 대학-지역사회 연계교육의 구체적 실천을 LINC+ 지역사회 프로그램의 현장적용 차원에서 논의할 것이다. 그런 실천사례는 캡스톤디자인 수업의 개발과 설계, 운영과 성과 측면에서 구체화하여 드러낼 것이다. 마지막으로, LINC+ 지역사회프로그램을 적용한 결과, 어떤 교육적 성과를 냈는지를 검토할 것이다. 요컨대, 이 장에서는 지역사회캡스톤디자인 수업이 어떻게 설계·운영되었는지를 살펴보고, 어떤 교육적 성과를 낼 수 있는지에 대해 살필 것이다.

Ⅰ. 적정기술과 대학-지역사회 연계교육

1. 대학-지역사회 연계교육

최근의 지식정보화의 진전과정에서 상아탑으로서의 대학교육은 새로운 국면을 맞이하고 있으며 4차산업 혁명 시대의 도래에 즈음하여 대학교육은 또 다른 재편의 상황에 당면하고 있다. 학문으로서의 성격이 강했던 대학교육은 현실사회가 당면하는 현장적 삶의 문제에 좀 더 깊숙이 개입하여 해결해야 할 과제를 안게 되었고, 이를 통해 현실사회를 선도해 가야 한다는 생각을 갖게 되었다. 이에 상아탑으로서의 대학교육은 퇴색될 수밖에 없게 되었으며, 대신 실용지식 창출로서의 대학교육이 대세로 등장하게 되었다.

이런 상황에서 대학교육의 대중화가 불가피하게 되었고 이에 전문학자로서의 자격을 갖추도록 하기보다 실천가적 직업능력과 자질요건을 중요시하고 있다. 즉, 대학교육은 학문적 지식과 역량을 강조하기보다 지식의 현실적 활용을 통해 직업인의 역량을 갖추는 것을 더욱 중요시한다 (임규정, 2016: 208). 물론 대학교육이 학문지향적이어야 하느냐 아니면 현실지향적이어야 하느냐에 대한 교육적 합의를 이룬 것은 아니지만 대학교육을 바라보는 현실사회의 인식은 취업 능력 향상을 통한 일자리 창출에 더 많은 관심을 두는 것으로 자리매김하고 있다.

대학교육을 둘러싼 현실사회 적응 능력의 강화는 대학-지역사회 연계교육 형태에서 잘 찾아볼 수 있는데, 그 구체적 모습은 자기주도형 학습형태(Self-directed Learning Theory)와 밀접한 관련을 갖는다. 자기주도형 학습은 “학습자가 주도권을 갖고 타인의 도움을 받거나 혹은 스스로 힘으로 학습 필요성을 진단하고 학습목적을 설정하여 학습을 위한 인적·물적 자원을 판별하고 학습방법을 실행하여 학습 결과를 평가하는 과정”으로 볼 수 있다. 자기주도형 학습은 다음의 몇 가지 특징을 띤다. (1) 학습자는 학습과정을 스스로 책임지며 권한을 행사한다. (2) 학습자가 경험하는 연속체의 맥락, 곧 타인과의 관계성 상황을 상정한다. (3) 학습자는 학습지식과 학습기술을 상황에 맞게 적용·응용할 수 있는 능력이 있다. (4) 자기주도 학습은 독서, 그룹참여, 인턴십, SNS 등을 통한 성찰적 글쓰기 활동을 장려한다. (5) 자기주도형 학습은 교수자의 효율적인 역할을 중요시하는데, 이때 교수자는 학습자와의 대화를 통해 학습 결과를 평가할 수 있다. (6) 교수자는 개발된 학습프로그램, 개별맞춤형 학습선택권, 비전통적 강좌 등의 다양한 혁신적 학습프로그램을 적극 활용할 수 있다(신의항, 2009: 65).

체험학습은 학생들을 현장 사회에 보내어 그들이 갖고 있는 기존의 지배적 세계관을 재고토록 하며, 그런 성찰 과정을 통해 학생들 각자가 자신의 학습에 대해 스스로 책임질 수 있도록 한다. 다시말해, 체험학습은 학습에 대한 학습자의 자기책임을 강조하며, 그 과정에서 학습목적을 학습자 스스로가 결정하도록 한다. 학습은 읽기, 쓰기, 발표하기 등과 같은 체험에 토대할 때 더 효율적이라 보며, 이는 문제제기와 가설설정, 자료수집, 그리고 가설검증과 결론 도출로 이어지는 일련의 프로젝트 형으로 진행될 때 더 의미를 띤다고 보는 관점과 밀접히 관련된다(신의항, 2009: 66).

체험학습은 직접경험으로부터 교육적 결과물을 도출하는 학습 패러다임의 형태로서 학점 부여를 통해 더욱 잘 구조화할 수 있다. 교수자는 지역사회에서 학생들에게 다양한 활동을 수행할 수 있도록 교육여건을 조성하며, 학습자에게 지역사회의 몇몇 영역을 설정하여 프로젝트를 작성하도록 격려한다. 이때 교수자는 학습자가 작성한 프로젝트 활동을 참여도, 완성도, 적용도 등의 평가체계를 마련하여 적절히 동기를 부여할 수 있어야 한다. 이런 균형된 평가체계를 갖출 수 있다면 학습자는 체험학습을 통해 학습자 각자의 주관적 경험이나 진기한 모험을 학습으로 반영할 수 있으며, 이런 조건이 반영될 때 학습자 주도적 학습역량에 도달할 수 있다.[91]

체험학습으로서 대학-지역사회 연계교육은 독일 고등교육의 상황에서 잘 찾아볼 수 있다. 독일교육은 큰 틀에서 인문형과 취업형의 이원화 형태로 운영된다. 직업전문인 육성을 위해 설계된 취업형의 독일 대학교육은 대학이 위치한 지역사회의 각종 기관과 시설, 그리고 지역의 인적자원을 적극 활용한다. 그 대표적 예는 산학협력에서 찾아볼 수 있는데, 대학은 지역기업체를 대상으로 인턴십과 현장실습을 통해 학생들의 진로설정 및 취업역량을 신장시키는 데 심혈을 쏟는다.

---

91 체험학습이 효율적으로 진행되기 위해서는 잘 설계된 교수학습안에 근거한 평가체계를 갖출 필요가 있다. 이런 평가체계를 갖추지 않으면 학생들의 동기부여가 쉽지 않으며, 또 학점부여에 대한 기준이 불명확하여 학생들로부터 이의제기가 따를 수 있기 때문이다.

현장실습은 학교에서 습득한 이론과 산업체 현장에서의 체험활동을 연계하여 취업역량을 극대화할 수 있다. 현장실습은 현장견학, 현장실습, 산학협동 등의 형태로 실천된다(유진영, 2017: 65). 현장견학은 학기 중에 학습한 이론을 현장체험을 통해 확인하면서 현장감을 익히도록 하며, 현장실습은 산업체 현장에 학생들을 직접 투입하여 현장의 실무경험을 쌓도록 한다. 현장실습은 학습자를 작업현장에 참여시켜 일에 대한 태도, 기술, 지식과 그 밖의 역할을 배우도록 하며, 이를 통해 계획된 일련의 교육경험을 제공한다. 산학협동은 대학과 지역의 기업체 간에 협정을 맺고 일정 부분에서 학생교육을 위해 협력체계를 구축하는 데, 이에는 산업체 공동연구과제 수행, 산업체와의 인적, 물적, 기술교류, 산학협의체 구성 등이 포함된다.

독일 고등교육에서 이원화(듀얼) 학습프로그램은 학생과 사업체 간에 직업교육계약을 맺으며, 특히 노동계약, 훈련계약, 견습 혹은 실습 계약 체결 등으로 구성된다(유진영, 2017: 66). 기업 측에서 높은 수준의 자격을 지닌 청년들을 요구하기 때문에 고등교육기관은 광범위한 영역에서 현장 노동시장과의 열린 관계망을 맺으면서 동시에 자격요건에 부합하는 양질의 교육을 제공하려 한다. 이런 현장친화적 이원화 교육시스템 덕분에 현장학습을 경험한 학생들은 재정적 및 시간적 측면에서 큰 낭비 없이 노동시장에 효율적으로 접근할 수 있으며, 무엇보다도 학생 각자의 적성에 적합한 경력을 쌓을 수 있다. 이런 현장밀착형 능력은 자연스레 지역사회에 대한 관심을 불러일으키면서 또 지역인재로서 자질과 역량을 쌓아갈 수 있다.

미국교육 여건에서 대학은 지역사회와의 긴밀한 협력적 관계를 맺으며 지역의 문화창달에 지대한 관심을 기울인다. 이는 대학에서 창출·형성한 지식과 기술이 지역사회에 환원되어 주민 친화적으로 진행될 때 유의미성을 갖는 것으로 바라보며, 무엇보다 대학교육 자체를 지역사회와의 호혜적 유대관계 속에서 지역사회 문화센터로서의 구실을 하도록 유도 할 때 의미를 갖는 것으로 바라보는 것과 관련된다(류연택·정의선, 2007: 91). 즉, 지역사회로부터 인적, 재정적 지원과 각종 서비스를 제공받으면서 동시에 대학에서 창출한 지식과 기술을 사회에 환원하여 지역 현안을 해결하는 것을 대학교육의 중요한 역할로 본다. 미국에서 대학은 지역 현안의 문제를 해결할 수 있는 실용적 연구를 장려하며, 나아가 지역공동체 형성을 위한 다양한 서비스프로그램을 개발·운영함으로써 지역사회 친화형 교육여건을 조성하려 한다. 다시 말해, 대학은 로컬정부, 기업, 민간단체와 NGO 등의 다양한 기관들과의 거버넌스를 구축하여 지역사회의 문제를 해결하고 지역경제의 활성화에 역할을 다해야 하는 것을 중요한 사명으로 바라본다.

2. 지역사회 캡스톤디자인의 교육적 특징

대학교육이 지역사회의 각급 기관 및 인적자원과 밀접한 관련을 맺을 때 한층 더 큰 시너지효과를 낼 수 있다. 대학이 위치한 지역사회의 다양한 물적 및 인적자원을 대학교육의 핵심적 영역으로 수용·적용할 수 있을 때 대학-지역사회 연계 교육은 한층 그 효력을 발휘할 수 있기 때문이다. 대학-지역사회 연계 교육은 체험과 경험학습을 통한 현장밀착형으로 진행하는 것이 일반적이다. 이런 현장밀착형 대학교육은 다음 두 가지 형태를 띨 수 있다. 한편에서 대학과 지역기업체와의 연계를 통해 산업의 부가가치(AVC: Added Value Creation)를 창출할 수 있으며, 다른 한편에서 지역사회와의 연계를 통해 사회공유가치(SVC: Shared Value Creation)를 창출하는 형태로 진행할 수 있다(영남대학교, 2017: 9).

산업 부가 가치창출은 다음의 몇 가지 형태를 띤다. 대학의 주도적 역할을 통하여 산학협력 플랫폼을 구축할 수 있다. 거기에는 직접적 기술발굴, 기술의 사업화, 취업 지원을 위한 산학협력 클러스터구축 등으로 접근할 수 있다. 아울러, 특허, 기술이전, 산학공동연구 프로젝트 개발, 사회맞춤형 트랙운영, 산업체 상호교류 프로그램 운영 등의 산업체 친화형 인재양성을 프로그램화할 수 있다. 이런 산학협력 친화형 교육체계의 구축은 학문 간 융합 캡스톤디자인, 산업체 제안 캡스톤디자인, 융합 창의설계 캡스톤디자인 등의 강좌 개발·개설을 통해 학생들의 현장적응 능력을 신장해갈 수 있다.[92]

지역사회 친화형의 사회공유 가치창출은 지역사회의 공동체 구축을 통한 문화융성 사업과 관련을 통해 시도할 수 있다. 지역대학은 지역의 다양한 기관들과의 협력 관계를 구축함으로써 마을공동체를 활성화할 수 있어야 하며 또 동시에 마을 단위의 수익사업 창출을 시도할 수 있다. 이런 마을단위의 경제사회적 공동체 회복은 마을(동네) 단위의 시민성 육성에 도움이 되며 이는 마을민주주의 실현에도 한발 가깝게 다가설 수 있다. 무엇보다 지역사회캡스톤디자인 강좌는 젊은이들에게 잃어버린 마

92 최근 대학과 기업, 전공과 직업의 미스매치를 해결하기 위해 '엔터리지시스템'이 대안으로 모색된다. 엔터리지(enterllege)는 엔터프라이즈(enterprise)와 칼리지(college)의 합성어로 '산학협력'을 넘어 '산학일체'를 의미한다. 엔터리지는 업무역량에 필요한 교육과정, 교육기간, 교수 등을 기업과 대학이 연계해 인재를 양성하는 맞춤형 인재육성 방식을 말한다(정병국, 2018.2.22.).

을의 의미를 되살려 지역민으로서의 자부심과 애착심을 형성하는 데도 나름의 역할을 할 수 있으며, 더 나아가, 이를 통해 '떠나는 곳'으로서의 지역에서 '찾아오는 곳'으로서의 지역연대감과 유대감을 형성할 수 있다 (영남대학교, 2017: 183). 이런 점에서 지역의 문화창달은 지역대학의 역할과 밀접히 관련될 수 있으며, 동시에 지역대학의 지역사회에 대한 책무 수행과 관련될 것이다.

청년의 지역사회 참여를 활성화하기 위해서는 대학교육을 실용지의 측면에서 바라볼 필요가 있다. 실용지로서의 능력개발은 이공계의 경우 산학협력 프로그램으로 구체화할 수 있고, 인문사회계의 경우 지역사회 참여프로그램을 활성화함으로써 접근할 수 있다. LINC+ 프로그램 참여 학생들은 "현장실습", "캡스톤디자인" 등의 교과목을 통해 지역기업들과의 협력을 모색할 수 있으며, 또 지역기업들과의 산학협업을 통해 창업기회에 한발 가깝게 다가설 수 있다. 현장실습 강좌는 일정 시간 동안 기업체 혹은 정부기관, NGO 등에 근무하면서 현장업무를 익히도록 하며, 캡스톤디자인 강좌는 기업과 함께 당면과제를 해결할 수 있는 역량을 키우도록 하고, 나아가 신제품을 발굴·출시하도록 함으로써 상품화에 이르도록 유도할 수 있다.

LINC+ 지역사회캡스톤디자인 강좌를 통해 대학과 지역사회 간의 파트너십을 형성함으로써 공동으로 교육과정을 운영하며, 이에 의해 학생들이 지역사회의 다양한 영역에서 활동할 수 있도록 한다. 이런 참여를 통해 학생들은 지역공동체의 의미를 익히며 지역전문가로서 일할 수 있는 역량을 신장할 수 있다. 학생들의 지역사회 활동은 지역문화를 활성화함은 물론이며 사회공유의 가치를 창출하는데도 도움을 줄 수 있다. 이런 점에서 지역사회를 대상으로 한 캡스톤디자인 강좌는 도시재생, 마을문화조사와 마을스토리 발굴, 마을미디어 운영과 홍보, 살기 좋은 커뮤니티 환경조성을 위한 디자인 혁신, 사회적 경제구축, 취·창업의 활성화 등의 다양한 형태로 운영될 수 있다.[93]

지역사회캡스톤디자인 강좌운영을 통해 다음의 몇 가지 영역에서 학생의 역량신장에 이를 수 있었다. 먼저, 지역링크 및 지역전문가 육성에 이바지할 수 있다. 지자체, NGO, 사회적 기업을 대상으로 지역사회 활성화를 위한 거점센터 구축에 도움을 줄 수 있었으며, 이를 지역사회의 다양한 영역으로 확산할 수 있었다. 이는 지역문화의 발굴, 개발을 통한 지역전문가 육성에 도움을 줄 수 있었다. 다음으로, 학생참여에 의한 지역사회 재조명을 시도하여 지역의 경제사회적 혁신을 시도할 수 있었다. 다학제적 접근에 의한 캡스톤디자인 강좌운영은 현장사회에서 필요로 하는 현장밀착형 인재를 육성할 수 있었으며, 이는 고령화 상황에 처해 있는 지역사회에 새바람을 불러일으키는 데도 역할을 할 수 있었다. 마지막으로, 지역의 다양한 기관들과의 협력체계를 구축함으로써 지역사회를 배경으로 일자리를 창출할 수 있었고, 나아가 지역문화 활성화에도 의미를 던질 수 있었다. 지역사회에 소재한 사회적 경제기관, 협동조합, NGO 등과의 협력에 의한 캡스톤디자인 강좌운영은 지역단위 소규모 경제에 힘을 불어 넣는데도 역할을 할 수 있었다.

대학-지역사회 연계형 캡스톤디자인 강좌는 개별학습이라기보다

---

93 지역사회캡스톤디자인 강좌의 경우, 교수자는 지역의 다양한 물적, 인적자원을 발굴하여 학생들이 쉽게 접근할 수 있는 통로(채널)를 갖출 수 있어야 한다. 교수자의 적절한 지역사회 관련의 안내와 관여가 없다면 지역사회 대상의 캡스톤디자인 강좌운영에서 어려움을 겪을 수밖에 없기 때문이다.

조별 내지 팀별협력 형태로 운영할 때 더 큰 성과를 얻을 수 있다. 지역사회 캡스톤디자인 강좌의 경우, 수업설계부터 최소 4~5명의 학생들이 한 팀을 이루어 작업에 참여하도록 하며, 수업 활동 진행에 따른 일정액의 제작비를 제공한다.[94] 아울러, 팀별 성과물 제작에서도 개별 학생 단위로 잘 완성할 수 없으며, 팀원 간의 유기적 협력이 있을 때 더 용이하게 성과물을 만들어낼 수 있다. 이런 팀별 활동을 진행할 때 교수자는 적절한 개입을 통해 학생들의 팀별 활동을 지원할 수 있어야 한다. 무엇보다 교수자의 역할은 캡스톤디자인 강좌의 원활한 진행을 위해 지역사회의 유관기관과의 적절한 협조를 통해 학생들의 수업활동을 도울 수 있어야 하며, 또 주제발굴과 과제진행에서도 일정수준 개입하여 참신한 신제품을 만들 수 있도록 학습 분위기를 조성할 수 있어야 한다.[95]

II. 캡스톤디자인 수업의 설계와 운영

1. 캡스톤디자인 수업의 설계

○○대 LINC+ 사업단은 지역기업을 비롯한 다양한 기관들과의 협

94 캡스톤디자인 강좌 실시 때 사업단에서는 시제품 제작관련 일체의 비용을 팀원 대상으로 지원하도록 하고 있다. 따라서 캡스톤디자인 수업은 개별학생이 아닌 조원단위의 협동학습으로 진행할 때 훨씬 효율적으로 진행될 수 있도록 하고 있다.

95 최근 학생들은 개성이 강해 누군가로부터 개입되는 것을 싫어하는 개인주의적 성향을 띤다. 이런 개인적 경향을 띤 학생들을 협동학습 장면으로 유도하는 것이 쉽지 않지만, 지역사회 대상의 활동은 팀 작업을 통할 때 효율적으로 진행될 수 있다. 이를 위해 교수자는 협동수업의 분위기 조성을 위해 일정한 개입을 할 수 있어야 한다.

력을 통해 지역기업의 경쟁력을 포함한 고도화에 노력하며 동시에 이에 의한 학생들의 취·창업능력을 신장시키는 데도 교육적 관심을 부여한다. 이는 산업수요에 적합한 우수 인재를 육성함은 물론이고 지역산업 활성화를 통한 일자리 창출, 기업경쟁력 제고 등의 산학연계 활동의 활성화로 연결할 수 있다. 최근 이런 산학교육에 덧붙여 지역사회 단위의 공동체를 활성화하여 지역전문가를 육성하는데도 교육적 관심을 둔다. 이에 부응하여 ○○대 LINC+ 사업단은 '지역사회혁신부'를 신설하여 대학과 지역사회 간의 쌍방향 협력과 교류를 강화하였고, 이를 통해 대학과 지역사회 간의 연계 고리를 맺도록 하고 있다. 지역사회혁신부 주관으로 대구시 ○○구와 상호협력을 위한 협정서(MOU)를 체결하였고, 특히 ○○구 소속 "더불어 행복한 도시재생지원센터" 연구원이 코디네이터 역할을 하면서 학생들의 지역사회 참여를 안내하였다. 연구원인 코디네이터들은 4개 조로 구성된 학생들에게 작업해야 할 업무를 해당지역 담당자들과 협의하여 조정하였으며, 이런 조정활동을 거쳐 조별 업무를 분담할 수 있었고, 이런 분담에 토대하여 조별 과제를 수행할 수 있도록 지도 조언을 하였다.

해당 지자체 담당자들도 학생들이 조별 활동을 수행할 수 있도록 유리한 조건을 제공하였고, 또 마을친화적인 조별과제를 제시하여 수행할 수 있도록 하는 데 물적인 지원을 아끼지 않았다. 특히 도시재생지원센터의 코디네이터들은 지역사회와 학교를 이어주는 가교역할을 수행하면서 과제수행에서 멘토 역할을 다했다. 이런 점에서 LINC+ '지역사회 캡스톤디자인' 강좌는 대학과 기업 간의 산학협력을 위해 개설되었던 기존의 '기업탐색 캡스톤디자인', '현장실습'의 이공계형 강좌 모습을 하면서 대학과 지역 간의 상생을 목적으로 개설된 신유형의 혁신적 수업형태로 볼 수 있다. 다시 말해, 이 강좌는 학생들의 지역사회에 대한 이해력을 높이고자 하며, 이런 이해력에 토대해 지역전문가로서의 학생역량을 키우고자 하는 데 목적을 둔 것으로 볼 수 있다.

2. 캡스톤디자인 수업의 운영

이 강좌는 3학점의 15주 동안 운영된 정규교과목으로서 2017년 9월부터 12월(2학기) 동안 실시하였다. 수강생은 사회학과 학생 22명이었고 이들을 5~6명의 4개 조로 편성하여 조별수업을 진행하였다. 조별 학생들은 ○○구 범어2동, 만촌2동, 두산동, 상동지역을 대상으로 활동을 수행하였다. 조별활동을 거치는 과정에서 학생들은 자유토론을 통해 '블로그를 통한 마을신문 제작(1조)', '쓰레기 불법투기 지역 현장 조사를 통한 양심화단 설치(2조)', '상동지역 마을지도 및 골목여행 지도 작성(3조)', '마을스토리 발굴 및 스토리북 제작(4조)' 등의 지역관련 과제를 발굴하였다. 과제수행을 위해 학생들은 더불어 행복한 재단의 코디네이터로부터 도움을 받으면서 현장지역을 수시 방문하였고, 또 현장 주민들과의 대면적인 만남을 통해 현장친화형의 과제를 수행해갔다.

4개로 편성된 학생들은 지역주민의 삶에 도움이 될 주제를 발굴하였고, 이렇게 발굴된 주제를 해결할 수 있는 활동형 수업을 진행했다. 교수자는 강좌에 대한 전체 오리엔테이션을 실시하여 교과의 성격을 주지시켰으며, 조별 활동 방향에 대해 설명하였다. 강의진행은 조장과의 주 1회 만남에서 조별과제의 진행상황을 점검하였고, 그리고 실제 조별 활동에서 발생하는 어려움이 무엇인지를 적시에 파악하였으며, 또 애로사항이 있을 때 더불어 행복한 도시재생센터 코디네이터와 접촉하여 과제진행에 도움을 제공했다. 조별 만남은 2주에 한 번씩 개최하여 조별활동 상황 및 조별구성원 간의 업무내용을 점검하였고, 무엇보다 구성원 간에 업무를 적절히 안배하여 무임승차가 발생하지 않도록 하였다. 조별활동의 결과는 강좌의 마지막 수업시간(180분)을 활용하여 수강생 전원이 참석한 가운데 성과공유회를 가졌다. 이때 수강생 22명은 다른 조별 활동 내용을 공유하면서 발표된 내용을 통해 인식의 지평을 넓힐 수 있었다. 조별활동에 대한 평가는 학생들이 만든 작품에 대해서 작품의 창의성, 조별활동의 성실성과 참여성 등을 중심으로 도시재생센터 코디네이터의 의견을 반영하여 담당 교수가 실시하였다.

1조 학생들은 구성원 간 협의를 통해 만촌2동 마을이야기를 발굴·취재하였으며, 이를 마을 소식형태를 띤 '마을신문'으로 제작하였다. 그들은 이렇게 제작한 마을 소식을 온라인을 통해 전달이 쉬우면서 비용이 들지 않는 블로그 신문으로 개통하였다. 학생들은 마을행사가 열릴 때 직접 참여하여 행사의 일체를 취재하였고, 또 주민들과의 면담을 토대로 작성한 마을 관련 내용을 블로그에 게시하였다. 학생들은 마을의 각종 행사와 도시재생사업의 일환인 주민역량 강화를 위한 행사에 빠짐없이 참여하였고, 또 이런 지역참여에 토대해 작성한 현장 이야기를 생생한 분위기로 살려 온라인 마을신문에 게시하였다. 그들은 이런 마을 이야기를 주민들 간에 쉽게 나눌 수 있도록 함으로써 주민 간의 연대성을 강화할 수 있도록 노력하였다.

2조 학생들은 조별토론을 통해 도시가 안고 있는 쓰레기 불법투기 문제에 관심을 가졌고, 이를 해결할 수 있는 '양심화단'을 설치하기로 하였다. 2조에서는 도시지역에서 쓰레기를 자주 투기하는 전봇대 밑이나 헌옷 수거함 옆의 전봇대를 활용하여 전봇대에 벽화를 그렸고, 그 주변에 양심화단을 조성하였다. 이렇게 함으로써 주민들이 스스로 자정 활동을 통해 쓰레기를 배출하지 않거나 혹은 줄일 수 있도록 하여 도시환경을 쾌적하게 가꾸도록 하였다. 그들은 깔끔하게 잘 가꾸어진 양심화단을 설치함으로써 도시미관을 밝은 모습으로 바꾸려 하였고, 이에 의해 '살고싶지 않은 떠나야 할' 곳에서 '살고 싶으면서 찾아오는' 지역으로의 동네 관련 부정적 인식을 전환하려 하였다.

3조 학생들은 ○○구 상동마을에 위치한 지역의 대표적 음식거리를 염두에 두면서 이곳을 찾는 방문객이 쉽게 이용할 수 있는 '마을테마지도'를 작성하기로 하였다. 도시재생사업으로 이름이 알려진 상동마을에 외부인이 많이 들어오는 점을 감안하여 학생들은 상동마을의 지리적 환경과 인문적 문화를 쉽게 파악할 수 있도록 한 맞춤형 마을테마지도를 제작하였다. 마을에서 실시한 도시재생 사업과 문화, 역사를 손쉽게 이해하여 접근성에서 유리하도록 지도를 디자인하였고, 이를 통해 마을 전반을 일목요연하게 파악할 수 있도록 내용을 구성하였으며, 나아가 디자인까지 젊은이 시선으로 산뜻하게 기획하여 이 거리를 찾는 방문객에게 친숙하게 다가설 수 있도록 하였고, 이를 통해 다시 찾고픈 마을로의 이미지를 심어주려 하였다.

4조 학생들은 ○○구 상동의 해피타운 한들마을, 범어2동 야시골마을을 대상으로 활동하는 협동조합원을 집중적으로 취재하여 그것을 '마을 스토리북' 형태로 제작하였다. 학생들은 협동조합 행사에 직접 참여하여 조합원들과의 개별 면담을 실시하였으며, 이에 바탕하여 마을에 얽힌 다양한 스토리를 발굴하였고, 덧붙여 밋밋한 마을의 일상사에 재미있는 스토리화를 시도하여 그럴듯하게 색을 입히고자 하였고, 이를 스토리북으로 만들어 마을주민들께 배포하였다. 마을 스토리북의 구성은 다음과 같았다. 마을에 담겨 있는 역사를 찾아내는 것에서부터 마을에 서려 있는 신화와 속담을 발굴하였으며, 이를 젊은이의 시선으로 의미를 부여하여 재미있는 마을 이야기로 꾸며내려 하였고, 읽는 이에게 재미와 흥미를 덧붙이려 하였다. 학생들은 더 나아가 지역사회를 배경으로 활동하는 자원봉사자의 삶을 재조명하려 하였다. 그들은 자원봉사자의 일상적 활동에 관련된 생활 이야기를 생생한 체험형의 내용으로 담백하게 담아냄으로써 지역 활성화에서 자원봉사가 갖는 의미와 영향을 밝혀내려 하였다.

Ⅲ. 캡스톤디자인 수업의 실제와 성과

1. 캡스톤디자인 수업의 실제

가. 블로그를 통한 마을신문 제작

1조 학생들(오○○ 외 6명)은 수성구 도시재생사업 대상 지역인 야시골, 태극기마을, 낙원마을, 해피타운 등의 4곳 지역을 선정하여 블로그 형태의 마을신문을 만들었고, 이에 의해 지역 재생사업의 운영과 성과를 큰 비용을 들이지 않고 널리 알릴 수 있도록 하였다. 학생들은 수업시간과 겹치지 않은 시간대를 활용하여 마을 영역에서 발생하였던 생활환경 개선, 기초생활 인프라사업, 공동체 활성화, 골목경제 살리기 등을 둘러싸고 이런 사업들이 주민의 삶에 어떤 영향을 미쳤는지를 집중적으로 취재하여 블로그 활용의 마을신문으로 제작하였다. 1조 학생들은 2인 1조로 매주 1회씩 도시재생지역을 방문하여 총 8회에 걸쳐 취재하였고, 이런 취재를 토대로 기사내용을 만들었으며 이 내용을 해당 블로그 주소로 만들었고 이를 다음의 블로그 형태(http://blog.naver.com/suseongmaul)로 게시하였다.

블로그 게시의 마을신문을 통해 학생들은 지역이야기에 좀 더 친숙하게 다가갈 수 있는 주민접근성을 높이려 하였고, 무엇보다 지역행사에 참여하지 않았던 주민에게 마을행사가 어떻게 개최되어 어떤 영향을 미칠 수 있는지를 알도록 하여 주민 간의 소통기회를 넓힐 수 있도록 하였다. 아울러 행사관련 내용을 인터넷 검색을 통해서도 쉽게 찾아볼 수 있도록 하였고, 특히 기사내용을 주민친화형 형태로 제작하여 주민들의 지역사회 참여기회를 높일 수 있도록 하였다.

마을신문은 학생들이 행사에 참여하여 보고 느낀 바를 기사화하여 블로그와 SNS에 게시하는 형태로 제작되었다. 그들은 블로그에 올린 내용을 토대로 다시 핵심내용을 뽑아서 스크랩북을 만들 수 있었다. 취재는 범어 2동, 만촌 2동의 태극기 마을과 야시골 마을, 편백공방 활동과 풍물동아리 활동을 중심으로 진행되었다. 학생들은 블로그 형태의 마을신문 제작을 통해 다음 몇 가지의 기대효과를 추구하고자 했다. 즉, 그들은 지역행사를 마을주민들에게 효과적으로 홍보할 수 있도록 하였으며, 이에 의해 주민 간의 소통능력을 한층 키워 마을 단위의 민주주의를 실천할 수 있도록 했다. 아울러 학생들은 다음 마을축제를 위한 피드백 기회를 마련할 수 있도록 하였고, 이런 피드백을 통해 마을단위의 신사업을 발굴

<블로그 마을신문의 표지면>

할 때 도움을 제공할 수 있도록 분위기를 조성하도록 하였다.

나. 쓰레기 불법투기 지역 양심화단 설치

2조 학생들(권○○외 5명)은 수성구 상동 일대 원룸촌 대상으로 양심화단을 설치하였다. 이 지역은 주민의 정주의식이 낮은 지역으로 쓰레기 무단투기가 일상화되어 민원제기가 잦은 곳이다. 학생들은 이런 지역적 여건을 감안하면서 도시재생센터와 협력하여 쓰레기 무단투기를 줄일 수 있도록 하였고, 여기에 더해 주민들이 직접 화단을 가꾸어 아름다운 골목길을 만들 수 있는 양심화단을 기획·설치하였다. 이런 환경개선을 통해 지역주민의 애착심과 주민참여 의식을 고취하려 했고, 또 잦은 전출입을 극복함으로써 정주의식을 높이려 하였다.

학생들은 주기적 조모임을 통해 양심화단 설치목적을 분석하였고, 그리고 양심화단을 어떻게 디자인할 것인지에 대해 아이디어를 공유하

<양심화단 활동과 결과물>

였다. 아울러 그들은 수성구 도시재생센터를 방문하여 양심화단 설치사업과 진행현황을 논의하였고, 이런 기초조사를 토대로 상동지역을 현지답사하였으며 화단을 설치할 적절한 장소를 물색할 수 있었다. 양심 화단은 기존 모습과 다른 축구공 모양으로 설계하여 여러 색으로 채색함으로써 주민의 시선을 끌 수 있도록 도안하였다. 양심화단 부근의 전신주에 그림을 그리고 시를 적어 주변을 깔끔하게 보이도록 정리하였고, 전신주에는 울타리와 화분을 함께 설치하였다. 학생들의 이런 노력에 지역주민들도 긍정적으로 반응하였다. 이에 주민들도 학생들이 설치한 양심화단 주변에 화단 주변에 화분을 갖다 놓으면서 학생들의 노력에 호응하였다. 양심화단 설치 이후 이 지역에 담배꽁초를 비롯한 각종 쓰레기를 무단으로 투기하는 사례가 눈에 띄게 줄어드는 것을 볼 수 있었다.

다. 상동 마을 지도 및 골목 여행 프로그램 개발

3조 학생들(부○○ 외 6명)은 수성구 상동의 '해피타운 한들' 마을과 범어 2동 '야시골' 마을을 대상으로 마을 지도를 제작하였다. 학생들은 도시재생지원센터로부터 상동의 해피타운 한들마을과 범어 2동 야시골 마을을 추천받았다. 이들 마을은 도시재생의 모델마을로 알려져 타지역으로부터 견학이 많은 곳이었다. 그리고 이들 지역을 견학차 방문하는 사람들에게 마을 답사에 유용하게 사용할 수 있는 리플렛 지도를 제작하였다. 리플렛에는 지역방문자의 누구라도 지도를 보며 지역 특색을 살릴 수 있도록 기획하였고, 이를 동사무소에 비치하여 이 지역을 찾는 방문자들에게 도움이 되도록 하였다.

지도에는 재생사업으로 새롭게 만들어진 골목 벽화거리, 지역의 명물, 방범용 CCTV와 LED 가로등, 도시가스 도입 여부 등을 표시함으로써 방문자들이 쉽게 확인할 수 있게 하였으며, 그리고 주민들이 주로 활동하는 협동조합, 동아리 단체 등의 위치까지 병기하여 재생 관련 방문자들에게도 도움을 제공하였다. 학생들은 마을 지도를 만들 때 범어2동 야시골 마을을 직접 답사하였고, 또 주민협동조합인 야시골 협동조합원과의 인터뷰를 통해 지역주민들이 지도에 넣고 싶은 내용을 직접 취재하여 지도제작에 반영하였다. 한들마을의 경우에 지역의 중요한 하드웨어를 지도에 표기하였고, 또 지도에서 담아야 할 내용을 주민의 바람을 반영하여 콘텐츠 형태로 만들어 적절히 배치하였다.

학생들은 2명씩 분담하여 상동지역의 역사, 문화, 도시재생 및 디자인 구상 등을 수행하였다. 지도디자인과 인쇄는 재생지원센터의 도움을 받아 정리하였고 디자인은 팀원 모두가 참여하여 디자이너와 토의하고 전문가의 보완을 거쳐 완성할 수 있었다. 상동마을 소개, 지역성, 역사와 문화, 도시재생 등을 적절히 배치하였고, 또 테마별로 표시 색깔을 다르

<상동마을 테마지도 앞 뒤면>

게 하여 구분을 쉽게 하도록 하였으며, 가독성을 위해 간단한 설명을 부가하였고, 또 추가정보를 위해 해시태그와 댓글 부분을 보완하였다. 이후 디자이너, 재생지원센터 직원과의 상의를 통해 보완할 점을 피드백 받았으며 이를 통해 지도의 형식과 콘텐츠의 완성도를 높였다. 최종 완성본은 인쇄업체에 맡겨 3단 접이식의 리플렛 형태로 제작하였다.

라. 마을스토리 발굴 및 스토리북 제작

4조 학생들(김○○ 외 5명)은 수성구 주민협의체 및 동아리 활동에 참여하는 주민들 대상으로 마을공동체가 어떻게 구성되어 어떤 활동을 하며, 그리하여 주민들의 삶에 어떤 영향을 미치는가를 마을스토리 북으로 담아내었다. 특히 그들은 지역사회에서 운영되는 마을 내 소모임과 협동조합에 참여하는 활동가들과 인터뷰를 진행하였다. 학생들은 마을스토리의 발굴을 통해 도시 마을의 특색을 현대적 의미로 재구성하였고, 이를 통해 지역사회 공동체를 구축하려 하였다. 또 그들은 마을스토리의 발굴에 의한 주민 자부심을 고양하고자 하였고, 또 주민 간의 연대성을 신장하고자 하였으며, 아울러 주민들에게 마을역사성은 물론이고 마을의 문화자원을 새롭게 재조명하고자 하였다.

4조 학생들은 수성구 지역 마을주민들의 자발적 조합활동을 취재하여 지역사회의 스토리북을 제작하였다. 그들은 다시 2개 조로 나눠 수성구 내 범어동과 만촌동 이야기, 그리고 두산동과 상동 이야기를 각각 취재하여 지역에서 활동 중인 협동조합 활동을 집중적으로 소개하였다. 범어동 만촌동 이야기는 해피타운 풍물패 '뜨락', 범어2동 '야시골' 협동조합, 만촌2동 만촌달빛공연 예술협동조합 취재담을 담았으며, 두산동 상동 이야기는 나만의 핸드드립, 녹색실천가/동그라미 규방, 함장마을기타동아리와 드럼동아리, 함장수다방, 함장마을색소폰동아리, 올타난타, 상동한들 등에서 이루어지는 다양한 동아리 활동을 포함하였다. 학생들은 취재 활동을 통해 수익형 협동조합의 경우, 어떤 취지로 설립되어 로컬푸드 사업에서 수익을 내면서 일자리를 창출하는지를 둘러싼 일련의 과정을 이야기 형태로 엮어냈으며, 친목 오락형의 경우, 지역주민들이 정기적으로 만나 어떤 취미활동을 매개로 공동체적 삶을 실현하고 있는지의 모습을 스토리 형태로 담아낼 수 있었다.

학생들은 지역에서 활동하는 주민협의체와 동아리 현황을 도시재생센터의 코디네이터를 통해 파악하였고, 또 주민협의체의 대표들과도 인터뷰를 실시하여 지역관련 다양한 스토리를 발굴할 수 있었다. 이런 다양한 활동을 진행했던 학생들에 의하면, "지금까지 아무런 생각 없이 지냈는데 의외로 도시지역에서 공동체가 큰 의미를 띠며 왕성하게 활동한

<마을 스토리북 취재장면>

다는 사실을 알 수 있었고, 또 도시지역에 살아 있는 유기체로서 생동감 있게 활동하는 공동체가 있다는 사실이 너무 신기할 따름이었다고 하였다. 즉, 그들은 도시지역에서 살아 움직이는 공동체를 직접 눈으로 보고 몸으로 체험할 수 있었고, 또 이를 통해 지역전문가로서 활동한다는 것이 의미 있는 삶일 수 있다는 사실을 알 수 있었다."는 소감을 밝혔다.

2. 캡스톤디자인 수업의 성과

먼저, LINC+ 지역사회 캡스톤디자인 수업을 실시한 뒤 거둘 수 있었던 성과에 대해 간략히 살펴본다.[96]

첫째, LINC+ 지역사회 캡스톤디자인 수업은 잃어버린 장소성의 의미를 되살려 지역공동체 구축에 한발 가깝게 다가설 수 있는데 의

96 캡스톤디자인 수업의 성과는 2017학년도 2학기 ○○대학 사회학과 학생들 대상으로 개설된 '지역사회혁신캡스톤디자인' 강좌에 수강했던 22명의 경험담을 중심으로 구성하였다. 그들은 수업에서 경험한 바를 있는 그대로 형태로 진솔하게 표현하였다.

미를 던졌다. 현행 대학교육 상황에서 지역과 지방의 의미를 잘 살릴 수 없었고, 그에 따른 장소성의 의미를 구현할 수 없었다. 이에 현대인은 유동적이고 일시적이며 빠르게 변화하는 환경을 배경으로 '장소상실(placelessness)', 곧 비장소 현상에 직면하게 되었다(민유기, 2009: 197). 이런 장소성 상실의 흐름 속에서 젊은 세대인 대학생은 지역성에 토대한 마을시민의 의미가 무엇이며 마을시민으로서 어떤 자세를 가져야 하는지 등을 둘러싼 지역시민의 역할을 정립할 수 없었다. 이 지점에서 그들에게 지역은 거주할 공간이라기보다는 언젠가 떠나야 할 곳이라는 비장소로밖에 비치지 않았다.

캡스톤디자인 강좌는 지역성의 의미를 재조명해보고 지역단위에서 주민들이 어떻게 의사결정을 내리며 살아가는지를 학습할 수 있는 중요한 계기를 제공할 수 있었다. 학생들은 지역의 각종 행사에 능동적으로 참여해보고 지역공동체가 어떻게 활성화되며, 그를 통해 마을(동네)시민의 자질을 어떻게 갖추어야 하는가를 경험할 수 있었다. 이른바 지역공동체에서의 활동을 배경으로 개인적 영역에 갇혀 있던 '사적자아'가 사회적 또는 공적 영역의 '공적자아'로 확장되는 동네(마을) 단위의 민주주의에 대해서도 학습할 기회를 가질 수 있었다. 지역사회에 대한 재조명과 마을단위 민주주의가 어떻게 작동하는가에 대한 실제 모습을 캡스톤디자인 강좌를 수강했던 학생의 반응을 통해 살펴본다.

> "수업 이후 마을주민들의 변화를 볼 수 있었다. 주민들은 환하게 웃음을 띠며 우리를 맞이했고, 주민들이 화목한 분위기에서 만나서 대화하는 모습을 엿볼 수 있었다. 우리가 수행했던 캡스톤디자인 수업이 '이렇게 아름다운 효과를 가져올 수 있구나'의 생각을 하였

고, 새삼 자부심을 느끼게 되었다." (사회학과 4년, 오○○).

"옆집에 사는 사람이 누군지 모른 채 이웃과 단절되어 살아가는 요즘 세상에서 수성구 도시재생 활동에 참여하여 마을주민이 서로 교류하고 정을 나누는 모습을 볼 수 있었고, 그런 과정에서 이웃 간의 따뜻한 정을 느끼며 사는 모습을 볼 수 있어 보기에 참 아름다웠다. 특히 마을 단위의 협동적 커뮤니케이션을 이루어가면서 마을사업을 진행하는 면이 아주 인상적이었다. 이런 기회를 통해 동네 단위의 작은 사회에서 민주주의가 실현되는 점을 관찰할 수 있어 대학 생활 과정에서 큰 행운을 얻을 수 있었다. 개인적으로 대학공부를 하면서 잘 경험할 수 없었던 새로운 영역을 알 수 있는 좋은 계기였다. 이 점에서 이번 캡스톤디자인 수업 참여를 통해 지역사회가 어떻게 돌아가는지를 알게 된 좋은 기회를 가질 수 있었다. " (사회학과 3년, 최○○)

둘째, 지역사회 캡스톤디자인 수업은 지역사회 고유의 문화자원 발굴과 지역문화의 재조명에 의한 지역전문가를 육성하는 데 기여할 수 있었다. 이 강좌를 통해 학생들은 지역사회의 이곳저곳을 방문하면서 지역 이야기를 찾을 수 있었고, 지역이 당면한 과제에 대해서도 파악할 수 있었다. 학생들은 지역 현안의 해결을 위해 직접 답사와 주민과의 인터뷰를 통해 대안적 공동체의 가능성을 모색하였다. 특히 학생들은 지역에 스며있는 고유의 문화적 자원에 관심을 가졌고, 이런 문화자원의 의미를 깨우치면서 지역 문화의 재조명에 이를 수 있었다. 이런 지역에 산재해 있는 문화자원과 의미를 재조명함으로써 학생들은 자신이 살아가는 지역사회에 대한 더 큰 관심을 가질 수 있었으며, 또 지역사회를 배경으로 일할 수 있는 강력한 동기까지 불어넣을 수 있었다. 학생들은 지역의 다양한 현안 파악 및 해결 모색을 통해 지역의 부활을 시도하였으며, 나아가 지역을 배경으로 지역사회를 위해 어떤 준비를 해야 할 것인지를 둘러싼 예비 지역전문가로서의 역할수행을 준비할 수 있었다.

캡스톤디자인 강좌를 통한 대학-지역사회 연계형 교육은 현행의 '떠나는' 곳에서 '찾아와 머무는' 곳으로의 지역 개념을 정립하도록 하는 데도 도움을 주었다. 이런 입장 전환이 가능할 때 찾아오는 젊은이들 대상으로 지역전문가로서의 역량을 신장하도록 할 수 있다고 보기 때문이다. 이런 전환이 가능할 때 '이론' 중심에서 '실천' 중심으로의 대학교육을 바라보는 인식 전환도 가능할 것이다. 지역을 토대로 한 실천중심의 교육을 실행할 수 있을 때 지역문화 활성화를 위한 핵심적 근거를 마련할 수 있을 것이며, 동시에 학생들도 지역전문가로서의 전문성을 키울 수 있을 것이다. 이처럼 학생들이 지역전문가의 역량을 갖출 수 있을 때 대학은 지역문화 센터의 핵심기지 역할을 무난히 수행할 수 있으며, 그것은 다시 지역단위의 생활밀착형 공동체 구축에도 선순환적 영향을 미칠 것이다.

> "캡스톤디자인 수업을 하면서 가장 인상 깊었던 점은 사람과 사람의 만남이었다. 조원들과 활동하면서 친해지고 양심 화단이란 주제 활동에 참여하면서 상동 주민, 동장님과 연구원, 도와주신 소미다미 대표님까지 지금까지 경험할 수 없을 만큼의 많은 사람을 만날 수 있었다. 양심화단을 주제로 사회관계의 폭을 넓힐 수 있었고, 특히 지역사회 관계자들과도 소통하면서 지역의 현안을 파악할 수 있었고, 또 어떻게 그런 현안을 해결하는지를 볼 수 있었다. 그동안 지역에 살면서도 지역에 대해 잘 몰랐는데, 이번 기회를 통

해 지역사회가 어떻게 돌아가는지를 조금이나마 파악할 수 있었다. 이번 수업참여를 통해 막연하게나마 나도 기회가 된다면 지역사회를 위해 일해 보는 것이 괜찮을 것이라는 생각을 할 수 있었다. 졸업을 앞둔 시점에서 이번 수업에 몸을 담그면서 아무런 생각 없이 바라보았던 지역의 의미를 생각해볼 수 있었고, 앞으로 어떤 식으로든 지역사회 활동에 참여하면서 살아야 할 것이라는 다짐을 할 수 있었다."(사회학과 4년, 조○○).

"여러 가지 주제들 중에서 우리 팀은 마을 쓰레기 불법투기의 문제가 심각하다고 생각했고, 이를 개선해보면 어떨까에 대해 조별 의견을 여러 차례 나누었다. 이에 기존 양심화단과 전봇대의 이미지가 어둡고 답답한 느낌이 들어 밝고 화사하게 만들면 사람들이 쓰레기를 버릴 때 한 번 더 생각할 것이라는 의견을 모을 수 있었다. 작업을 하는 과정에서 동네 주민분이 '예쁘다, 보기에 좋다'라는 말을 해주실 때 큰 감동을 받았고, 또 보람을 느낄 수 있었다. 양심화단이 완성된 모습을 보면서 우리가 마을을 위해 작은 선물을 주었다는 느낌이 들었고, 꽤 괜찮은 일을 했다는 자부심까지 가질 수 있었다. 이번 기회를 토대로 다음에는 더 나은 작품을 만들 수 있다는 생각을 했다. 이렇게 조원들이 직접 발로 뛰면서 이뤄낸 성과와 활동은 책상 앞에 앉아 있는 것으로는 경험할 수 없는 귀한 시간이었고, 앞으로 기회가 된다면 지역사회의 개선에 도움을 줄 수 있는 여러 활동에 참여해볼 것이다." (사회학과 3년, 오○○).

셋째, 인문형의 캡스톤디자인 강좌는 조별 활동을 통해 지역 현안을 파악·해결할 수 있도록 함으로써 협동학습의 장점을 극대화할 수 있었다. 혼밥, 혼술, 혼영 등의 용어에서 보듯이, 요즘 대학생들은 함께 하는 공부와 활동에 익숙하지 못하며 주로 개인주의적으로 사고하고 행동하는 경향을 드러낸다. 개인주의 성향을 띤 학생들이 지역 현안을 중심으로 조별 활동을 통해 아이디어를 내고 실천으로 이어가려는 자세를 가질 수 있었고, 또 이에 의해 협동학습의 의미와 가치를 깨우치는 모습을 볼 수 있었다. 이런 체험과 경험을 통한 문제해결 과정에서 그들은 협동할 때 더 좋은 아이디어를 낼 수 있고, 더 나은 결과를 얻을 수 있다는 사실을 깨우칠 수 있었다. 이는 말로만 하는 협동학습이 아닌 구체적 실천을 통한 살아 있는 협동학습의 의미와 밀접히 관련되었다.

학생들은 조별 활동을 통해 업무를 분담하여 지역사회 친화형의 미디어를 직접 제작·운영하였다. 지역사회에서 미디어의 역할을 활성화할 수 있을 때 지역 소식을 적재적소에 알릴 수 있으며, 이는 지역민끼리의 소통을 원활히 하여 지역의 장점을 주변에 쉽게 알릴 수 있다. 학생들은 협의를 통해 SNS를 활용한 주민교육, 마을신문 기획 및 취재 활동, 기사 작성 등에서 능력을 발휘할 수 있었다. 그들은 SNS 콘텐츠 기획 및 제작, 홍보 활성화를 통해 블로그, 밴드, 페이스북, 인스타그램 등에 활용할 수 있는 온라인 홍보물을 발굴하여 직접 운영하였고 이에 의해 지역 맞춤형의 블로그 신문을 간행할 수 있었다. 이런 학생들 활동에 의해 지역주민들은 비용이 크게 들지 않으면서 지역 소식을 접하고 지역 현안에 쉽게 참가할 수 있었다. 양심 화단의 경우에도 학생들은 한 번도 해보지 않았던 과제를 조원간 협력를 통해 해결해갈 수 있었고, 또 그런 과정에서 새로운 문제해결의 방법을 모색할 수 있었으며, 나아가 조원끼리의 친밀성을 높일 수 있었다.

"캡스톤디자인 강의는 이제까지 들었던 전공수업과 달리 우리가 직접 지역사회 문제점을 파악하고 공동체 문화를 함양하도록 돕는 실습형 수업이었다. 수성구 상동의 깨끗한 골목길 만들기를 목표로 테마지도를 작성하였는데 처음 계획부터 마지막 실행까지 직접 기획하여 수행했기 때문에 최종결과물에 대한 애착이 훨씬 컸다. 작업 후 지역주민으로부터 이곳을 방문하는 분들이 쉽게 지역을 파악할 수 있고, 무엇보다 도시재생 결과를 잘 보여줄 수 있어 좋아할 것이라는 이야기를 듣고 기분이 한층 업될 수 있었다. 우리가 조별활동을 통해 만든 관광 테마지도로 말미암아 지역주민들은 지역공동체에 대한 애착심을 높일 수 있었고, 이를 통해 주민의 참여의식을 높이도록 하는 모습을 볼 수 있었다. 우리의 작은 노력으로 지역주민들도 서로 마음을 열고 더 지역활동에 관심을 갖는 것을 볼 수 있어 기분이 아주 좋았다." (사회학과 4학년, 이○○)

"캡스톤디자인 수업에 알게 된 것은 우리지역에도 굉장히 다양한 행사와 강의, 축제 등이 많이 열렸고, 또 그런 각종 행사에 지역주민의 참여율이 높다는 사실에 놀랐다. 강의실에서 듣고 암기하는 수업만 하다가 이렇게 직접 지역에 나와서 취재도 하고 주민들과 소통하면서 지역 문제를 토론하며 그 해결책을 찾아가는 협동작업에서 문제가 더 잘 해결되는 것을 보았다. 이번의 지역사회 참여형 수업을 통해 앉아서 배우는 수업보다 더 많은 것을 배울 수 있었고 무엇보다도 함께하는 활동을 통해 살아 있는 지역사회의 현안을 경험할 수 있었다. '살아 있는' 공부란 바로 이런 모습이구나 하는 생각을 할 수 있었던 좋은 기회였다."(사회학과 2학년, 김○○).

4개 조에서 수행했던 과제 공유회 때 학생들은 조별구성원끼리 강한 동료애를 느낄 수 있었다고 했고, 특히 교실 수업에서 경험할 수 없었던 협동학습의 의미를 몸으로 직접 경험할 수 있었다고 토로하였다. 처음에는 도저히 불가능해 보였던 과제였지만 구성원 간의 동료애가 있어 큰 어려움 없이 그 과제를 수행할 수 있었다. 현장경험을 통한 협력은 교실에서 말과 이론에 의한 협력과는 그 의미가 사뭇 달랐다. 그들은 생각과 말에 의한 형식적 협력이 아닌 현장에서 몸과 실천을 통한 실천적 차원의 협력을 통해 협동학습이 갖는 중요성을 깨우칠 수 있었다고 하였다.

Ⅳ. 지역전문가 육성을 위하여

지금까지 논의를 통해 대학-지역사회 연계교육인 LINC+ 지역사회캡스톤디자인 강좌운영이 현행의 위기 현상에 직면한 대학교육에 새로운 가능성을 제공할 수 있음을 주로 현장 차원에 초점을 두어 살펴보았다. LINC+ 지역사회 캡스톤디자인 강좌는 지역 문화의 활성화를 통한 지역친화적 공동체 구축에 기여할 수 있음을 보았다. 4개 팀으로 수행되었던 캡스톤디자인 강좌에서 학생들은 지역사회를 대상으로 수행했던 활동형 협동과제를 발굴하여 지역밀착형의 과제를 작성하였다. 1조는 마을취재활동을 블로그로 만들어 홍보하였으며, 2조는 쓰레기 불법투기 지역에 대한 현장조사를 통한 양심화단을 설치하여 깨끗한 마을만들기에 앞장섰다. 3조는 도시재생사업을 실시했던 상동마을을 대상으로 테마지도를 제작하여 마을의 이모저모를 효율적으로 홍보할 수 있었다. 4조는 마을에 담겨 있는 스토리를 발굴하여 동네의 이야기를 소재로 지역 관련

책자를 편찬·보급하였다.

팀별의 활동형 수업으로 진행되었던 LINC+ 지역사회 캡스톤디자인 강좌는 다음의 교육적 성과를 거둘 수 있었다.

먼저, LINC+ 지역사회 캡스톤디자인 강좌는 지역사회의 문화공동체 형성에 중요한 함의를 제공할 수 있었다. 지역사회의 다양한 활동을 소재한 블로그 신문제작을 통해 지역사회에 얽힌 이야기를 담아냄으로써 그동안 잊고 있었던 마을(동네)의 의미를 발견할 수 있도록 하였다. 그런 과정에서 학생들은 지역공동체가 어떻게 돌아가고 유기성을 띠고 움직이는가에 대해서도 경험과 체험으로 느낄 수 있었다. 이른바 '동네는 살아 있고 이웃의 근린 공동체가 활발하게 움직이고 있다'는 사실을 직접 경험할 수 있었다. 이런 지역사회에 대한 관심을 통해 지역을 토대로 어떤 활동을 해야 하며 어떤 미래적 삶을 기획해야 하는지를 인식하였고, 그것은 지역사회의 경제, 문화 현상에 대한 인식의 폭을 넓히는 계기가 되었으며, 이에 의해 지역 문화공동체를 구축하는 데 한발 가깝게 다가갈 수 있도록 했다.

다음으로, LINC+ 지역사회 캡스톤디자인 강좌는 지역을 배경으로 지역을 활성화할 수 있는 지역전문가 육성에도 기여할 수 있었다. 지역문화를 연결고리로 한 캡스톤디자인 강좌는 학생들에게 '떠나야 할' 곳에서 '찾아와 머무르는' 곳으로서의 지역사회 개념을 확립하는 데 의미를 던질 수 있었다. 학생들은 지역사회의 현안을 찾고 그에 대한 대안을 찾는 과정에서 지역사회에 대한 긍지와 자부심을 키울 수 있었고, 나아가 지역을 대상으로 지역문화를 발굴하고 지역 단위의 경제활동을 수행할 수 있는 지역전문가로서의 역량을 키울 수 있었다. 이른바 캡스톤디자인 강좌를 통해 학생들은 지역문화의 발굴에 머물지 않고 더 나아가 지역문화를 재조명할 수 있는 안목을 신장할 수 있었다.

마지막으로, 인문형의 캡스톤디자인 강좌는 지역 현안을 조별활동으로 파악·해결하는 과정에서 협력학습의 의의를 한층 잘 살릴 수 있었다. 학생들은 조별로 진행된 수업에서 양심화단 설치는 물론이고 마을신문의 제작과 마을테마 지도제작 등의 난제를 협력을 통해 해결의 단서를 찾을 수 있었다. 혼자서는 할 수 없는 일을 조별토론과 팀원 간 협력을 통해 무난히 잘 수행해나갈 수 있었다. 지역사회 현안을 단순히 머리와 이론을 넘어서 몸과 경험을 통해 해결하는 과정에서 돈독한 동료애를 느낄 수 있었고, 무엇보다 힘든 난제일수록 협력을 통할 때 더 좋은 해결의 실마리를 찾을 수 있음을 느낄 수 있었다.

4차 산업혁명을 맞이하여 대학교육은 거대한 대전환을 맞이하고 있다. 이런 커다란 전환시대 상황에 즈음하여 LINC+ 지역사회 캡스톤디자인 강좌는 대학교육의 새로운 가능성을 제공할 수 있었으며, 덧붙여 그런 교육적 역할전환을 무난히 이루어낼 수 있을 때 한층 불확실하며 가변적인 시대 여건에서 대학교육의 새로운 이정표를 마련할 수 있을 것이라 보기 때문이다.

4장

공감교육과 마을시민

오늘날 우리는 풍요롭고 편리한 세상을 살아가지만 그런 풍요와 편리의 이면에 수많은 역설이 도사리고 있음도 주지의 사실이다. 우리사회는 각종 비인간적, 비인륜적 사건들이 연이어 발생하면서 한국사회의 시민성은 어느 정도인지에 대해 되돌아보게 한다. 학교교육을 둘러싼 교육적 시설과 장비 등의 환경적 측면에서 급격한 발전이 있었지만, 시민성 측면에서 본 질적영역에서 학교교육은 그에 걸맞은 모습을 보여주는가에 대해 회의하게 하며, 이 지점에서 과연 '우리는 시민인가'라는 물음을 던지게 된다.

학교교육을 둘러싼 제반 여건에서 엄청난 향상이 있었으면서도 학생폭력은 잦아들지 않고 한층 교묘한 형태로 잠재화하여 표출하고 있으며, 더욱 학생과 학부모에 의한 교권침해 영역에서도 심각할 지경에 이르렀다는 것이 현장 교육담당자의 일반적 평이다. 심지어 교육당국에서는 학생들의 학교 부적응, 학업 중단, 일탈 등의 각종 학생폭력 현상에 직면하여 '인성교육진흥법'을 지정할 정도에 이르렀다. 인성 영역을 법으로 제정하여 규제해야 할 정도가 되었다는 것은 학교교육의 실패, 곧 시민교육의 실패라 해도 틀린 말이 아닐 것이다. 그동안 수차례에 걸쳐 진행되었던 교육개혁의 과정에서 쟁점 중심 수업, 거꾸로 교실, 문제해결학습 등 수많은 선진교수법을 도입하여 시민역량을 키우는 데 총력을 기울였던 것으로 볼 수 있다. 그렇지만 여전히 학교교육은 시험점수에 연동된 객관화된 측정 중심으로 진행되면서 학습자들의 고급사고력을 키우는 데 성공적이었다고 말할 수 없다. 다시 말해, 신교육방식으로 도입된 각종의 첨단적 교육(철학, 방법 등)들이 현장 영역에서 어떤 교육적 성과를 거두었는지에 대해 자신 있게 말할 수 없을 정도이다. 더욱 그런 교육철학과 방식들은 학생들의 시민적 자질과 역량발휘에 어떤 영향을 주었으며, 그리하여 시민으로서의 실천 능력을 향상할 수 있었느냐에 대해 반성적으로 돌아볼 필요가 있다.

현장 대학교육은 합리적 의사결정이란 이름으로 단편적인 사실들과 그 조합을 나열하여 점수향상에 전념하였고, 그에 의해 명문대 합격에 교육목표를 두었다고 해도 과언이 아니다. 학교교육은 경제학, 정치학, 사회학 등의 사회과학적 지식 학습에 중점을 두었고 그런 과학성에 토대한 지식체계를 어떻게 제대로 잘 습득하도록 할 것이냐의 절차적 지식을 중요시하였다. 학교 교육은 사회과학적 지식과 사고체계를 습득하는 데 목표를 둔 기존 이론, 모형, 개념 도식, 분류체계, 유형 등의 실증주의적 경향을 강조하였다. 이런 과정에서 학교 교육은 인간 삶의 영역을 이성적, 합리적 영역으로 객관화하여 드러내려 하였고, 그런 가운데서 드러낼 수 없고 측정될 수 없는 감성적 영역에 대해서는 크게 관심을 기울이지 않았다. 다시 말해, 인간의 감성, 감각, 지각, 열정 등의 명시적 영역으로 잘 포착될 수 없는 감성의 영역을 교육영역으로 담아내는 데 한계가 있었다. 이즈음에서 대학교육도 어떤 교육목표를 설정하여 어떤 형태로 그 내용을 담아내어 교육실제로 실현해낼 것인지에 대해 새로운 재조정 혹은 재구성이 시급한 실정이라 할 수 있다.

이 장은 이성중심 대학교육의 문제점을 지적하고 감성 내지 공감 영역을 교육의 중요한 영역으로 담아낼 수 있는 가능성을 타진하려는 데 목표를 둔다. 먼저, 현행 대학교육 실태를 교실수업의 측면에서 바라보고 그 문제점을 드러낸다. 다음으로, 공감시민성이 어떤 역사적 흐름에서 형성되었는지, 그리고 공감 역량이 대학교육에서 왜 쟁점으로 부각해야 하는지를 다룬다. 마지막으로, 공감시민 역량을 마을 시민의 역량으로 어떻게 이어갈 수 있는지를 모색한다. 요컨대, 공감시민 역량은 마을 단위 공동체에의 다양한 참여활동을 통할 때 한층 성숙한 마을시민의 역량 발휘로 이어질 수 있음에 대해 논의를 확장하려 한다.

Ⅰ. 교실수업으로 본 대학교육

뱅크스는 교육의 목표를 의사결정능력(decision-making)의 함양으로 설정하였고, 그런 의사결정은 사회현상의 탐구와 가치영역의 탐구를 통해 성취될 수 있다고 하였다. 사회현상 탐구는 사회과학의 사실, 개념, 일반화, 이론 등의 탐구를 말하며, 가치영역 탐구는 가치문제를 인식하고 선택하려는 가치를 명백하게 하는 가치명료화 과정을 의미한다고 하였다. 학생들은 사회탐구와 가치탐구를 통해 합리적 결정과 지성적인 사회적 행위에 이를 수 있다고 보고, 바로 이런 사회탐구와 가치탐구의 역량이 교육의 핵심 목표여야 하는 것으로 보았다(차경수·모경환, 2008: 67).

최근 글로벌화와 다문화화가 시대적 현안으로 등장하면서 세계시민적 차원의 공감과 소통 영역 신장이 부각되는 측면이 있다. 이에 교육영역에서는 전인적 성장의 기반 위에 개성의 발달과 진로를 개척하며, 또 문화적 소양과 다원적 가치에 대한 이해를 바탕으로 품격 있는 삶을 영위하며, 또 세계와 소통하는 시민으로서 배려와 나눔의 정신으로 공동체 발전에 기여할 수 있도록 자유롭고 창의적인 교육환경을 조성하는 데 역량을 기울인다.

지금까지 한국 대학교육은 학교마다 뚜렷한 교육목적을 잘 설정하고 있다 해도 과언이 아닐 것이다. 그렇지만 그런 교육목적이 현장의 교육상황에 어느 정도로 잘 반영되어 현장교육의 성공사례를 잘 드러낼 수 있느냐는 별개의 문제일 것이다. 이른바 교육목표 따로, 현실적용 따로 움직이는 이중구조 체계가 작동한다고 해도 틀린 말이 아니다. 현장의 교육 현실은 교양 지식인으로서 갖추어야 할 비판적 문제제기와 인류문화의 건전한 계도에서 한참 거리가 먼 성취 위주, 곧 소위 말하는 출세주의를 끊임없이 부추기면서 경쟁력 있는 사람 육성에 전념한다. 한마디로 해서, 오늘날 대학교육은 실증지식인의 양성에 총력을 기울인 나머지 인문교양적 지성인 육성에서 별다른 성과를 내지 못하고 있다. 이른바 대학의 역할이 기능 혹은 기술체계의 효율적 습득을 통해 금전적 출세를 지향하도록 하는 세속주의 경향을 벗어나지 않고 있다. 이런 상황에서 대학은 대학마다 각자 도생의 치열한 경쟁을 벌이며 살아남느냐 죽느냐의 귀로에 서 있으며, 그런 경쟁체계 속에서 진선미에 기반한 지성인으로서 자질과 역량을 어떻게 키워야 하느냐를 둘러싼 교육적 논쟁에 대해서는 어떤 교육적 관여를 하지 못하고 있다.

현행 대학교육에 내재한 이런 측면을 염두에 두면서 공감 혹은 가치영역이 현장교육 여건에 반영될 수 없는 구조적 측면에 대해 잠시 살펴본다.

첫째, 그동안 대학교육은 자기주도적으로 자신을 개발하는 개인의 측면에 주목하여 개개인이 자신의 힘으로 자신의 주체가 되어야 한다는 주체적 인간형을 키우려는데 심혈을 기울였다. 특히 근대국가는 자율적 의사결정 능력을 지닌 시민을 인적자원개발의 대상으로 설정하였고, 이를 통해 더 큰 효용성을 창출할 수 있는 인간을 육성하려 했다. 자기계발적, 합리적 의사결정 능력을 강조하는 자율적 시민상은 1990년대 이후 한국사회의 대표적 시민적 모습으로 자리 잡게 되었고, 심지어 이는 보편적인 대중문화 현상으로 정착되기에 이르렀다(이인경, 2014: 320~323). 창의적 사고와 가치를 창출하여 자신의 삶을 경영하고 만들어가는 제작자로서의 인간형 육성은 합리적 의사결정자로서의 시민성과 밀접한 관련을 갖게 되었고, 그것은 자아/타자의 이분법을 설정함으로써 공감적 존재로서의 타자성 인정에 방해요인이 되기도 하였다.

둘째, 대학교육은 과학적 지식학습에 따른 점수 위주의 경쟁체제를 토대로 앞으로 진전을 거듭하여 나 아닌 타인을 제압하여 자신을 돋보이게 해야 한다는 출세주의가 팽배하였다. 대학교육이 품격 있는 인류사회를 만들어야 한다는 가치성보다 학점을 통해 고득점을 득하여 대기업을 비롯한 선호하는 기업에 취업해야 한다는 강박관념을 심어주었다 해도 틀린 말이 아니다. 이런 과정에서 지식과 생각 그리고 행동 영역이 서로 일치하지 않는 이중성을 학습하게 되었고, 그것은 시민적 역량을 쌓은 것과 시험에서 좋은 점수를 얻는 것을 별개로 받아들이게 하였다. 이처럼 학벌지상주의 경향이 유독 강하게 드러나는 학교 환경에서 이런 이중성은 학생과 학부형 및 교수자 사이에서도 깊이 팽배해 있으며, 그것은 수단과 방법을 가리지 않고 공부 전쟁에서 승리해야 한다는 강박관념으로 작용하였다.

셋째, 현행 대학교육은 실용지 학습에 충실하면서 '나홀로'적 공부 환경을 알게 모르게 조장하여 집단지성 형성에 실패한 것으로 볼 수 있다. 시민역량은 주체자로서의 합리적 의사결정 능력 못지않게 가족공동체에서부터 국가공동체, 나아가 지구공동체에 이르는 공동체 성원으로서의 타협과 관용적 태도를 갖추는 것과 밀접히 관련될 것이다. 현행 대학교육은 명시적 측면에서 공동체적 존재의 중요성과 의의에 대해 가르칠 수 있지만, 실질적 측면에서 타인과 조화롭게 살아갈 수 있는 '타자성'의 의미를 잘 드러낼 수 없는 한계를 갖는다. 타인과의 비교 잣대를 설정하고 촘촘한 기준에 의거하여 그 성과를 서열형태로 끊임없이 드러내는데 전념했다. 이른바 대학교육은 포용과 통합의 측면보다는 경쟁에 따른 서열화를 조장하는 데 열심이었다. 이런 서열주의 상황에서는 타자 배제와 타자 굴복을 통한 제압 논리가 일방적으로 강조되며 이런 환경에서 타자가 겪는 고통에 대한 공감 능력에 무감각해질 수 있다. 타인과의 대화가 단절된 환경에서 학생들은 자신만의 울타리를 더욱 공고히 다지며 자신만의 성을 쌓아간다. 이런 '나홀로적' 환경에서 공감력을 잘 키울 수 없으며, 그것은 현행 학생들의 탈공감화 경향과 밀접히 관계된다.

넷째, 대학교육은 스마트화에 따른 관계성의 피상화 내지 파편화 경향을 한층 부추기는 경향을 띤다. SNS 매체는 어떤 도구보다 즉각적 커뮤니케이션을 가능하게 하며 사람들이 맺는 관계성에도 직접적 영향을 미친다. SNS는 연결되지 않은 상황에서도 소통을 동시에 가능하게 한다. 수신자가 응답할 수 있는 상황에 있는지에 대해 살피거나 문의할 필요 없이 발신자는 원하는 메시지를 보낼 수 있다. 수신자의 상황이나 메시지에 대한 반응을 고려할 필요 없이 발신자 마음대로 메시지를 보낼 수 있고, 또 메신저 앱을 사용함으로써 비용이 들지 않는다. SNS를 통한 대화는 감정적 긴장에 대한 부담 없이 상대와 소통할 수 있는 편리성이 있지만, 동시에 피상적이며 외로움을 한층 깊게 할 수 있다. SNS 매개 관계망에서는 메신저 앱을 통한 '왕따' 또는 '폭력' 현상도 심각한 형태로 드러날 수 있다. 괴롭히려는 친구를 메신저 앱의 집단대화방에 초청해 대화방 구성원들이 돌아가며 욕설로 모욕을 줄 수도 있다. 앱을 통한 괴롭힘의 배경으로는 친구의 표정을 읽거나 목소리를 들을 필요 없이 일방적으로 진행됨을 들 수 있다. 이는 타자에 대한 공감능력 저하와 밀접히 관계될 것이다. 점점 스마트화되는 SNS 상황에서 공감적 시민역량이 왜 의미 있으며, 따라서 어떤 교육적 대응을 해야 하는지를 가늠해볼 수 있다.

II. 공감시민의 등장과 의의

계몽주의 옹호자였던 흄(David Hume, 1711~1776)은 이성 그 자체의 역할과 능력에 의문을 제기했고, 이성 대신 "우리에게 올바르게 행동하도록 동기를 부여하는 열정(passions)"에 관심을 보였다. 이성에 비해 주변적 지위에 있었던 감정은 윤리학과 철학의 주변부로 추방되기보다 그 중심에서 존중받고 고려될 가치 있는 것으로 보았다. 그는 감정을 대상에 관해 혹은 대상을 향해 느껴지는 것이라 하였고, 그런 감정을 일으키는 데 있어 생각과 믿음이 중요하다고 하였다. 이 지점에서 감정은 윤리학의 필수 부분을 형성하게 되었고, 따라서 감정에는 좋은 감정과 나쁜 감정이 함께 할 수 있다고 보았다. 특별히 그는 '도덕감정(moral sentiments)'을 중요시하였고 그 가운데서도 '공감(sympathy)'에 주목하였다. 그에 의하면 공감은 인간 본성의 보편적 특징이며 사회와 도덕성의 밑바탕을 이루는 것으로 보았다(박우룡, 2012: 422~424). 흄은 감정이 인간 정신의 장애물이나 찌꺼기의 일부가 아니라 오히려 인간의 사회적 실존과 도덕성의 정수라고 여겼다. 이제 감정은 이성에 비우호적인 것이 아닌 이성과 함께 찬양되고 옹호될 필요가 있게 되었다.[97]

쇼펜하우어는 인간 행위의 근본 동인을 '이기주의', '악의', '고통에 대한 공감'에서 찾았다. 그에 의하면 이기주의는 자신의 행복이 목적이며 악의는 타인에게 고통을 주며, 그리고 공감은 타인의 행복을 목적으로 한다고 하였다(소병일, 2015: 52). 그는 인간 행위의 대부분이 이기주의와 뗄 수 없는 불가분의 관계를 맺으며, 그것은 인간이 겪는 고통의 근원이 된다고 하였다. 이런 이기주의에서 극복할 수 있는 유일한 방법은 공감력의 발휘라 하였다. 그는 공감의 효과를 다음과 같이 정의하였다. "개별화의

---

97 생태학자 최재천에 의하면(2017), "자연 속의 많은 동물은 서로를 짓밟거나 자기 것만 챙겨 살아남는 것이 아니라 협동하고 공유할 때 살아남는다고 했고, 특히 이는 무리를 지어 사냥하는 늑대나 범고래, 또한 영장류에게서 확실하게 나타난다고 하였다. 실제로 침팬지들도 같은 집단의 친구가 표범에게 공격받아 다치면 그들을 보살펴주며 피를 핥아주며 조심스럽게 흙을 털어내고 상처 부근 가까이에 오는 파리들을 쫓아낸다고 하였다"(최재천, 2017: 24).

원리가 확연히 드러나서 자신과 남을 더 이상 이기적으로 구별하지 않고, 자신의 고통처럼 남을 더 이상 이기적으로 구별하지 않으며, 더욱 자신의 고통처럼 남의 고통에 큰 관심을 가지며, 그래서 언제라도 남을 도울 마음을 가질 뿐만 아니라 자신을 희생하여 남을 구할 수 있을 때 기꺼이 자기 자신을 희생시키고자 하며, 모든 생물의 무한한 고통도 자신의 고통으로 간주하고 전 세계의 고통까지도 자신의 것으로 받아들일 수 있어야 한다"(소병일, 2015: 55).

한편, 최근 청년의 삶을 염두에 둘 때 지식구성은 지식의 연결망을 갖출 때 가능하며, 연결망에서 단절될 때 그런 지식은 생존할 수 없다. SNS의 비약적 발전과 확산상황에서 지식의 생성과 소멸은 지식의 망에서 연결되느냐 혹은 단절되느냐에 의거하여 결정될 문제가 되었다. 연결이 지식구성으로 이어져 의미를 창출할 수 있을 때 지식으로서 가치를 갖게 되며 그렇지 않을 때 지식으로서 가치를 상실할 수 있다. 구성원들과의 연결에서 단절된 개인은 공동체로부터 이탈되며, 그런 개인은 사회적 존재로서의 의미를 잃게 된다. 이렇게 볼 때 연결되지 않고 단절된 것이란 소멸할 가능성이 큰 것으로 볼 수 있다. 이처럼 사물과 현상이 끊임없이 연결되어 그 연결을 이어가거나 확장할 수 있느냐의 여부는 개인의 생존 여부에도 불가피하게 영향을 미친다. 이런 연결을 통해 지식을 의미 있게 구성해가고 가치 있는 그 어떤 것으로 만들어 내기 위해서는 공감력 발휘에 의한 타자인정이 불가피할 것이다. 공감이 결여된 상태에서 연결은 잘 이루어질 수 없으며, 동시에 타자와의 관계 단절 현상을 쉽게 경험할 수밖에 없다. 그런 단절된 상황에서 의미와 가치의 창출로 이어질 수 있는 지식구성이란 불가할 수밖에 없기 때문이다.

연결의 의미가 한층 부각될 초연결 시대의 사회적 상황에서 공감에 기반한 협업능력의 여부는 시민자질과 불가분의 관계를 갖게 될 것이다(박기범, 2017: 207). 성공적 협업을 위해서는 나를 넘어서 공감에 의한 타자 인정과 이해가 불가피할 것이기 때문이다. 예컨대, 사냥할 때 참가자는 자기 생각만이 아니라 상대의 생각을 읽고 그의 행동을 이해할 수 있어야 하며, 심지어 상대방의 다음 의도를 읽으면서 나의 다음 행동을 준비할 수 있을 때 비로소 사냥에서 소기의 성과를 얻을 수 있을 것이기 때문이다. 이처럼 협업을 위해서는 상대방의 생각을 읽을 필요뿐만 아니라 더 나아가 일어나지 않은 일들에 대해서도 고려(숙고) 속에 넣을 수 있는 능력을 갖추어야 한다.

생태학자 마굴리스와 새이건(Margulis & Sagan, 1986)은 협업의 중요성을 다음과 같이 주장하였다. 그들에 의하면, "지구상의 모든 생명체는 다윈식의 '적자생존'을 통해 살아남는다기보다는 여러 생명체 간의 지속적 협력, 강력한 상호작용 그리고 상호의존적 존재임을 학습함으로써 살아남을 수 있었다는 것이다. 생명은 전투를 통해서가 아닌 망(network)을 통해서 지구를 차지할 수 있었다. 생명의 형태는 다른 생명체를 죽이는 것이 아니라 흡수하면서 증가하고 더욱 복잡화를 거듭해 갔다. 진화과정을 거치는 자연도태를 통해 공동체는 학습하는 방식을 익힐 수 있었다. 철학자의 사색과 생태계의 자기 조정적 균형 추구는 동일한 정신작용으로 볼 수 있다. 사회학습에는 승리나 패배 이상의 것이 담겨 있다. 즉 유기체는 생존을 위해 협력이 아주 효율적이라는 것을 깨우칠 수 있었다. 예컨대, 지구상에 존재하는 수조억 마리의 박테리아들은 서로 협력하고 도움을 주는 법을 습득했는데, 이는 공생(symbiosis)으로 불릴 수 있다. 실제로 야만적 파괴자들은 항상 스스로 파멸로 끝이 났다. 그런 과정을 겪으며 자동적으로 다른 것과 더 잘 지내는 것들만 남게 되어 지구를 물려받을 수 있었다. 파괴적 종들은 왔다가 가는 반면에, 협력할 수 있는 종들은 시간이 흐를수록 계속 증대하며 성장할 수 있었다. 장기적 차원에서 다른 모든 생명체와 더불어 생존하려면 공격적 본능을 꺾어야 하고 탐욕스러운 성장을 제한해야 하며, 대신에 보다 융화적 자세를 지닐 필요가 있었다."(Milbrath, 2005: 172).

지구촌 시대를 맞이하여 급격하게 부상되는 가치인 코스모폴리타니즘은 공감적 감성과 상업적 감성이 번갈아 교차하는 민감한 줄타기 게임으로 볼 수 있다. 코스모폴리탄이 된다는 것은 타자에게 마음을 열고 다양한 문화에서 편안함을 느끼는 것을 말한다. 각양각색의 사람들을 자주 만나 공감적 유대감을 형성하는 코스모폴리탄은 차별화되고 개성이 강하며 정체성도 다양하고 소속된 곳이 많으며 세련된 자의식을 갖춘 것으로 볼 수 있다. 그들은 어디를 가도 편안하고 쉽게 친근감을 느낄 수 있다(리프킨, 2009: 541). 이런 점에서 코스모폴리탄이 된다는 것은 나를 넘어선 주변의 생태계에 대한 공감력 발휘와 밀접한 관련을 갖는다. 선진화된 사회의 경우를 염두에 둘 때 40년도 되지 않은 짧은 기간 동안에 합리적 물질주의에서 자아표현과 삶의 질을 강조하는 쪽으로 가치관이 변화된 것에서 공감에 의한 협력의 중요성을 잘 엿볼 수 있다.

공감은 타인의 감정과 입장을 이해하고 존중하며 동시에 타인의 감정과 관점에 적절히 반응하는 능력을 아우른다. 이런 점에서 공감력을 발휘하는 사람은 타인이 처한 상황에 대한 객관적인 이해를 바탕으로 타인의 입장을 충분히 고려에 넣을 수 있을 뿐만 아니라 타인의 감정을 알고 존중하며 적절하게 반응할 수 있다(이선영, 2013: 55). 이는 자연스레 친사회적 행동을 유도하며 삶에 긍정적 영향을 미칠 수 있다. 친사회적 행동은 자신보다 타인을 더 이롭게 하려는 동기를 갖고 행하는 행동과 타인에게 이익을 주는 모든 자발적·의도적 행동을 의미한다(Batson, 1991; 윤선아, 2009). 공감하는 사람은 그렇지 않은 사람에 비해 도덕발달은 물론이고 이타적인 친사회적 행동을 할 개연성이 큰 것으로 볼 수 있다. 여기서 말하는 공감행위의 구체적 예는 도와주기, 나누기, 위로하기, 협동하기, 온화하게 다가가기, 편안하게 해주기 등의 타자성의 발휘형태를 띤다(김경은, 2012: 94).

공감능력은 대학교육의 본질인 관계성 형성의 중요한 기저가 될 수 있다. 관계성 형성은 인간과 인간 사이를 매개하는 데 그치지 않고 자기가 살고 있는 공간, 자기가 살고 있는 시간 사이에서 이루어진다. 공감능력은 인간관계에서부터 시작하여 시공간과의 관계까지 확장되어 발휘될 수 있다(최용규·이서영, 2016: 33). 이른바 공감은 관계맺기의 기제를 통해 시민으로서의 역량신장에 근본인 공동체 형성의 근저를 이룬다. 실제 연구에 의하면, 공감력을 갖춘 학생은 사회적, 환경적 문제해결 능력이 풍부하며 건전하고 지속가능한 발전을 인식할 가능성이 큰 것으로 나타났다(서태열, 2003; 김경은·이나라, 2012). 다시 말해, 공감적 능력을 발휘하는 학생일수록 시민적 역량을 갖게 되며 각종 사회적 쟁점을 둘러싼 문제해결을 친사회적 차원에서 해결할 가능성이 클 것이다. 그것은 나아가 글로벌화에 따른 다문화화의 경향에서도 인종, 민족, 국가 등을 넘어서서 같은 인간으로서의 인류애를 발휘할 수 있는 세계시민적 역량을 갖추는 것과도 밀접히 관련될 것이다.

대학교육에서 공감 능력을 갖추도록 하는 것이 왜 필요한 것인지에 대해 검토해본다.

첫째, 다문화, 세계화의 환경에서 공감력에 의한 대학교육의 필요성을 찾을 수 있다. 글로벌화는 이주노동자와 이주여성 그리고 해외유학생과 북한 이탈주민 등의 타자 등장에 따라 이질적 가치와 태도를 지닌 타문화와의 만남을 불가피하게 한다. 이미 한국 사회는 이전에 볼 수 없었던 수많은 타자 등장을 경험하고 있으며, 그런 타자들과 조화로운 삶이란 어떤 모습이어야 하느냐를 놓고 이전에 찾아볼 수 없었던 담론이 제기되었고, 아울러 원주민과 이주민 간의 조화로운 삶을 위한 다양한 정책들이 제시되기도 하였다. 수많은 타자등장은 대학교육에도 새로운 도전을 제기한다. 이런 이질적 타자 등장과 그에 따른 이질적 문화와의 만남은 포용력을 갖춘 공감능력이 한층 요청될 것이다. 기존의 동질적 문화에 익숙한 우리 식의 관계형태로 그런 이질적 타자를 만나고 대한다면 그것은 대립, 갈등, 분열 등을 불러일으키며 공존사회의 가능성을 근본적으로 불가능하게 할 요인으로 작용할 수 있기 때문이다.

둘째, 페이스북, 트위터, 카톡 등의 SNS 매개 의사소통이 비약적으로 발전함에 따라 사람들 사이의 의사소통 양식은 점점 기술매체의 속성에 영향을 받게 될 것이며, 그에 따른 탈인간화 혹은 비인간화가 가속화할 수 있다. 이런 삭막한 시대적 상황에서 '타자연민'에 바탕한 공감력의 발휘는 중요한 시민적 가치로 부각할 것이다. 나와 다른 타자를 배제한 채 자기 생각만 주장한다면 그곳에는 일방통행식 주의 주장이 있을 뿐이고 사회를 위한 공론을 형성하기가 쉽지 않을 것이다. 이미 SNS의 매체에서는 끼리끼리의 의견에 과잉 집착하면서 집단동류 현상을 드러내는 집단극단화 현상이 나타난다. 동질적 사람들끼리 유사한 생각을 주고받는 사이버 요새화 및 견해를 같이하는 사람들 사이의 동종교배 현상은 정보 편향성의 대표적 예라 할 수 있고, 그런 편향성은 쉽게 집단극단화 현상으로 이어질 수 있다(정용교, 2012: 275).

그런 과정에서 우리와 생각이나 의견이 다른 사람 혹은 집단을 극단적 언어로 매도하며 전투적 장면을 연출하고 있다. 이런 기술매체로부터 크게 영향을 받으며 살아가는 현대적 환경에서 타자수용에 의한 공감력은 대학교육의 중요한 영역으로 등장한다. 공감 능력에 의한 시민 사회적 환경을 형성할 수 없다면 최소한의 사회통합에 이를 수 없을 것이며, 아울러 기계적 논리에 의한 인간성의 파괴 현상이 불가피할 것이기 때문이다. 이는 학생 세대들이 일상적으로 사용하는 언어와 행동에 조금이라도 관심을 둔다면 쉽게 관찰할 수 있는 현상이다. 기술매체의 영향이 한층 커질 상황에서 공감력에 의한 문제해결 방식이 중요한 대안적 시민가치로 등장함을 볼 수 있다. 따라서 대학교육을 통한 공감력 발휘는 연대적 존재로서 시민을 육성하는 것과도 밀접히 관련될 것이다.

마지막으로, 최근 청년의 '나홀로적 삶의 방식'을 염두에 둘 때 공감에 의한 타자인정과 포용력 증진은 시민능력과 직결될 것이다. 오늘날 청소년들은 가정에서부터 외톨이로 태어나 과잉보호를 받으며 자라난 탓에 나 밖의 타자에 대해 별다른 관심을 두지 않는다. 그들은 일상적 삶에서나 학습의 과정에서도 주변의 타자들과의 협력에 아주 서툴다. 모든 것이 숫자로 드러나며 1,2점 차이로 서열이 갈리는 학습 환경에서 그들은 협력을 자신의 경쟁력 유지에 저해 요인으로 받아들인다. 이처럼 그들은 경쟁에 의한 위계서열적 환경에서 나홀로적 형태로 살아가는 것에 익숙하다. 그들의 이런 성향을 염두에 둘 때 공감력 향상을 통한 타자수용과 타자연민은 미래 시민역량의 중요한 자질이 될 것이다.

Ⅲ. 공감 역량과 마을 시민

지금까지 공감력 관련 논의에서 볼 때 공감 육성을 위한 대학교육의 역할이 중요할 것이며, 동시에 그런 공감력을 교육의 실천 장면으로 담아낼 수 있어야 할 것이다. 이하 논의를 통해 공감력을 신장할 수 있는 대학교육의 역할에 대해 살펴보도록 한다.[98]

먼저, 공감 교육은 지식을 습득한다는 형태로 바라보던 기존의 지식학습관에서 벗어나 지식학습이란 상호적 관계 형성을 통해 공유되는 관계를 맺을 때 효과를 낼 수 있는 것으로 바라보는 데서 시작한다. 리프킨에 의하면, 지식은 앞 세대로부터 물려받은 유산을 축적가능한 자원이라는 입장에서라기보다 사람들 사이에서 분산·공유된 경험으로 바라보며, 이런 점에서 지식학습을 위한 방법은 사람들 사이의 분산·공유된 경험을 어떻게 잘 학습할 수 있느냐의 여부에 달린 것이라 하였다. 이 지점에서 분산·공유의 형태로 생각하고 행동하는 방식을 가르칠 수 있어야 하며, 이런 조건이 형성될 때 학생은 공동체 안에서 공유관계들로 엮어진 공감적 존재로서 자신을 인식할 수 있으며, 또 그런 과정에서 상호적 책

98 여기서는 대학교육에서 공감시민 육성을 위한 몇 가지의 시론을 제안하는 것에 그칠 것이다. 이런 논의를 통해 공감영역을 교육현장으로 담아낼 수 있는 공론이 형성되기 바라며, 이런 공론 형성을 통해 대학교육의 새로운 영역을 넓히는 데 작은 촉진요인을 제시하고자 한다.

임성을 학습할 수 있다. 나아가 지식학습을 공유된 형태로 바라볼 때 학생은 공유생물권 내의 구성원으로서 생각하고 행동하는 방식을 배울 수 있으며, 이런 훈련을 받은 학생이야말로 인간을 넘어서 다른 생명체에게까지 공감영역을 확장할 수 있으며, 나아가 이런 학습을 받은 학생들은 생태적 차원의 시민성에 도달할 수 있다(리프킨, 2013; 이인경, 2014: 335). 이처럼 공유된 지식학습의 의미에서 학교공부를 바라볼 때 공감력은 교육의 중요한 목표로 부각할 수 있다.

공유된 경험으로서의 공감력 발휘는 협동학습에 중요한 시사점을 제시한다. 협동학습(cooperative learning)은 이질적 학습자로 구성된 소규모집단에서 공유된 목적과 결과를 추구하며 학습참여자들이 상호 협동하여 팀 작업하는 학습형태를 일컫는다. 팀 작업으로서 협력적 활동을 위해서는 경험 공유로서 학습을 바라보는 것과 밀접한 관련을 맺는다. 학습자는 협력적 상호작용을 거치며 경험과 느낌을 공유할 때 지식재구성에 더 쉽게 이를 수 있다. 특히 제4차 산업혁명 시대의 도래를 염두에 둘 때 현행과 같은 표준화된 지식을 학습하여 객관적 시험 형태로 학생을 평가하는 방식에서 탈피하여 비판적, 창의적 지식재구성 신장에 교육목표를 두어야 할 것이다. 지식의 유효성이 제한적 의미를 띨 수밖에 없게 될 포스트모더니티의 성격이 한층 잘 드러날 유동적인 사회적 환경에서 기존의 주어진 객관화된 지식체계는 그 효력이 더욱 한정적일 것이며, 무엇보다 지식으로서의 의미를 상실하게 될 수 있을 것이다. 이런 시대적 상황에서 학습은 협동적 장면을 조성함으로써 집단지성을 형성토록 할 필요가 있으며, 이에 의한 학습자의 로컬지식(local knowledge)을 만들 수 있도록 해야 한다. 공감력을 발휘할 수 있는 학생은 협동적 학습 환경에 더 잘 적응할 것이며, 이런 협동적 상호작용을 통해서 개별적 맞춤형 지식을 창출하는 데도 유리할 것이다. 이 경우에도 공감에 토대한 좋은 관계망 속에서 적절한 구어적 내지 비구어적 언어(대화)를 매개로 원만한 소통을 열 수 있을 때 서로 다른 사고를 접할 수 있으며, 그런 서로 다른 생각의 접점을 통해 새로운 아이디어에 도달할 수 있을 것이다. 지식구성과 재구성은 타자와의 관계를 맺는 과정에서 대화를 통해 구성된 지식이 개인에게 내면화하는 단계를 거칠 때 더 잘 성취될 수 있기 때문이다.[99]

둘째, 공감시민성은 학습자 삶의 근거인 지역사회 단위의 마을시민성을 갖추도록 하는 것과 밀접히 관련될 수 있다. 주지하듯이 지금까지 교육에서 설정한 시민은 국가 단위의 시민인 훌륭한 국민을 육성하는 데 두었다 해도 과언이 아니다. 지금까지 교육은 국가사회가 필요로 하는 표준화된 국가 시민을 육성하는 데 초점을 두었다. 이런 국가주의 교육여건에서 마을적합형 내지 마을친화적 시민육성이란 불가능하였고, 대신 점수획득을 기준으로 소수의 우수학생과 낙오한 대부분의 불량 학생을 양분하여 양산할 수밖에 없었다. 이는 현행 국민국가 시대 시민교육이 안고 있는 가장 근본적 문제로서 지역시민성 육성에 본질적 장애 요인으로 볼 수 있다. 지역시민의 육성은 학습자가 삶을 영위하는 잃어버린 마을공동체의 복원과 관련된다. 이런 점에서 지역시민의 육성은 학습자들이 자신의 삶의 근거인 지역(마을)을 무대로 자발적 참여의지를 키우면서 마을공

---

99 미국 하버드대가 79년간 추적한 연구에 의하면, “주변 사람들과 좋은 인간관계를 유지하면 육체적·정신적 건강증진은 물론이고 정신적 능력을 향상할 수 있었고, 특히 좋은 인간관계는 기억력을 증진할 수 있었다고 하였다. 자신이 의지할 파트너가 있다고 느끼는 사람들은 실제로 정확하고 뛰어난 기억력을 갖고 있었고 그렇지 않은 사람들은 조기기억력 감퇴를 경험하는 사례가 많았다.”(조선일보, 2017.12.13).

동체의 일원으로 활동할 수 있고 이에 의해서 미래지향적 마을공동체를 구축하는 데도 영향을 미칠 수 있다.[100]

아울러, 한층 글로벌화될 시대적 여건에서 마을(지역)단위의 시민육성은 학교 교육이 담당해야 할 핵심 현안이 될 것이다. 글로벌화의 진전이 가속화함에 따라 국가의 중앙문화는 수많은 지역문화를 흡수하여 통합함으로써 지역문화를 축소 내지 말살할 개연성이 한층 커지고 있다. 이런 시대 상황에서 지역 커뮤니티를 활성화함으로써 지역의 고유가치를 어떻게 창출하여 활성화할 것이냐는 대학이 담당해야 할 핵심 과제일 것이다.

지역사회의 특성을 살린 마을학교는 마을단위 공동체 형성에 유리한 계기를 제공할 수 있으며, 이는 지역민끼리의 공감공동체적 환경을 조성하는 데도 긍정적 영향을 끼칠 수 있다. 마을단위의 학습은 개인의 욕구에 기반한 학습이라기보다 '사회적' 실천과 '공동체적' 실천을 강조한다. 마을단위 학습은 "학습과 실천이 함께 간다"의 슬로건에 바탕을 둔다. 타인과의 관계 속에서 공적자아를 발견하게 되며 자신감과 자존감을 향상시킬 수 있다. 학습자들은 학습을 통하여 성장하고 서로 간의 얼굴을 바라보는 관계를 만들면서 그 관계성을 토대로 마을문제를 함께 논의

---

100 우리나라의 경우, 예부터 면면히 내려오는 함께 하면서 삶을 영위했던 동네단위의 '마실문화'가 있었다. 특히 농촌마을에서 주민들은 동네에서 함께 먹거리를 나누고 기쁜 일과 슬픈 일을 겪으며 가까운 이웃으로 살면서 마을과 함께 삶을 영위하는 마을마다의 마실문화가 있었다. 이런 마실문화는 현재와 같은 개인화되고 분절된 사회시스템에서는 잘 찾을 수 없지만, 마을단위의 마을시민성을 재조명할 때 중요한 문화적 자산으로 활용할 개연성을 띨 것이다. 마을시민 육성은 우리의 전통사회에서 오랫동안 영향을 미쳤던 마실문화에 주목하면서 그 의미를 오늘의 사회적 상황에 맞게 재구성할 필요가 있을 것이다(지경, 2011: 25).

하고 그 해결책을 찾으려는 자세를 갖는다. 마을학교 프로그램은 기획 단계부터 "왜 공동체인가?" 또는 "왜 학습하는가", "왜 참여해야 하는가" 등의 질문을 던지는 것에서 시작한다. 이런 학습을 통해 학생을 '마을(지역)시민'으로 만들고자 하는 데 교육목표를 둔다. 이런 마을단위의 학습을 통해 학생들은 개인적 영역에 갇혀 있던 삶을 사회적 또는 공적 영역으로 확장할 수 있다. 여기서 자연스럽게 '공적자아'를 형성할 수 있는데, 공적 자아가 형성될 때 '개별화된 사회'의 위험으로부터 벗어날 수 있다. 다시 말해, 이런 공적자아 개념은 지나치게 개별화되어 관계망에 아주 서툰 모습을 했던 개인들이 사회적 얼굴을 형성했음을 뜻하며, 동시에 이 사실은 타자와의 공감을 나누며 살아가는 데 꼭 필요한 마을시민으로서의 정체성을 형성했다는 것을 의미한다(양병찬, 2015: 16).

마을시민의 육성은 마을학교의 활성화에서 그 가능성을 찾을 수 있다. 마을학교는 지역, 환경, 학교의 필요에 따라 다양하게 운영될 수 있다. 마을학교 운영을 통한 마을시민 육성의 사례에 대해 간략히 살펴본다. 저소득층 주거지인 노스캐롤라이나주 그린스모그에 위치한 Hamton Year Round Elementary School의 경우, 학교에서 아침식사를 제공하고 방과 후는 읽기, 과학, 컴퓨터, 예술, 재활용 클럽을 운영하며, 그리고 토요일은 가족이 함께 하는 '책과 아침식사 클럽'을 열고 있다. 버지니아주 세인트폴에 위치한 St. Paul High School의 경우, 인근지역의 습지지역 생태에 관한 수업을 커뮤니티스쿨 프로그램에 도입하여 운영하고 있다. 학생들은 수질과 대기질, 토양에 관해 조사하고 어떻게 보존할 것인가를 학습한다. 잡초를 뽑고 쓰레기를 줍는 활동을 통해 습지생태를 배우고 직접 산책길을 걸어본다. 이런 활동을 토대로 '미래를 위한 배움센터'

를 만들어 펀딩제안서를 쓰고 지방정부를 상대로 발표회를 개최하며, 지역대학과의 파트너십도 맺는다. 이런 활동을 통해 학생들은 지리학습에서 지역성에 대한 이해에 커다란 성취를 이룰 수 있었고, 덧붙여 읽기와 쓰기는 물론이고 지역주민들과의 관계성 형성에서도 큰 진전을 이룰 수 있었다(이은경, 2015; 송두범·양병찬·강수현, 2016: 54).

셋째, 공감 시민 육성을 위해서는 학습자들이 주위의 환경에 대한 좀 더 민감한 음미능력을 갖추도록 할 필요가 있다. 이때 음미(appreciation)는 가치를 알아주는 것 또는 가치를 알아주는 능력, 의미를 느낄 수 있는 능력을 뜻한다. 대체로 인간은 가치창출 행위를 통해서 의미 있는 삶을 살아갈 수 있다기보다 타인들이 이미 창출해놓은 기존의 좋은 가치를 적절히 잘 활용함으로써 삶을 의미 있고 보람 있는 것으로 만들 수 있다(조선일보, 2017.2.24). 이런 점을 감안할 때 학교교육은 그동안 인류가 축적해놓은 가치를 적절하게 누릴 수 있고 향유토록 할 기회를 통해 학습자 삶의 행복을 누릴 수 있도록 해야 할 것이다.

음미 내지 느낌교육은 세상에 존재하는 것들에 가치를 부여하며 그런 가치를 누릴 수 있는 능력, 또는 가치의 의미를 알아보고 그런 가치를 인지할 수 있는 능력, 그리고 존재하는 주변의 것들에 대해 감상할 수 있는 능력을 키우는 것을 말한다. 다른 말로 해서 음미교육은 자기 자신을 둘러싼 주위 환경에 대해 감사할 줄 아는 감수성을 함양하는 것으로 볼 수 있다. 동시에 타인이 창출한 가치를 음미하고 느낌으로 받아들이는 것은 행복한 삶의 실현과도 통하는 것으로 볼 수 있다. 이런 점에서 인간을 인간답게 살도록 하는 교육은 음미능력과 불가분의 관련을 맺으며, 이런 음미 능력의 육성은 미래 학교교육의 중요한 전제일 수 있다.

일에 과잉 전념하며 성취적 삶을 사는 사람은 주변의 친구와 자연이 주는 아름다움에 대해 그 의미를 잘 알지 못하며, 또 수많은 타자들이 성취하였던 문화예술에 대해서도 별다른 감흥을 느끼지 못하며 음미할 수 없다. 음미교육은 우리 주변의 일상적 현상, 즉 동식물, 하늘, 향기, 땅, 친구, 이성, 스승, 제자, 기업, 직업, 보석, 문학, 음식, 와인, 커피 등에 대한 느낌을 부여함으로써 삶의 의미를 찾도록 하는 데 도움을 줄 수 있다. 이런 대상들에서 긍정적 의미를 찾기 위해서는 감성적 공감능력이 필요한데, 이런 공감력은 교육을 통해 가르쳐지고 훈련되지 않으면 잘 살릴 수 없다. 이 지점에서 학교교육은 기존의 이성능력에 의한 합리적 의사결정력 못지않게 공감능력 신장을 통한 감성적 의사 결정력을 강조할 필요가 있다. 다시 말해, 세상사의 여러 가지에 대해 느끼며 음미할 수 있는 감수성을 키울 수 있는 실천프로그램에 대한 정비가 본격적으로 요청될 것이다.

최근 청년들의 거칠고 메마른 정서는 치열한 경쟁과 이성중심의 합리성 교육과 관련이 있으며, 그런 메마른 정서는 주변에 대한 관심을 끊고 나홀로 살아가도록 하는 생각을 갖도록 하였으며, 그것은 학생폭력과 자살과 같은 극단적 행위의 근본원인이 될 수 있다. 아울러, 4차 산업혁명 시대를 맞이하여 인간은 각종 노동으로부터 해방될 가능성이 그 어느 때보다 커지며 이 지점에서 음미를 통한 행복한 삶의 실현은 중요한 과제로 와닿는다. 노동에서 해방된다는 것은 주변의 모든 것에 대해 음미할 수 있는 능력이 커짐을 의미한다. 그것이 놀이를 통한 감수성이든 또는 관계성에 의한 감수성이든 주변의 모든 것에 대해 음미할 수 있는 여유를 갖는다는 것은 감성능력이 풍부해짐을 의미하며, 동시에 그것은 미래 인간사회가 추구해야 할 과제라 할 것이다. 이런 점에서 미래시대 시민적 자질의 중요한 영역은 음미와 느낌에 의한 감수성의 깊이와 폭을 넓히는 작업과 밀접히 맞물릴 것이며, 그것은 공감시민 역량의 핵심과제가 될 것이다.

IV. 공감시민 육성을 위하여

이상의 논의에서 공감력을 살릴 수 있는 교육은 어떻게 가능할 것이며, 또 어떤 교육적 의미를 줄 것인지에 대해 타진하였다. 주지하듯이 현행교육은 겉으로 드러난 교육목표에서 공감력 내지 감성적 능력을 중요시하였을지 몰라도 내재적 차원에서 그 의미를 제대로 살려내 실천으로 이어질 수 있도록 했느냐에 대해서는 자신 있게 말할 수 없다. 최근 SNS 시대를 배경으로 발생하게 된 각종 사회적 병폐인 품성 황폐화 현상을 염두에 둘 때 공감역량의 신장은 한층 중요한 시대적 가치로 볼 수 있다.

계몽주의 철학자였던 흄과 쇼펜하우어의 경우에도 공감 내지 감성이 이성과 더불어 인간행위의 근본 동인으로서 행복한 삶을 위해 불가피한 것으로 받아들였다. 우리를 둘러싼 제반 환경이 한층 복잡해지고 다원화되면서 이전과 같은 고립적 상황에서보다는 협업적 여건을 조성할 때 새로운 가치 창출이 가능할 수 있으며, 또 글로벌 환경에서도 훨씬 적응력이 클 수 있기 때문이다. 다시 말해, 주변의 다양한 사람들과의 협업적 조건을 만들기 위해서는 공감력 발휘에 의한 타자인정과 이해가 불가피하게 요청되기 때문이다.

공감시민성 육성은 다음의 몇 가지 차원에서 시도되었다. 먼저, 교육을 지식체계를 공유한 경험 영역으로 바라볼 필요가 있으며, 동시에 지식학습의 방법에서도 사람 간의 경험에 근거한 관계성 형성 차원에서 이해할 필요가 있으며, 나아가 협동학습을 통해 학생만의 독창적 지식체계를 만들어 낼 수 있도록 할 필요가 있다. 다음으로, 공감시민 육성은 학습자의 삶의 중요한 근거인 지역사회 친화적인 마을시민 역량을 키우는 것과 관련되었다. 마을 단위 학습을 통해 학생은 개인적 영역에 갇혀 있던 삶을 사회적 또는 공적 영역으로 확장할 수 있어야 하며, 그런 확장을 경험할 때 그들은 '개별화된 사회'의 상태에서 벗어나 주변의 환경을 공동체의 시각에서 바라볼 수 있는 '공적자아'에 이를 수 있다. 마을 단위의 활동에 참여하면서 잃어버린 관계성을 복원하는 것은 지역 시민의 역량은 물론 국가 시민, 더 나아가 세계시민의 역량 강화와도 밀접한 관련을 맺는다. 내가 속해 살아가는 지역(마을) 공간을 배경으로 일상적 만남을 이어갈 수 있는 이웃과의 친밀한 관계성을 회복·복원하며, 그런 관계성에 근거한 지역시민적 삶을 살도록 할 필요가 있다.

마지막으로, 공감력 발휘는 학습자가 주변의 여러 가지 것들(자연적, 물질적, 문화예술적 내용)에 적절하게 대응하면서 그것들에 대해 감흥을 가질 수 있는 음미능력과 불가분 관련을 맺는다. 미래교육은 시대상황을 비판적 시각을 통해 주체적으로 의사결정을 하도록 하는 능력에 못지않게 지금까지 인류가 만들어놓은 것이거나 자연적으로 주어지는 자연환경을 우호적 관점에서 바라보고 자신의 삶의 영역으로 받아들이면서 향유할 수 있는 감흥 혹은 감상능력 신장에 관심을 가져야 할 것이다. 바로 그런 감흥과 감상능력은 음미역량의 신장과 밀접히 관련될 것이기 때문이다.

인공지능으로 대변되는 첨단기술 문명은 자기 강화력에 의해 무한 발전을 거듭할 것이다. 심지어 인류는 급속한 전환점을 맞이하여 기계가 인간을 넘어설 '특이점' 도달을 목전에 두고 있다. 이런 시대적 환경에서 대학교육은 중대한 교육적 전환에 당면하고 있으며, 이런 전환을 통해 미래지향적 모습으로 다듬을 필요가 있다. 그런 미래지향적 대학교육은 공감시민적 역량과 불가분하게 관련될 수 있기 때문이다.

3부 글로벌 빌리지 구축 모색

1장 한국형 글로벌 빌리지와 세계시민성

2장 이주노동자의 농촌유입과 적응

3장 문화마을 공동체의 의의와 실제

1장

한국형 글로벌 빌리지와 세계시민성

최근 한국사회의 당면과제는 초고령화와 초저출산에 따른 지방쇠퇴 내지 붕괴를 어떻게 극복할 수 있느냐와 직결된다. 특히 비수도권의 농촌지역은 급격한 인구감소와 고령화에 따른 지역쇠퇴에 직접적으로 노출되고 있다. 기존 주민들의 급격한 고령화에 덧붙여 청년 인력의 유출은 농촌쇠퇴의 직접적 원인으로 지목될 정도이다. 지금처럼 지역쇠퇴 내지 지역붕괴를 방치하느냐 아니면 새로운 전환 모색을 통해 지역을 살릴 것이냐는 우리 시대가 당면한 현안의 과제라 할 것이다. 지역쇠퇴를 방치하여 지역붕괴로 급속히 이어진다면 수도권 지역의 안전까지도 결코 담보할 수 없을 것이기 때문이다. 이런 상황에서 지역으로 대표되는 농촌 마을살리기는 무엇보다 중요한 시대적 현안으로 볼 수 있다.

농촌 마을 대상의 활력 모색에서 이주여성과 유학생을 비롯한 이주자의 한국사회 유입에 주목할 필요가 있다. 주지하듯이 현행 외국인 유입은 도시지역과 도농복합 지역을 배경으로 활발히 이루어졌고, 그것이 농촌마을 정착으로까지 잘 이어지지 않았다. 결혼이주여성의 농촌정착을 제외한 젊은층 이주자들의 농촌 유입이 활발하지 않았으며, 그런 와중에서 국내 젊은층의 탈농촌화를 한층 가속화하였다. 이 지점에서 국내외를 망라하여 젊은층의 한국농촌 사회로의 유입을 어떻게 활발하게 할 수 있을까에 대한 물음이 제기된다. 그것은 지역성에 갇힌 농촌마을을 글로벌 빌리지의 성격으로 바꾸는 것과 밀접히 관련될 것이며, 동시에 그것은 폐쇄적 우리 의식 차원에 갇혔던 기존의 한국농촌 마을을 개방적이며 세계시민성을 띤 글로벌 마을로의 전환을 가능케 하도록 하는 것과도 통할 것이다. 이런 전환이 가능할 때 여러 나라 출신 이주자들이 '찾아오는' 글로벌 빌리지를 만들 수 있으며, 이런 조건이 형성될 때 농촌마을의 활력을 찾을 수 있을 것이기 때문이다.

이 지점에서 글로벌 빌리지 구축을 통한 마을 활력 모색은 농촌마을의 생존에 직결되면서 동시에 사라지는 지방소멸의 중요한 대안으로서 의의를 갖는 것으로 볼 수 있다. 지금까지 한국농촌 마을은 폐쇄성과 전통성에서 잘 벗어날 수 없었다. 글로벌화에 의한 개방화 시대에 즈음하여 세계시민성을 살릴 수 있는 농촌마을을 어떻게 구축할 수 있느냐는 오늘 우리 시대의 현안의 과제일 것이며, 이는 지방소멸의 중요한 대안을 찾는 것으로도 의의를 띨 것이다.

이 장은 젊은 층이 쉽게 찾을 수 있는 농촌마을 만들기에 주목하고자 한다. 이런 점을 염두에 두면서 글로벌 빌리지 구축을 위한 선주민과 이주민의 공존 가능성에 대해 타진하고자 한다. 이 장의 전개는 다음과 같다. 먼저, 글로벌 빌리지 구축이 현재의 시대 상황에 시사하는 바는 무엇이며, 미래형 농촌마을 구축에 어떤 대안적 의미를 던지는지를 세계시민 교육 차원에서 검토한다. 둘째, 농촌마을 대상의 글로벌 빌리지를 위한 세계시민 교육의 실천적 적용과 실제에 대해 살펴본다. 마지막으로,

농촌주민 대상의 세계시민 교육이 향후 농촌사회에 던질 수 있는 시사점으로는 어떤 것이 있는지를 타진해본다.[101]

요컨대, 여기서는 농촌 마을주민 대상으로 선주민/이주민 공존이 가능한 글로벌 빌리지를 구축하려 할 때 세계시민 교육이 미칠 수 있는 의의와 영향을 현장 마을 차원에서 검토하여 밝혀보려는 데 목적을 둔다.

Ⅰ. 글로벌 빌리지 구축과 세계시민 교육

1. 책임윤리로서 마을공동체

개체로서의 인간은 결핍된 실존을 살아야 할 존재로서 공동체를 배경으로 살 필요가 있는데, 이때 인간은 그 누구든 공동체를 둘러싼 윤리적 책임에서 벗어날 수 없다. 이 점에 유의하여 블랑쇼는 "인간존재는 혼자서는 스스로에게 갇히게 되며 무감각해지고 평온 가운데 잠잠해질 수밖에 없다."고 했다(모리스 블랑쇼/장-뤽, 2005: 18; 심상우, 2015: 373). 바로 인간이 마주한 이러한 결핍성으로 말미암아 인간은 타자존재를 필요로 할 수밖에 없다. 이 지점에서 인간은 타자책임에서도 벗어날 수 없다. 이 사실은 철

101 지금까지 세계시민 교육 관련의 논문들이 주로 초중등 학교와 대학교육에 초점이 맞추어졌던 관계로 농촌마을 거주 노년층 대상 시민교육의 사례를 잘 찾을 수 없다. 이 사실에 유념하면서 여기서는 농촌마을 노년층에 초점을 두어 선주민과 이주민이 함께하는 세계시민 교육의 실제를 탐색하고자 하며, 이런 선주민/이주민의 공존 모색을 통해 한국 농촌마을의 글로벌화를 시도하고자 한다. 한국농촌의 미래전망은 '찾아오는' 마을만들기를 통한 글로벌 빌리지 구축과 불가분의 관련을 맺는다고 보기 때문이다.

학자 레비나스에게도 분명히 나타났다. 그에 의하면, 인간은 공동체성을 통해 자신에게 내재한 배타성을 극복하며 그런 타자와의 관계 맺음을 통해 자신의 주체성을 확보해간다고 하였다(김연숙, 2003: 150). 다시 말해, 인간은 자신이 갖고 태어난 근원적 유한성으로 말미암아 공동체를 요청하게 되며 이런 공동체를 통해 자신의 유한성을 극복하려 한다고 보았다.

문제는 서로 다른 인종, 언어, 종교, 이념, 환경 등을 배경으로 모인 사람들이 형성한 공동체에서는 다종다기한 긴장과 갈등이 불가피하게 발생할 수밖에 없다는 사실이다. 이런 상황에서 타자성 인정이 어떻게 가능할 것인가의 물음을 제기할 수 있는데, 그런 타자성은 레비나스와 블랑쇼가 주목했던 책임윤리에서 그 실마리를 찾을 수 있다(심상우, 2015: 378).[102] 물론 그런 책임윤리의 경우도 나와 나 주변의 타자 간의 신뢰에 토대한 사귐과 친교가 전제된 관계성이 성립될 때 가능할 것이다. 그러면 서로 다른 조건을 토대로 형성된 공동체에서 책임윤리란 어떻게 가능할 것이냐의 물음을 제기할 수 있다.

철학자 낭시는 '공동'의 영역, '함께-있음'에 대한 사유의 절박성을 다음과 같이 강조하였다. "함께-있음을 어떠한 실체에도 종속시키지 않고 함께-있음의 사유 불가능성, 지정 불가능성, 지배 불가능성을 염두에 둘 수 있어야 한다. 그것은 정치나 경제를 넘어선 것으로써 우리 삶에 아

---

102 낭시는 "사회적, 제도적으로 정당성을 부여받지 못한 어떤 '우리'가 그 '우리'를 추진하는 '공동체로 향해 있는 정념'이 이미 정립된 사회, 집단과 사회적, 집단적 틀을 와해시키려는 움직임이 언제나 있어 왔고 또 그렇게 있어야 한다"고 했다. 그런 움직임은 해체로 나아가기에 부정적일 수 있지만 바로 '우리'와 진정한 의미에서의 공동체로 향해 있기에 적극적, 능동적일 수 있다. 따라서 공동체의 무위 또는 무위의 공동체는 '우리'에 대해 소극적이지 않으며 반대로 더할 나위 없이 급진적으로 '우리'로 편입될 수 있는 측면을 띤다(박준상, 2010: 82).

주 본질적 의미로 다가서기 때문이다. 다시말해, 그것은 정치 및 경제적인 것에 앞서 우리 존재의 근원에 이어질 수 있는 아주 절박성을 띤 문제이기도 하다"(문정애, 2005: 292). 이런 의미에서 우리 삶은 타자와의 관계성 속에서 성립되며 그런 관계성이 게재될 때 우리 삶은 그 어떤 의미를 띠고 우리에게로 다가설 것이다. 이 지점에서 우리가 타자존재를 긍정하지 않을 때 우리는 인간으로서 우리 삶의 근본 실존성을 담보할 수 없는 상황을 맞이할 것이다.

함께 있음의 의미는 마을에서 흔히 있는 '선물 나누기' 행위에서 잘 볼 수 있다. 선물교환의 대표적 형태는 공제조합, 공공보호 시설, 저축 금고 등에서 찾을 수 있다. 레비나스는 선물행위를 어떤 대가를 기대하지 않고 그냥 주는 윤리를 넘어선 현상으로 바라보았다. 그에게 공동체는 내부적 소통이 되지 않은 상황에서도 타자책임을 다할 수 있는 곳으로 보았다. 공동체는 유한성을 살아야 할 운명을 넘어서 그 공동체에 속한 누구라도 고통 없이 사는 데 같이 동참하여 살 수 있어야 하기 때문이다. 이런 점에서 공동체는 나의 유익을 위해 타자 몫을 빼앗지 못하도록 할 때 더 잘 성립될 수 있다. 아울러, 공동체에서 사는 사람은 일정수준 자신을 희생할 수 있어야 하며, 그런 희생과 비움을 통해 공동체에 한발 가깝게 다가갈 수 있음도 주지의 사실이다(심상우, 2015: 379).

이상에서 레비나스는 자기 바깥의 심연에 깃든 책임에 깊이 관여하는 공동체가 작동함을 염두에 두었음을 엿볼 수 있다. 이때 공동체의 지향점은 타자와의 만남을 통해 사회적 생산성을 확대해가는 것과 밀접히 관련된다. 이런 점에서 공동체는 타인과의 관계 맺음이면서 동시에 이웃과의 긴밀한 관계 형성으로 이루어짐을 볼 수 있으며, 무엇보다 가까운 사람뿐만 아니라 이방인까지 이웃으로 받아들일 수 있는 포용성을 바탕으로 성립할 수 있다. 이 지점에서 지금까지 '우리'에 잘 속하지 않았던 이주여성, 이주노동자, 유학생 등을 둘러싼 이방인들도 우리가 마땅히 져야 할 책임윤리의 대상으로 등장하게 되었다. 그들에 대한 이웃으로서 사회적 관심과 배려는 우리 시대 책임윤리의 핵심대상일 것이며, 아울러 글로벌화 진전에 즈음하여 우리 시대의 사회적 책무를 다하는 것과도 밀접히 관련될 것이다.

2. 사회변혁으로서 마을공동체

좋은 사회의 조건은 국가와 시장, 시민사회 영역이 잘 기능할 때 충족될 수 있다. 이 세 영역이 자기 기능을 수행하지 못하거나 서로 간의 불균형이 발생할 때 사회변혁이 일어날 수 있다. 라잔(Rajan)에 의하면 1970-80년대 시장경제가 공적 국가영역과 시민사회 영역으로 과도하게 확장되었고, 이에 세 기둥 간의 균형점이 무너지기 시작했다고 보았다. 그는 "시장이 과도하게 팽창하면 사회 형평성이 무너지고, 커뮤니티가 과하면 사회 역동성이 떨어질 수 있으며, 국가가 비대해지면 권위주의로 흐를 위험성이 있다."고 지적했다(Rajan, 2019: 김병권, 2019: 11). 여기에서 사회혁신은 국가와 시장의 힘이 미치지 않는 영역에서 시민들이 사회적 차원의 새로운 반성을 시도할 때 가능할 수 있음을 염두에 둘 필요가 있다. 시민에 의한 사회혁신은 다음 두 가지 형태를 띨 수 있다. 그런 혁신은 다양한 형태의 사회적 기업과 소셜벤처와 같은 혁신적 아이디어를 제시하여 새로운 사회가치와 연계시키면서 새로운 도전을 열 수 있다. 또 다른 측면에서 새로운 혁신은 지역(마을) 단위를 무대로 마을활동가들이 각종 마을만들기 사업에 뛰어들 수 있을 때 새로운 영역을 열어갈 수 있다. 다시 말해, 지역주민들이 마을단위 커뮤니티 형성을 통해 마을마다 내재한 토착성, 다원성, 개체성에 기반하여 마을 리모델링에 나설 때 새로운 혁신이 시도될 수 있다. 이처럼 커뮤니티 활동을 통해 개인적 역량을 집합적으로 모아낼 수 있을 때 새로운 사회 가치를 형성할 수 있다. 다시말해, 시민이 마을만들기 활동에 참여할 때 사회변화의 촉진 기제로서 새로운 시대 전환을 유도할 개연성을 갖는다.

한편, 자본의 냉혹성이 일방적으로 부각하는 21세기 상황에서 공동체는 '관계재' 혹은 '사회적 자본'으로서 의미를 띨 수 있다(김병권, 2019: 20). 과학기술의 비약적 발전과 그에 따른 초개인주의 경향이 압도적 영향을 행사하는 현재의 시대적 여건에서 마을(동네) 단위 친밀공동체 구축 여부는 다가올 세대의 생존에 직결될 정도로까지 그 영향이 클 것이기 때문이다. 그것은 마을 단위 공동체 질서구축이 가능할 때 '인간이 인간에게 늑대다(Home Hominie Lupus)'의 비인간적 현상에서 벗어날 수 있음과 관련된다. 인간은 개체적 존재성과 더불어 공동체적 존재성으로 살아가야 할 필연성을 갖고 있으며, 무엇보다 초고령화에 즈음하여 나를 넘어선 타자와의 관계성 형성 여부는 그 어느 시대에서보다 더욱 긴급한 현안으로 다가설 수 있기 때문이다(정용교, 2021: 47-49).

사회혁신으로서 마을만들기는 추상적 이웃 또는 관계를 넘어선 주민밀착형의 이웃성 실현과 긴밀히 연관된다. 이웃끼리의 촘촘한 관계망 형성에 의한 협력체계 구축은 주민자치 원리 실현에도 일정한 영향을 미칠 것이며, 그것은 주민들이 자신들의 생활과 삶을 변화시키며 행정적으로 자치권을 획득하여 민주주의를 실현하는 것과 관련되기 때문이다. 이런 배경을 바탕으로 할 때 그들은 서로의 삶이 걸린 이슈를 중심으로 의사결정에 능동적으로 참여할 수 있는 생활밀착형 민주주의를 실천할 수 있다. 이런 지역민에 의한 참여형 마을공동체를 구축할 수 있느냐의 여부는 농촌사회 변혁에 핵심 기제를 마련하는 것과도 밀접히 관련될 것이다. 이 지점에서 현재 한국농촌은 국내외 이주민의 원활한 유입을 위한 '포용 내지 공존공동체' 만들기에 당면하고 있으며, 이런 포용력에 바탕한 글로벌 빌리지를 구축할 수 있느냐의 여부는 한국사회의 존망과도 직결되는 것으로 볼 수 있다.[103] 이런 글로벌 빌리지로서 마을성을 갖추도록 하는 것은 미래 한국농촌의 생존과 불가분의 관련을 맺을 것이기 때문이다.

3. 마을공동체와 세계시민성

근대는 자연과의 조화에 의하기보다 자연을 지배·정복하는 데 관심을 집중하였다. 이런 자연정복의 경향은 자연의 도구화로 나타났고, 그것은 기술중심주의, 간섭주의, 적응주의 등의 정신과 불가분하게 관련되었다(정대연, 2004; 김기홍, 2015: 152). 이런 경향에 더해 소비의 미덕화 현상이

---

103 한국 농촌마을 상황에서 주민들 대부분은 7,80대의 고령층이 거주하고 있으며, 그런 상황에서 기존의 유교전통에서 자유롭지 않게 살아왔다. 특히 농촌마을은 혈연과 지연에 영향을 받으면서 관행에 기반한 삶의 방식에 익숙한 면을 보인다. 도시의 젊은층이 보여주는 개방성과 역동성과 달리 농촌 노년층은 폐쇄적이며 정체성을 보인다. 이런 상황에서 농촌마을의 글로벌화는 중요한 시대적 과제일 것이다. 이런 농촌의 글로벌화가 가능할 때 국내의 여러 지역의 내국인을 포함하여 국외의 이주민과 유학생 등이 쉽게 접근할 수 있을 것이며, 그런 조건이 만들어질 때 열린 마을공동체 형성이 가능할 것이기 때문이다.

나타나면서 소비지상주가 급격히 퍼져 나갔고, 그런 경향은 물질만능주의(mammonism), 외모지상주의(lookism)를 낳기에 이르렀다. 이제 개인주의와 이기주의는 시대적 가치가 되었으며, 이에 우리 삶의 중요한 근거였던 마을 단위의 공동체로서의 삶은 청산의 대상이 되었으며, 공동체로서 이웃성을 나누며 사는 것을 시대에 뒤떨어지는 구시대적 의미를 띠는 것으로 받아들인다.

그동안 한국인들은 고도성장을 겪으며 이기주의와 개인주의, 이웃과의 단절에 따른 고립성에서 벗어날 수 없었고, 특히 극단적 경쟁에 따른 극도로 피곤한 삶을 살아갈 수밖에 없었다. 한국인에게 경쟁은 최고의 시대적 가치로서 출생에서 사망에 이르기까지 끝이 없이 계속되고 있다. 그런 무한경쟁의 과정에서 한국인은 하나의 경쟁에서 이기면 다음 경쟁이 기다리며 모두를 패자로 전락케 할 상황으로 몰아갈 정도이다. 여기서 한국인에게 근대성은 '초일류'와 '최고주의'에 지상의 가치를 두면서 끝없이 이어지는 경쟁판에서 아슬아슬한 시소게임을 벌여야 했으며, 지금까지 함께해왔던 '이웃성' 내지 '마을성'에서 과감히 이탈하려 했던 투전판이었다 해도 과언이 아닐 것이다.

근대사회는 초개인성과 초연결성에 따른 공동체 붕괴과정이라 해도 과언이 아니다. 모둠살이로서 공동체 붕괴는 인류를 한층 불확실성, 유동성 상황으로 몰아가게 하였고, 이에 각 개인은 '뿌리 없이 흔들릴 수 있는' 나홀로의 고립성에 처할 수밖에 없었다. 최근 초개체성에 따른 관계성 약화 내지 붕괴현상에 당면하여 '잃어버린' 마을성의 재생이 다시 현안으로 등장하고 있다. 이런 마을성 상실의 상황에서 마을과 공동체의 결합인 '마을공동체' 되살리기 운동도 사회적 관심사로 급부상하고 있다.

그런 마을성을 둘러싼 관심은 코뮌(commune)의 재조명과도 관련된다. 코뮌을 통한 주민 간 상호신뢰와 네트워크 형성은 마을단위 민주주의 실현의 바탕이 되며, 나아가 그런 마을 민주주의의 실천이 가능할 때 주민친화형 마을 만들기에도 한발 가깝게 다가설 수 있기 때문이다.[104]

마을단위 '커뮤니티'와 '네트워크'에 주목할 때 글로벌 빌리지 구축 가능성을 타진할 수 있다. 불확실성과 불투명성이 한층 심화할 글로벌 상황에서 지역기반 토착지식(Indigenous Knowledge)[105]의 활용 여부는 중요한 지역의 문화자산을 확보하는 것과 직결된다. 토착지식에 근거하지 않고 글로벌화에 우리를 내맡긴다면 거대자본에의 종속을 방치하는 것과 같으며, 그것은 극단적 격차를 불러와 지역성과 지역문화를 붕괴시키는 것으로도 이어질 수 있다. 이런 사실에 유념할 때 토착지식에 근거한 로컬성 및 지역문화를 회복하는 것은 수많은 위기 현상에 당면할 현대인의 생존에 필수적일 것이며, 동시에 그것은 인류의 지속가능한 발전에 유리한 조건을 제공할 것이다.[106] 이 지점에서 우리는 '지역적으로 행동하며

---

104 여기서 글로벌 차원에서의 시민의식을 발휘하느냐는 중요한 과제일 것이다. 이때 글로벌 시민역량은 나 또는 우리와 다른 배경과 태생을 지닌 사람들과 네트워킹하고 상호작용하는 데 필요한 의사소통 능력을 갖추는 것과 밀접히 관련된다. 이런 글로벌 시민의식을 갖출 때 우리는 나와 다른 타자를 감정이입하여 볼 수 있으며, 동시에 서로 다른 관점과 문화를 열린 태도로 받아들일 수 있어야 하고, 덧붙여 지구촌 이슈와 경향을 포용적으로 받아들일 수 있어야 할 것이다.

105 탈개발론자인 에스코바는 서구중심의 패권구도에서 잘 고려되지 않았던 '하위주체(Subaltern)'와 '토착지식(Indigenous knowledge)'에 주목하였다. 그는 지역공동체 의견에 집중하는 관점이 서구에 의해 제기된 개발모델과 관련 없는 것으로 보았고, 대신 제3세계 기반의 '토착지식' 내지 '하위주체' 영역에서 개발대안을 찾을 수 있다고 보았다(Escobar, Arturo, 1992; 정수환, 2022: 294).

106 이 지점에서 노르베리-호지가 지적했던 로컬이야말로 인류생존의 핵심적 대안임에 유의할 필요가 있다. 로컬성이 가능할 때 공동체 안에서 공공성 회복이 가능하며 덧붙여

지구적으로 사고할 수 있는 세계시민성의 역량'을 갖출 필요성에 당면할 것이다(우기동, 2014: 329).

현행 농촌노년층이 보여주는 전통적, 폐쇄적 의식구조에 주목할 때 그들 대상으로 지역에 살면서 지구적으로 사고할 수 있는 세계 시민성을 갖추도록 하는 것은 지역성 회복과도 불가분의 관련을 맺는다. 이런 세계시민성의 역량을 갖추지 않을 때 농촌지역의 새로운 활력 모색이란 쉽지 않을 것이며 거꾸로 마을쇠퇴를 촉진할 수 있을 것이기 때문이다. 농촌노년층 대상의 세계시민성을 키워 지역적으로 행동하면서 지구적으로 사고할 수 있도록 하는 것은 '찾아오는' 매력농촌 만들기의 핵심 과제로 부각할 것이다. 찾아오는 마을만들기의 핵심과제는 이주여성, 유학생, 이주노동자 등의 이방인을 우리 사회의 중요한 동반자로 포용하여 받아들일 수 있느냐의 문화적 감수성 발휘와 관련될 것이다. 세계시민으로서의 문화적 감수성을 발휘할 수 없다면 이방인이 찾을 수 있는 '공존마을' 환경에서 멀어질 수 있기 때문이다. 이런 문화적 감수성 발휘를 통한 '포용과 공존의 마을성'의 의미를 찾도록 하는 것은 농촌마을 활성화의 핵심기제를 갖추도록 하는 것과도 통할 것이기 때문이다.

각종 위기현상에서 주체적으로 대응할 수 있기 때문이다(헬레나 노르베리-호지, 2012: 144; 심상우, 2015: 367).

Ⅱ. 청도 섶마리 마을과 세계시민 교육

1. 청도 섶마리마을

농촌 마을주민 대상의 세계시민 교육은 경북 청도군 금천면 섶마리(신지1리) 거주 어르신을 대상으로 진행하였다. 이 마을은 밀양박씨 집성촌으로서 운강고택과 그 별장인 만화정을 필두로 10채의 고택이 있으며, 또 선암서원 중심으로 중국의 소학에 비견될 정도로 이 마을에 고유한 학문체계인 '해동속소학'을 발전시켜온 문화마을에 해당한다. 2021년 기준으로 102가구 120여 명의 주민들이 거주하고 있으며 주민 대부분이 7,80대의 노년층이다. 이 마을은 사방이 산으로 둘러싸인 분지형 지역에 위치해 있고 마을 외곽에 큰 물줄기인 동창천이 흐른다. 이런 풍부한 수운을 배경으로 수리시설이 발달해 있어 논농사 짓기에 유리한 곳으로 볼 수 있다. 이 마을은 산지에 둘러싸인 고립지역인 관계로 외부와의 큰 접촉 없이 양반문화를 형성하여 유지할 수 있었고, 특히 실사구시에 초점을 둔 '실용유학'에 관심이 많았다.

이 마을에서 학문활동은 선암서원을 중심으로 이루어졌다. 선암서원 구성원들은 유학의 실사구시 정신을 '계'를 활성화하는 데서 찾고자 하였다. 당시 이 마을 양반들은 '휼출계'와 '문강계'를 통해 미래 대비용 사회적 자본을 형성하는 데 집중하였던 것을 볼 수 있다. 휼출계는 흉년을 대비해 기금을 모았으며 이를 마을주민이 배고픔을 겪을 때 무상으로 제공하였고, 문강계는 자녀교육을 위한 기금으로 활용하였다. 지역 양반들은 주민밀착형 형태의 기금을 마련함으로써 지역민의 정신적 지지를 얻을 수 있었으며, 이런 기금의 적극적 활용을 통해 마을단위 공동체를 비교적 수월하게 형성할 수 있었다.

선암서원에서 보였던 교육적 관심은 근대학교인 금천초등학교를 설립하는 데 밑바탕을 놓을 수 있었다. 금천초교는 국가영역에서 주관했던 청도초등학교에 이은 군내 두 번째 학교로서 사립형태로 설립되었고 설립정신에 맞는 주민친화형 교육을 실시하였다. 이런 서원의 노력으로 지역주민으로부터 큰 교육적 호응을 얻을 수 있었고, 무엇보다 당시 열악했던 교육상황에서 지역인재를 교육하여 전국 영역으로 진출하도록 하는 데 큰 영향을 미칠 수 있었다.[107] 선암서원의 교육활동에서 직접적 영향을 받았던 주민들은 일찍부터 자녀교육에 상당한 관심을 부여하였으며, 이런 교육을 통해 미래사회 변화를 읽어내도록 하는데도 영향을 줄 수 있었다.

이처럼 선암서원 구성원은 유학의 실사구시 정신을 지역민을 위해 아낌없이 드러낼 수 있었다. 흉년이 들었을 때는 곡식을 통해 지역민의 아픔을 해결하려 했고, 또 급변하는 시대적 전환상황에서는 지역민의 자녀교육을 위한 교육기관을 설립하여 지역인재를 키우는 데 기여할 수 있도록 하였다. 이런 선암서원 양반들의 한발 앞선 시대를 읽을 수 있는 통찰력은 지역민으로부터 큰 호응을 얻을 수 있었으며, 이런 정신은 현대에까지 이어지면서 지역단위 공동체성을 유지·계승할 수 있는 밑바탕이 되었다. 이런 선암서원 양반의 선비정신은 오늘날의 물질주의로 대변되는 시대적 흐름에서도 마을성 의미를 지킬 수 있는 중요한 문화적 역량을

107 선암문중 중심으로 1906년 사립 신명학교를 설립하였고, 1917년 선암학교로 교명을 바꾸었으며, 1919년 다시 금천공립보통학교로 교명을 바꾸었다. 이어 1941년 금천국민학교로 교명을 변경하였고 1996년 현재의 금천초등학교로 이어지고 있다.

갖추는 데 역할을 할 수 있는 것으로 보였다.

2. 마을 단위 세계시민 교육

농촌마을 주민 대상의 세계시민 교육은 다음과 같이 설계하여 진행하였다. 먼저, 어르신 대상 세계시민 교육은 "선주민과 이주민의 세계시민 의식 고취"의 주제로 2022. 07. 01(금) ~ 07. 12(화)(매회 09:00~14:00) 동안 4회에 걸쳐 금천 섶마리 마을회관에서 실시하였다.[108] 세계시민 교육 때 섶마리 주민 20여 명이 참여했고, 이때 청도군 가족센터 소속의 결혼이주여성 5명과 영남대 대학원 석박사 과정에 재학 중인 외국인 유학생(중국, 베트남, 아프리카 출신) 10여 명이 함께했다. 이번 세계시민 교육은 선주민과 이주민이 함께하는 교육의 장이었고, 이처럼 선주민/이주민이 함께하는 교육을 통해 어떤 교육적 의의와 성과를 낼 수 있는지를 현장마을 차원에서 살펴보는 데 의미를 두었다. 이런 점에서 이번의 세계시민 교육은 지금까지 특정 집단에 초점을 두어 진행되었던 측면과 달리 선주민(마을주민)과 이주민(이주여성과 유학생)이 함께함으로써 어떤 교육적 의의를 던질 수 있는지를 타진하려 하였다.

총 4회차에 걸쳐 진행된 수업은 대학부설 다문화교육연구원 소속의 전문연구원 두 명이 강의를 설계하여 실제 강의를 담당하였다. 그들은 수

108 이 프로젝트의 주제는 지방소멸 방지 대책으로 추진된"경북 농촌마을 돋~음 프로젝트"였고, 영남대 다문화교육연구원이 프로그램을 주관하여 운영하였다. 농촌마을 어르신 대상 세계시민 교육 프로그램은 경북 농촌마을 돋~음 프로젝트의 일환으로 추진되었고, 프로그램 적용을 통해 마을어르신의 이주민을 바라보는 인식전환을 시도하고자 하였다.

업의 설계에서부터 농촌고령층 주민을 포함하여 이주여성들까지도 쉽게 이해할 수 있는 평이한 수준으로 수업안을 구성하고자 하였고, 특히 이론적 측면이 아닌 마을 생활과 관련되는 내용을 중심으로 수업을 진행하였다. 수업설계에서는 선주민과 이주민이 함께하는 형태를 지향하면서 평소 농촌 거주 어르신이 외국인에 대해 가졌던 부정적 선입견과 거부감을 극복하는 데 초점을 두었으며, 동시에 이주민 입장에서도 농촌 어르신의 생각과 행위의 근저에 작동하는 전통 농촌문화의 맥락을 이해할 수 있도록 하는 데 중점을 두었다. 이런 양방향 차원에 초점을 둔 수업 설계를 통해 선주민이 이주민을 바라보는 생각을 바로잡고자 하였으며, 아울러 이주민이 선주민을 바라보는 생각에서 어떤 모순이 있는지를 상호반성적으로 바라볼 수 있도록 하였고, 이런 상호적 반성과정을 거치면서 상대방의 입장을 감정이입의 자세로 이해할 수 있도록 하는 데 유념하였다. 이런 선주민과 이주민 간의 상호문화이해를 통한 적절한 접점을 찾을 수 있을 때 '찾아오는' 마을로의 전환을 이룰 수 있을 것으로 보았으며, 이런 조건을 갖출 때 글로벌 빌리지 구축에 한발 가깝게 다가설 수 있는 것으로 인식하였다.

1회차 수업 때 주제는『알게 되는 세계시민』이었고, 주로 아프리카 출신 유학생이 참가하여 교육활동을 지원하였다. 우간다 출신의 지○와 카메룬의 엘리○○, 르완다의 테○○, 짐바브웨의 니○, 탄자니아의 샤○ 등 6명이 참가하였고, 청도군 가족센터 소속의 베트남 출신 결혼이주여성 5명이 교육에 함께했다. 2회차 수업은『깨우치는 세계시민』을 주제로 중국 유학생인 이○○, 한○○, 조○○, 이○○ 등 4명이 참가하였다. 이들 유학생은 한국대학에서 학부과정을 마쳤고 현재 대학원 석박사 과정에서 5년 이상 수학하고 있어 한국어를 아주 잘 구사할 수 있어서 마을

어르신과 원활하게 소통할 수 있었다.

3회차는 『더불어 사는 삶』을 주제로 청도군 가족센터에서 파견된 베트남 출신 결혼이주여성이 참가하였고, 수업을 통해 마을 어르신 대상으로 다인종과 다문화를 바라보는 인식을 넓히려 하였다. 한국 남편과의 결혼생활 과정에서 이주여성들은 한국농촌 상황을 비교적 잘 알고 있었으며, 무엇보다도 농촌 노인의 정서를 일정 수준까지 그 맥락을 읽어낼 수 있었다. 이런 이유에서 그들은 어르신과 원만한 관계를 맺을 수 있었으며, 또 마을 어르신과의 교류에서 친근하게 다가갈 수 있었다. 4회차는 『함께 하는 세계시민』을 주제로 베트남 유학생인 판홍트○○, 레반○, 응오티○○, 쯔응티○○ 등 4명에 덧붙여 아프리카 유학생인 샤○, 테○○, 엘리○○ 등이 참가하였다. 4회차 수업에서는 마을 어르신과 여러 나라 출신의 유학생, 그리고 지역 거주 이주여성 등이 함께 한국의 대표적 보양 음식인 삼계탕을 맛보면서 음식을 매개한 상호문화 이해를 시도하였으며, 이어 나라별 대표 음식을 서로에게 소개하였다. 이런 음식 체험 시간을 통해 선주민과 이주민은 경험에 바탕하여 상호적 문화맥락 차이를 이해할 수 있는 수준에까지 이를 수 있었다.

Ⅲ. 세계시민 교육의 실제와 성과

1. 세계시민 교육의 실제

오늘날 한국 농촌사회는 초고령화와 초저출산에 당면하여 새로운 활로를 찾지 못한 채 젊은층의 별다른 관심과 주목을 받지 못하고 있다. 한국농촌이 처한 이런 여건을 염두에 둘 때 농촌마을의 새로운 활력 모색은 시대적 과제라 할 수 있다. 이런 측면을 염두에 두면서 경북형 글로벌 빌리지 구축을 통해 농촌 마을 활력 찾기에 한 발짝 가깝게 다가서려 시도하였다. 이런 활력찾기는 농촌 어르신 대상의 세계시민 교육으로 시도되었으며, 이에 의해 지금까지 관심 영역 밖에 있었던 농촌어르신 대상 세계시민성을 키울 수 있도록 하였으며, 덧붙여 이주여성, 유학생, 이주노동자를 대상으로 한국농촌의 매력을 찾을 수 있도록 기획하였다. 이는 찾아오는 '매력농촌 마을만들기'의 핵심 전제일 수 있기 때문이다.

세계시민 교육을 통해 선주민과 이주민이 함께하는 공존 농촌마을 환경을 만들도록 할 수 있었다. 세계시민 교육은 선주민(노령층) 대상으로 다양한 나라 출신의 유학생과 접촉하도록 함으로써 타인종을 바라보는 인식을 개선할 수 있었다. 마을 노령층은 외국인(특히 제3세계)에 대해 강한 거부감을 드러냈고 그들을 배타적 시선으로 바라보았다. 외부세계와의 교류와 접촉이 많지 않았던 농촌 거주 노년층은 도시 노년층에 비해 이주민을 곱지 않은 시선으로 보았으며, 또 그것은 젊은층에 비해서도 큰 격차를 보였다. 이에 농촌 마을 노년층 대상의 세계시민 교육을 통해 이주민과 유학생 등의 외국인을 바라보는 인식 상의 개선을 가져올 수 있었고, 이에 의해 '찾아오는' 농촌마을 만들기 환경을 조성할 수 있었다. 동시에, 이주민과 유학생 입장에서도 한국 농촌사회의 실상을 제대로 파악할 수 있는 계기를 제공하였으며, 무엇보다 한국 농촌마을에 숨어 있는 실상을 현장차원에서 파악할 수 있도록 하였다. 특히 이주민은 농촌 마을 어르신이 거친 표현과 무뚝뚝한 모습으로 비치지만, 실제의 내적 차원으로 볼 때 그런 어르신이 인정이 많으며 외국 출신의 젊은 이방인을 따뜻하게 맞이해준다는 사실을 몸(체험)으로 느낄 수 있었다. 이른바 세계시민 교육을 통해 이주민 입장에서도 한국농촌 마을에 내재해 있는 문화적 맥락의 암묵적 차원을 파악할 수 있도록 하였다.

총 4회차에 걸쳐 진행되었던 선주민과 이주민 대상의 세계시민 교육을 통해 다음의 성과를 얻을 수 있었다. 그 구체적 내용은 다음과 같다.

먼저, 1회차 『알게 되는 세계시민』 수업안은 <표1> 형태로 진행되었다. 강사는 준비한 교육프로그램을 마을주민들에게 설명·적용하였고, 이때 아프리카 출신 유학생인 지○, 테오○, 니○, 샤○ 등도 참가하여 협동의 팀 작업으로 수업을 진행하였다. 또 군 소속 가족센터 베트남 출신 결혼이주여성 5명도 함께 하였다. 이때 서울서 베트남 전문 음식점을 경

<표1: 1회차 수업안>

<table>
<tr><td>교육내용</td><td>▣ 세계시민이 뭔가요?
- 특정 국가와 특정 장소의 시민적 정체성을 넘어 지구적 역할과 책임의식 지님
- 지구촌 문제에 관심 갖고 다수가 행복을 누리는 지구공동체에 동참할 수 있는 능력
▣ 세계시민 시작하기
- 선주민과 외국인(아프리카 유학생)의 만남과 접촉을 통한 상호적 문화이해</td></tr>
<tr><td>선주민의 교육 후 인식개선</td><td>▣ 피부색이 달라도 사람은 똑같다.
- 선주민(노년층)이 갖는 아프리카인(검은 피부색, 체형, 체격)에 대한 두려움, 공포, 낯섦 등에서 벗어남
* 첫 만남 : "아이고 무시라, 뭐 저래 시커먼 사람들이 들어오노, 무섭구나"
* 교육 후 : "시커매도 우리랑 똑같네, 발바닥은 하얗네"
"이야기해보니 한국말도 잘 하고 재밌데", "또 언제 놀러오노"</td></tr>
<tr><td>음식을 통한 상호이해</td><td>▣ 베트남 전통음식, '쌀국수'
- 베트남 결혼이주여성의 전통 베트남 쌀국수 토렴 및 상차리기
* 선주민 : "베트남 사람이 차려주는 음식 언제 먹어보노"
"생숙주가 비린내가 나도 넣어 묵어보니 맛있고 괜찮네"</td></tr>
</table>

영하는 요리전문가(남○○)의 도움으로 베트남식 쌀국수를 제공받았으며, 이어 베트남 음식 관련 특성 관련 설명을 들으며 음식 매개의 상호문화를 시도하였다. 수업에서는 강사 주도의 일방적 형태가 아닌 체험식의 수업을 통해 마을어르신의 타문화를 이해하는 문해력을 키우려 시도하였다.

1회차 세계시민 교육에서 선주민인 마을어르신은 유학생과의 첫 만남에서 큰 충격을 받았던 것으로 반응하였다. 어르신들은 아프리카 출신 유학생들의 피부색을 본 뒤 정색을 하며 놀라워했다. 그들은 매체를 통해 듣기는 했어도 잘 접할 수 없었던 유학생들의 검은 피부와 큰 체형, 그 밖의 체격조건을 경험한 뒤 상당히 놀라워했고, 그런 모습에서 두려움과 공포, 그리고 낯섦과 놀라움을 드러내기도 하였다. 어르신들은 수업 중에 유학생과의 접촉을 거듭하면서 이런 놀라움과 낯섦에서 차츰 벗어날 수 있었다. 유학생의 경우에도, 어르신인 선주민에게 한국어로 대화하며 부드럽고 따뜻하게 다가가고자 하였고, 무엇보다 공경의 자세로 어르신을 맞이하였다. 선주민/이주민 간의 직접 만남과 상호적 대화를 거듭하면서 선주민인 어르신은 이주민도 우리와 똑같은 인간이라는 사실을 깨우칠 수 있었고, 또 그들도 인간적 대우를 받으며 함께 삶을 누려야 할 중요한 존재라는 사실을 인식할 수 있었다. 이어 진행된 베트남 쌀국수 체험 수업에서 마을 어르신은 베트남 요리전문가가 만들어 제공한 쌀국수를 직접 먹어보고 관련 설명을 들으면서 베트남 음식문화와 우리의 음식문화 간에 큰 차이가 없음을 알 수 있었다.

이주민 입장에서도, 선주민과의 직접접촉을 통해 한국농촌과 노년의 있는 그대로의 모습을 알 수 있는 계기를 마련할 수 있었다. 아프리카 유학생은 노년기 삶을 언제나 가족과 함께하는 것으로 받아들이는 아프리카 문화에 비해, 한국에서 노년이란 가족 보살핌에서 벗어나 외롭게 홀로 살아간다는 사실을 놀랍게 바라보았다. 그들은 한국농촌이 직면한 산업화에서 비롯된 가족해체 상황을 눈앞의 새로운 현실로 바라보았고, 경제적 풍요를 가져다주는 산업화를 어떤 시각으로 바라보아야 할 것인지에 대해서 인식할 수 있는 기회를 가질 수 있었다.

<표2: 2회차 수업안>

교육내용	■ 중국관련 선입견 극복과 세계시민 되기 - 중국물건 '다 나쁘다'의 부정적 인식개선 및 생필품(가전제품, 농수산물 등)의 국가 간 교류의 불가피성 이해 - 중국음식과 한국음식 비교 * 아침식사 : 중국(죽, 국수, 만두), 한국(밥과 국, 반찬) - 한국드라마 속 노래듣기와 마음나누기 * 선주민 : "드라마에 나오는 중국노래 한 번 들어 볼 수 있나, 한번 불러줘 봐" * 중국유학생 : 이반반 "월양대표아적심(첨밀밀)"선창
선주민의 교육 후 인식개선	■ 포용력을 통한 세계시민성 - 중국물건 관련 인식개선 * 선주민: "중국 꺼 못쓴다. 다 안 좋다. 나쁘다" * 중국유학생: "한국물건 중 좋은 것과 나쁜 것이 있듯이 중국물건도 좋은 것과 나쁜 것이 있어요. 다 나쁜 건 아니예요" - 중국노래를 통한 상호이해 * 선주민: "드라마에서 듣던 노래를 중국사람이 직접 불러주니 좋다. 신난다" * 유학생: "많이 쑥스럽고 부끄러웠는데 할머니들이 좋아하셔서 좋아요" * 선주민 :"중국사람은 한국사람과 비슷해서 한국사람과 똑같아 보이네"
음식을 통한 상호이해	■ 중국풍 도시락(꽃빵, 고추잡채, 춘권피, 깐풍표고) - 도시락 음식을 통한 중국문화 인식 확장 * 선주민 : "언제 중국음식 묵어보노, 빵 이거는 우째 묵노" * 유학생 : "꽃빵을 조금 뜯어서 고추잡채랑 함께 드시면 맛있어요. 중국에서는 아침, 저녁으로 꽃빵을 먹어요" * 선주민 : "미리 말해야지, 벌써 고추잡채 다 묵었다. 다음에는 가르쳐주는 대로 먹어봐야 되겠네"

둘째, 2회차의 『깨우치는 세계시민』 주제로 진행된 수업에서는 20여 명의 선주민을 대상으로 영남대 석박사 과정에 재학 중인 중국 유학생 4명(이○○, 한○○, 이○○, 조○○)이 참가하였고, <표2>와 같이 수업이 구성되어 진행되었다.

2회차 수업에서는 선주민 대상으로 중국 관련 부정적 시선을 바로잡는 데 맞추어져 진행되었다. 농촌노년층은 중국을 애증이 엇갈리는 측면으로 바라보았는데, 중국출신 유학생과의 직접적 접촉을 통해 중국을 바라보는 시선에서 변화를 엿볼 수 있었다. 선주민은 유학생의 능통한 한국어 실력과 외모의 유사성에서 쉽게 호감을 느꼈고, 그들과의 교류를 통해 중국을 바라보는 기존의 생각에서 새로운 변화 조짐을 보였다. 특히 선주민, 이주민이 함께하는 점심시간을 가졌으며, 이렇게 중국음식을 직접 맛보며 체험하면서 선주민은 의외로 중국음식이 우리의 음식과 비슷하고 깨끗하며 먹음직하다는 인식을 갖게 되었다. 마을어르신인 선주민은 중국출신 유학생과의 대면적인 만남과 중국음식의 시식경험을 통해서 평소 더럽고 정돈되지 않으며 가짜투성이로 바라보던 기존의 중국 관련 인식에서 뭔가에 문제가 있음을 느꼈으며, 이번 기회를 통해 이를 바로잡을 필요가 있음을 알게 되었다.

이주민인 중국 유학생 입장에서도 농촌마을과 마을주민을 직접 경험하고 만나는 기회를 통해 한국농촌 사회의 실제모습을 제대로 파악·이해할 수 있었다. 그들의 눈에 비친 한국농촌은 중국에 비해 상당히 발달한 모습이었고, 무엇보다 마을주민이 일상으로 누리는 풍요로운 삶의 모습에서 큰 놀라움을 표현하였다. 젊은층의 탈농촌화가 가속화하며 저출산·고령화에 당면한 중국농촌의 현실을 염두에 둘 때 한국농촌의 발전과 각종 기반시설은 중국농촌의 미래에 나름의 시사점을 제공하는 것으로 바라보았으며, 동시에 가족의 틀에서 벗어난 홀로된 노인들이 마을회관 중심으로 생활여건을 조성하며 살아가는 것을 신기한 모습으로 받아들이기도 했다.

셋째, 3회차 수업은 『더불어 사는 삶』을 주제로 청도군 가족센터에서 파견된 베트남 결혼이주여성 5명이 함께하였다. 수업은 <표3>과 같이 진행되었다.

3회차 수업은 마을어르신 대상으로 지구촌이 밀접히 연계되어 있

<표3: 3회차 수업안>

교육내용	▣ 더불어 사는 세계시민 - 한국기업의 활약상을 중심으로 글로벌 차원의 경제교류 중요성에 대해 소개 - 실천하는 세계시민의 자질: 일상생활 속 환경인식과 환경오염 방지 방안(일회용 봉지의 사용 자제와 재사용)
선주민의 교육 후 인식개선	▣ 합리적 사고의 세계시민 - 핸드폰 사용의 편리성과 지구연계 이야기 * 선주민: "핸드폰을 와 베트남에서 제일 많이 만드노, 한국꺼를" "싼 인건비로 만들어서 핸드폰 값이 싸다고?, 고맙네!" * 선주민 : "앞으로 동곡장에 가믄 비닐봉다리 대신 장바구니 들고 가야겠다" "비닐봉다리를 영 안 쓸 수는 없는데, 우짜든지 애끼보께" - 베트남 결혼이주여성의 한국살이 * 선주민 : "우리도 옛날에 시집살이 한다고 고생했는데, 코로나가 터져가 친정도 못가보고 얼매나 부모형제가 보고싶겠노" * 선주민 : "고생 많데이, 이리 촌에 시집와가 얼마나 예쁘노"
음식을 통한 상호이해	▣ 베트남풍 도시락(짜조, 소고기숙주볶음, 라임두부튀김) - 도시락 속 음식을 통한 베트남 인식 확장 * 선주민 : "베트남 음식은 좀 다네, 우리 묵는 거랑 마이 다르지 않네 "이때 아니면 언제 묵어보노, 무보자" * 결혼이주여성 : "입맛 없어도 드셔야되요"(수저에 반찬 올려 드림) * 선주민 : "외국사람들 자꾸 보니 우리랑 똑같네, 이뿌다"

음을 주제로 진행되었다. 핸드폰을 주제로 지구촌 무역이 긴밀한 연계사슬로 엮어져 있으며, 환경오염도 글로벌 차원에서 별다른 의식을 갖지 않은 채 발생할 수 있음을 인식할 수 있도록 하였다. 선주민은 한국에 시집온 이주여성이 코로나 여건에서 모국의 부모님을 만날 수 없다는 사실을 안타깝게 여겼고 그들의 처지를 연민으로 바라보았다. 선주민으로서 이주여성을 따뜻하게 바라보고 잘 보살펴주는 것이 중요한 의무라는 사실을 인식하고 있었다. 마을어르신에 의하면, 마을에 십수 년 거주하고 있는 필리핀 출신의 결혼이주여성이 살고 있는데, 그녀는 동네 주민과 한차례도 갈등을 일으키지 않고 좋은 관계를 맺으며 살아오고 있다고 소개해주었고, 덧붙여서 이런 경험을 통해 볼 때 '찾아오는' 이주민을 잘 맞이해야 농촌 마을이 더 지속할 수 있을 것이라는 사실에 대해서도 인식하고 있었다. 이처럼 농촌 여건에서 선주민부터 이주민을 바라보는 다문화 인식을 넓힐 수 있을 때 선주민/이주민이 공존 가능한 글로벌 빌리지를 만들 수 있다고 바라보았다.

결혼 이주 여성의 입장에서도 마을 어르신과의 원만한 관계를 맺을 수 있을 때 한국 농촌문화의 특성을 이해할 수 있을 것이라 하였고, 무엇보다 이런 우호적 관계 맺음이 가능할 때 자신들의 농촌 생활에의 적응도 가능할 것으로 보았다. 농촌 생활지식의 많은 부분을 꿰뚫고 있는 고령층의 선주민과의 우호적 관계를 맺을 수 있을 때 이주여성들도 마을살이의 좋은 점을 느낄 수 있을 것으로 받아들였다. 이번 교육을 통해 선주민과 이주민 모두는 농촌 마을에 내밀하게 작동하는 문화맥락을 파악할 필요가 있으며, 이런 문화맥락에 토대해 선주민/이주민 간 교류와 소통을 넓혀야 하며, 이런 조건을 충족할 수 있을 때 양측 간 마음의 벽을 넘어설 수 있는 것으로 바라보았고, 그것은 선주민/이주민 공존공동체를 마련하는 데도 중요한 기반이 된다는 것을 받아들일 수 있었다.

4회차 수업은『함께 하는 세계시민』주제로 베트남 유학생 1명과 아프리카 유학생 3명이 함께 참가하였고, 수업은 <표4>의 형태로 진행되었다.

4회차 수업은 세계시민적 입장에서 농업을 어떻게 바라보아야 할 것인가를 성찰할 수 있도록 하는 과정으로 진행되었다. 각 나라 별로 농

<표4: 4회차 수업안>

교육내용	▣ 세계시민과 농업 - 각 나라별 농작물 재배 시 농약사용에 대한 인식 * 아프리카 : 친환경 비료 사용(커피 농업) * 베트남 : 화학비료 6번 사용(망고농장) * 한국 : 모든 농작물에 화학비료 사용(대추, 복숭아, 채소 등)
선주민의 교육 후 인식개선	▣ 실천하는 세계시민 - 농작물 재배에 화학비료 사용과 지구생태 관계 * 선주민: "앞으로 농약 적게 쳐야되는 데 그라믄 농사가 잘 되나?" "우리는 다 살았는데 남은 아들이 걱정이다" "지구가 없어지면 안 되제" "앞으로 농약 칠 때 쪼매 생각하고 치야 되겠다" "사람들이 점점 못나지고 작은 과일 사 무야 될낀데" - 아프리카, 베트남 유학생의 지구환경인지 "땅이 살아야 농사가 잘되고, 땅이 탄소를 저장하므로 지구환경에 도움이 된다는 사실 을 몰랐어요"
음식을 통한 상호이해	▣ 여름대표 음식(한방삼계탕) - 각 나라별 닭요리 이야기 * 유학생 : "아프리카는 닭을 치킨으로 먹고 볶아먹어요, 삼계탕 먹어보니 맛있어요" * 선주민 : "여름에 이런 음식 무야 보양되지, 시원하니 좋다" "유학 온 학생들 잘 무라, 그래야 여름 건강하게 난다"

작물 재배 때 농약사용이 어느 정도이냐를 비교하는 것으로 수업이 진행되었다. 한국의 경우 아프리카와 베트남에 비해 농약을 많이 사용하는데, 그것은 경제적 측면에서 농업에 접근하는 농사짓기와 관련되었다. 선주민을 포함하여 아프리카, 베트남 출신 유학생 대상으로도 땅의 건강성 회복이 왜 중요하며, 그것이 인류 삶에 어떤 영향을 미칠 수 있는지를 살피도록 했다. 4회차 수업에서는 선주민은 물론 이주민까지 포함하여 세계시민적 자질을 갖추는 것이 먹거리의 토대인 건강한 땅의 유지와 관리에 밀접히 관련됨을 알도록 하였다. 이처럼 땅의 건강성 유지에 바탕한 농업활동은 미래 인류가 지향해야 할 지구시민의 품성을 갖추는 것과 관련됨을 알도록 했다.

덧붙여 4회차 수업은 한방삼계탕을 주제로 선주민, 유학생, 이주여성이 함께 음식을 먹어보고 삼계탕에 담겨 있는 음식문화의 의미를 직접 느껴보도록 하였다. 이주민은 치킨 형태로 볶아먹는 요리방식에 비해, 삶아서 만드는 음식인 삼계탕이 무더운 여름 대비용의 보양식으로서 갖는 문화적 맥락을 이해할 수 있도록 했고, 특히 그들은 복날(초, 중, 말복) 때 주로 농촌 거주 고령층이 삼계탕 음식을 나누면서 마을 단위의 공동체성을 살리려 했음을 이해할 수 있도록 하였다. 4회차 수업에서는 농사의 토대인 땅의 건강성을 어떻게 유지하느냐 및 한국 고유음식인 삼계탕 함께 먹어보기 행사를 주제로 한국마을 문화의 고유성을 파악할 수 있도록 기획했고, 동시에 선주민/이주민 간 만남을 통한 '공존공동체' 형성이 갖는 의미를 되새길 수 있도록 하였다.

2. 세계시민 교육의 성과

총 4회차에 걸쳐 진행된 선주민과 이주민 대상의 세계시민 교육은 다음의 성과를 거둘 수 있었다. 여기서는 유학생이 참여하여 경험했던 바를 중심으로 교육적 성과를 다루고자 한다. 그 이유는 그들이 대체로 4년 이상의 한국생활을 통해 한국사회를 종합적으로 파악·이해할 능력이 있으며, 또 대학원 공부를 통해 한국농촌 사회를 객관적 시각에서 바라볼 수 있는 역량을 갖추었다고 보기 때문이다.[109]

먼저, 중국 유학생은 마을 어르신 대상 시민교육을 통해 처음 중국인과 중국물건에 대한 부정적 생각을 가졌던 어르신과 만남을 통해 차츰 중국 관련 부정적 생각을 변화시킬 수 있었다. 처음 자신들이 중국에서 왔다는 사실을 차가운 시선으로 바라보았는데, 몇 번의 만남과 접촉을 하면서 마을어르신이 자신들에 대한 차가운 시선을 차츰 거둘 수 있음을 볼 수 있었다. 그들이 경험한 교육의 성과는 다음과 같았다. "동네 어르신들은 우리를 친절하게 맞아주었고 우리를 손자, 손녀처럼 귀엽고 예쁘게 대해주셨다. 특별히 중국 음식을 좋아하였으며 우리를 한국인처럼 좋아해 주었다. 농촌마을은 정돈이 잘 되어 있어 깨끗하고 단정했다. 초등학교, 마을회관과 카페 등으로 구성된 마을여건이 아주 좋았으며, 주변이

---

109 농촌 마을단위 선주민, 이주민 대상 세계시민 교육의 성과를 유학생의 경험담에 근거하여 구성하고자 하였다. 이 이유는 다음과 같다. 선주민의 경우 이미 수업의 실제에서 그 성과의 대부분을 밝혔고, 그리고 이주여성의 경우 4회차 수업에서 보조적 역할을 하며 다소 관망적 자세로 참여하였기 때문이다. 무엇보다도 유학생은 석박사 과정 재학 중으로 한국사회를 객관적 시각에서 바라볼 수 있는 능력이 있으며, 또 수업을 통해 마을어르신과 가깝게 접촉하면서 그들의 반응을 제3자적 자세에서 어느 정도까지 드러낼 수 있었다고 보았기 때문이다.

조용했고 한적해 보였다. 동네 어르신들 모두가 연세가 높았는데도 아주 건강해 보였고, 대부분이 혼자 살아가는 것으로 보였다. 할머니들이 대부분이었고 할아버지를 잘 볼 수 없었다. 중국농촌의 경우에도 혼자 사는 노인이 대부분이지만 한국농촌과 비교될 수 없다. 처음 만났을 때 다소 서먹하였고 뭔가 중국에 대한 거부감이 강했지만 두 차례 정도 만남 시간을 갖고 중국 음식을 같이 먹어본 뒤부터 중국 관련 생각에서 큰 변화가 일어남을 볼 수 있었고, 우리를 더 따뜻하게 맞이해주며 이 마을에 들어와 같이 살자고 했다."

둘째, 베트남 유학생의 경우에도 교육참여를 통해 마을 어르신의 인식 전환을 경험할 수 있었다고 했다. 한국농촌 거주 베트남 출신 이주여성의 영향으로 베트남인에 대해 이미 어느 정도까지 우호적으로 바라보고 있었으며, 그런 영향에서인지 실제로 마을주민들은 우리를 따뜻하고 친근하게 맞이해주었다. 그들이 바라본 한국농촌과 세계시민 교육 관련 견해를 들어본다. "마을 할머니들이 의외로 베트남 문화를 잘 알고 이해하고 있었다. 이 마을에 살지는 않지만 이웃마을 거주의 베트남 출신 이주여성이 마을에 잘 적응하여 좋은 소문이 난 것과 관계가 있는 것으로 보였다. 그런 좋은 이야기가 베트남 사람에 대한 좋은 감정으로 이어진 것 같았다. 할머니들과 같이 이야기를 나누면서 한국농촌 어르신 문화를 조금이나마 알 수 있었고, 무엇보다 한국농촌의 실제 모습이 베트남 농촌과 상당히 유사함을 볼 수 있었다. 덧붙여 국제교류에서 가장 중요한 것은 지금과 같은 직접 경험을 통해 서로를 접해볼 때 큰 영향을 줄 수 있음을 느낄 수 있었다. 이번 교육을 통해 주민들과 대화하고 음식을 먹어보면서 서로에 대한 느낌을 내면적으로 읽을 수 있었고, 한국농촌 노인들이 베트남 출신 이주여성을 따뜻한 마음으로 받아들이고 있음을 볼 수 있었다. 또 한국농촌을 직접 경험해보면서 베트남 농촌과도 비교할 수 있었다. 가족 돌봄에서 벗어난 채 홀로된 할머니들이 외롭게 살아간다는 사실이 좀 안타까웠는데, 그것은 베트남과 큰 차이점이었다. 처음 다소 무뚝뚝했던 할머니들이 차츰 시간이 지나면서 우리와 우리 출신의 이주여성을 손자, 손녀처럼 따뜻하고 예쁘게 바라봐주신다는 것을 알게 되었다. 이번처럼 직접적 경험을 통한 문화 간 대화 내지 교류가 있을 때 상대방 문화에 대한 이해가 더욱 깊어질 수 있을 것으로 생각했다. 우리도 몇 차례에 걸친 농촌체험을 하면서 한국의 농촌사회와 농촌에 거주하는 할머니, 할아버지의 세계를 더 잘 파악할 수 있었다."

마지막으로, 아프리카 출신 유학생들도 세계시민 교육을 아주 인상적 시선으로 바라보고 있었다. 그들에 의하면, 처음 자신들의 외모를 보고 놀라워했는데 몇 차례의 만남을 통해 그런 생각에서 변화가 나타났으며, 무엇보다도 자신들을 한국인과 똑같은 사람으로 받아들일 수 있었다고 했다. 그들의 시선에 비친 경험담을 들어본다. "르완다 출신 유학생은 이번 마을 방문을 통해 한국사회의 진짜 모습을 좀 더 자세히 알게 되었고, 특히 농촌 노년의 삶에 대해 한층 잘 파악할 수 있었다. 카메룬 출신 유학생도 한국농촌 노년의 삶이 카메룬 농촌문화와 엇비슷한 성격을 갖지만 다른 모습을 볼 수 있었다고 했다. 카메룬에서 노년의 삶은 언제나 가족과 함께 가족의 보살핌을 받으며 삶의 마감으로까지 이어진다고 하였다. 이런 카메룬 상황에 비해, 한국농촌 할머니의 대부분이 노년을 외롭게 혼자살이 한다는 것이 다르다고 하였다. 탄자니아 출신 유학생도 처음 자신들을 다소 외면하듯이 받아들였는데 차츰 피부 차이를 인정하며 따뜻하게 맞이해주었다고 했다. 처음 만났을 때 피부 차이의 간극을 확연하게 느낄 수 있었는데 두어 차례 만남을 거치면서 할머니들의 반응이 급격히 바뀌는 모습을 느낄 수 있었다고 했고, 심지어 할머니들은 농촌에 일거리가 많으며 빈집이 많기 때문에 언제든 마을에서 같이 살아도 좋다는 제안을 할 정도였다. 처음 다소 어색했고 서먹서먹했었는데 몇 차례 만나면서 좋은 관계를 맺으며 친해질 수 있었다. 이번 교육참여를 통해 아프리카 출신 유학생들은 한국농촌의 초고령화 현상을 아주 놀라운 모습으로 바라보았고, 동시에 전통성과 현대성이 공존하는 한국마을의 새로운 가능성에 대해서도 경험할 수 있었다."

이상의 논의를 통해 지속가능발전을 담보할 수 있는 한국농촌의 핵심적 대안은 선주민과 이주민이 공존 가능한 글로벌 빌리지 구축과 밀접히 관련됨을 확인할 수 있었다. 나아가 이런 글로벌 빌리지 구축 여부는 한국농촌이 당면한 초고령화와 초저출산 상황에서 벗어날 수 있는 긴급한 현안이라 할 수 있다. 요컨대, 한국농촌 사회가 안고 있는 구조적 한계를 벗어날 수 있는 핵심과제는 '선주민/이주민의 공존공동체' 구축 여부와 불가분의 관계를 갖는 것으로 볼 수 있었다.

Ⅳ. 공존형 글로벌 빌리지 구축을 위하여

이상에서 우리는 한국농촌 마을에서 선주민/이주민이 공존가능한 글로벌 빌리지 구축을 위한 세계시민 교육의 구체적 실천에 대해 살펴보았다. 한국농촌 주민의 대부분이 고령층으로 고립적, 폐쇄적으로 생활함을 염두에 둘 때 그들 대상의 글로벌화를 반영한 시민역량을 키우는 것은 우리 시대의 핵심 과제일 수 있다. 이런 시민역량이 뒷받침되지 않는 상태에서 농촌사회의 새로운 질서 구축이란 쉽지 않을 것이며, 동시에 변화하는 시대적 상황에서 농촌사회의 새로운 돌파구를 마련하는 것과도 직결된다고 보기 때문이다. 농촌 거주 선주민과 이주민 대상의 세계시민교육은 다음의 구체적 성과를 거둘 수 있었다.

1회차 교육에서 선주민인 노년층은 외모에서 확연히 차이를 보이는 아프리카 유학생을 수용과 포용의 자세로 바라볼 수 있었다. 노년층은 처음 유학생의 피부색에서 큰 충격과 놀라움을 표시하였는데, 수업을 통해 차츰 그런 외적 차이에서 오는 거부감을 극복할 수 있었다. 선주민인 노년층은 유학생들이 보여주는 따뜻한 마음에 덧붙여 어르신에 대한 공경심을 경험한 뒤부터 기존의 선입견을 바꾸어갈 수 있었다. 베트남 전통요리인 쌀국수를 맛보면서 생각했던 것보다 베트남 음식이 입맛에 맞았으며, 또 그들도 우리와 유사한 음식문화를 갖고 있음을 알게 되었고, 이런 경험을 한 뒤부터 베트남 관련의 기존 생각에서 많은 변화를 보였다. 2회차 교육에서는 중국 유학생들이 참가하였고, 이들 유학생과의 교류를 통해 선주민은 평소 중국을 바라보았던 부정적 선입견을 극복할 수 있었다. 선주민은 유사한 외모에다 한국어를 잘 구사하는 유학생과 대면으로 대화하고 또 그들이 직접 불러주는 중국노래를 듣는 과정에서 중국에 대해 가졌던 편견적 생각에서 벗어날 수 있었다. 중국 유학생들도 한국농촌 여건을 직접 보고 경험하면서 탈농촌화에 당면한 중국농촌의 미래를 바라볼 수 있는 문화적 안목을 갖게 되었다.

3회차 수업은 지구촌 차원의 책임윤리 발휘의 중요성을 둘러싼 여러 견해를 정리할 수 있는 기회를 제공할 수 있었다. 선주민은 수업 진행을 통해 한국에서 시집살이하는 이주여성을 연민의 시선으로 바라보았고 그들을 친근한 이웃으로 맞이해야 한다는 사실에 깊이 공감하였으며, 덧붙여 이런 이웃성 발휘를 토대로 선주민의 이주민에 대한 책임윤리를 행사할 수 있어야 함을 인식할 수 있었다. 이주여성들도 한국농촌 문화를 수용적으로 받아들일 필요가 있으며, 이를 통해 선주민/이주민 간 마음의 벽을 넘어서야 할 필요성을 받아들였다. 4회차 수업은 국가별 농약사용을 주제로 땅의 건강성 회복을 세계시민의식과 관련지어 바라본다는 것을 인식할 수 있었다. 한국은 아프리카와 베트남 등의 다른 나라에 비해 농약을 많이 사용하는 편인데, 이는 경제적 측면에서 농업에 접근한다는 사실과 관련됨을 알도록 했다. 이런 논의를 통해 먹거리의 토대인 건강한 토양회복이 왜 중요하며 어떻게 땅에 접근하여 바라보아야 할 것인가에 대해 인식할 수 있도록 했고, 이런 대지윤리를 세계시민으로서의 자세를 갖는 것과 연결지을 수 있었다.

이상의 논의를 통해 선주민과 이주민이 공존할 수 있는 글로벌 빌리지 구축이 왜 중요한가에 대해 타진할 수 있었고, 아울러 그런 글로벌 빌리지 구축에서 세계시민 교육이 어떤 의미를 갖는지에 대해서도 검토하려 하였다. 세계시민 역량에 의한 선주민과 이주민 간의 상호인정 여건을 조성할 수 있을 때 '떠나는' 마을에서 '찾아오는' 매력마을 만들기로의 전환이 가능할 것이며, 이는 오늘날 한국농촌이 당면한 쇠퇴와 소멸의 중요한 대안으로서 의의를 갖는 것으로 볼 수 있었다. 한국형 농촌 마을 활력 찾기는 선주민의 세계시민으로서의 역량 신장과 밀접히 관계될 것이며, 이런 역량 신장이 가능할 때 이주민의 유입과 정착을 위한 우호적 조건을 찾을 수 있을 것이기 때문이다. 요컨대, 선주민과 이주민이 함께하는 '공존공동체'의 구축 여부는 한국농촌의 활력 되찾기와 불가분의 관련을 맺는 핵심적 현안이라 할 수 있을 것이다.

2장

이주노동자 농촌사회 유입과 적응

한국농촌은 1960년대 이후 급격하게 진행된 산업화에서 직접적 영향을 받았다. 농촌은 산업화와 도시화 진전을 위한 노동력 공급의 전진기지 역할을 수행해왔다. 일할 수 있는 젊은 노동력은 도시중심으로 진행된 공업화를 위한 인력으로 빠져나갔으며, 대신 농촌은 노년층 중심으로 인력시장이 재편되었고, 그에 따라 기존의 전통적 관습에서도 쉽게 벗어날 수 없었다. 노년층 위주의 농촌사회는 일할 수 있는 노동력의 절대 부족현상에 부딪치게 되었으며, 동시에 급변하는 민주적·합리적 관계문화의 정립에도 일정한 한계를 보였다.

근대 국민국가 시대에서 통합이 국가구성원을 대상으로 애국정체성을 고취시키며 이를 국가차원의 정체성을 공유하도록 하는 것이었다면, 글로벌 시대에서 통합은 이민자들을 주류사회에 기계적으로 동화 내지 편입시키는 것을 넘어서 그런 이민자들을 주류사회의 구성원과 대등한 관계를 맺으면서 상호적으로 독립성과 다양성을 수용·인정할 수 있는 데 둔다.[110] 특히 통합은 관념적, 사변적 차원의 통합당위성을 넘어 이민자들이 생활하는 지역단위의 실천적 삶의 현장에서 구체화할 수 있어야 한다. 이 지점에서 소이살(Soysal, 1994)이 제기한 '탈국가적 시민권'에 유념할 필요가 있다. 그는 국적에 기반한 배타적 경계에 의해 규정되었던 전통적 시민권을 넘어 인간지위에 기반한 보편적 시민권을 설정할 수 있어야 한다고 했다.[111] 이런 점에 유의할 때 한국농촌 지역에 들어와 생활하는 외국인 이주노동자들이 어떤 적응 양태를 보이는지에 대해 살펴보는 것은 한국사회 통합성의 정도를 엿볼 수 있는 시민사회의 중요한 척도가 될 것이다.[112]

농촌사회에서 당면한 노동력의 절대부족 현상은 외국인노동자의 급격한 유입을 낳게 되었고, 또한 그러한 급격한 유입에서 다양한 부작용이 드러나고 있다. 현재 한국 농촌인구는 전 인구의 6%(265만 명) 정도이며, 그 가운데서도 65세 이상의 고령층이 대부분을 차지한다. 이런 농촌인구의 과소화와 더불어 농업노동을 기피하는 현상이 나타나면서 농업

---

110 Rubin, G., "Explaining Increases in Xenophobia in Post-Communist", *The 2009 Meeting of the American Political Science Association*, Toronto, 2009; 김서영, 「지역사회 차원에서 본 이주동자와의 통합에 관한 사례연구」, 『한국사회복지학』 69(3), 2017: 269.

111 이춘호, 「한국 이주노동자의 위치인식에 따른 정체성 변화」, 『인문사회 21』 8(3), 2017: 1096.

112 구미 각국은 경제가 성장하고 노동력이 필요할 때 이민자를 초대받은 손님으로 취급했지만 경제가 침체되고 사회불만이 커지면서 그들을 잠재적 범죄자, 일자리를 빼앗는 주범, 주류문화 질서의 파괴자 등으로 취급하였다. 자세한 내용은 다음 논문을 참조할 것. Mosselson, A., "There is no difference between citizens anymore: Violent xenophobia citizenship and the politics of belonging in post-apartheid south africa", *Journal of Southern African Studies*, 36(3), 2010; 김서영, 앞의 논문, 2017: 269.

분야 이주노동자들이 급증하고 있다. 현재 농업고용 노동력에서 이주노동자가 차지하는 비율이 점점 높아지는 추세를 보인다.[113]

한국 농촌지역에 근무하는 외국인 이주노동자들은 도시지역의 제조업에 종사하는 이주노동자와는 또 다른 여건에서 새로운 적응에 직면하고 있다. 한국농촌은 전근대성이 알게 모르게 내재된 상황이며, 그런 점에서 출신국의 문화 여건과 상당히 다른 측면을 띤다. 다시 말해, 이주노동자들이 한국농촌의 노동 현장에서 경험하는 현실은 글로벌 상황에 잘 적용될 수 없을 정도의 이질성을 띠며 문화충격을 줄 수 있다. 이런 점에 유의할 때 외국인 이주노동자들이 한국 농촌여건에 어떤 적응을 보이는지를 있는 그대로의 모습으로 탐색할 필요가 있다.

이 장에서는 외국인 이주노동자들이 한국농촌에 유입하게 된 사회문화적 요인을 탐색하고, 이에 근거하여 이주노동자들의 적응실태를 고용주와 피고용주의 입장에서 밝힐 것이다. 우선, 외국인 노동자들이 유입할 수밖에 없는 한국농촌의 현실 여건을 검토한다. 다음으로, 농촌지역 이주노동자들의 적응실태와 적응의 어려움을 드러낸다. 마지막으로, 베트남 출신 이주노동자 선호현상의 사회적 배경을 파악한다. 이런 논의를 통해 한국농촌의 현재 모습을 드러내며, 어떤 도전에 당면하는지를 탐색할 것이다.

---

113 김정섭·오내원·허주녕, 「농업고용 노동력 수급실태와 대응방안」, 『한국농촌경제연구원』, 2014; 정숙정, 「계절적 미등록이주노동자 유입현황과 사회적 묵인: 감곶감 주산지 사례를 중심으로」, 『농촌사회』 29(1), 2019: 70.

Ⅰ. 이주노동자 유입과 이주노동자 제도 정비

1. 이주노동자 유입 배경과 현황

1960대 이후 한국농촌은 공업화에 따른 수출주도형 경제정책에 직접적으로 노출되었으며, 특히 수출상품의 단가를 낮춘다는 명목으로 실시한 저임금정책의 영향을 받았는데, 그것은 농어민의 희생을 불가피하게 했다. 다시 말해, 도시노동자의 저임금 상황을 저곡가정책으로 보충하고자 했던 것으로 볼 수 있다. 이런 상황에서 노동력 창고 구실을 했던 농촌사회는 도시화를 위한 배후기지로서의 역할을 할 수밖에 없었다. 젊은 고학력층일수록 도시로 이주하였고, 아울러 젊은 층의 상당 부분도 공업화에 따른 기능직 인력으로 도시로 빠져나가게 되었다.

이런 시대적 여건에서 한국농촌의 재편이 불가피하였다. 농업에서 노동력이 노인층으로 급격히 변화하면서 일할 수 있는 노동력 부족 현상에 처하게 되었다. 그리고 기존의 쌀농사 중심에서 시설농업, 공장식 농업, 축산업 등으로 농업이 다변화하였고, 동시에 농업영역의 기계화가 뒤따랐다. 이런 재편과정에서도 농촌은 노동력 부족과 저임금 상황에서 벗어나기 어려웠다. 이에 외국인 이주노동자 도입에 의한 노동력 문제를 해결하려는 시도가 있게 되었다.

한국농촌의 특성은 농가 수익을 높이려는 전략으로써 특정작물을 재배하여 경작하는 주산지 농업을 육성함으로써 작물생산의 효율성을 높이려 했던 데서 찾을 수 있다. 이런 농촌특성은 외국인 이주노동자의 수요와 맞물리게 되었다. 주산지는 다른 지역에 비해 특정 작물의 생산량이 집중하고, 통합된 체제를 따르며 생산함으로써 생산력을 높이고자 하였으며, 이를 통해 농산물의 시장수요에 대응하려 하였다. 주산지 농업은 기후, 토양 등 자연적 요인으로부터 영향을 받지만, 생산 또는 유통 단위가 개별중심에서 집단으로 조직되는 특징을 갖는다. 이런 주산지 농업을 통해 농산물의 경쟁력을 확보할 수 있었고, 또 이를 통해 농가소득을 향상시키고자 했다. 다시 말해, 농산물에서 주산지의 형성은 단일작목의 기술력을 높이고 유통단계를 체계화함으로써 시장대응력을 키울 수 있었다. 이런 여건에서 공동생산, 협업경영에 바탕한 생산공동체로서의 농촌을 재편할 필요성에 직면하게 되었다.

주산지 농업은 특정 지역에 특정의 단일작물을 재배·생산하는 데 집중하였고, 일정시기에 맞춘 생육기 동안에 특정 작물을 재배하였으며, 또 그에 따른 집중적 노동력을 필요하게 되었다.[114] 이런 일시적 단기노동력의 수요 증가 상황에서 개별농가들은 외국인 이주노동자를 고용함으로써 노동력 문제에 대응하려 했다.

한편, 지금까지 한국농촌 상황에서 고용인은 피고용인에 대해 전일적 내지 전인적 통제 경향이 강하였다. 이런 농촌 여건에서 법적 계약에 의한 공식적, 계약적 관계맺음이 쉽지 않았다. 계약당사자 간의 사적 관계 맺음으로써 상식과 사리에 맞는 고용형태라기보다 마을 단위에서 내려오던 관행과 관습이 일반화하였다. 다시 말해, 사적 관계 맺음에 의해 임금, 휴식 시간, 작업량 등의 노동공간과 과정을 통제하려 하였고, 동시에 숙소, 식사, 업무시간 이외의 생활공간과 과정에 대해서도 부당하게

114 정숙정, 앞의 논문, 2019: 75-76.

간섭하려 했다. 이른바 법적 장치에 의한 제도적 접근이라기보다는 개별적 가치와 기준에 의한 비제도적 관행이 쉽게 통용될 수 있었다. 문화차이가 뚜렷한 이주노동자들에게 이런 사적 통제 방식은 자칫 인권침해 현상으로 이어질 수 있다는 데 문제의 심각성이 도사리고 있다.[115]

이주노동자들은 의식주와 같은 기본적 생활 조건, 의사소통 장애에서 비롯하는 언어폭력, 부당한 임금조건 체결, 그리고 신체질병 치료 등에서 불이익에 쉽게 노출될 수 있다. 선행연구에 의하면, 이주노동자는 다음과 같은 부당한 현상에 직면하였다.[116] 첫째, 물건 사용에서 흔히 볼 수 있는 빌려쓰기, 돌려쓰기와 같은 형태들이 농촌노동 현장에서 쉽게 일어날 수 있다. 노동자의 의사에 관계없이 이웃이나 친척 등에 대여하여 일하게 하는 경우가 발생할 수 있다. 둘째, 노동자의 신분증을 압류함으로써 고용자는 그들의 삶을 통제하려 했다. 이주자들에게 신분증을 갖지 못하도록 하는 것은 주체적 존재로서 권리를 침해할 수 있다. 셋째, 이주노동자들이 돈벌이에 급급하여 거주환경과 먹거리 등에서 열악한 환경에 노출됨으로써 인간답게 일할 수 없었다. 넷째, 이주노동자는 언어가

---

115 현재까지 농업분야에 종사하는 이주노동자들이 어떻게 유입되어 어떤 적응상의 문제를 보이는지에 대한 학문적 관심이 부족했다. 농업분야 이주노동자를 둘러싼 선행연구는 다음과 같다. 김병률·전익수·윤종렬·민자혜, 「농업분야 공용현황 분석 및 인력수급 안정화 방안」, 『한국농촌경제연구원』, 2010; 최서리·이창원, 「농축산업 외국인력 활용 실태와 정책과제」, 『농촌사회』 24(1), 2014; 강경화·황대용, 「외국인 농업연수생의 근로조건과 직무만족도」, 『농촌지도와 개발』 13(1), 2006; 박민선, 「농업부문 외국인 고용실태와 개선방안」, 『한국농촌경제연구원』, 2012; 양순미, 「농업분야 외국인 근로자의 생활애로와 직무 환경만족도의 관계분석」, 『농촌경제』 39(4), 2016; 엄진영·우병준·김윤진, 「농업부문 외국인 근로자 고용실태와 정책과제」, 『한국농촌경제연구원 기본연구보고서』, 2017 등이다.

116 김희자·김병렬, 앞의 논문, 2017: 228-236.

잘 통하지 않으며, 또 일을 바라보는 관념에서도 차이가 심하여 폭언, 폭행, 성희롱, 성폭행 등에 쉽게 노출될 수 있었다.

그동안 외국인 이주노동자 관련 논의는 결혼이주여성과 비교할 때 비교적 저조한 것으로 볼 수 있었다. 한국에 들어와 있는 외국인 이주노동자의 규모가 이주여성에 비해 훨씬 컸음에도 이주노동자 관련의 논의를 잘 찾을 수 없었다. 그것은 한국에 영속적으로 살 것을 전제한 결혼이주여성에 비해, 이주노동자의 경우 일정한 경제적 이익을 취한 뒤 본국으로 돌아갈 것으로 보았던 사실과 무관하지 않을 것이다. 한국인의 혈통을 이어주고 한국사회에 영구적으로 거주할 것을 전제한 결혼이주여성에 대한 국가 사회적 관심이 상대적으로 클 수밖에 없었던 사실과 관련될 것이다.[117] 이에 본격 글로벌화가 진행될 시대적 여건에서 이주노동자 관련 논의를 확장하는 것은 오늘 우리 시대가 당면한 현안의 과제라 할 수 있다.

2. 외국인 이주노동자 관련 입법과정

외국인 노동자 유입이 증가하면서 관련 법률의 정비가 불가피했다. 외국인근로자고용등에 관한법률(2003), 재한외국인처우기본법(2007), 다문화가족지원법(2008)이 제정되었고, 이런 법률에 근거하여 외국인 노동

117 외국인 이주노동자 관련 연구와 논의는 주로 제조업 종사자 대상으로 이루어졌으며, 그런 이유에서 농어촌 이주노동자에 대한 관심은 상대적으로 제한적이었다. 그것은 그들의 상당수가 제조업 영역의 작업장에 종사하였던 것과 무관하지 않다. 외국인 노동자 관련의 정책도 제조업 중심의 이주노동자에 초점이 맞추어졌고, 농축산업계 이주노동자 관련의 관심은 상대적으로 낮았다.

자의 한국 이주를 지원할 수 있는 제도를 마련할 수 있었다. 외국인정책 기본계획(2013-2017)에 의거한 '세계인과 더불어 성장하는 활기찬 대한민국'을 비전으로 설정하였고, 이에 개방, 통합, 인권, 안전, 협력 등의 5대 정책목표를 세웠다. 일련의 이런 입법 활동을 통해 결혼이주자에 편중되었던 다문화지원을 이주노동자 쪽으로 확대할 수 있는 여지를 마련하게 되었다.[118]

미등록 불법 고용 형태로 시작하였던 이주노동은 1993년 11월 제조업 중심의 '산업연수제도'로 시행되었는데 이것이 최초의 이주 노동정책이었다. 이에 이주노동자는 노동자 신분이 아닌 연수생 신분 혹은 미등록 이주노동자로 들어왔고, 그들은 저임금의 과잉노동에 노출될 수밖에 없었다. 농축산 분야의 요구에 부응하여 1995년 11월 농축산업 종사 이주노동자가 합법적으로 들어올 수 있었다. 2002년 7월 농림부는 외국인 농업연수생의 도입을 결정하였고, 2003년 1월 '외국인 농업연수생 제도운영에 관한 지침'에 의거하여 동년 7월 농업연수생이 입국할 수 있었다. 2004년 고용허가제 실시에 따라 타업종과 동일하게 농축산업 이주노동자의 경우도 1년 연수, 2년 취업의 연수취업제와 고용허가제를 적용하였고, 2007년부터 고용허가제로 일원화할 수 있었다.

한국에서 외국인 구직자의 선발기준은 한국어능력시험(TOPIK) 성적인데, 이 성적이 높으면 주로 제조업, 건설업 등에 지원하며 성적이 낮으면 농축산업계에 진출하는 경우가 많다. 그만큼 농축산 영역은 노동조건이 열악하며 임금수준이 낮아서 선호도가 떨어질 수밖에 없었다. 2016년

---

118 김희자·김병렬, 앞의 논문, 2017: 222.

9월 기준으로 농축산업계의 이주노동자 수는 28,593명이었고, 그중에서 남성이 19,082명, 여성이 9,511명이다.[119]

베트남의 경우, 한국정부와의 협약을 맺어 3개월 단기체류 비자를 발급한다. 이 제도에 의해 베트남 출신 이주노동자가 한국농촌에 합법적으로 들어올 수 있게 되었다. 이 비자는 3개월 효력을 갖는데 최장 5년간의 연장이 가능하다고 한다. 이 제도의 도입에 따라 베트남 출신 단기 이주노동자들이 급증한 것으로 나타났다. 인력 부족 현상을 겪는 한국농촌의 여건에서도 이주노동자는 인력문제를 해결해줄 수 있는 대안으로 떠오른다. 아울러, 이주노동자의 입장에서도 본국의 저임금과 절대빈곤 상황을 일거에 극복할 수 있는 중요한 계기로 바라본다.

이런 현상을 반영하여 호치민 영사관에서는 3개월 체류의 한국방문 단기비자를 발급하고 있다. 이 비자를 한번 발급받으면 90일 내에서 한국거주가 가능하며 최장 5년간 연장할 수 있다. 2019년 당시 호치민 총영사관의 담당자에 따르면, 하루 5000여명에서 12000명이 한국행 비자를 신청하기 위해 매일 긴 줄을 선다고 했다. 현지 영사에 의하면, 베트남인에게 한국행 비자를 받는 것은 큰 행운을 잡을 수 있는, 곧 인생 역전의 기회로 본다고 했다.[120]

---

119 김희자·김병렬, 위의 논문, 2017: 226. 참고로 2019년 12월 기준으로 국내체류 외국인은 252만여 명으로 전체인구의 4.9%를 차지한다. 조선족 포함의 중국 국적이 110만(44%), 베트남 국적 22만(9%), 태국 국적 21만(8%), 미국 국적 16만(6%) 등의 순이다. 이들 중에서 취업관련으로 체류하는 외국인은 56만 7천여 명이며, 단순기능 인력이 91.8%이다. 불법체류자도 2018년 25만 명에서 2019년 39만 명으로 약 6.6% 증가하였다(한국경제신문, 2020. 2.17).

120 2019년 4월과 5월 각각 한 차례씩 호치민 총영사관을 방문하였으며, 이때 이○○영사로부터 한국과 베트남 사이에 맺었던 비자관련 설명을 자세히 들을 수 있었다. 양국의

현재까지 3개월 비자 발급에 따른 별다른 불법 사항이 잘 발생하지 않았다고 하였다. 이 제도는 한국농촌의 입장에서 계절적 현상으로 단기간에 발생하는 노동력 문제를 해결하는 데 도움을 주며, 또 베트남 입장에서도 일거리가 없는 노동자에게 일자리 제공을 통해 상대적 고소득 창출에 도움을 주는 것으로 볼 수 있다.[121]

II. 이주노동자 유입지역과 지역적 특성

1. 이주노동자 유입지역

이번의 조사는 경북 영천시 신녕면과 화산면, 그리고 경북 청도군 매전면에 들어와서 생활하는 이주노동자 대상으로 그들의 일상적 적응 관련 삶을 살려보려 하였다. 이들 지역에 들어와 있는 이주노동자의 생활 양태와 적응실태를 그들의 입장에서 있는 그대로 살펴보고 어떤 특징적 측면을 보이는지를 밝히려 했다. 이주노동자를 공급하는 인력담당자와의 면담을 통해 한국농가의 입장에서 바라본 이주노동자 관련 상황을 심층

필요에 의해 맺었던 비자제도로 양국 관계자들에게 상호적으로 유익한 결과를 가져왔다고 하였다.

121 당시 비행기티켓 비용은 부산 출발 호치민 도착의 경우 왕복 40여만 원, 인천 출발 호치민 도착의 경우 25만 원이라고 하였다. 오전 호치민에 들어가 오후 다시 한국으로 나오는 일정이라고 했다. 지금까지 이 제도를 악용하여 불법이 발생한 사례는 찾을 수 없다. 한-베 간의 단기비자 제도는 두 나라의 상호이해 충족에 역할을 한다고 하였다. 한국은 인력을 공급받을 수 있고, 베트남은 일자리 공급을 통해 수익을 창출하는 상호 이익을 가져온다고 했다.

적으로 파악할 수 있었고, 동시에 이주노동자 입장에서 그들이 당면한 핵심적 적응관련 현안을 살피려 하였다.[122]

신녕면 방문은 2019년 8월 23일 11시 30분에서 13시 30분의 3시간 동안 이루어졌다. 베트남 현지를 상대로 이주노동자를 공급받아 농가에 파견하는 일을 전담하고 있는 인력공급사 대표인 윤○○(52세)을 만났으며, 그로부터 관련 현황에 대해 자세히 청취할 수 있었다. 그는 베트남 출신 결혼이주여성(한국거주 13년)의 도움으로 베트남 출신 이주노동자 80여 명을 받아들여 농가의 요청을 반영하여 인력을 공급하였다. 이주자 모집의 중간역할을 하는 베트남 결혼이주여성과의 인터뷰는 윤○○의 양해하에 40여 분간 진행되었다. 그녀는 베트남 현지의 인력조달 상황을 자세히 알려주었고, 한국농촌에서 그들의 적응 양태를 노동자 입장에서 소상하게 들려주었다. 인력공급의 책임을 맡았던 윤○○는 한국농촌이 처해 있는 현실 상황을 가감 없이 들려주었고, 덧붙여 왜 이주노동자가 필요한지, 그리고 이주노동력 관리상에 어떤 어려움이 발생하는지를 현장 여건에서 경험에 근거하여 들려주었다.

화산면 방문은 2019년 9월 18일 17시에서부터 19시까지 2시간여 동안 진행되었다. 화산면에서 영신농장을 경영하는 이○○ 대표(마을이장 역임)의 주선으로 마을에서 양파 농사와 양파 중간가공 공장을 운영하는 마을 주민 김○○(부부간)을 소개받았고, 이들 대상으로 공동인터뷰를 진

---

122 이번 조사는 경북지역 중에서도 영천시 신녕면과 화산면, 청도군 매전면 세 곳에 한정하여 자료를 수집하였다. 신녕과 화산면 지역은 양파와 마늘의 주산지로 계절적 인력 수요가 많으며, 따라서 단기비자를 활용한 외국인 이주노동자를 적극 받아들였다. 청도 매전면은 이주노동자 유입이 활발하지 않지만 대도시 인근지역의 특색을 잘 보이며 이주노동자를 받아들이고 있었다.

행하였다. 김○○ 부부는 베트남 출신 이주노동자 4명을 고용하여 같은 집에서 함께 거주하고 있는 상태였다. 양파가공 공장 바로 인근에 별채로 건물을 지었고, 이 별채 건물을 활용하여 이주노동자 4명이 공동 거주를 하고 있었다. 이주노동자를 어떤 경로로 소개받아 고용하게 되었으며, 그들에게 어떤 대우를 해주고 있으며, 그리고 그들의 현장작업 환경이 어떠한지 등을 소상하게 들을 수 있었다.

청도 매전면 방문은 2019년 10월 24일 면사무소의 산업담당 계장인 허○○의 안내로 이루어졌고, 그로부터 매전면의 경제사회적 상황을 자세하게 들을 수 있었다. 그와의 면담은 면사무소 휴게실에서 일대일 질의응답 형태로 진행되었다. 그는 청도군에서 28년간 공직생활을 하였던 관계로 매전면 상황을 잘 파악하고 있었다. 매전면 현황 관련 설명에 이어, 남영 2리의 외국인 노동자 고용 농가를 직접 방문하였다. 농가에서는 농장주인 조○○를 만나 이주노동자를 고용하게 된 배경과 현재 농촌 실상을 들을 수 있었다. 태국 출신 이주노동자(B씨)와의 일 년의 단기 계약을 맺었던 이야기에서부터 현재 자신의 농가에서 어떤 적응을 보이며 미래 삶을 준비해가는지에 이르기까지를 둘러싼 그의 한국농촌 적응상황을 자세히 들려주었다.

2. 지역적 특성

영천 신녕면은 마늘과 양파를 주 작물로 재배한다. 신녕면 농가 수의 절반 이상인 690농가에서 696ha의 마늘을 재배한다. 신녕면은 전체 2255가구 중에서 비농가인 839가구를 제외한 1416가구가 농업으로 생계를 유지하며, 총인구는 4047명이고 그중 남자 1980명, 여자 2067명이다. 주민들은 대체로 고령층이며 특히 여성 노인들이 높은 비율을 차지한다. 농촌의 급격한 고령화 추세와 동시에 여성 노인들이 증가하면서 일할 수 있는 인력에서 부족 현상을 경험한다. 이런 상태에서 농촌사회의 현상 유지를 위해 외국인 노동자 인력이 필요한 상황이다. 2018년 732 농가는 680ha 면적의 마늘을 재배하여 11000톤을 생산하였고, 41 농가는 28ha 면적의 양파를 재배하여 2100톤을 생산하였다. 2019년 690 농가는 696ha 면적의 마늘을 재배하여 15000톤을 생산하였으며 52 농가는 28ha 면적의 양파를 재배하여 2100톤을 생산하였다.[123]

마늘과 양파 주산지인 신녕지역은 9월과 10월 두 달 동안의 파종 때와 5월과 6월 중순 사이 수확기 때 일손이 집중되는 계절적 인력 수요를 보인다. 이런 계절적 인력 수요의 특성을 반영하기 위해 신녕면 거주 베트남 출신 이주여성의 도움을 받아 베트남 노동자를 불러들였다. 그녀의 고향인 호치민 부근을 중심으로 150여 명에서 80여 명의 노동자를 불러들일 수 있었다. 처음 몇 개 나라 국적 이주노동자를 모았으며 베트남 출신 중에서도 북부와 남부지역을 불문하고 받아들였다. 이런 다국적의 다양한 지역 출신이 함께 일하는 조건에서 그들 서로 간의 갈등과 분쟁이 잦았다. 이런 갈등과 분쟁을 줄이기 위해 현재는 호치민 부근의 남부지역 노동자를 주로 받아들이고 있었다.

화산지역은 1600여 가구에 3300여 명 주민들이 거주하고 있다. 화산지역은 주산물인 마늘, 양파에 더해 봉숭아, 자두, 포도 등의 과일과 벼

---

123 https://www.yc.go.kr/(신녕면)

농사를 재배하고 있다. 평야지대에 위치한 관계로 주민들은 약 7, 8천여 평에서 1, 2만여 평의 대농에서부터 평균 3천여 평의 중농까지 벼농사를 짓고 있다. 현재 이 지역은 70대의 노령자도 농사 일을 해야 할 정도로 고령화가 심각하며, 따라서 농사에서의 효율성을 올리기가 쉽지 않다. 마늘 농사의 경우, 2018년 과잉 생산되었는데, 그것은 농가 수입악화의 결정적 원인이었다. 수입구조가 좋지 않은 상태에서는 이주노동자 고용을 비롯한 여타 일상생활 조건을 보장하는 데 어려움이 따른다고 하였다.[124]

화산면의 농촌 여건은 점점 어려워지는 것으로 볼 수 있었다. 몇몇 축산가구(소 사육)를 제외하면 농사 소득에서 수익을 남기기가 어렵다고 했다. 마늘, 양파 등이 과잉 생산되면서 적자를 겨우 면할 정도라 하였으며, 또 외국산 농산물이 들어오면서 농산물 제값 받기가 쉽지 않다고 했다. 덩달아 꾸준히 오르던 농지가격까지 하향 추세여서 농지매매도 실종 상태에 있다. 지역을 찾는 젊은 인력이 실종된 상황에서 농촌의 미래를 밝다고 볼 수 없었다.

청도 매전면은 1900여 세대의 3900여 명이 거주하는 산지에 끼인 농촌지역이다. 인근 대도시인 대구와 경산에서 가까운 곳(승용차로 30분에서 1시간여 거리)에 있어 귀촌·귀농인이 몰려들었고, 감 주산주로 알려져 있다. 고령화와 여성화의 영향으로 연간 출생자는 1~2명 정도이며 사망자는 60에서 70여 명에 이른다고 했다. 몇몇 농가에서 감 건조시설을 갖추어 감말랭이와 곶감을 만들어 소득을 높이고 있지만, 대부분의 농가는 고령화에 직면하여 전통 방식으로 농사를 짓고 있었다. 대도시에 인접한 위

124 https://www.yc.go.kr/(화산면)

치여서 현지인은 줄어드는데 귀농·귀촌자들이 꾸준히 증가하는 특징을 보였다. 이 지점에서 한국농촌이 당면한 구조적 문제를 볼 수 있다. 귀농 귀촌의 영향으로 농사지을 실질인력은 줄어드는데 농지가격은 지속적으로 상승하게 된다. 이처럼 농지가격이 상승상황에서는 외지출신의 젊은 인력 유치가 쉽지 않으며, 그것은 '찾아오는' 농촌 환경을 만드는 데 걸림돌로 볼 수 있었다.

Ⅲ. 이주노동자의 농촌유입과 적응 양태

1. 한국농촌의 현황과 이주노동자 유입배경

경북 영천지역의 경우 2014년경부터 이주노동자들이 본격 유입하기 시작하였다. 신녕지역과 화산지역은 마늘과 양파 주산지로 이들 작물 재배를 통해 농가는 소득을 올릴 수 있었다. 농산물의 경우 파종기와 수확기 때 일손이 집중하는 계절적 특수성을 띤다. 마늘 농사는 9월과 10월 파종하여 다음 해 5월과 6월 중순 수확을 한다. 문제는 일손이 집중되는 시기에 충분한 노동력을 확보하기 힘든 농촌의 구조적 문제가 도사린다는 점이다. 고령화와 여성화에 당면하여 필요한 만큼의 인력을 확보하기가 어렵다. 이런 농촌 상황에서 농가는 값싼 임금의 이주노동자에 대한 수요가 생겨났고, 그들을 통해 부족분의 일손을 메꾸려 하였다.

고령화에 따른 농가당 경지면적이 넓어지게 되었고, 이에 몇몇 농가는 이주노동자를 통한 노동력 확보의 필요성에 당면하게 되었다. 신녕면에서 인력회사를 운영하는 윤○○는 이주노동자의 농촌 유입 배경을 다음과 같이 설명하였다. “자신은 7만평의 농장에서 대규모로 마늘 농사를 시작했는데 일손이 부족하여 이주노동자를 불러들이게 되었다. 마침 마을에 거주하는 베트남 출신 결혼이주여성과 뜻을 같이하였고 그녀의 도움으로 호치민 주변의 베트남 농촌 마을에서 인력을 초빙할 수 있었다. 이렇게 초빙하여 농사짓기에서 오는 일손 부족을 해결한 것을 목격한 뒤부터 인근의 여러 농가에서 같은 방식의 일손부족 현상을 해결하려 했고, 다른 농가로부터의 요청이 쇄도하였으며, 이를 계기로 전문 인력공급회사를 차리기로 했다.”[125]

신녕면의 경우 1만 평(50마지기) 이상의 대농이 10% 정도를 차지하며, 평균 3,000평(15마지기) 정도의 농토를 경작한다. 농업이 갖는 특성상 농사의 성패는 가격 안정화와 직결된다. 풍년이 들어 농사가 잘되면 가격이 떨어지고 흉년이면 가격이 오르는 불안정한 구조를 갖는데, 이에 덧붙여 작물 수급의 불안정성이 상존한다. 어느 해 특정 지역에서 특정 작물의 가격이 좋으면 그것이 곧바로 다른 지역에 영향을 미치며, 그 지역에서 그 작물을 대량으로 재배한다. 이런 경우 자칫 수급이 맞지 않으면 가격폭락이 올 수 있다. 이런 가격 불안정 상황에서 대농의 경우 풍흉년에 관계없이 막대한 손해를 볼 수밖에 없다.

윤○○은 한때 7만 평까지 마늘 농사를 지었는데 1년 사이에 10억대의 손실을 보았다고 했다. 농부 개인의 노력과 무관하게 시장 수급에

125 이주노동자를 통해 절대 부족 상태에 있는 농촌인력을 메꾸려는 전문적 인력회사들이 생겨났다. 이런 인력회사는 이주노동자를 체계적으로 받아들여 일손이 부족한 여러 농가에 인력을 전문적으로 공급하며, 이를 통해 수익을 창출하고자 한다.

따른 가격 불안정 상황에 대응하기란 쉽지 않다고 하였다. 예컨대, 가격이 괜찮다는 소식이 알려지면 지금까지 재배하지 않았던 지역(창녕)에서 마늘과 양파 농사를 급격히 늘리는데, 이런 경우 가격폭락이 발생할 수 있다. 이런 점에서 정부의 거시적 차원의 농업정책이 무엇보다 시급하다고 했고, 특히 전국차원에서 농산물 수급을 둘러싼 통합관리가 필요하다고 하였다. 지자체 단위의 농업정책에서 벗어나 주산지별 농업 특성을 살리면서 비주산지의 농업 특성을 고려한 균형 잡힌 농업정책을 수립할 수 있어야 한다고 했다. 주산지 특성을 무시한 신규산지로의 파종이 확대되는 것은 마늘과 양파 가격파동을 불러오는 직접적 원인이라고 했다.

가격폭락이 일어나면 대농의 경우 재기불능의 손해를 입을 수 있다. 한해 농사에서 실패하면 원가의 30% 정도를 겨우 건질 수 있다며 어려움을 토로했다. 이런 경우 자살과 같은 극단적 선택을 하는 경우가 나타나는데, 실제 그런 일이 지역에서 종종 발생했다고 알려주었다.

주산지 농업특성은 외국인 이주노동자의 한국농촌 유입과 밀접히 연계되는데, 이주자 유입의 배경과 절차에 대해 좀 더 자세히 알아보도록 한다. 현재 한국농촌은 외국인 노동자 없이 농사를 제대로 지을 수 없는 상태에 놓여있다. 마늘과 양파를 재배할 때이거나 돼지, 소 등을 키우는 축산업의 경우에도 외국인 노동자 없이는 농가 운영이 어렵다고 했다. 이처럼 노동인력을 구하기 힘든 여건에서 이주노동자의 급증이 있게 되었다. 이주노동자의 입장에서 한국 생활에의 적응이 만만찮지만 그들의 국내 여건과 비교할 때 임금 조건이 월등히 높다는 점에서 한국행을 감행한다.

육체적으로 힘들고 고된 노동조건과 저임금으로 일해야 하는 한국

농촌의 여건에서 젊은 인력 구하기는 쉽지 않다. 그렇다고 풍부한 인력풀이 있는 도시로부터의 인력충당도 여의치 않다. 도시민들이 농촌에서 일할 경우, 몇 가지 조건을 붙여서 조금만 힘들거나 어려움이 있으면 금방 도시로 돌아간다. 현재 한국농촌 상황에서 일할 수 있는 인력을 확보하는 것은 농업유지의 중요한 관건이다.

당시 이주노동자는 노동의 댓가로 일당 6만 원에서 8만 원 정도로 받고 있었다. 남자는 8만원을 기본급으로 일의 강도가 세고 힘든 경우 인센티브를 받을 수 있었고, 여자가 할 수 있는 일을 하면 비슷한 임금을 받았다. 이런 임금수준은 베트남을 비롯한 개도국 수준에서 고임금으로 분류되는데, 대체로 6개월만큼의 임금을 1개월에 받을 수 있을 정도라 했다. 이런 임금수준 차이는 이주노동자들이 한국을 찾는 핵심 유인책이라 할 수 있다.

영천지역 이주노동자 모집은 다음의 절차로 진행되었다. 처음 인력회사를 만들 때 베트남에 한정하지 않았고 중국, 태국, 스리랑카 등에서 인력을 들여왔다. 베트남의 경우에도 지역구분 없이 받아들였다. 현재는 주로 남부지역 출신을 받아들이고 있었다. 베트남인 모집의 중개역할을 하는 결혼이주여성(반장)이 호치민 외곽지역 출신으로 그녀를 통해 인력을 공급받는 것과 밀접히 관련되었다. 그녀는 베트남 현지 지역의 몇 곳에 연락책을 두어 한국농촌에서 일할 인력모집을 담당하고 있었다. 이렇게 모집한 이주자를 대상으로 단기 비자를 받도록 알선해주었으며, 그리고 그들이 농촌의 노동 현장에서 적응할 수 있도록 하는 데 멘토 역할까

지 도맡아 하고 있었다.[126]

2. 적응양태

한국에 들어온 이주노동자는 대체로 40대 전후부터 50대 중후반까지 연령대가 주류를 이루었고, 그런 점에서 주로 젊은층 중심인 제조업 종사자와 비교할 때 연령대가 높은 것으로 보였다. 연령대가 높은 관계로 부부간에 함께 들어오는 경우도 적지 않았다. 부부간에 들어온 경우는 혼자 들어온 노동자에 비해 힘든 농촌 생활에 더 잘 적응하였다. 그들의 숙소는 몇 가지 형태로 운영되었다. 각 농가에서 자체적으로 숙소를 마련하여 소규모 형태로 기거하였으며, 또 다른 경우는 집단숙소에서 수십 명이 공동으로 생활하고 있었다. 집단으로 거주하는 경우는 남자/여자로 나누어 그룹 형태로 거주하며 주거와 식사를 해결하였다. 그들은 주방과 화장실을 공동으로 사용하였다. 공동숙식이어서 위생시설이 열악해 보였고, 심지어 시멘트 바닥에 장판을 깔고 점심을 먹기도 했다. 부부가 함께 들어온 경우는 주인집 빈방을 이용해 숙식을 해결하고 있었다.

40, 50대 이주노동자 부부가 한국에 함께 들어올 때 자녀를 현지마을의 친척이나 이웃에게 맡긴 채 오기도 했다. 어린 자녀를 맡길 환경이 여의치 않으면 아이들만 현지에 두고 온다. 베트남 농촌사회에서는 8세

126 베트남 외국인 이주노동자 모집은 결혼이주여성이 담당하였다. 그녀는 27세에 한국으로 시집와서 한국국적을 취득했고, 13년을 체류하면서 1남1녀를 두었다. 한국어와 베트남어를 할 수 있으며, 또 한국문화와 베트남 문화를 잘 알며 고향마을을 거점으로 베트남 이주노동자를 모집하였다. 그녀는 80여명에 이르는 베트남 노동자들의 일상적 삶까지 챙기고 있었다. 점심메뉴부터 숙소배정, 건강문제에 이르기까지 조언하였다.

가 되면 아이 혼자 독립할 수 있다고 보고 고향 집에서 살도록 한다고 했다. 심지어 5세밖에 되지 않는 아이를 고향에 두고 온 부부도 있었다. 베트남 농촌상황이 열악하여 이런 경우가 종종 있다고 했다. 베트남 오지마을은 전기가 들어오지 않으며 휴대폰이 잘 터지지 않는데, 이런 경우 아이와 연락이 되지 않아 이주노동자 부모는 늘 불안해한다고 했다. 이렇게 들어온 부부들은 일 때문에 정신없다가 비가 내리거나 일이 없을 때 자녀 생각으로 하염없이 눈물만 흘린다고 했다.

화산지역 소재 농가에 베트남 노동자 4명이 집단거주를 하고 있었는데 2명은 부부였고, 나머지 2명은 독신으로 살아가는 남자였다. 주인집과 마주한 별채 건물에서 부엌과 방을 공동으로 사용하며 생활하였다. 주인은 2000여 평 농토에서 마늘과 양파농사를 지었고, 양파 중간 가공업을 위해 이들을 고용하였다. 이주노동자들은 오전 7시부터 저녁 6시까지 일하며, 월평균 임금으로 남자 180만에서 200여만 원, 여자인 경우 150여만 원을 받았다. 그들은 일과 관련된 소통에서 큰 문제없이 농촌 현실에 잘 적응하였다. 부부관계로 온 이주노동자가 안정적으로 일하며 오랜 기간 같이 거주할 경향이 있고, 독신으로 온 이주자의 경우 이직이 잦고 생활적응에서 힘들어하였다.

농사일은 그 속성상 반복활동이어서 적응에서 큰 어려움을 느끼지 않는다고 했다. 앞서 들어온 선배 노동자가 일의 의미와 방식을 후배에게 전해주며, 또 이주자끼리의 네트워크를 이용해 상부상조하며 농촌 현실에 적응해간다고 했다. 농촌거주 이주노동자는 도시거주자에 비해 비교적 연령이 높고 근검절약의 삶을 산다고 했다. 자유시간을 주어도 돈을 잘 쓰지 않으며 집을 중심으로 검소하게 생활해간다. 간혹 그들 중의 몇몇이 도시의 유흥문화에 빠지기도 하지만 대부분은 마을에서 가까운 곳을 배경으로 근검절약형의 삶을 살아간다.

돈벌이에 목적을 두고 들어왔기 때문에 그들은 돈에 아주 민감한 반응을 보인다. 화산지역 이장출신인 이○○에 의하면, "베트남 출신 노동자들은 그들끼리 잘 연계된 네트워크를 배경으로 농촌생활의 대부분을 공유한다. 그들은 임금 조건, 거주 여건, 생활환경, 일의 강도 등과 관련하여 서로 간 정보를 주고받는다. 일 관련 조건이 조금만 불리하면 통역(결혼이주여성)을 통해 주인과 협상을 벌이며 그런 협상에서 불만이 있으면 다른 지역으로 도주를 감행한다. 종종 이주노동자들의 야반도주가 집단으로 일어난다. 임금을 비롯한 노동조건에서 조금만 좋은 곳이 있다고 하면 지금까지 맺었던 주인과의 관계에 개의치 않고 몰래 타지역으로 떠난다. 이미 마을에서 몇 차례 그런 야반도주 현상이 발생하였다. 그렇게 어딘가로 사라졌다가 어느 날 다시 찾아오기도 한다. 새로운 곳에서 생활하다가 뭔가에 뜻이 맞지 않으면 원주인에게 다시 돌아온다. 작년 추석 뒤, 8명 중 4명이 한꺼번에 도주하는 일이 발생했다. 그런 경우는 지금까지 쌓았던 신뢰관계가 한꺼번에 무너지는 느낌을 받는다."[127]

이런 측면을 염두에 둘 때 이주노동자의 경우 농촌적응 과정에서

127 베트남에 진출한 어느 한국기업인에 의하면, 현지의 노동문화 상황을 다음과 같이 설명해주었다. "현지에서 기업 활동을 할 때 가장 힘든 점이 노동자의 잦은 이직에 있다. 기술적 숙련도가 상당히 쌓인 시점인데도 인근 회사로부터 조금이라도 나은 조건의 임금수준을 제안받으면 좌고우면하지 않고 그 회사로 바로 이직한다. 이런 경험을 몇 차례 한 뒤부터 이런 잦은 이직현상을 현지의 문화로 이해할 수 있었다. 그만큼 베트남 현지의 노동문화가 아직은 잘 정착되어 있지 않음을 알 수 있으며, 그것은 현지사회의 사회자본과 관련되는 것으로 볼 수 있다." 자세한 내용은 정용교, 『베트남 사회문화 교육의 이해』, 교육과학사, 2019: 45 참조할 것.

신뢰, 약속, 네트워크 등의 사회자본 정립을 잘 찾을 수 없었다. 어느 사회와 어느 집단이든 새로운 사회적 적응을 시도할 때 일정정도의 사회자본 형성을 갖출 필요가 있는데, 이주노동자의 경우 이런 점에서 일정한 한계를 드러냈다. 이주노동자가 한국에 들어올 때 일방적 차원의 한국사회 적응이 아닌 인간관계 측면에서 구성원 간의 상호적 신뢰에 기반하여 안정적 노동규범을 정립할 수 있어야 할 것이며, 또 그런 바탕 위에서 구성원은 서로 간에 안정적인 행위 양식을 구축할 수 있을 것이기 때문이다. 사회자본의 측면에서 볼 때 현재의 한국 농촌 사회는 여전히 불안정성과 불확실성이 팽배해있는 모습을 볼 수 있었다.

3. 적응의 어려움

이주노동자들의 한국농촌 생활에서 큰 성취를 거둔 경우도 종종 있다고 했다. 부부가 함께 들어온 어느 이주노동자는 월 500만 원 정도의 임금을 받을 수 있었다. 이 부부는 모은 돈을 베트남에 투자하였고, 이를 토대로 지역에서 큰 부를 축적할 수 있었다. 이런 성공 일화가 이주노동자들에게 널리 알려졌고, 이에 자극받은 이주노동자는 여러 가지 어려움을 극복하며 코리안 드림을 이루려 한다는 것이었다.

한국농촌 현장에 성공적으로 적응한 또 다른 이주노동자 사례를 살펴본다. "태국 청년 B씨(26세)는 청도군 매전면 남양리 조○○의 집에 거주하고 있다. 조씨 부부는 교통사고 후유증으로 농사일을 제대로 할 수 없다. 남양리 일대의 농사와 축산(소 100여 마리)을 겸업하는 조씨 부부는 B씨를 고용하여 월 150-200여만 원(월급)을 지급하며 집의 일을 도맡아 시키고 있다. B씨는 성실성을 인정받아 주인집 소유의 대추밭(200여 평)을 경작하고 있었고 그런 경작에서 나오는 소득을 자신의 몫으로 하고 있었다. 일상생활에서도 부모-아들의 정의적 관계를 맺으며 한식구처럼 생활하였다. 호칭에서도 부모와 자식으로 부른다고 했다. 그는 내년 본국으로 돌아가 결혼한 뒤 부부가 다시 조씨 집으로 돌아올 것이며, 경제문제를 해결할 때까지 더 머물 계획이라고 했다."

한편, 이런 성공담의 이면에 외국인 이주노동자가 한국농촌 생활과정에서 경험하는 문제점도 도사리고 있었다. 먼저, 한국 농가가 당면하는 경제적 불안정 구조에서 자유롭지 않다는 사실이었다. 농촌에서 일은 계절적 특성을 갖는데, 다시 말해 농한기 때는 해야 할 마땅한 일이 없다는 점이다. 특히 인력회사의 경우 이런 힘든 시기를 감안하여 노동자를 고용해야 하는데 체계화된 준비를 하지 못하고 있었다는데서 문제의 심각성이 도사리고 있었다. 열악한 상황에 놓여 있는 인력회사는 보험과 같은 안전장치를 마련하지 못한 상황에서 경제차원에서의 작은 타격이라도 입게 된다면 재기불능 상태에 이를 만큼 심각한 손해를 감수해야 할 처지에 있었다.

농산물의 적정가격을 보장받을 수 없을 때 이주노동자의 삶에까지 직접적 영향을 미칠 수 있었다. 농산물 적정가격이 보장되지 않아 농가소득이 여의치 않을 때 이주노동자의 삶도 안정적 보장이 어려웠다. 이주자의 삶은 그들을 고용한 농가의 경제 상황과 밀접히 결부되었다. 농사가 잘되어 농산물의 적정가격을 받을 수 있을 때 그들은 임금과 생활조건에서 적절한 보장을 받을 수 있었다. 농가의 수입구조가 어떤 예기치 않은 요인에 의해 갑자기 나빠질 때 이주노동자의 삶도 안정적 상태를 유지할 수 없었다.

둘째, 이주노동자는 일상생활 여건이 열악한 조건에서 적응상의 어려움을 경험하였다. 그들은 한방에 남자 십여 명, 여자 십여 명이 집단거주 형태로 기거하였고, 거기에 더해 주거공간의 위생 상태까지 양호한 것으로 볼 수 없었다. 공동으로 사용하는 집의 공간 곳곳에 거미줄이 걸려 있었고, 여러 명이 함께 사용하는 취침 공간도 상황이 열악해 보였다. 이런 정리·정돈되지 않은 열악한 일상생활 공간을 배경으로 살아가는 상황에서 그들은 작은 분쟁이라도 일어나면 서로 간에 버럭 화를 잘 내며, 기분을 폭발시켜 순식간에 큰 싸움으로 벌어질 수 있다고 했다. 이런 상황에서 별 것이 아닌 사소한 일상의 사건에도 아주 민감하게 반응하며 쉽게 다툼을 벌인다. 심지어 그런 작은 사건이 큰 사달을 일으켜 커다란 쟁점을 불러일으키기도 한다.

그들이 살아가는 일상생활의 실제 여건에 대해 잠시 살펴본다. 그들은 가건물인 컨테이너박스에서 숙식하였고, 간단한 샤워장을 갖춘 빈약한 시설을 사용하며 인격성을 잘 보장받을 수 없었다. 더 큰 문제는 그런 환경에서 순응하며 그들 스스로의 힘으로 좀 더 쾌적한 환경에서 생활하려는 의지를 잘 발휘하려하지 않았다는 사실이다. 어떤 열악한 환경에서라도 실거주자들이 청결과 위생을 위한 자생적 의지를 보인다면 더 나은 환경을 갖출 수 있다고 보기 때문이다. 서로가 잠시 왔다가 곧 떠날 것이라는 일종의 떠돌이식의 사고에서 벗어날 수 없었다. 잠시를 살더라도 더 나은 여건에서 쾌적하게 살아가려는 강력한 의지가 있다면 거주공간의 정리정돈 문제는 충분히 개선할 수 있을 것이기 때문이다.

셋째, 그들은 와병하여 병원을 이용할 때 적응상의 큰 어려움에 부딪히고 있었다.[128] 그들은 위생과 주거환경이 열악한 여건에서 생활하였고, 무엇보다 작은 생활방식의 차이에서도 심리적 갈등이 빈번하였다. 이런 상황에서 그들은 조금의 충격에서도 쉽게 와병할 수 있었다. 와병하여 건강에 이상이 생길 때 그들은 한국생활 중에서 가장 힘든 적응상 문제에 부딪히게 된다. 그들 대부분은 단기비자 형태로 한국에 들어온 경우여서 건강보험에 가입되어 있지 않다. 이런 상황에서 작은 질병이 발생하여 병원을 찾으면 만만찮은 진료비가 나온다. 응급실을 찾을 때는 100여만 원 정도의 비싼 병원비가 청구될 수 있다. 엑스레이, CT 등의 간단한 검사만 해도 병원비가 만만찮다고 했다. 그들에게 비보험으로 처리되는 병원비는 그 자체로 상당한 부담이라 했다. 그들이 와병하여 병원을 찾는 횟수는 의외로 한국농민의 사례보다 더 잦다고 하였다.

현지인에 의하면, 베트남 이주노동자의 경우 한국인이 생각하는 것보다 한국 여름나기에 아주 힘들어한다. 더운 날씨에서 사는 베트남인이 한국의 여름 날씨에 적응하는 데 더 큰 어려움을 겪는다고 한다. 그들은 다른 계절보다 여름 동안에 병원 방문이 잦다고 했다. 일반적으로 더운 날씨에 잘 단련되어 있을 것으로 생각하는데, 실제로는 그렇지 않다는 것이다. 생활 여건이 잘 갖추어지지 않았으며 또 습도가 상당히 높으며, 그리고 집단으로 거주해야 하는 상황에서 그들은 참을 수 없는 고통을 겪으며 일을 해야 한다. 한방에 10여 명이 집단으로 생활하는 과정에서 작

---

128 선행연구에서도 외국인 이주노동자들은 의료문제에 큰 어려움을 겪는 것으로 나타났다. 불법체류자가 아니더라도 그들이 병원이용 때 언어장벽, 외출허가의 어려움, 의료서비스 이용의 복잡함 등에서 쉽지 않음을 경험했다고 했다. 김성호, 「한국 내 외국인 이주노동자의 의료서비스에 대한 인식 및 이용에 영향을 미치는 요인」, 『다문화콘텐츠 연구』 18. 2015: 262.

은 차이에도 쉽게 스트레스에 노출될 수 있다. 그것이 심해지면 견디기 힘든 심리적 고통을 수반하며 와병에 이른다는 것이다. 그들은 사소한 작은 것에서라도 아주 민감하게 반응하며 쉽게 짜증을 낸다. 몇몇 사례에서 그들은 사소한 작은 것에서라도 말로 표현할 수 없을 정도로 괴로워하며 심하면 심장마비에 이르기까지 하였다고 한다.

마지막으로, 이주노동자들은 농촌생활 과정에서 감정적, 정서적 측면의 어려움을 경험하고 있었다. 연령대가 높은 이주자들이 많은 관계로 그들은 가족을 향한 그리움과 가족성원에서 멀리 떨어져 있다는 고립감으로 심적 고통을 겪고 있었다. 베트남 이주노동자의 경우 유교 영향으로 끈끈한 가족주의적 정서가 강한 편인데, 평소 가족의 의무를 다하지 못한다는 사실에서 마음의 큰 부담을 느끼고 있었다. 부부가 함께 와있는 경우는 어린 자녀를 향한 걱정에서 늘 노심초사하며 생활해가고 있었다. 비가 오는 날이거나 일거리가 없을 때는 자식 생각에 눈물을 보이는 경우가 많다고 했다. 베트남 농촌여건에서는 만 5세를 넘긴 자녀이면 독립할 수 있는 나이로 본다고 하며, 따라서 혼자 두고 이주를 결심하는 데 이런 경우 부모들은 홀로 두고 온 자녀 생각으로 편치 않은 일상을 보낸다고 하였다.

4. 베트남 이주노동자 선호이유

현지 주민에 의하면, 베트남 출신 이주노동자들은 다른 국가 출신의 이주노동자들에 비해 한국농촌의 현실에 더 잘 적응한다고 했고, 또 실제로 베트남 출신 노동자를 선호하는 현지경향이 있다고 알려주었다.

인력회사 대표인 윤○○ 사장은 그들의 적응에 대해 다음과 같이 덧붙였다. "사업을 시작할 때 중국, 태국, 스리랑카, 베트남 등 몇몇 나라 출신의 이주노동자를 받아들였고, 그들을 자신의 농장을 비롯한 각 개별농장에 보내 일하도록 했다. 베트남 노동자들은 상당히 힘들고 팍팍한 일인데도 힘든 내색을 하지 않고 꾸준하며 눈속임을 하지 않고 일을 잘 수행했다. 그들은 일의 특성을 설명 듣고 현지상황을 잘 파악하였으며, 일 수행에서도 빈틈없이 잘해냈다. 요즘은 한국인도 농사일을 시키면 일을 하는 중에도 자신의 생각과 맞지 않으면 중도에 그만두고 떠난다. 이에 비해 베트남인은 말이 잘 통하지 않고 음식과 주거환경 등에서 차이가 있어도 별 불평 없이 일을 잘 하며 그들끼리의 연대성을 발휘해 적응하는 것을 볼 수 있었다."

화산면에서 양파의 일차 가공업을 하는 김○○는 그들에 대해 다음과 같이 말했다. "베트남 노동자들은 우즈벡 등의 중앙아시아인에 비해 체구가 작아 힘든 일을 하는 데 어려움이 있지만 농촌 상황을 잘 파악하며 그들끼리의 협동심이 강하고 주인의 지시를 고분고분하게 따르며 과업을 잘 해낸다. 일을 시키면 크게 이유를 달지 않고 수용적 자세로 받아들이며, 무엇보다도 그들끼리의 친밀한 관계성을 바탕으로 협동하며 일을 해간다. 체구가 적어 힘든 일을 하는 데 쉽지 않을 것 같았지만 그것이 현재의 농사 현장에서는 별로 문제시되지 않는다."

베트남 이주노동자는 한국농촌 문화에 잘 적응하며 농촌문화에 친화성이 큰 것으로 나타났다. 같은 유교문화권으로 농촌출신의 베트남 이주노동자는 유사한 문화를 공유한 한국농촌 현실을 잘 이해하여 받아들였다. 위계서열과 정(情)에 근거해 살아가는 베트남 출신 이주자는 다른 국가출신에 비해 한국농촌에 쉽게 적응하는 것으로 볼 수 있었다. 농사일에서 꼭 필요한 공동 작업 때에도 익숙하게 일을 하며 주인과도 원활한 관계를 맺는 것으로 볼 수 있었다.[129]

베트남 출신 노동자의 한국농촌 적응에서 눈여겨봐야 할 점은 베트남 출신 결혼이주여성의 적극적 개입이었다. 이주노동자의 농촌적응에서 코디네이터 역할을 하는 이주여성이 이 지역에 들어온 이후 이주노동자의 농사일 적응에 상당히 개입하여 나름의 역할을 다하는 것으로 볼 수 있었고, 이런 그녀의 개입은 베트남 이주노동자의 원만한 농촌생활 적응에도 충분히 의미를 던지는 것으로 볼 수 있었다. 그녀는 한국으로 시집을 온 이후 농촌여건을 꿰뚫어 보면서 한-베 간 교류에도 가교역할을 하고 있었다. 그녀는 모국출신 이주노동자에게 적응 관련의 각종 정보를 제공함은 물론이며, 그들의 적응에 필요한 일상적 삶의 편의까지 돌봐주고 있었다. 한국 농촌에서 생활하는 이주여성의 이런 적극적 개입이 있을 경우 이주노동자의 농촌적응은 한층 수월하며, 또 그들의 마음의 안녕을 갖도록 하는 데도 도움을 줄 수 있었다.

현재 신녕과 화산지역에 들어와 있는 베트남 출신 이주노동자의 대부분은 호치민시 외곽의 남부지역 출신들로 채워져 있었다. 이렇게 특정지역 출신의 이주노동자를 받아들이는 이유를 다음과 같았다. “이전에는

129 베트남 문화는 한국과 비슷한 형태로서 ‘효’에 근거한 가족주의와 공맹의 유교 원리에 토대한다. 이런 점에서 베트남 노동윤리는 근면 성실하고 타인과 함께 보조를 맞추는 협동적 노동관에 바탕한다. 이런 점에서 베트남 출신 노동자의 일 문화는 한국 농촌현실과 친화성이 큰 것으로 볼 수 있다. 이 지점에서 베트남 출신 이주노동자 선호현상은 경북지역을 넘어 한국농촌에 공통적으로 적용되는 현상이라 할 수 있다. 좀더 자세한 내용은 정용교(2019), 앞의 책을 참고할 것.

하노이 부근의 베트남 북부지역에서도 일부가 들어왔다. 이처럼 지역이 섞이면서 체류 기간에 갈등과 분쟁이 끊이지 않았다. 좁은 공간에서 조밀하게 살아가야 하며, 또 농사일에서 협력이 중요한데 지역이 다를 경우 협력관계가 쉽지 않았다. 농사일은 미세한 습관과 문화 차이에서도 다툼과 갈등이 일어날 수 있는데 사소한 의견 차이에서도 서로 간에 큰 상처를 남길 수 있다. 같은 국가 출신인 경우에도 지역에 따른 문화와 습성의 차이에 따라 적응 상에서 문제를 드러낼 수 있다. 노동자끼리의 몇 차례 갈등국면을 경험한 뒤부터 생활방식과 적응양식을 공유할 수 있는 유사한 지역 출신을 집중적으로 받아들이게 되었다."

Ⅳ. 이주자 유입과 한국 농촌의 과제

이상에서 외국인 이주노동자가 한국농촌에 유입된 경제사회적 요인을 찾아보고자 하였으며, 이에 근거하여 그들의 농촌생활 적응양상을 고용주와 피고용자의 입장에서 종합적으로 살펴보려 하였다. 그들이 경험한 농촌사회의 적응양상을 정리하면 다음과 같이 요약할 수 있다.

먼저, 한국농촌은 다음과 같은 구조적 어려움에서 자유롭지 않았다. 초고령화와 여성화가 심화한 농촌 여건에서 베트남을 비롯한 제3세계 출신 이주노동력 도입이 불가피하였다. 국내출신의 노동력으로 그 수요를 대체하기 어렵게 되면서 값싼 이주노동자를 집단으로 받아들여 부족한 노동력 문제를 해결하려 했다. 이런 여건에서 인력공급 회사를 만들어 이주노동자를 조직적으로 받아들이게 되었다. 노동력 확보라는 단기적 당면과제를 일정부분 해결할 수 있었지만, 현장 농촌여건에서 녹녹하지 않은 측면이 드러났다. 농촌주민들은 경작한 농산물의 제값을 보장받지 못할 때 가장 큰 어려움을 겪었다. 농산물의 가격안정화에 필수적인 가격폭락을 막기 위해서는 정부차원의 농산물 통합관리의 필요성을 제기했다. 현행 지자체 차원의 농업정책을 넘어 주산지 농업특성을 살리면서 비주산지 농업까지 아우를 수 있는 전국차원의 균형 잡힌 농업정책을 수립할 필요성이 있다.

다음으로, 이주노동자는 다음과 같은 연유에서 한국농촌에 들어와 몇 가지의 적응양상을 보여주었다. 한국농촌의 상황은 농촌인력이 절대적으로 부족하며, 또 임금이 높게 매겨져 있어 내국인 인력난에서 자유롭지 않다. 이주노동자 입장에서도 한국농촌 이주를 저임금 상황에서 벗어날 수 있는 좋은 기회로 받아들인다. 일당 8~10만원의 임금(이주자 입장) 보장은 그 자체로 그들에게 코리안 드림으로 보일 수 있다. 이런 조건에서 베트남 이주노동자는 3개월 단기비자를 통해서라도 한국농촌행을 고소득을 올릴 수 있는 기회로 바라보고 있었다.

그들은 한국농촌에서 생활하면서 적응상의 어려움을 겪고 있었다. 이주노동자의 연령대는 20대에서 50대 후반까지 넓게 분포되었는데, 그 중 40대에서 50대의 연령대에서 농촌생활 적응도가 높게 나타났으며, 부부형태의 경우가 독신형태보다 더 안정적인 적응 양상을 보였다. 모국출신의 결혼이주여성이 코디네이터 역할을 수행할 때 그들은 적응에서 유리하다고 했다. 그들이 겪는 일상생활의 어려움을 다음과 같이 표현하였다. 이주노동자의 출신국가가 다를 경우는 같은 국가출신보다 더 많은 갈등과 분쟁이 발생하였으며, 또 동일국가의 경우에도 출신지역이 다를 때 다툼이 더 잦았다. 이주노동자의 가장 큰 어려움은 몸이 불편하여 병원을 방문할 때였다. 아픈 것 자체도 시련인데 미보험의 상태로 비싼 치료비를 지불하는 것에서 큰 어려움을 겪었으며, 또 그들은 가족주의 환경에서 돈독한 공동체 구성원으로 삶을 유지해왔는데 한국농촌 생활에서 가족구성원으로 역할을 다할 수 없다는 사실에 정서적 긴장을 경험하기도 하였다.

마지막으로, 한국농촌의 현장에서는 베트남 출신 이주노동자를 선호하는 것으로 나타났다. 베트남 이주노동자는 큰 다툼 없이 일을 꼼꼼히 잘 해냈으며, 또 그들은 한국농촌에 내재해 있는 고유문화를 공유하면서 근면성실하게 일하려는 노동관을 갖고 있었다. 아울러 그들은 위계서열과 정(情)에 근거해 살아가는 한국문화와의 적합성이 큰 것으로 보였다. 여타 국가출신에 비해 문화맥락을 공유한다는 사실에서 베트남 이주자를 선호하는 배경을 찾을 수 있었다.

한국농촌은 급변하는 시대상황에서 지금껏 경험해보지 못했던 새로운 도전에 직면해있다. 현행 농촌상황에서 고령화는 한층 진전될 것이며, 덩달아 외국인 이주노동자의 유입도 점점 급증할 것이다. 낯선 이주노동자의 유입과 증가 현상에 즈음하여 우리는 어떤 농촌사회의 질서구조를 만들어나갈 것이냐를 둘러싼 중대한 전환기를 맞이하고 있으며, 덧붙여 이런 전환기에 걸맞은 농촌의 사회질서를 어떻게 여하히 만들어 낼 수 있느냐에 대한 국가적 과제에 당면하고 있다고 할 것이다.

3장

문화마을 공동체의 의의와 실제

중국사회에서도 산업화와 공업화는 시대적 대세였으며, 그와 함께 도시화도 빠르게 진행된 것으로 볼 수 있다. 산업화와 도시화 과정에서 농촌의 상대적 낙후는 피할 수 없었다. 물질적 풍요와 다양한 삶의 기회가 보장되는 도시로의 이주가 이어졌고, 그런 과정에서 농촌의 공동화 현상도 불가피하였다. 특히 젊은 층에서 도시로의 대량이주가 발생하였고, 이런 대량이주는 농촌의 황폐화 현상으로 이어지기도 했다. 탈농촌화와 과잉도시화 상황에서 중국농촌은 그동안의 촌락단위로 맺어졌고 촌락형태로 영위되었던 생활양식에서 거대한 전환이 불가피하였다.

중국에서 촌락(마을)은 오랫동안 농촌의 기저와 기초를 이루었던 핵심단위였다. 그런 점에서 촌락의 안정화는 농촌사회의 안녕과 발전에 근본으로 여겨질 정도였다. 사회주의 중국 정부의 출현에 따라 사회 전반에서 거대한 격변이 있었지만 촌락 단위로 이루진 공동체적 질서구조는 여전히 중국농촌의 근간으로 작동하였다. 이 지점에서 촌락 단위의 삶이 어떤 모습을 하였으며, 그리고 어떤 형태로 유지·발전되었는가에 대해 파악할 필요성이 있다. 다시 말해, 중국에서 촌락은 어떤 질서체계로 성립되었으며, 그리고 촌락 단위의 공동체는 어떻게 형성되어 유지되는가에 대해 체계적으로 접근할 필요가 있다. 이런 파악과 접근이 있을 때 중국 농촌사회의 질서구조를 이해할 수 있는 중요한 단서를 찾을 수 있기 때문이다.

하남(河南)성 남양(南陽)지역은 일찍부터 중원문화가 꽃피웠던 곳으로 중국적 전통과 문화를 간직한 곳으로 알려져 있으며, 또 인근을 흐르는 황화강을 배경으로 풍부한 수운과 온난한 기후조건으로 농업이 발달한 곳이기도 하다. 이런 지역적 특성을 염두에 둘 때 남양지역은 중국 농촌마을이 지닌 고유의 특징을 잘 간직한 곳으로도 볼 수 있다. 이런 점에 유의하여, 전문가의 도움을 받아 남양시 소속 당하현 흑룡진(黑龍鎭)의 농촌마을 세 곳을 답사할 수 있었다. 이런 현장방문을 통해 중국농촌의 실상을 있는 그대로의 모습으로 볼 수 있었고, 특히 문화마을 공동체가 어떤 모습을 띠며 어떻게 움직이는지를 파악할 수 있었다.

이 장에서는 흑룡진 마을 세 곳을 대상으로 마을 단위 민속무 공연이 어떤 모습으로 연주되며, 그런 공연이 문화마을 공동체 형성에 어떤 의미를 던지는지를 살펴보는 데 목적을 둔다. 다시 말해, 이 장은 현지마을의 민속무 공연 현황을 검토하며, 이를 통해 민속무 공연이 문화마을 공동체를 구축하는 데 어떤 구체적 영향을 미치는지를 타진하는 데 있다. 이런 목적 달성을 위해 연구자는 당하현 흑룡진 지역에 위치해있는 세 마을, 곧 우장촌 마을, 장촌문화 마을, 송영춘 마을을 직접 방문하였으며, 관계자로부터 현황 관련 설명을 들었고, 무엇보다도 마을 단위의 각각의 공연을 직접 관람할 수 있었다. 민속무 공연을 마친 뒤 연구자는 마을 이장과의 면담을 통해 민속무가 어떤 과정을 거치며 마을 단위에서 활성화할 수 있었고, 또 그런 민속무가 마을주민의 공동체적 삶에는 어떤 영향을 미칠 수 있는지를 둘러싼 다양한 질의응답 시간을 가졌다. 이를 통해 중국 농촌사회에서 민속무 공연을 통해 마을 단위 공동체 의식을 갖도록 하면서 또 중국식 문화마을을 형성하는 데 어떤 의미를 던질 수 있었는지를 밝히려 하였다.

Ⅰ. 중국 촌락공동체의 변화와 문화마을의 의의

1. 중국 촌락공동체의 변화

중국에서 현대화는 서양 과학기술 문명을 도입함으로써 후진적 상태였던 제반 사회적 상황을 서구수준의 공업화에 도달할 수 있도록 하는 것으로 받아들여졌다. 이런 공업화 과정에서는 중국사회의 기반이었던 농촌과 농업영역의 위축 내지 축소가 뒤따를 수밖에 없었다. 공업화와 도시화 상황에서 중국의 농업정책은 農業, 農民, 農村이라는 三農문제의 해결에서 찾았다(徐湘林, 2994; 곽덕환 2006, p.7).

개혁, 개방정책의 추진과정에서 도농 주민들 간 소득격차는 한층 벌어지게 되었고, 그에 따른 농민의 상대적 빈곤감이 커질 수밖에 없었다. 빈부격차가 심화하는 상황에서 '모두가 다 함께 잘 살아야 한다'는 사회주의 국가이념이 퇴색되기에 이르렀다. 이에 등소평은 농민의 생활문제를 해결할 수 없는 상황에서 안정사회를 만드는 것이 불가능한 것으로 보고, 농촌문제 해결에 국가적 관심을 기울였다(鄧小平 1993; 곽덕환 2006,

p.8). 도시중심의 성장 과정에서 농촌의 낙후는 피할 수 없었고, 동시에 농민들의 좌절감도 점증하게 되었다. 이에 농촌 출신의 수많은 젊은이는 더 나은 기회를 찾아 탈농촌을 감행하였는데, 그것은 농촌 노령화의 직접적 원인이 되기도 했다. 이런 상황에서 농촌이 처한 경제사회적 여건은 더욱 어렵게 되었으며, 살만한 지역으로 잘 와닿지 않게 되었다.

최근 농촌과 농업을 바라보는 입장에서 새로운 시각이 형성되고 있다. 공업화가 완성된다고 해서 농업과 농촌영역이 건실하지 않다면 국가사회의 안정화는 불가능할 것이라는 인식이 팽배해졌다. 이런 문제 인식을 바탕으로 농촌사회를 어떻게 안정시킬 것이냐는 중국사회의 안정화에 필수불가결한 것으로 받아들인다. 농촌사회를 안정화한다는 것은 촌락 단위의 건전한 공동체성 구축과 밀접히 연관된다.

먼저, 중국에서 마을 단위의 공동체 구축과 관련된 몇 가지 논의를 살펴본다. 중국에서 공동체 구축의 기본단위는 촌락(마을)에 두었다. 마을 주민은 마을을 배경으로 경제적 차원에서 생존 수단을 찾으려 했고, 또 이념적 차원에서도 공동의 삶의 조건을 만들어가려 하였다. 다시 말해, 농촌에서 주민은 촌락 단위로 공동체를 형성하여 사회적 존재로서 함께하는 삶을 살아가려 하였다. 이 지점에서 공동체적 삶은 유사한 역사적 인식을 바탕으로 성립되며, 특히 감정, 생활양식, 가치관, 윤리, 풍속, 관습, 미적 감각 등의 문화적 동질성에 기반하여 성립될 수 있다(김광억 1998, p.135). 덧붙여, 공동체적 삶은 유사한 맥락에 대한 상징 경험(Cohen, 1987)을 서로가 공유할 수 있을 때 성립된다. 구성원 간의 적정한 상징의 공유와 재구성이 가능하지 않다면 현실적 삶은 의미 없는 영역으로 내몰릴 수 있기 때문이다. 이런 점에서 촌락공동체는 촌락을 배경으로 구성원들 간에 문화매개의 상징공유와 재구성을 통해 외부세계와의 일정한 경쟁을 벌이면서 구성원의 자각을 바탕으로 내적 결속을 다져나갈 수 있을 때 공동체로서 역할을 원만히 수행할 수 있다. 이런 상황이 형성될 때 촌락이 내부적 이질성을 극복할 수 있으며, 그것은 공동체성 구축에도 유의미한 영향을 줄 수 있을 것이다.

중국에서 근대화는 마을 단위 공동체성의 부정에 다름 아닌 형태로 진행하였음에 유의할 필요가 있다. 1930년대 국민당 정권은 합리성과 근대성을 내세워 전통적 촌락체제를 바꾸려 하였다. 그런 차원에서 촌락 단위에서 형성되었던 민간전통은 부정되었으며 그 실천도 억제되었다. 근대성의 이름으로 촌락 마을에서 끈끈하게 작용했던 주민 간의 유대관계도 약화하기에 이르렀다. 촌락의 유대관계가 약화하면서 촌락의 독자성이 줄어들었고, 대신 정부로부터의 직접적 통제에 놓이게 되었다. 급기야 1949년 사회주의 정권수립 후 정부는 민간 신앙체계뿐만 아니라 전통적 종족제도까지 인정하지 않으려 했다. 국가는 촌락 단위의 민간전통을 부정하였고, 심지어 개인의 사적 영역에까지 개입하였으며, 이를 통해 개인을 국가의 통치영역에 편입시키려 했다. 이에 촌락을 배경으로 구축되었던 마을공동체는 와해상황에 직면하게 되었다.

다음으로, 중국 정부는 1960년대 초 인민공사를 설립하여 촌락단위의 토지와 생산력을 집체화하려는 정책을 추진하였다. 국가는 이런 집체화를 통해 촌락에서 일어나는 일체의 개별적, 사적 영역을 부정하려 했다. 나아가 촌락에 토대했던 가족지향적 사고와 생활양식까지도 비판영역으로 몰아갔다. 심지어 부엌을 없앴고 식량의 개인소유마저 부정하였으며, 더욱 마을 단위의 공동식당을 통해 배급을 제공함으로써 공동생활을 유도하려 했다. 집은 휴식과 생식을 위한 은밀한 사적공간에 불과하였고, 경제와 종교, 사회적 단위로서의 전통적 家의 의미는 부정되었다(김광억 1998, p.143). 인민공사를 통해 촌락을 생산대대와 소대로 편제하였고, 이를 공동생산과 공동소비의 경제단위로 편입해갔다. 50~60호가 하나의 생산소대가 되었고, 500호 이상의 큰 촌락은 생산대대가 되었다. 작은 규모의 촌락은 소대로서 이웃의 마을과 대대를 구성해야 했다. 촌집체(생산대대 또는 생산소대)는 개인의 정체성과 사회적 존재의 의미, 경제 및 정치적 행위의 정당성을 결정짓는 단위가 되었다.

1979년 등소평 등장과 그에 따른 개혁개방 정책을 기점으로 집체적 촌락체제에 변화가 일어나게 되었다. 인민공사는 취소되었고 이전의 향촌제가 복구되었다. 이에 촌락은 자율적 단위로서 경제활동을 할 수 있는 자유를 얻게 되었다. 집체생산체제를 대신하여 개인에게 책임을 부여하는 승포제(承包制)가 도입되었다. 개인이 토지를 관리할 수 있게 됨으로써 생산양식에서 변화가 일어났다. 아울러, 농촌공업화 정책의 도입으로 향진기업(鄕鎭企業)이 등장하였다.[130]

농촌 안정화는 농업 산업화를 통해 농가 수익을 보장하는 것에서 찾았다. 이런 농업 산업화정책은 다음의 효과를 지향했다. 농업을 포기하지 않은 상태에서 공업에 참여할 수 있으며, 생산장소가 농촌 부근에 위치하여 농업친화적 측면을 띤다. 또 사업소유권의 특성상 농민을 참여시킬 수 있어 농민 소득보장에 유리하며, 그리고 농민이 원료공급에 참여할

130 개혁개방 정책 하에서 촌락을 집체적으로 관리하며 촌락공동체에 어느 정도의 자유를 허용하는 것까지 나아가긴 하였지만, 인민공사제도에서 생산대대가 지녔던 성격에서 크게 벗어날 수 없었다.

수 있어 사업이익을 공유할 수 있다. 이런 농촌정책은 "離土不離鄕, 進廠不進城(토지에서 떠나지만, 고향을 떠나지 않고 공장에서 일하지만, 도시에 진입하지 않는다)"와 밀접한 관련이 있다(徐糊林 2004; 곽덕환 2007, p.14).

일련의 정책 시행 과정에서 중국 농촌사회는 새로운 변화를 겪게 될 수밖에 없었다. 오랜 전통으로 내려왔던 종족 상태에서 벗어날 수 있었지만, 다른 한편에서 촌락 단위 공동체가 갖는 중요성을 다시 재조명하게 되었다. 이에 국가는 정책의 입안과 진행, 그리고 성과 측면에서 촌락 단위의 공동체를 인정할 수밖에 없었고, 그것은 촌락에 남아 있는 문화예술의 의미를 재발견하여 주민들의 자긍심과 자부심으로 이어질 수 있도록 하는 것으로 나타났다. 이런 상황에서 마을 단위의 문화마을 공동체를 어떻게 여하히 구축할 수 있느냐는 중국 농촌정책의 핵심으로 부각하였다. 이제 촌락공동체는 사회질서의 기초단위로서 핵심위치에 서게 되었다. 다시 말해, 중국에서 농촌정책은 촌락 단위 공동체를 어떻게 여하히 구축할 수 있느냐와 밀접히 관련되며, 동시에 그런 촌락공동체 구축을 통해 농촌사회를 안정화하는 것에 두게 되었다.

2. 문화마을 공동체의 의의

개발과 발전을 바라보는 우리의 시각에서 새로운 전환이 일고 있다. 지금까지 우리는 서구화 영향에 따른 세계화된 권력에 물들어 지역성과 토착문화가 갖는 의미를 잘 살릴 수 없었다. 그런 과정에서 서구중심의 성장, 효율성, 집적화의 측면에서 개발과 발전을 받아들였다. 최근 이에 대한 성찰이 탈개발론(Post-Development)의 이름으로 등장하였다. 탈개발론자인 오스트로 에스코바(Arturo Escobar)와 볼프강 삭스(Wolfgang Sachs)는 새로운 형태의 개발이론을 제시하였다(Escobar, Arturo 1992, p.42-43; Sachs, Wolfgang 1997, p.297). 에스코바는 라틴아메리카의 토착적 개발정책에 주목하였고 이에 근거하여 서구중심의 개발론이 적절치 않음을 증명하였다. 그는 시민정치와 지역민의 자기결정 능력에 주목하여 전체적 집적화가 불가능함을 파악하였으며, 특히 지역문화에 토대한 공동체의 의미를 어떻게 살릴 수 있느냐에서 찾았다. 다시 말해, 그는 지역개발에서 지역관점, 풀뿌리, 아래로부터의 지지 등이 현안임을 지적했다. 이 지점에서 개발은 지역주민의 안녕(well-being)과 지역성에 토대한 지속가능한 발전(Sustainable Development), 곧 지역공동체의 구축과 밀접히 관련된다.

지역성을 살리는 발전에서 핵심은 지역주민이 지닌 삶의 다원성을 수용하는 것에 둔다. 이 지점에서 "모든 존재물은 동일한 환경적 권리를 갖는다"라고 했던 시바(Vandura Shiva)의 '지구민주주의(Earth Democracy)'에 귀기울일 필요가 있다(Shiva Vandura 2009, p.22). 이런 관점에 서면, 지구화와 지역화의 연계성이 민주적 형태로 재편될 필요가 있다. 전 지구를 배경으로 인류는 다종다기한 생물들과 상호 유기적이면서 민주적으로 관계를 맺으며 살아간다. 이런 지구 차원의 민주성을 위해서는 지역성 기반의 토착 지식을 활성화할 수 있어야 한다. 다시 말해, 세계화된 차원의 발전에 대항하여 지역성에 바탕한 발전, 곧 지역공동체와 토착성에 근거한 발전을 수용할 수 있어야 한다. 이런 상황에서 관건은 토착지식을 일정모습으로 형태지을 수 있는 지역단위 연대성 구축 여부에 달렸다 할 것이다.

중국에서 경제 측면에 초점을 두었던 농업정책이 농촌 안정화에 크게 보탬이 되지 않으면서 새로운 변화에 직면하게 되었다. 2002년 후진타오가 집권하면서 조화사회(和稽社會)에 대한 관심이 본격화하게 되었으며, 이런 맥락에서 촌락공동체가 갖는 사회문화적 의미를 재조명하게 되었다. 조화사회의 등장은 지역격차 해소, 사회보장체제 확립, 소득불균형 해소, 주택·의료·교육 등을 둘러싼 관심으로 나타났다(이승은 2017, p.75). 다시 말해, 조화사회의 기치를 내걸면서 정책당국에서는 성장과 분배의 병행을 통해 성장 속도를 유지하면서 분배도 함께 중요시하였으며, 그 일환으로 촌락 단위의 공동체적 삶이 갖는 의미에 주목하게 되었다. 2013년 이후 사회치리(社會治理) 개념이 다시 강조되고 있다. 이때 사회치리는 안정유지 확보를 위한 사회건설의 방식을 의미하는 것으로써 다원화된 주체와 다양화된 방식 속에서 사회를 새롭게 재편해가려는 시진핑 시대와 관련된다. 사회치리는 위에서 아래로 내려오는 방식으로써 삼농문제를 해결하는 방식을 넘어서서 기층민들이 실질적으로 참여할 수 있는 통로를 만들어주는 데 관심을 두었다. 그리고 사회치리는 일상생활 영역에서 주민 간의 소통을 원활히 함으로써 지역주민이 지역 현안에 주체적으로 참여할 수 있도록 하는 장면을 만드는 데도 관심을 기울였다.

사회치리의 관점에 서면 촌락은 농촌사회의 핵심 기저이면서 기초단위로서 중요한 위치를 차지한다. 다시 말해, 중국사회의 기초단위인 촌락을 안정화할 수 없다면 농촌사회의 안정화는 불가능할 것이라고 인식하게 되었다. 이에 농촌의 안정화는 촌락단위의 공동체를 안정적으로 구축하는 것과 밀접히 관계된다. 이런 촌락의 안정화는 마을 마다에 서려있는 문화마을 공동체를 구축하는 것으로 파악되었다. 이런 상황을 반영하여 일부 지방정부는 전통으로 내려오는 민속과 전통문화의 의미를 현대적 의미로 되살리려 시도하고 있으며, 또 그것을 지역문화 활성화 차원에서 적극적으로 후원하고 있었다.[131]

문화가 살아있는 마을만들기는 주민들의 삶의 조건을 공동체 친화형으로 만드는 것과 밀접히 관련된다. 문화와 예술을 매개한 마을단위 연대공동체성 형성은 하남성의 문화증진정책 일환으로서 뒷받침되고 있었다. 이런 문화예술을 매개한 연대공동체 형성은 지역주민으로서의 자긍심 형성은 물론이고 국가시민으로서 자부심을 느끼도록 하는데도 일정한 영향을 미치는 것으로 보였다.[132] 이에 중국사회의 핵심기저인 촌락 단위 문화와 예술에 토대한 마을 단위 공동체 형성은 국가 차원의 과제이기도 하였다. 앞으로의 논의를 통해 마을 단위의 민속무 공연이 문화공동체 형성에 어떤 영향을 미치는지를 둘러싼 실제와 의의에 대해 좀 더 구체적으로 알아보도록 한다.

131 당하현 소속의 문화국장에 의하면, 지방정부 차원에서 마을고유의 문화예술 관련 내용을 파악하며, 마을단위의 예술공연으로 실행할 때 지원금을 제공하며 활성화하는 데 관심이 많다고 하였다.

132 중국에서 시민사회 관련 논의는 '조합주의론' 측면에서 접근이 가능하다. 조합주의론은 국가의 사회에 대한 통제를 인정하면서 새로운 사회공간 영역을 인정한다. '최소주의적 시민사회론'에서는 시민사회를 당국자의 지배와 통치영역 안에서 형성된 자유로운 사회문화적 공간으로 인정하며, 또 공식적 정치제도와 이데올로기로부터 떨어진 자율적 개인과 집단이 주도하는 사회활동을 인정한다. 자세한 논의는 전세영·강준영(2019), 127 참조할 것.

Ⅱ. 문화마을의 현황과 특징

하남성은 1억 명에 이르는 인구 밀접 지역이면서 중원지방에 자리한 관계로 고대문화가 발달한 곳이다. 곳곳에서 출토되는 고대문화 관련의 유적과 유물들에서 문화의 고장으로서 하남성의 위상을 알 수 있다. 하남성 성도는 정주이며, 인근에 고도인 낙양과 남양이 위치한다. 남양시는 인구 1000여 만에 이르는 인구밀집지이며, 지방행정 관청이었던 남양부서(南陽府署)를 원형 그대로 보존·관리하고 있다. 이런 점을 염두에 둘 때 남양지역은 일찍부터 고대문화가 꽃핀 문화예술의 중심지였으며, 명청 시대를 거치며 지방관이 주재했던 행정중심지이기도 했다.

당하현은 한국의 시군구에 해당하는 행정구역으로 인구 148만이며, 진한당나라 시대의 중요한 문화재들이 출토되는 곳이기도 했다. 당하현 소속의 독립박물관을 설립해 운영할 정도로 문화재가 풍부한 곳이었다. 고대 문화유물이 널리 분포할 뿐만 아니라 지역민의 문화예술에 대한 관심과 자긍심이 지대하였다. 이에 행정당국에서도 지역문화를 중원문화의 특색으로 발굴하여 재조명하는 데 관심이 많았다. 흑용진은 한국의 읍면동에 해당하는 행정구역으로 인구 6만 1천 명에 이르렀다. 이런 인구 규모는 진급 행정구역 중에서 중간급에 해당한다고 했다. 지방행정 관청과 보조를 맞추어 현과 진의 민간기관에서도 지역에서 전승되는 문화예술을 발굴, 복원하여 후대로 이어주는 활동을 전개하고 있었다. 이런 점에서 볼 때 흑룡진 지역은 문화예술 복원을 통해 지역 특색을 드러내려 하였고, 또 이를 지역발전을 위한 중요한 발판으로 삼고자 하였다.

흑룡진 마을 방문은 남양이공대학의 국제문화학과 소속의 동양(董

洋) 교수와 고고학(암각화 전공) 전공자인 손보서(孫保瑞) 교수의 주선으로 이루어졌다. 이번 마을 방문에 이들 두 분 교수 이외에 당하현 문화국장, 흑룡진의 당서기, 지역 민간문화 전문가 3인이 동행하였다.[133] 동양, 손보서 교수는 당하현 지역 관련의 역사적 내력, 주민 삶의 특징 등을 둘러싼 지역 현황을 설명해주었다. 동행했던 지역행정 담당자는 지방정부 차원에서 이루어지는 전통문화의 재조명과 문화마을 정책과 관련된 설명을 덧붙였다. 현재 정책의 기조는 지역 문화예술의 복원과 재조명을 통해 마을 단위의 공동체를 만드는 것에 역점을 둔다고 하였다.[134]

일행은 일정에 따라 우장마을, 장촌문화마을, 송영촌마을을 차례로 방문하였고, 이어 준비된 민속무 공연을 시연하였다. 공연을 마친 뒤 촌장으로부터 민속무 내력, 가사에 담긴 의미, 행사개최, 주민참여도 등에 대해 자세히 들을 수 있었다. 흑룡진 지역에서 민속무 공연은 전통문화의 복원과 재조명을 넘어서 주민통합의 의미를 담아내려 하였다. 아울러, 민

133 손보서, 동양 교수(하남성 남양이공대학)의 주선으로 행정당국에서도 적극적 협조를 아끼지 않았다. 지역문화 활성화 차원에서 당하현 문화국장, 흑용진 당서기, 그 이외에도 관련 문화재 관련 몇몇 전문가들이 동행하였으며, 특히 지역방송국에서는 방문마을에서 행해졌던 공연과 면담내용을 빠짐없이 촬영하였고 이를 특집방송으로 꾸미고 있었다.

134 여기서는 흑룡진 세 곳 마을 대상의 현지답사를 통해 자료를 수집하였다. 현지마을 방문은 2019년 6월 25일 오전 8시부터 오후 6시까지 빡빡한 일정으로 진행되었다. 당하현과 흑룡진 지역 특성에 관련된 설명은 동양, 손보서 교수로부터 집중적으로 들을 수 있었고, 지역 문화정책 관련 설명은 지방행정 담당자로부터 청취하였다. 그리고 민속무 공연과 마을만들기 관련 설명은 세 곳 마을의 촌장을 통해 수집할 수 있었다. 이런 점에서 이 연구는 참여관찰법과 면접방식을 적용하여 현장에서 벌어지는 살아있는 일상생활 이야기를 있는 그대로의 모습으로 담아내려 하였다. 현장노트와 녹음, 사진과 동영상 등을 활용함으로써 현장에서 시시각각 펼쳐지는 다양한 모습들을 빠짐없이 담아내려 했다. 현장관찰 뒤 저녁 시간에 관찰하고 청취한 내용을 즉시에 정리함으로써 현장성의 의미를 살리려 하였다.

속무 공연을 통한 마을 단위 문화공동체를 형성하려 했고, 더 나아가 '찾아오는' 마을만들기에 심혈을 기울이는 것으로 볼 수 있었다.[135]

1. 우장촌(牛庄村)마을

당하현 지역은 곳곳에서 중요한 문화재들이 출토되었고, 현급 박물관을 설립하여 운영할 정도로 풍부한 문화재를 갖고 있었다. 흑룡진은 산이나 구릉지를 잘 찾아볼 수 없을 정도의 넓은 평야 지대를 배경으로 한 곡창지대여서 일찍부터 이곳에 인류가 정착하여 촌락을 이루며 살았던 곳이라 했다. 동양 교수에 의하면, 하남성 지역은 일종의 농업 특화지역이라 할 정도의 곡창지대로서 중국 인민을 위한 식량창고의 구실을 담당한다고 했다. 그런 점에서 하남성 지역은 중국의 여타지역에 비해 상대적으로 산업화의 영향을 적게 받은 곳으로써 여전히 농촌문화가 상당 수준까지 남아 있는 곳으로 볼 수 있다.

우장마을은 흑용진에서 30여 분쯤의 거리에 있었고 넓은 평원에 수십 호의 가구들이 분포되는 있는 전형적 농촌 마을이었다. 마을로 들어서는 초입 길은 비포장이었고, 중국전통 형태의 가옥들이 군(群)으로 들어서 있었다. 마을 가운데 향촌대무대가 설치되어 있었고, 이곳을 중심으로 주민들의 교류 관계가 형성되고 있었다. 향촌대무대 부근 골목길에 할머

135 자료수집은 중국 현지마을의 현장답사로 이루어졌고, 노래와 공연에 담긴 의미는 현지마을 촌장과의 면담으로 이루어졌다. 촌장과의 면담은 공연이 끝난 뒤 30여 분에서 1시간 정도의 시간을 할애하여 통역을 통해 진행되었다. 현지조사 대상은 하남성(河南省) 남양시(南陽市) 당하현(唐河縣) 흑용진(黑龍鎭) 지역의 세 곳 마을이었다. 일행은 우장촌(牛庄村) 마을과 장촌(庄村) 문화마을, 송영촌(宋營村) 마을의 순으로 방문을 이어갔다.

니 몇 분이 모여앉아 시간을 보내고 있었는데, 중국농촌이 당면한 노령화의 한 모습으로 볼 수 있었다. 지붕과 담장 모습에서 전통 중국식 건축형태를 볼 수 있었는데, 이는 이 마을의 역사가 그만큼 오래되었음을 말해준다고 하였다.

우장촌 마을은 도시화와 공업화에 영향을 받았으며, 이에 젊은이들의 탈마을화가 심하게 진행되었다고 하였다. 이에 촌장은 리더십을 발휘하여 마을을 되살리려는 노력을 하게 되었다. 촌장이 시도한 마을살리기 프로젝트는 오랫동안 마을에 전승된 민속무 공연을 활성화하는 것에서 시작했다. 이런 민속무 공연을 통해 마을주민들의 뜻을 모을 수 있었고, 이를 바탕으로 마을 단위 공동체 구축을 위한 동력으로 활용할 수 있었다. 이 프로젝트는 더 나아가 마을을 등졌던 젊은이를 대상으로 '찾아오는' 마을만들기를 위한 중요한 발판으로 삼고자 하였다.

2. 장촌(庄村)문화 마을

우장마을에 이어 우리 일행은 장촌문화 마을을 방문하였다. 당하현 외곽의 더 넓게 펼쳐진 평야 한가운데 장촌마을이 세워져 있었다. 100여 가구쯤 넘어 보이는 꽤 큰 마을 규모였으며 외관상 고풍스러운 느낌을 받을 수 있었다. 우장촌 마을에 비해 더 오랜 역사성을 찾을 수 있었고, 한층 풍요롭게 보였다. 이곳 마을에서도 젊은 층을 잘 찾을 수 없었으며, 민속무 공연자와 참가자들 대부분도 60대 이상으로 보였다. 공연에 참여한 주민의 대부분은 노령층이었고, 그 가운데 아이와 어린이가 유독 많았다. 이는 중국농촌의 특성과 관련되는 현상으로써 도시로 떠난 자녀를 대신해 조부모가 손자, 손녀를 양육하는 조손 가족으로 보였다. 중국에서 공업화와 산업화 영향으로 농촌의 많은 젊은층이 더 나은 삶을 찾는다는 이름으로 도시로 향했다. 이 때 젊은이들은 어린 자녀를 농촌의 부모에게 맡겨놓고 떠난 경우가 많은데 이곳 마을에서도 그런 조손가족 형태를 볼 수 있었다.

장촌마을은 민간악단을 구성하여 민속무를 정기적으로 공연하고 있었다. 마을에서는 대대로 전승되는 민요를 재현하여 후대에 물려주는 것에 큰 자부심을 갖고 있었다. 민간악단은 명절과 마을의 특별행사가 있을 때 민속무 공연을 펼친다. 이는 전통문화의 재조명 차원에서 의미를 띨 뿐만 아니라 마을주민 간의 단합을 도모하는 데도 중요한 역할을 하였다. 마을 단위 민속무 공연이 외부에 알려지면서 지방정부는 전통문화의 발굴과 재조명 차원에서 행정적 지원을 다하고 있었다. 이는 문화마을 조성에 의한 마을 활성화에서 농촌사회를 안정화하려는 현 정부의 정책을 반영한 것으로도 볼 수 있었다.

3. 송영촌(宋營村) 마을

송영촌 마을은 장촌문화 마을에서 머지 않은 곳에 위치하여 승용차로 10분 만에 도착할 수 있었다. 세 곳 마을 중에서 규모가 가장 컸으며, 고풍스러운 가옥들이 즐비하게 배치되어 있었다. 이런 점에서 이곳 마을은 특정 시대의 명문가 내지 세력가를 중심으로 형성된 집성촌 마을로 보였다. 지역명문가를 중심으로 그 일족이 중심이 되어 마을을 형성한 곳으로서 한국의 양반마을과 아주 흡사하였다.

송나라 때 양가장(楊家壯)이란 명문 가문이 있었는데, 양가장 후손이 마을에 정착하였고, 이 가문 중심으로 마을이 형성·발전하였다. 이 가문은 국가가 어려움을 당했을 때 국가를 위해 가정이 어떻게 행동해야 하는지를 실천으로 보여주었다. 집안에 아들, 며느리가 각각 8명이 있었는데 전쟁이 발발하자 아들 8명이 참전하였고, 뒤이어 며느리 8명까지 참전하게 되었다. 이런 양가장을 둘러싸고 전해오는 민담은 마을 민속무를 구성하는 주된 내용이었고, 또 공연을 통해 양가장 가문의 뜻을 후세에 기리려는 내용을 담아내고 있었다.

송영촌 마을 민속무 공연은 우장촌과 장촌 마을에 비해 규모가 컸고, 또한 참여자도 더 많았으며, 그리고 공연 시간도 더 길었다. 공연에 담긴 스토리가 풍부하며 지향해야 할 방향도 한층 뚜렷한 것으로 볼 수 있었다. 노래와 춤은 두 명의 중년여성이 번갈아 담당했고, 전통악기 연주는 네 명의 노인이 맡았다. 공연 때는 인근 지역의 많은 주민까지 참가하여 그 명성이 알려지게 되었다고 했다. 이에 현과 진급 행정당국은 이 마을의 민속무를 하남성 특색을 넘어 중국 특색을 드러내는 데 손색이 없는 것으로 보고 다양한 지원을 다하고 있다고 하였다.

Ⅲ. 민속무 공연과 문화마을 공동체

1. 우장마을 민속무와 문화마을 공동체

우장마을에서 향촌대무대는 마을 주민들이 만나는 접점이었으며,

우장마을 향촌무대

우장마을 민속무 공연

마을공동체 형성의 핵심 장소였다. 일행이 우장마을에 들어섰을 때 향촌대무대 부근에 수십 명의 주민들이 모여 있었고, 전통의상을 입은 주민들이 민속무 공연을 준비하고 있었다.

민속무 공연은 10여 분 동안 진행되었다. 20여명의 마을주민들로 구성된 공연단은 전통 복장을 입고 가락에 맞추어 율동을 곁들이며 기구를 이용해 춤을 추었다. 부채와 비슷한 몇몇 기구를 사용하여 가락에 맞춰 흥겹게 춤을 추었다. 노래가사는 오래전부터 마을에서 전승되어 내려오는 효를 장려하는 내용으로써 가족 단위의 공동체적 삶이 갖는 의의를 담아내고 있다고 하였다.[136]

공연을 마친 뒤 전임 촌장은 일행을 자신의 집으로 초대하여 민속

136 특별공연은 당하현 문화국에서도 큰 관심을 부여하였고, 지역 TV방송국에서도 공연내용을 영상으로 담았다. 빡빡한 하루 일정 동안 세 곳 마을에서 개최된 민속무 공연을 영상으로 담았고, 인터뷰내용까지도 빠짐없이 촬영하였다. 지역의 전통문화 재조명을 위한 특집기획 방송에 활용할 것이라고 하였다.

무 공연에 얽혀있는 이야기를 들려주었다. 촌장은 14년 동안 마을의 책임을 맡았는데, 마을 젊은이들이 도시로 이주하는 현상을 안타까운 심정으로 바라보았다고 했다. 이런 상황에서 급격한 노령화가 불가피하였고 그에 따른 마을의 공동화도 심화되어 갔다. 노령화와 마을공동화라는 당면상황에 직면하여 촌장은 활력을 잃어가는 마을을 어떻게 다시 생기 넘치게 할 것이냐를 두고 마을 부활 프로젝트를 구상·실행하였다. 그런 부활 프로젝트의 실행은 마을의 오랜 전통으로 내려오던 민속무 재현으로 시도되었다.

마을살리기 프로젝트는 다음 과정으로 진행되었다. 도시로 떠난 마을 젊은이들이 명절 때만이라도 찾아오는 마을로 만들고자 시도하였다. 구체적으로 어떤 행사를 기획하여 실행할 것이냐를 두고 뜻을 같이하는 주민들과 마을협의체를 구성하였다. 협의과정을 거치면서 구전되어 내려오는 민속무의 재현에 뜻을 같이 할 수 있었다. 이의 재현을 위해 몇 차례의 마을협의체를 개최하였고, 드디어 민속무 공연을 위한 준비단을 구성할 수 있었다. 준비단에서는 공연에 필요한 공연장소를 물색하였다. 마침 빈집인 상태였던 집터를 주민으로부터 기증받을 수 있었고, 이를 활용해 공연장으로 꾸밀 수 있었다. 이에 자극받은 마을 주민들은 공연장 공사에 필요한 금액모금에 자발적으로 참여하였고, 행정당국으로부터도 일정액의 지원금을 제공받을 수 있었다.

민속무 공연은 춘절, 정월대보름, 단오절 등의 명절 때 개최하는 것으로 했고, 지역축제와 같은 일정이 있을 때 특별공연을 열 수 있도록 했다. 춘절은 대표적 명절로서 마을을 찾는 사람들이 많았던 관계로 대규모 행사를 기획하였으며, 이를 계기로 마을 주민의 뜻을 모으기로 하였다.

춘절 때는 행사를 성대하게 열어 마을을 찾는 젊은이들의 관심을 유도하려 하였고, 이를 '찾아오는' 마을만들기로 이어갈 수 있도록 했다.

이에 마을을 찾는 젊은이가 늘어나게 되었고, 마을 내의 주민 간 관계에서도 이전과 다른 연대성을 갖도록 할 수 있었다. 민속무 공연행사 때 마을에서 내려오는 전통주를 참가주민들이 나누어 마시며 무병장수와 부귀영화를 축복하는 의식을 거행했다. 전통주를 매개로 주민 간 친교행사를 개최하였고, 이를 통해 평소 서먹했던 관계를 친밀한 관계 형성으로 전환할 수 있었다. 이런 행사는 마을 주민 간에 쌓였던 구원을 풀고 새로운 화해를 만들기 위한 계기가 될 수 있었고, 이는 나아가 주민 간의 결속력을 향상하는 것으로 이어질 수 있었다.

촌장은 민속무 행사가 마을 주민들에게 미치는 효과를 다음과 같이 설명했다. 무엇보다도 가족 간의 관계를 증진할 수 있었고, 또 고향을 떠났던 젊은이들의 고향방문에도 영향을 미쳤다. 마을의 왕씨 가에서 시어머니와 며느리 사이가 좋지 않았는데 마을축제를 계기로 나빴던 관계를 풀 수 있는 계기를 만들 수 있었다. 이뿐만 아니라 민속무 공연은 중국인 심성의 근저에 남아 있는 핵심가치인 효(孝)의 증진에도 기여할 수 있었다. 민속무 공연 뒤 고향을 찾는 젊은이들이 많아졌고, 부모 집에서 기거하며 부모와 친밀한 관계를 맺을 수 있었다.[137]

마을축제는 다음의 내용으로 구성되었다. 행사를 통해 주민들은 마

---

137 이런 측면을 염두에 두면 탈개발론자가 말하는 토착(Indigenous)의 요소가 전통(Tradition)으로 전이되는 과정을 보여준다. 토착의 농촌마을 공동체 상태였던 상황에서 마을지도자의 지도력 발휘와 주민참여를 통해 현대적 의미의 문화마을 공동체를 구축하려는 마을만들기 운동 형태로 변화되는 모습을 볼 수 있다. 이는 지역 토착지식을 활용하면서 문화를 매개한 공동체 조성의 전형적 모습으로 볼 수 있다.

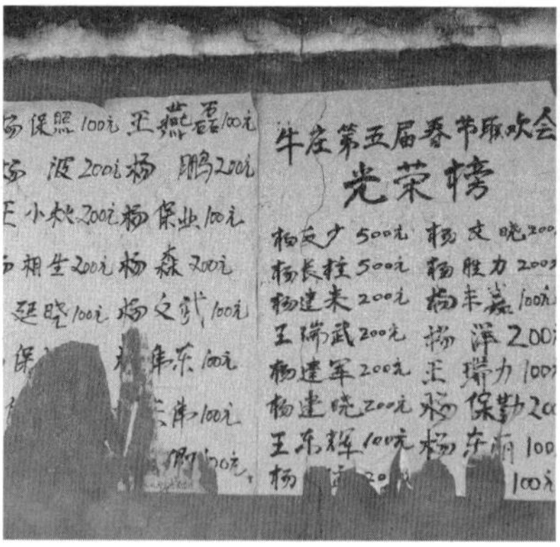

주민의 기부내역

마을축제 사용기구

을문제에 자발적으로 참여하게 되었다. 행사 참여가 있을 때 주민의 뜻을 결집할 수 있으며, 그것은 더 좋은 공동체를 만드는 데 기본임을 지속적으로 강조하였다. 주민 참여를 이끌어내기 위해 몇 가지 행사를 기획하였다. 그런 행사는 훌륭한 며느리 선발, 돈 잘 버는 청장년층 선발 등으로 구성되었다. 선발대회 때는 공정한 평가 기준을 만들어 주민들의 참여의지를 북돋우려 했다. 주민들은 행사 참여 때 입어야 의상과 관련 소품을 자비로 마련할 정도로 참여에 열성적이었다. 또 여력이 되는 일부 가구에서는 마을발전 기금을 자발적으로 납부하였다. 이렇게 납부한 기부금의 일체 내역은 방으로 붙여 주민들에게 알리도록 했다.

촌장은 마을 발전을 위해 14년 동안 일한 뒤 젊은 촌장에게 자신의 역할을 맡도록 했다. 젊은 촌장은 전임 촌장의 유지를 이어받으며 몇 가지 새로운 일을 기획하였다. 그는 마을 발전을 위해 주민 대상으로 아이디어를 공모하였는데, 특히 '문화가 살아있는' 마을만들기 프로젝트를 진행하였다. 그 대표적인 것이 SNS를 통해 고향을 등진 젊은이들에게 편지를 보냈고, 또 그들을 대상으로 한 고향 방문의 날을 정해 찾아오는 마을로의 전환에 힘썼다.

그는 찾아오는 마을공동체를 만들기 위해 위챗(WeChat)을 활용하였다. 마을 출신 젊은이들의 위챗 주소를 일일이 파악하였으며, 마을 행사 관련 프로그램을 비롯하여 마을소식을 위챗을 통해 주기적으로 알렸다. 그는 일종의 마을신문을 제작하여 언제, 누가, 어떤 내용의 마을 행사를 개최하는가를 둘러싸고 자세한 내용을 알리도록 하였다. 이에 마을 출신 젊은이들이 이장의 노력에 큰 자극을 받게 되었으며, 이를 계기로 어떤 역할로 어떻게 구체적으로 마을 행사에 참가할 수 있느냐에 대한 문의가 이어질 수 있었다. 이런 관심을 통해 고향 출신 젊은이의 마을 방문을 유도할 수 있었다.

이런 노력의 결과, 눈의 띄는 변화가 나타났다. 고향을 떠났던 젊은이 중에서 고향 방문이 부쩍 잦아졌다. 마을을 떠난 지 2년여 동안 한 차례도 방문하지 않았던 젊은이가 고향을 찾아 부모에게 효를 다하는 현상을 낳기도 했다. 이렇게 고향을 찾는 젊은이들은 부모 집에 기거하는 기간도 늘어나게 되었고, 또 마을 주민과의 접촉이 많아지면서 자연히 마을 행사 참여 비율이 높아지게 되었다. 이런 마을살리기 프로젝트를 통해 '쇠락하던' 마을을 '활력 넘치는' 마을로 전환할 수 있었다.

2. 장촌(庄村)문화 마을 민속무와 문화마을 공동체

장촌문화 마을은 우장촌과 유사한 형태로 전승되어 오는 민요와 민속무 중심의 민간악단을 운영하고 있었으며, 이를 마을의 대표적 문화로

<장촌문화마을 민속요 공연장면>

유지·계승하는 데 관심을 기울였고, 나아가 이의 활성화를 통해 마을 단위 공동체 형성의 중요한 계기로 삼고자 하였다.

민간악단은 60대 이상의 주민들로 구성되었으며, 춘절을 비롯한 전통명절과 지역행사가 있을 때 민속무 공연을 개최하였다. 공연내용은 효도, 애국, 인류애 실현의 의미를 담아내는 내용으로 구성되었다. 특히 부모부양이 자식의 중요한 덕목임을 강조하였으며, 또 국난에 처했을 때 국가공동체를 위해 주민이 어떻게 처신하여야 하는가에 대해 알리려는 것으로 구성되었다. 아울러 이웃이 어려움에 직면하였을 때 인간으로서 기꺼이 도와서 함께 살아야 한다는 인류애 정신을 실현하는 데 큰 강조를 두었다. 이런 내용은 중국 고유의 사회가치체계로서 예부터 내려오는 공동체 유지의 핵심적 덕목이라 했다. 민속무 공연형식을 빌어 전승되는 사회가치 체계를 어떻게 유지하는가에 관심을 두었고, 나아가 마을단위 공동체 정신을 재조명하는 데도 역점을 두었다.

공연 참가자들은 초로의 노인들이었고 수십 년간 전통악기를 다루었던 관계로 해당악기의 명장으로 불리웠다. 공연은 세 명의 남자 노인이 서로 다른 악기를 몸에 붙인 채 연주하였고, 중년여성이 연주에 맞추어 가사를 노래로 담아내고 있었다. 중년여성은 율동을 곁들어 가사 내용을 노래로 표현하였고 이리저리 움직이며 참가자들의 관심을 유도하였다. 참여자들은 노래 형태로 전달되는 가사내용의 의미를 되새기며 마을단위 공동체 성원으로서 의미를 다질 수 있었다.

가사 내용은 가족 가치의 중요성과 주민 간의 단결과 단합이 중요함을 애절한 형태로 담아내는 것으로 구성되었다. 특히 전쟁과 같은 국난이 발생할 때 주민 간 협력이 무엇보다 필요하며, 아울러 가족 중심의 일치단결이 있을 때 가능함을 말해주려 하였다. 부모에게 효도를 다하는 것이 사회 가치 중에서 으뜸임에 대해서도 가사로 담아내고 있었다. 여기에 더해, 덕행의 실천을 통해 이웃끼리 상부상조하며 평화롭게 살아갈 수 있을 때 공동체 성원으로서 역할을 다할 수 있음에 대해서도 강조하였다. 가사 내용에는 주민들에게 여러 가지 차원에서 삼가하며 경계해야 할 삶의 자세에 대해서 당부하는 것이 담겨 있었다. 세상을 살아가는 데는 특별히 삼가하며 조심해야 할 핵심 덕목이 있음을 강조하였다. 남자로서 특별히 조심하며 지켜야 할 행동거지에 대해 알려주었다. 남자는 돈 있을 때 자기관리를 잘하여 낭비하지 않아야 하며, 또 가정을 지키기 위해 마땅히 지켜야 할 가족 가치의 덕목을 따라야 한다고 하였다. 아울러, 사회생활 중에 남자로서 행해야 할 지침이 있는 데 이를 어기면 안 되는 몇 가지 사유에 대해서도 일깨워주었다. 평소 타인에게 덕을 베풀며 원한을 사지 않도록 조심해서 행동해야 하며, 동시에 공동체 가치에 어긋나지 않게 몸가짐을 잘 해야 함에 대해서도 강조하였다.

남성 못지않게 여성의 입장에서도 사회적 역할을 다해야 함에 대해서도 경계하도록 하고 있었다. 송나라 때 전쟁에 참가했던 남편이 돌아오지 못하는 일이 발생했는데, 이때 여자로서 해야 할 도리를 노래 가사로 전해주고자 하였다. 전쟁에서 죽은 남편을 대신해 여성은 가정 유지를 위해 마땅히 해야 할 바가 있는데, 이를 가사형태로 담아내고 있었다. 이에 더해, 전쟁에서 돌아오지 못한 아들을 대신해 며느리로서 어떤 책무를 다해야 하는지에 대해서도 노래로 담아내고 있었다. 이른바 민속무에 담겨진 공연의 형식을 빌어서 중국 전통 가치를 후대에 전승하려 하였고, 아울러 이를 계기로 마을 주민 간의 결속력이 무엇보다 중요함에 대해서도 강조하려 했다. 이런 의미에서 민속무 공연은 지역주민을 대상으로 한 중국적 가치를 유지·전승하려는 핵심적 사회교육으로서 역할을 수행하려는 것으로 볼 수 있었다.[138]

3. 송영촌마을 민속무와 문화마을 공동체

송영촌 마을에서 행해진 민속무 공연은 송나라 때 이 마을에 정착했던 양씨가문과 관련되었다. 양씨가문 관련 내용은 '양가전'의 형태로 오늘에 전해지고 있다. 송나라 때 이 지역에 큰 전쟁이 발발하였는데, 이때 양씨 집안 출신 중 장군이 있었는데 이 장군은 이 마을에 거주하며 지역주민에게 큰 영향을 주었다고 했다. 양씨 장군은 국난에 즈음하여 집안

138 탈개발론에서는 인류의 행복을 지역, 자연, 여성 등의 정신적 철학에 바탕한 가치결합에서 찾는다. 이런 점에서 볼 때 지역단위의 문화가치는 주민의 행복실현과 밀접한 관계를 갖는다. 여기서 장촌문화 마을은 예부터 내려오던 고유가치의 재조명을 통해 마을단위 문화공동체를 구축하려는 것으로 볼 수 있었다.

<송영촌 마을의 민속악 공연장면>

식구를 이끌고 전쟁에 참전하였는데, 이에 관련되는 내용을 양가전에 담아내고 있다는 것이다. 양가전은 양씨 집안의 전쟁 참전과 관련하여 전해오는 무용담을 기술한 내용으로써 이 이야기는 구전 형태로 지금에 이르고 있다. 이 내용은 역사를 거듭해 가며 이 지역의 중요한 무형문화재가 되었고, 마을의 대표적 상징으로 발전하게 되었다.

양가전 내용은 다음과 같다. 양씨 집안의 장군은 슬하에 아들과 며느리 각각 8명을 두었다. 아들 8명이 먼저 전쟁에 참전하였고, 뒤이어 시어머니가 며느리 8명과 함께 전쟁에 뛰어들게 되었다. 이 이야기는 국가가 위기에 처했을 때 국가를 위해 어떤 입장을 취해야 하며, 그리고 어떻게 행동해야 하는지를 실천으로 보여주는 것으로 받아들여졌다. 양가전 이야기는 국가공동체가 위기에 처할 때 국가 성원으로서 어떻게 행동해야 할 것인지를 둘러싼 일종의 좋은 모델로 삼을만한 것으로 볼 수 있었다. 이런 점에서 현대 중국 지방정부의 입장에서 길이 계승해야 할 좋은 미풍사례로 받아들이는 것으로 보였다.

중국 지방정부 당국은 양씨 집안의 이야기를 노래로 담아내고 있는 마을단위 민속무 공연을 활성화하여 후대에 교훈으로 삼으려 했다. 이런 양씨 집안 이야기는 이 마을의 대표적 자랑거리였으며 동시에 후세에 널리 알려야 할 사회덕목이기도 하였다. 이는 마을 자랑거리를 넘어서 흑룡진을 대표할 무형문화재의 가치를 갖는 것으로써 행정당국에서도 민속무 재현에 많은 관심을 부여하는 것으로 보였다.

민속무 공연은 다음 형태로 진행되었다. 남자와 여성이 혼성조로 민속무를 연주하였다. 5명으로 구성된 남성들이 중국 고유 악기를 연주하였고, 이에 여성 2명이 번갈아 가며 율동과 함께 노래를 불렀다. 공연단 멤버는 60~70대 노인이었다. 참가자는 조용한 분위기에서 공연을 지켜보았고, 특히 구슬프면서도 애잔한 연주에 맞춘 노래 가사에 침묵으로 반응하며 그 어떤 일체감을 느끼도록 하는 것 같았다.

민속무 공연은 악기연주와 노래 부르기에 더하여 전통문화에 현대적 의미의 스토리를 가미함으로써 주민의 반응을 유도하는 것으로 볼 수 있었다. 공연을 통해 가족주의의 가치를 살리고자 하였고, 또 국가관을 갖는 것이 중요함을 알리려 했다. 국가공동체를 위해 개인이 해야 할 바를 민속무 공연으로 잘 드러낼 수 있도록 하였다. 다시 말해, 지역에 서려 있는 민담 내용을 전통악기 연주에 곁들어 노래형식으로 담아냄으로써 주민 참여를 높이려 하였고, 나아가 이를 주민통합의 장으로 활용하려 하였다. 당하현은 역사와 전통의 고장답게 지역과 마을 마다에 특색문화를 갖고 있었고, 이런 재조명을 통해 주민의 자긍심과 자부심을 고양하도록

하는 데도 관심을 가졌다.[139]

지역 특색 문화의 재조명은 중국전통의 부활이면서 주민의 자긍심을 북돋우려는 것과도 맞물린다. 촘촘한 지역 단위의 문화를 계승하여 활성화함으로써 농촌사회의 안정화에도 의미를 던지려 하는 것으로 보였다. 기초단위인 현과 진급 전통문화를 활성화하는 것을 농촌 마을 살리기의 한 중요한 사례로 바라보았다. 이에 지방공무원이 담당해야 할 역할에서도 변화가 불가피하다고 했다. 공무원으로서 지역문화를 활성화할 수 있는 역할을 다할 때 상위기관인 시와 성급의 상급직으로 승진할 기회가 주어진다고 했다. 현재 중국 행정당국에서도 지역문화 활성화에 의한 문화마을 만들기 프로젝트를 통해 농촌이 당면한 현안을 극복하려는 노력을 다하고 있다고 하였다. 이런 시도는 최근 중국 정부가 추진하는 문화정책과도 일맥상통한다. 이는 국가주도적 발전전략 차원에서 지역문제를 바라보던 시각의 근본적 전환과 맞물린다. 이른바, 농촌이 당면한 현안을 지역문화 재조명에 의한 마을 단위 공동체 활성화에서 찾으려 함을 읽어낼 수 있었다.

IV. 문화마을 만들기의 핵심요인

이상에서 중국 농촌 마을에서 이루어지고 있는 문화를 통한 공동체

139 탈개발론은 하위주체(Subaltern)와 토착지식(Indigenous Knowledge)을 개발의 핵심으로 설정하였고, 이를 통한 마을단위 풀뿌리 조직의 활성화에 주목하였다. 송영촌 마을의 경우, 오랜 전통으로 내려오던 토착지식의 의미를 살리려했고, 이의 활성화를 통해 마을을 살리려는 시도를 다하는 것으로 볼 수 있었다.

활성화에 대해 살펴보았다. 중국에서 농촌 마을은 오랜 전통문화에 기반하여 문화와 전통을 살리면서 마을 단위의 공동체를 활성화하려하고 있었다. 하남성 당하현 흑룡진 지역은 중국의 전형적 농촌지역이면서 중국적 전통과 문화예술이 살아있는 곳이기도 했다. 흑룡진 지역의 각 마을은 오랜 전통문화 자산에 근거하여 마을 단위 공동체성을 되살리려는 노력을 다하고 있었다.

중국에서 문화마을 공동체를 구축할 수 있느냐의 여부는 농촌 안정화에 중요한 시사점을 던지는 것과도 결부되었다. 문화를 매개한 마을공동체 구축은 전통문화의 재조명에 영향을 주면서 동시에 주민의 자부심, 자긍심을 고양하는 데도 기여하는 것으로 받아들였다. 이는 탈개발론자들이 주장했던 지역주민의 적극적 참여에 의한 토착지식을 부활하도록 하는 것과도 밀접히 관련되었다. 이런 마을 마다에 서려 있는 토착지식의 재조명을 통한 문화마을 공동체 구축은 중국농촌의 부활 프로젝트와 맞물리는 현상이기도 했다. 중국에서 문화마을 만들기 구축은 다음의 요인에 의해 체계적으로 뒷받침되고 있었다.

첫째, 지방정부의 행정적 체계적 지원이 지역 단위 문화마을 공동체 구축에 큰 영향을 미치는 것으로 볼 수 있었다. 민속무 공연을 관람할 수 있도록 주선했던 흑룡진의 당서기에 의하면, 지방정부는 마을 단위에서 행해졌던 지역 전통문화를 발굴하여 현대적 의미로 재현하는 데 행정력을 집중한다고 했다. 민속무 공연에 함께 했던 당하현 문화국장도 비슷한 형태의 언급을 하였다. 공연을 마친 뒤 간담회 때 지방 행정기관에서 역점을 두는 문화정책의 기조 관련 설명을 하였는데, 특히 마을 단위 전통문화를 발굴하여 그 의미를 오늘의 의미로 어떻게 잘 재현하도록 하느냐에 행정당국 차원의 지대한 관심을 부여한다고 했다. 심지어 지방문화의 재조명을 통해 지역공동체를 활성화하는 것을 지방 행정공무원이 수행해야 할 중요한 사명으로 바라본다고 하였으며, 더욱 그런 능력을 발휘할 수 있느냐의 유무는 지방 행정기관과 지방 행정가의 승진에까지 반영된다고 하였다. 하남성 정부는 마을문화의 복원과 재조명을 통해 중국 특색이자 중원문화의 특성을 드러내도록 하는 것에 지대한 관심을 부여하고 있으며, 덧붙여 이런 문화증진 역량을 통해 주민통합에 이르려는 노력을 다한다고 하였다.

둘째, 지역단위 마을문화 활성화는 민간전문가의 적극적 참여와 개입을 유도함으로써 조직적으로 뒷받침되고 있었다. 지역을 잘 아는 지역의 민간전문가는 마을문화의 발굴과 현재화를 위해 코디네이터로서 적극적 역할을 다하였다. 흑룡진 문화마을 조성사업에서도 지역의 민간단체들이 적극적으로 개입하여 활동하고 있었다. 이들 기관 소속의 활동가들은 지역문화 현황을 소상히 파악하고 있었으며, 이런 지식과 정보를 통해 행정당국과의 긴밀한 연계를 통해 마을 단위 문화재를 발굴하고 있었고, 또 이를 구체화하는데도 실질적 도움을 제공하고 있었다. 춘절, 단오절 등의 전통명절 때 문화 관련 행사를 기획, 실행하였으며, 이런 행사를 개최할 때 실질적 도움을 제공하고 있었다. 이들 민간 문화전문가들은 마을 단위에 서려 있는 문화발굴에서부터 그 의미의 재조명, 행사의 구체적 실행에 이르기까지의 코디네이터 역할을 수행하면서 지역친화형 문화마을 만들기에 일정한 역할을 다하는 것으로 볼 수 있었다.

셋째, 문화마을 구축과 활성화에서 마을 단위의 리더 역할에 주목할 필요가 있었다. 중국에서 많은 젊은층이 산업화의 영향을 받아 도시로 이주하였으며, 이로 인해 농촌 마을의 노령화도 빠르게 진행되고 있다. 농촌이 당면한 고령화 상황에서 몇몇 마을 리더들(이장)은 쇠락하는 마을을 새로운 형태의 마을로 되살리기 위해 혼신의 힘을 다하고 있었다. 이런 노력은 '떠나는 마을' 여건을 '찾아오는 마을'로의 전환하는 것과도 관련되었다. 찾아오는 마을만들기에서 마을에 서려 있는 전통성의 복원과 재조명을 통해 문화마을로의 전환을 모색하였다. 마을리더의 문화복원을 통한 마을활성화 열정에 마을 주민이 뜻을 같이하면서 민속무 공연에 토대한 문화마을 프로젝트도 실천으로 옮겨질 수 있었다. 아울러 이런 마을 활성화는 마을을 떠났던 젊은이들에게도 신선한 관심을 불러일으키면서 찾아오는 마을 여건을 갖추는 데 일정한 역할을 다하는 것으로 볼 수 있었다.

중국은 개혁, 개방정책 이후 도시화가 급격하게 진행되었으며, 오랫동안 전통적으로 내려오던 중국식의 효를 비롯한 마을 단위의 미풍양속도 약화하기에 이르렀다. 도시로 나간 젊은이는 부모와의 관계가 서먹해지게 되었고 또 이웃 간의 관계에서도 교류와 왕래가 뜸해지게 되었다. 아울러 농촌의 고령화가 급속히 진행하면서 마을 단위의 공동체성에서도 변화가 불가피하였다. 이런 상황에서 당하현 흑룡진 지역에서는 민속무를 통한 문화마을 만들기는 쇠락해가는 농촌사회를 부활시키려는 것과 맞물리며, 덧붙여 이런 문화만들기는 전통과 문화의 재조명은 물론이며 주민으로서 자긍심과 자부심을 갖도록 하는데도 한발 가깝게 다가설 수 있었다.

후기

마을인문학 정립을 위하여

인문학은 인간 본질을 탐구하는 학문으로써 인간이 인간답게 살도록 길을 열어주는 데 의미를 줄 수 있다. 특히 인문학은 물질적 가치가 압도적 영향을 행사하는 시대적 여건에서 인간이 걸어야 할 길이 어떠해야 하며, 또 어떻게 인간성을 회복하여 인간의 얼굴로써 살 것인가에 대해 생각할 여지를 마련해 줄 수 있어야 한다. 이런 점에서 인문학은 우리 자신의 존재성을 찾는데 기여 하면서도 동시에 가치 있는 삶을 살도록 해야 한다. 나아가 나와 다른 타자와 일정한 관계를 맺으며 조화롭게 살아갈 수 있도록 하는 데 빛을 던질 수 있어야 한다.

점점 개인화, 고립화되는 디지털시대에 인문학이 해야 할 역할은 더더욱 점증할 것으로 예상된다. AI 로봇 시대를 맞이하면서 우리 삶은 정치경제, 사회문화, 문학과 예술 등의 전반적 영역에서 양극화가 한층 커질 것이며, 이에 따른 '나홀로'의 개체화 경향도 더욱 두드러질 것이다. 이런 와중에서 그동안 우리 사회를 견고하게 견인해 왔던 공동체가 제 기능을 할 수 없었고, 그에 따른 개별화와 고독화 현상도 한층 심화하고 있다.

일찍부터 인문학은 타인과 원활한 소통을 통한 '함께하는 삶'에 큰 관심을 부여하였다. 진선미에 기반하여 타자와 공존하는 삶을 산다는 것은 AI 로봇 시대에서도 여전히 유효할 것이며, 이런 가치는 인류가 지속하는 한 계속될 것이다. 이런 공존과 공생의 가치를 상실한다면 인류는 자중지란에 빠져 쇠퇴와 소멸의 길을 걸을 수밖에 없다. 바로 이러한 점에서 인문학은 주체적 사유자로서 합리적 의사결정을 내리는 것에 못지않게, 이웃성에 바탕을 둔 공존하는 삶을 살도록 하는 데도 일정한 지침을 줄 수 있어야 한다. 이 책은 한국인에게 일상적이었던 마을살이의 모습을 인문적 차원으로 문제화하여 '마을인문학'으로 드러내는 데 목적이 있다.

특별히 이 책은 다음의 몇 가지 측면에 유념하여 편찬하였음을 밝힌다. 우선, 이 책을 통해 그동안 관심 대상이 아니었으며 또 우리에게 별다른 주목을 받지 않았던 '마을학'을 인문적 시각에서 쟁점화하여 현대인의 삶에 미칠 수 있는 인문적 의의를 타진해보고자 하였다. 특별하게 고독에 빠진 우리 삶을 염두에 두면서 마을학을 통해 함께하는 삶의 형태인 관계성 내지 공동체성의 의미를 찾아보려 했으며 이를 현대사회가 당면한 문명적 한계극복 차원에서 파악하려 하였다.

주지하듯이 인간에게 혼자살이의 삶이란 그 자체로 불안하고 불완전하여 자칫 소외된 삶으로 이어질 수 있다. 사회적 존재성에 바탕을 둔 인간 삶은 그 근본에서부터 '함께살이'와 불가분의 관련을 맺을 수밖에 없기 때문이다. 인간이 인간답게 산다는 것은 나 아닌 타자와 일정한 관계를 맺으며 주고받는 망(network)을 형성할 때 비로소 가능하다. 특히 마을 단위로 공존과 공생 관계를 맺고 함께살이를 한다는 것은 인류의 시원에서부터 현대의 문명시대를 거쳐 미래의 인공지능 시대에서도 여전히 의미를 띨 수밖에 없다. 이른바 함께하는 삶의 토대로서 '마을살이'는 인류의 존재성에 이어지는 핵심 고리와도 통한다. 이런 점에서 그동안 잊고 지냈던 마을학의 의미를 인문적 차원에서 되짚어보고 그 의의를 되살리는 것은 인류가 당면할 위기를 극복하여 지속 가능 사회로 나아가는 지름길을 마련하는 것으로도 볼 수 있다.

둘째, 마을학의 재조명은 현대문명이 내재한 근원적 한계성에 당면하여 새로운 미래 전망적 돌파구를 마련하는 데 일정한 시사점을 던질 수 있다. 현대문명은 고도 경쟁을 내세우며 효율과 성과를 극대로 부추겼으며, 이를 더 큰 거대 성장으로 이끌기 위해 끝없이 유혹을 계속하였다. 그런 과정에서 인류는 개체성과 개인성을 극대화하여 나 아닌 타자를 수용할 수 없었으며, 심지어 그런 타자를 타도와 극복 대상으로 삼고자 하였다. 이런 극한 경쟁을 유발하는 과정에서 인류는 함께 살아야 할 존재성의 의미를 잃어버리게 되었으며, 급기야 인간 본연의 가치인 공동체성 상실에 이르게 되었다. 한마디로 말해, 오늘 우리 사회는 수많은 다수를 배제한 채 극소수가 극대의 우월성을 드러내며 종착점이 없이 무한 질주하는 형국이라 할 수 있다. 이른바 우리는 왜 살아야 하며 어떤 의미를 추구해야 하느냐에 대해 생각하지 않은 채 앞으로 전진만 거듭하는 '비성찰사회'를 살아간다 해도 과언이 아니다. 이런 시대적 상황에서 마을학 재조명을 통해 '동행하는 삶'의 의미를 다져볼 필요가 있고 현행의 나홀로적 삶을 반성적 차원에서 바라볼 필요가 있다. 이는 오늘날 한국 사회가 당면한 비성찰 사회에서 벗어날 수 있는 핵심적 연결고리를 찾는 것과 무관치 않을 것이다.

특별하게 한국인에게 마을(동네)은 마음의 고향이면서 동시에 삶의 근원에 이어지는 본향 의식을 자아내도록 한다. 우리는 급속하게 진행된 근대화 과정에서 앞으로 질주하는 삶을 너무도 당연한 것으로 받아들였으며, 그런 과정에서 이웃과 함께 '울고 웃으며' 동행하며 동고동락했던 이웃성의 가치를 잃어버렸다. 이런 이웃성 상실의 중심에 바로 서울 중심주의가 자리 잡게 되었으며, 바로 이 지점에서 지방쇠퇴와 몰락의 직접적 원인을 찾을 수 있다. 마을성의 재조명이야말로 현행의 서울 중심주의에서 벗어나 지방을 살릴 수 있는 핵심적 대안일 것이기 때문이다.

서로가 얼굴을 맞대어 이웃성을 나누는 삶인 '마을살이'야말로 현대문명이 가진 한계성에서 벗어나는 일과도 밀접히 연계될 것이다. 인류 생존은 치열한 경쟁과 적자생존에 의해서라기보다 주변 동료들과의 협력에서 가능할 수 있었다고 보기 때문이다. 지구상 어떤 생명체라도 전투에 의한 상극 관계만으로는 살아남을 수 없었으며, 오히려 망을 통한 상보적 관계를 맺음으로써 생존할 수 있었을 것이다. 유기체는 생존 과정에서 협력의 불가피성을 스스로 깨칠 수 있었으며, 그런 협력을 바탕으로 살아남을 수 있었다. 생명체는 야만적 파괴를 일삼을 때 파멸의 길을 걷게 됨을 학습할 수 있었다. 다시 말해, 파괴적일 때 잠시 왔다가 사라질 수 있지만, 협력할 때 한층 세력을 키우며 성장할 수 있었다. 생명체는 공격본능과 탐욕을 일정 수준까지 제한해야 했고, 대신 상대를 좀 더 융화적 자세로 받아들여야 했다. 마을 단위 공동체 형성이야말로 협력을 통한 생존방식을 터득한 중요한 사례로 볼 수 있다. 이 지점에서 마을성 재조명은 우리가 복원해야 할 현안의 시대적 과제라 하지 않을 수 없다.

셋째, 이 책을 통해 현재 한국 사회의 현안인 지방소멸을 둘러싼 새로운 대안을 찾으려 하였음을 밝힌다. 오늘 우리가 당면한 시대 상황은 '최고주의' 추구에 따른 효율성 가치에 매몰되어 수도권 집중화가 가속화됨과 무관치 않다. 인적, 물적 자원을 포함한 모든 영역에서 수도권이 압도하면서 지방은 텅텅 비어가며 드디어 한계 지역으로 내몰린다. 이런 지역 간 극심한 불균형 상황에서 마을성 부활에 주목할 필요가 있으며, 이런 마을성 부활을 통해 마을에 숨겨져 있는 의미를 찾아내며, 또 이를 마을살이로 이어가야 할 것이다. 그냥 쓱 지나쳐 가는 곳으로서의 마을이 아닌 각 마을에 들어 있는 의미를 발굴하여 마을성이 갖는 유의미성을 살릴 수 있어야 할 것이다. 이런 마을성의 매력을 찾아낼 수 있다면 '떠나는' 마을을 '찾아오는' 마을로 바꿀 수 있다.

최근 지방소멸이 국가 차원의 최대현안으로 부각하면서 마을을 둘러싼 관심이 새롭게 점증하고 있다. 이 책은 바로 잃어버린 마을성의 의미를 어디에서 어떻게 다시 찾을 수 있을 것이며, 마을성이 현대인의 삶에 어떤 의미를 던질 수 있는지를 현장 차원에서 찾도록 하는 데 도움을 주려 하였다. 이에 더해, 이 책을 통해 마을성 재조명이 AI 로봇 시대 도래에 즈음하여 인류의 지속가능성을 탐색하는 데도 나름의 의미를 던질 수 있음을 밝히려 하였다. 모든 것에서 편리성과 효율성, 초고속성을 추구하는 현대인에게 마을성 재조명이야말로 인간다움의 근본인 편안함과 아늑함, 친근감을 되찾도록 하는 것과 밀접히 관련될 수 있다고 보기 때문이다.

끝으로, 이 책은 한국 마을 매력찾기에서 한발 더 나아가 적정기술의 형식을 빌어 제3세계 주민들이 당면한 척박한 삶을 염두에 두면서 그들의 현실 여건을 어떻게 개선·향상할 수 있느냐에 대해서도 주목하고자 하였다. 제3세계 지역 환경에 적합한 현지 적합형 적정기술 제품을 맞춤형으로 개발·제작하였으며, 아울러 이의 현장 적합성을 현지 차원에서 모색함으로써 최저빈곤 상태에 처한 현지인의 삶을 개선할 수 있는 실천적 방안을 제시하려 하였다.

적정기술 개발과 적용은 '지역사회 캡스톤디자인' 강좌에서 대학생이 직접 참여하여 제작한 제품만들기로 시도하였다. 이 강좌 수강생들은 교실 수업에서 벗어나 지역주민의 삶에 실질적으로 도움을 줄 수 있는 그들만의 지역 활력 프로젝트를 진행하였다. 그들은 현지 여건을 반영해 현지 주민의 삶에 직결되는 캡스톤디자인 제품을 고안·개발하였으며, 이를 현지 주민(베트남 라오까이 지역, 라오스 몽족마을)에게 적용하였고, 이의 적용을 통해 지속 가능 사회에 도달할 수 있는 조건을 탐색하려 하였다.

이런 적정기술 제품의 개발 및 적용은 베트남과 라오스와 같은 제3세계 주민의 삶의 질을 개선하는 데 일정 부분에서 기여할 수 있었으며, 나아가 현지의 마을 단위 공동체성을 활성화하는 데도 나름의 의미를 던질 수 있었다. 이는 21세기의 시대적 여건에 적합한 우리의 혁신형 대학교육 패러다임과도 밀접히 통할 것이다. 다시 말해, 기존 강의실 중심의 이론형 수업 형태에서 과감하게 벗어나 현지 주민 삶을 실질적 차원에서 개선·향상하는 데 도움을 주는 과제 해결형 학습의 모범적 사례로 볼 수 있기 때문이다. 이처럼 학생들이 직접 참여하여 제작한 과제 해결형 학습은 최근 시대적 화두인 대학-지역사회 연계형 교육의 대표적 모형일 수 있으며, 동시에 대학과 지역사회의 상생 모델을 구축하는 것으로도 의의를 띨 수 있을 것이다.

이 책은 그동안 우리의 관심사에서 벗어나 있었던 '마을', '마을공동체', '마을살이' 등의 영역을 '마을인문학'의 이름으로 정리·정돈하여 체계화하려 하였으며, 특히 인문적 측면에서 마을성이 함의하는 바를 다각도의 측면에서 찾으려 하였다. 마을성의 의미를 되살릴 수 있다면 인간성의 본향을 되찾도록 하는 데도 나름의 의미를 띨 수 있으며, 동시에 불확실하고 불투명하며 유동적으로 다가올 미래 여건에서 인류생존의 길을 모색하는데도 나름의 시사하는 바가 적지 않다고 보기 때문이다. 모쪼록 이 책이 계기가 되어 '마을학 르네상스'를 여는데 작으나마 역할을 할 수 있기를 희망하는 바이다.

참고문헌

1부

1장

강영안 옮김(1999), 엠마누엘 레비나스 저, 『시간과 타자』, 서울: 문예출판사.

김두환(2018), 「로봇시대의 불평등: 일의 미래, 사회의 미래」, 『사회사상과 문화』, 21(4), 173-209.

김석수(2019), 「고립사회와 인공지능」, 『선비문화』, 35(남명학연구원), 2-11.

김석수(2019), 「인간, 인공지능 시대 응답하다: 몸, 감성, 지성을 중심으로」, 『새한영어영문학회 학술발표회 논문집』, 153-161.

김연숙(2001), 『레비나스의 타자윤리학』, 서울: 인간사랑.

김종권(1987), 『해동속고학』, 서울: 명문당.

김지현(2020), 「함께하는 삶의 가능성을 꿈꾸다: 덴마크 마을공동체를 경험하며」, 『오늘의 문예비평』, 173-188.

박문형 옮김(2017), 박재형 저, 『해동속소학』, 서울: 박문현.

박홍갑, 김성우, 신병주, 김대웅, 권오영, 박인호(2019), 『청도 밀양박씨 소고공파와 박시묵·박재형』, 서울: 경인출판사.

세계경제포럼 미래 10대 기술(2021), https://blog.naver.com/mci9306/222243811323.

송선영(2017). 「로봇과 인공지능 시대의 시민윤리와 도덕교육적 함의: 인공지능형 로봇의 활용을 중심으로」, 『윤리연구』, 115, 133-159.

심상우(2019), 「'공동체를 넘어선 공동체'로서의 마을공동체: 레비나스의 책임윤리를 중심으로」, 『현대유럽철학연구』, 53, 364-397.

이현지(2012), 「재가노인이 경험하는 고립과 외로움이 삶의 만족도와 우울에 미치는 영향」, 『한국지역사회복지학』, 42, 157-177.

정용교(2021), 『사회윤리와 국가윤리』, 영남대학교출판부.

Bauman, Z.(1992), *Intimations of Postmodernity*, Routldge.

Levinas, E.(1993), *Dieu la mort et le temps*, Livre poche.

조선일보(2021.8.3 ; 2021.11.30).

2장

김도연·박현채, 「차세대 IoT기술 및 서비스」, 《한국전자파학회지》 27(4), 2016.7. 2-10.

김미영, 「현대사회에 존재하는 공동체의 여러 형식들」, 《사회와 이론》 27, 2015. 181-218.

래쉬, 「성찰성과 그것의 분신들: 구조, 미학, 공동체」, 앤소니 기든스, 《성찰적 근대화》, 임현진·정일준 옮김, 한울, 1998. 163-240.

어유경·김순은, 「지역 사회자본의 노인문제 대응」, 《지방행정연구》 30(3), 2016. 275-306.

여관현, 「주민학습과 실천을 통한 마을만들기의 지속가능성 연구: 성북구 장수마을 사례를 중심으로」, 《지방정부연구》 19(3), 2015. 29-51.

이기연·문현옥·김동우·임용배, 「IoT기반 공동주택용 전기안전 기술개발에 관한 연구」, 《2017년 한국통신학회 하계종합학술발표회》, 2017. 485-486.

장채익, 「최신 ICT기술을 활용한 지역공동체 활성화 방안」, 《제33회 지방행정정보화 연구과제》, 2016. 22-29.

진재문, 「마을만들기 사업을 위한 지치단체의 주민참여 활성화 노력과 삶의 질의 관계: 주민의 인식을 중심으로」, 《비판사회정책》 45호, 2014. 340-372.

한국경제신문, 「'늙어가는 사회'와 싸우는 일, 간병로봇에 국운 걸었다」, 2019.1.24.

조선일보, 「김철중의 생로병사」, 2018. 8.14.

Delanty, Gerald, 2010, *Community*, Routledge.

Pahl, R., 2001. *On Friendship*, Polity Press.

3장

김미영, 「현대사회에 존재하는 공동체의 여러 형식」, 《사회와이론》 27, 2015, 181-218.

김태훈, 「대안도시 논의들에 대한 비판적 검토」, 《용봉인문논총》, 2016, 35-57.

나항진·김형수,「유럽의 고령화 현황과 노년교육의 시사점」,《한독사회과학논총》 22, 2012, 3-32.

민유기,「산업혁명 이후 서양 도시계획에 대한 인문학적 성찰」,《도시인학연구》 1(2), 2009, 193-220.

박선경,「농촌마을 공동체 학습활동의 생태학적 분석」,《평생학습사회》 7(1), 2011, 129-152.

송인하,「마을공동체운동의 성공조건과 과제」,《지방자치연구》 14, 2010, 236-267.

어유경·김순은,「지역사회자본의 노인문제 대응」,《지방행정연구》 30(3), 2016, 275-306.

이명진·홍성태,「자치민주주의의 사회적 조건: 마을만들기를 넘어 '마을민주주의'로」,《한국사회학회 심포지엄논문집》 2016, 331-355.

이명호,「공동체의 위기와 복원에 관한 탐색적 연구」,《사회사상과 문화》 19(1), 2016, 87-115.

이왕기·정승현,「고령사회에 대응한 마을만들기 전략」,《한국도시설계학회지》 15(2), 2014, 137-150.

임경수,「고령친화성을 고려한 마을만들기 활성화 방안」,《도시행정학보》 29(4), 2016, 217-242.

지경,「지역에서 만나게 되는 노인문화의 공동체적 가치」,《인천문화재단 플렛폼》 30, 2011.11, 22-27.

황선영·김순은,「도시 지역공동체 활성화과정에서 지역사회 주민조직의 역할 - 아파트 공동체 입주자대표회의의 사례를 중심으로」,《한국지방자치학회보》 29(2), 2017, 31-63.

한국노년학회편,《노년학의 이해》, 서울: 대영문화사, 2002.

홍승표,《깨달음의 사회학》, 서울: 예문서원, 2002.

최신덕·김모란 공역, Diana, K, H., *Sociology of Aging*.《노년사회학》, 하나의학사, 1998.

Delanty, G., *Community*, Routledge, 2010.

Goerres, A. "Why are older people more likely to vote? The impact of ageing on electoral turnout in Europe", *The British Journal of Politics &*

International Relations 9(1), 2007, 90-121.

Sherron, R. H., & Lumsden, D. B.(Eds.), *Introduction to educational gerontology*(3rd ed), NY: Hemisphere Publishing Corp, 1990.

Stein, S. D. & Imel, S., "Adult learning in community", *New Directions for Adult and Continuing Education*, No. 95, 2002, 93-97.

4장

김정은 (2017). 시민교육으로서의 지역학 강좌 내용요소 연구. **교육문화연구**, 23(6호). 577-598.

나종석 (2013). 마을공동체에 대한 철학적 성찰: '마을인문학'의 구체화를 향해. **사회와 철학**, 26. 1-32.

민판기 (2013). 다름을 합의해내는 '연찬방식' 교육필요. **주민자치**, 21, 16-21.

박철 (2014.11). 주민의 주민다움 찾기 및 마을의 꿈 펼치기는 시대적 사명. **주민자치**, 37, 11-15

사이토 준이치 (2009). **민주적 공공성**, 이음.

신서영, 박창언 (August 2019). 마을교육공동체의 현황과 쟁점. Asia-pacific Journal of Multimedia Services Convergent with Art, Humanities and Sociology. 9(8), 95-104.

악셀 호네트 (2009). 문성훈 외 옮김. **정의의 타자**, 나남.

양민석 (2014). 독일여성의 정치적 대표성과 여성정치교육: 멘토링 프로그램을 중심으로. **인문연구**, 71, 407-436.

양희준, 박상옥 (2016). '마을'연계 학교정책의 문제의식과 가능성 논의. **교육연구논총**, 37(2), 1-22.

이경란 (2013). 마을에서 짜는 배움의 틀과 마을인문학. **사회와 철학**, 26, 57-88.

이태동 (2016). 지역기반 시민정치교육의 지향, 방법론, 활성화구조에 대한 연구: 마을학개론 사례를 중심으로. **한국정치연구**, 25(2), 199-143.

조윤정. 2018. 청소년 주도 마을교육공동체 사례연구: 몽실학교를 중심으로. **한국청소년연구**, 29(4), 199-227.

정성훈 (2011). 현대 도시의 삶에서 친밀공동체의 의의. **철학사상**, 41, 347-377.

조한혜정 외 (2006). **가족에서 학교로 학교에서 마을로**, 또하나의문화.

조한혜정 (2007). **다시 마을이다 위험사회에서 살아남기**, 하나의문화.

Janoski, T., & Gran, B. (2002). Political Citizenship. *Handbook of Citizenship Studies*, SAGE Publications. Inc.

Thomson, Ann Marie Thomson, Antoinette R. Smith-Tolken, Anthony V. Naidoo and Robert G. Bringle(2011). *Service Learning and Community Engagement: A Comparison of Three National Contexts*, Voluntas 22. 214-237.

2부

1장

고재경(2013). "따뜻하고 지속가능한 사회를 위한 적정기술", *이슈와 진단 87호*, 경기개발연구원.

김규원(2015). "미래의 대학교육과 인재상", *"각국의 미래교육전략" 국제학술대회 논문집*, 한국교육철학회, 279-296.

김윤호(2011). "미래대학의 특성과 취업전략", *2011 한국정보기술학회 하계학술대회 논문집*, 306-309.

유재봉, 정철민, 정희모(2013). "대학이념의 변화와 인문학의 미래", *철학탐구* 제34집, 171-193.

이영한(2014). "한국의 사회적 지속가능발전 진단연구", *지속가능연구* 5(2), 1~12.

이혜주·최은희·이범준(2013). "지속가능사회문화의 개념정립과 발전방향 제안", *지속가능연구* 4(1), 21~49.

인문사회 종합설계 설명자료집(2015). *영남대학교 LINC사업단*.

정용교(2016). "지속가능사회를 위한 적정기술의 적용과 성과", *윤리연구* 108, 299-327.

정호진(2010). "'수자원 보호'를 주제로 한 프로젝트형 수업구성방안", *교육문화연구* 16(1), 89-90

제레미 리프킨(2014). *한계비용 제로 사회*, 서울: 민음사, 2014.

조선일보(2015.8.22.).

한재각, 조보영, 이진우(2013). "적정 '기술'에서 적정한 '사회기술 시스템'으로: 에너지 관련 기술분야의 국제개발협력과 사회적 혁신", *과학기술학연구* 13(2), 1~36.

홍성욱(2011.6). "적정기술의 의미와 역사", *과학기술정책* 183, 51~57.

DeNicola, Daniel R(2012). *Learning to Flourish: A Philosophical Exploration of Liberal Education*, New York: Continuum.

Postman, N.(1993). *Technopoly*, 김규 옮김(2001). 테크노폴리, 서울: 민음사.

Slaughter, Sheila, and Gary Rhoades(2004). *Academic Capitalism and the New Economy: State, and Higher Education*, The Johns Hopkins University Press.

2장

김동훈(2011), 「국제개발협력 현장에서의 적정기술의 의미와 활동」, 『제3회 적정기술포럼집』, 적정기술과 국제개발협력.

김성건(2014), 「근대 동남아시아의 종족성과 종교적 정체성: 라오스 몽족사회 개신교전파의 사례」, 『아시아연구』, 제17권 제2호, 1~30.

남경희(2011), 「합리적 의사결정의 가치기준으로서 지속가능성」, 『사회과교육』, 제50권 제1호, 1~12.

서원석·이창훈·양나연,(2013), 「대학생들의 다학제 팀워크를 통한 적정기술프로젝트 사례연구」, 『한국기술교육학회지』, 제13권 제2호, 86~109.

이영한(2014), 「한국의 사회적 지속가능발전 진단연구」, 『지속가능연구』, 제5권 제2호, 1~12.

이혜주·최은희·이범준(2013), 「지속가능사회문화의 개념정립과 발전방향 제안」, 『지속가능연구』, 제4권 제1호, 21~49.

임봉길(2005), 『아편을 재배하는 사람들: 동남아 산간지역과 중국남부 Hmong(Miao)족에 관한 인류학적 조사연구』, 서울대학교출판부.

전치형(2014), 「소외된 90%, 따뜻한 기술, 최고의 솔루션: 한국 적정기술 운동의 문제의식 비판」, 127~164.

정미경(2014), 「한국학계의 캄보디아·라오스 연구: 현황과 쟁점」, 『아시아리뷰』, 제4권 제1호, 95~136.

한재각·조보영·이진우(2013), 「적정 '기술'에서 적정한 '사회기술 시스템'으로: 에너지관련 기술분야의 국제개발협력과 사회적 혁신」, 『과학기술학연구』, 제13권 제2호, 1~36.

홍성욱(2011.6), 「적정기술의 의미와 역사」, 『과학기술정책』, 제183권, 51~57.

Abdullalli, A.N.(1983), "Strategies in Technological Take-off in Nigeria: Are We in the Right Direction", *Nigerian Journal of Science and Technology*, Vol.1.

Dunn, P.(1978), *Appropriate Technology: Technology with a Human Face*, Macmillan: London.

Hans, B.(1990), "The Gandhian Approach to Swadeshi or Appropriate Technology: A Conceptualization in Terms of Basic Needs and Equity", *Journal of Agricultural and Environmental Ethics.*

Milbrath, L.(1989), *Envisioning a Sustainable Society: Learning Our Way out*, 이태건, 노병철, 박지운 옮김(1992), 『지속가능한 사회』, 인간사랑.

Wickkein, R.C. (Ed.), (2001), *Appropriate Technology for sustainable living, Council on Technology Teacher Education*, New York: Glencoe/McGraw-Hill.

3장

류연택·정희선(2007). 대학-지역사회 파트너십과 지역사회개발: 미국의 대학-지역사회 협력프로그램을 중심으로. **한국도시지리학회지**, 10(2), 89-103.

손철성(2010). 노동의 종말과 호모 라모란스의 위기. **시대와 철학**, 21(2), 233-266.

신의항(2009). 자유전공제도에 대한 미국 대학교육체제의 시사점: 국내외 현장학습을 중심으로. **교양교육연구**, 3(1), 61-87.

영남대학교(2017). **사회 맞춤형 산학협력 선도대학(LINC+) 육성사업 수정계획서**.

유진영(2017). 독일 자격체계 변화와 고등교육단계에서 직업교육 학위과정 최근동향. **교육의 이론과 실천**, 22(1), 57-80.

임규정(2016). 철학교육에서 있어서 직업교육. **새한철학회논문집**, 86(4), 194-216.

정병국(2018). 4차 산업혁명 시대 '엔터리지'로 대비해야. **한국경제신문**(2018. 2. 22)

정용교·이광동·김보민(2017). **저밀도 주거지 주민들의 거주와 생활만족도 향상을 위한 대안모색 연구**, 대구광역시·영남대학교.

정용교(2016). 지속가능사회를 위한 적정기술의 적용과 성과: 라오스 사회를 대상으로. **윤리연구**, 108호, 299-327.

정용교(2017). 베트남 대상 적정기술 프로그램의 개발과 적용. **교양교육연구**, 11권 제3호, 585-614.

정희모(2013). 대학이념의 변화와 인문학의 미래. **철학탐구**, 34, 169-193.

United Nations Volunteers(2014-2017). *UNV Strategic Framework*.

USAID(2014). *Youth Engagement in Development Effective Approaches and Action-oriented Recommendations for the Field*, Washington DC: USAID.

Wiewel, W. and Knaap, G.(ed)(2005). *Partnership for Smart Growth: University-Community Collaboration for Better Public Places*, Lincoln Institute of Land Policy, Cambridge, Mass.

4장

김경은 (2012). 사회과 핵심역량 중심의 창의·인성교육 수업자료개발: 공감적 활동에 기반한 문제해결형. **사회과교육** 51(3). 87-101.

김경은·이나라 (2012). 사회과 세계시민 교육을 위한 교수-학습방안. **교과교육학연구** 16(1). 231-256.

민유기 (2009). 산업혁명 이후 서양 도시계획에 대한 인문학적 성찰. **도시인문학연구** 1(2). 193-220.

박기범 (2017). 사회과교육에서 '연결(Connection)'의 의미. **2017년 연차학술대회**. 한국

사회과교육연구학회. 207-210.

박우룡 (2012). 감성과 인문치유: 그리스의 철인들과 스토아학파의 감성인식. **제2회 세계인문학포럼 발표자료집**.

서태열 (2003). 지구촌시대의 '환경을 위한 교육'의 개념적 모형의 재정립. **한국지리환경교육학회** 11(1). 1-12.

소병일 (2015). 공감은 이기주의를 극복할 수 있는가?. **철학** 제124집. 49-72.

송두범·양병찬·강수현 (2016). 충남 마을교육공동체 실태분석 및 활성화방안. **전략연구 2016-24**.

양병찬 (2015). 마을만들기사업과 평생교육 협동가능성 탐색: 시흥시 '학습마을' 사업을 중심으로. **평생교육학연구** 21(3). 1-23.

윤선아 (2009). 통합상황에서의 소집단 공감활동이 자폐범주성 장애유아의 공감능력, 정서표현 및 친사회적 행동에 미치는 영향. **이화여대 석사학위논문**.

이선영 (2013). 다문화 시민성의 구성요소로서 공감의 확장성. **글로벌교육연구** 5(2). 47-68.

이인경 (2014). '호모 엠파티쿠스(Home emphticus)를 찾다'. **교양교육연구** 8(1). 311-342.

정용교 (2012). SNS시대 시민교육의 도전과 방향. **윤리연구** 85. 263-290.

제레미 리프킨, 안진환 옮김 (2012). **3차 산업혁명**. 민음사.

제레미 리프킨, 이경남 옮김 (2009). **공감의 시대**. 민음사.

조선일보 (2017.2.24).

조선일보 (2017.12.13).

지경 (2011.11). 지역에서 만나게 되는 노인문화의 공동체적 가치. **인천문화재단**(플렛폼 30). 22-27.

차경수·모경환 (2008). **사회과교육**. 동문사.

최용규·이서영 (2015). 사회과교육에서의 공감능력 향상을 위한 수업방안. **사회과학교육연구** 17. 31-52.

Baston, D.C. (1991). *The Altruism Question*. Hillsdale, NJ: LEA.

Castells, Mauel (1989). *The Information City: Information, technology, Economic*

Restructuring and the Urban-Regional Process. Oxford.

Frans de Waal (2009). *The Age of Empathy*; 최재천 옮김(2017). **공감의 시대**. 김영사.

Milbrath, L, M. (1989). *Envisioning a Sustainable Society: Learning Our Way Out*; 이태건·노병철·박지운 옮김 (2005). **지속가능한 사회**. 인간사랑.

3부

1장

김기홍(2015). 모둠살이의 진화: "마을", "공동체", 그리고 "마을공동체"를 중심으로. **농촌사회** 25(1). 127-170.

김병권(2019). 사회혁신과 마을: 서울시 사례에서 본 커뮤니티 기반 사회혁신의 진화가능성. **IDI도시연구** 15. 7-29.

김연숙(2001). **레비나스 타자윤리학**. 인간사랑.

김연숙(2003). 타자와 함께하는 감성의 도덕교육. **도덕교육연구** 15(2). 139-168.

모리스 블랑쇼·장-뤽 낭시 저. 박준상 옮김(2005). **밝힐 수 없는 공동체/ 마주한 공동체**. 문학과지성사.

문정애(2005). 어떤 공동체도 이루지 못한 자들의 공동체. 모리스 블랑쇼·장-뤽 낭시. **밝힐 수 없는 공동체/ 마주한 공동체**. 문학과지성사.

심상우(2019). '공동체를 넘어선 공동체'로서의 마을공동체: 레비나스의 책임윤리를 중심으로. **현대유럽철학연구** 53집. 364-397.

우기동(2014). 마을과 시민. **시대와 철학** 25(4). 311-338.

장-뤽 낭릭시 저. 박준상 옮김(2010). **무위의 공동체**. 인간사랑.

정대연(2004). **환경사회학**. 아카넷.

정수환(2022). **한국 농촌개발과 국제개발**. 영남대출판부.

정용교(2021). **사회윤리와 국가윤리**. 영남대출판부.

진영효(2014). **마을을 묻다**. 국토연구원도시재생지원센터.

헬레나 노르베리-호지 저. 김영욱·홍승아 옮김(2012). **행복의 경제학**. 중앙books.

Escobar, Arturo(1992). 'Imagining a Post-Development Era?". Critical Thought, Development and Social Movements'. *Third World and Post-Colonial Issues*. 31(32): 20-56.

Rajan, Raghuram(2019). *The Third Pillar: How markets and the State Leave the Community Behind*. NY: Penguin Press.

2장

강경화·황대용, 「외국인 농업연수생의 근로조건과 직무만족도」, 『농촌지도와 개발』 13(1), 2006:195-208.

김병률·전익수·윤종렬·민자혜, 「농업분야 공용현황 분석 및 인력수급 안정화 방안」, 『한국농촌경제연구원』, 2010.

김서영, 「지역사회 차원에서 본 이주동자와의 통합에 관한사례연구」, 『한국사회복지학』 69(3), 2017: 267-287.

김성호, 「한국내 외국인 이주노동자의 의료서비스에 대한 인식 및 이용에 영향을 미치는 요인」, 『다문화콘텐츠 연구』 18, 2015: 255-297.

김정섭·오내원·허주녕, 『농업고용 노동력 수급실태와 대응 방안』, 한국농촌경제연구원, 2014.

김희자·이병렬, 「농촌사회의 전근대성과 농축산이주노동자에 대한 인신매매적 인권침해」, 『다문화사회연구』 10(1), 2017: 221-253.

박민선, 「농업부문 외국인 고용실태와 개선방안」, 『한국농촌경제연구원』, 2012.

양순미, 「농업분야 외국인 근로자의 생활애로와 직무 환경만족도의 관계분석」, 『농촌경제』 39(4), 2016: 97-122.

엄진영·우병준·김윤진, 「농업부문 외국인 근로자 고용실태와 정책과제」, 『한국농촌경제연구원 기본연구보고서』, 2017.

이춘호, 「한국 이주노동자의 위치인식에 따른 정체성 변화」, 『인문사회』 21 8(3), 2017 1093-1112.

정숙정, 「계절적 미등록이주노동자 유입현황과 사회적 묵인: 감곶감 주산지 사례를 중심으로」, 『농촌사회』 29(1), 2019: 69-106.

정용교, 『베트남 사회문화 교육의 이해』, 교육과학사, 2019.

최서리·이창원, 「농축산업 외국인력 활용실태와 정책과제」, 『농촌사회』 24(1), 2014: 113-150.

Jones, R. B., “Intolerable intolerance: toxicxenophobia and pedagogy of resistance”, *The High School Journal*, 95(2), 2011: 341-354.

Mosselson, A., “There is no difference between citizens anymore: Violent xenophobia citizenship and the politics of belonging in post-apartheid south africa”, *Journal of Southern African Studies*, 36(3), 2010: 895-911.

Rubin, G., “Explaining Increases in Xenophobia in Post-Communist”, *The 2009 Meeting of the American Political Science Association*, Toronto, 2009.

https://www.yc.go.kr/(신녕면, 화산면)

한국경제신문, 2020. 2.17.

3장

곽덕환(2006).「중국현대화와 신농촌 건설」.『국제지역연구』10(3). 3-22.

김광억(1998).「현대중국 농촌에서 공동체 이념의 기반: 종족지향성과 촌락지향성」.『농촌사회』8. 130-160.

이승은(2017).「중국적 통치성으로 바라본 현대 중국의 사회영역 담론변화」,『중국과 중국학』 31. 69-99.

전세영·강준영(2019).「중국 시민사회 추동모델 연구」.『중국과 중국학』37호. 123-146.

조형진(2017).「중국의 사회주의 신농촌 건설과 기층 거버넌스: 권위주의 체제의 공공재 공급과 국가-사회관계」.『한국정치학보』. 51(2). 141-173.

鄧小平(1993).『鄧小平文選』, 北京: 人民出版社.

徐湘林(2004).『漸進政治改革中的政黨, 政府與社會』. 北京: 中信出版社.

Cohen, Anthony P.(1987). *Symbolic Construction of Community*. London: Tavistock.

Escobar, Arturo.(2007). "Post-development as concept and social practice". in Aram Ziai(ed). *Exploring Post-development: Theory and practice, problems and perspectives.* Oxam and New York: Routledge.

Sachs, Wolfgang.(1997). "The Need for the Home Perspective, in Rahnema". Majid and Bawtree, Victoria.(eds). *The Post-Development Reader.* London and New Jersey: Zed Books.

Shiva, Vandura(2009). Soil Not Oil: Environmental Justice in an Age of Climate Crisis. *Alternatives Journal.* 35(3).

찾아보기